JN320937

少年法の理念

【編著】澤登俊雄／高内寿夫

現代人文社

はしがき

　澤登俊雄先生の古稀をお祝いした『少年法の展望』（現代人文社）が発刊されたのは、今からちょうど10年前の2000年3月である。それから10年が経過した。この10年間は、現行少年法にとって、最大の変化を経験した10年であったと言ってよいだろう。2001年に施行された改正少年法では、検察官送致年齢が14歳に引き下げられ、少年審判手続への検察官の関与などが具体化した。2007年改正法では、触法少年にかかる事件の警察調査、少年院収容年齢の引き下げなどが実施され、2008年改正法では、少年審判の被害者傍聴制度が導入された。さらには、2009年から裁判員裁判が施行され、少年の裁判員裁判も開始された。こうした動きは、少年司法に対する国民の関心を高める効果をもたらしたが、同時に、少年法の思想に対する疑念や批判も顕在化させることになった。

　本書は、こうした10年間の少年法をめぐる動向を踏まえて、今一度少年法の基本理念を再確認し、また再構築することを目的としたものである。

　本書は、元来、澤登先生がこの2010年3月にめでたく傘寿を迎えられたことをお祝いするために企画されたものである。しかし、表題には、傘寿記念の副題を付していない。これは、先生ご自身に論文を執筆いただき、また、第3部の座談会のまとめ役をもお願いしたことから、先生に捧げる形式は相応しくないと考えたからである。結局、先生には、編集代表として、本書全体を統括していただくこととした。

　また、本書には、少年法研究会の活動の集大成という意味合いがある。少年法研究会は、澤登先生を中心として1982年に発足して以来、毎月1回のペースで開催されている研究会である（研究会の経緯については、梅澤秀監編『少年法研究会20年のあゆみ』［2002年］に詳しい）。当初のメンバーは少年法に関心を持つ大学院生が中心であり、少年法の文献購読を中心とした研究会であったが、そのメンバーも全国各地に教員や実務家として巣立ってゆき、現在は、わが国の少年法研究の中核を担う立場にある。第1部および第2部は、こうした研究者、実務家を中心として構成されている。

＊

　本書の第1部では、少年法の理念を考える上で鍵となる概念、すなわち、

健全育成、適正手続、少年の責任、保護主義、少年司法と福祉の関係などについて、各執筆者の考え方を表明してもらった。ここではあえて同一のテーマについて複数の方々に執筆をお願いしている。これは、問題が本質的になればなるほど、その問題を異なった視点から眺めることが、事の本質に迫る手段のひとつになるのではないかと考えたからである。

　第2部は、少年手続および少年保護に関する現在の喫緊の課題について、各執筆者の問題関心に従って自由に論じてもらった。ここでは、少年事件の裁判員裁判、少年再審、少年審判の被害者傍聴、地域社会の青少年育成、少年矯正における健全育成、生徒指導と少年法の理念など、各執筆者の研究フィールドに即した貴重な指摘がちりばめられている。

　第3部は、現在の少年法研究会の活動の成果をまとめたものである。現在の少年法研究会の参加者は、当初のメンバーとはずいぶん様変わりをし、少年法の研究者よりもむしろ実務家などが多い。しかも、一定の分野に偏らない様々な分野の実務家、研究者が参加している。第3部は、この少年法研究会の特色を最大限に生かすべく、少年保護に直接関わってきた実務家会員を中心として座談会を開催し、少年法の基本問題に関して、現場の考え方を率直に議論してもらった。奇しくも、『少年法の展望』の「はしがき」で次のように述べられていた。「非定型を特徴とする少年法は、そのありようを研究する者にとっても、単なる法律学の技術的な視点だけではとうてい極めることはむずかしい。その意味でも、人間科学の多元的な協働が必要であって、少年法の専門家には、まさにこのような共同作業をいとわず担う資質が求められていると言えよう」。まさに第3部はこうした共同作業のひとつの成果である。

＊

　最後になるが、本企画にご賛同いただき、多忙中にもかかわらずご論稿をお寄せいただいた執筆者の方々、また、座談会において貴重なご報告、ご意見をいただいた少年法研究会の会員の方々に心よりお礼を申し上げたい。

　また、昨今の厳しい出版事情の中で、本書の企画にご理解をいただいた上に、構成やスタイルに関して趣向を凝らして本書を見事にまとめていただいた現代人文社の成澤壽信氏に深くお礼を申し上げる。

2010年2月

高内　寿夫

少年法の理念＊目次

はしがき（高内寿夫）　ii

執筆者・座談会パネリスト一覧　vii

第1部　総論：少年法の理念を問う

「非行のある少年」の「健全育成」　　　　　澤登俊雄　2

「少年の健全な育成」と手続的機能　　　　守屋克彦　18

少年法の基本理念　　　　　　　　　　　　廣瀬健二　30
　──法改正との関係を中心に

少年法における人権論の構造　　　　　　　高内寿夫　45

少年法における要保護性と責任　　　　　　斉藤豊治　62

責任の本質と少年の処遇　　　　　　　　　沢登佳人　86

刑法と少年法の関係　　　　　　　　　　　渡邊一弘　102
　──責任の要件をめぐって

非行少年の処遇理念の推移　　　　　　　横山　実　115
——少年法適用の上限年齢との関係に見る保護主義理念の推移

少年法と少年福祉　　　　　　　　　　　前野育三　140

少年司法と児童福祉　　　　　　　　　　服部　朗　155
——職種間協働の可能性

第2部　各論：少年法の新たな課題

少年事件の処遇決定と裁判員裁判　　　　葛野尋之　170

韓国における少年陪審裁判の現状と課題　崔　鍾植　188
——少年法の理念に則った観点から

少年再審の理論的課題　　　　　　　　　武内謙治　200

少年法の理念　　　　　　　　　　　　　酒井安行　213
——被害者傍聴、健全育成、そしてEBP

少年審判廷と被害者の傍聴　　　　　　　上野芳久　223

新「青少年育成施策大綱」策定と　　　　　　荒木二郎　235
「子ども・若者育成支援推進法」の成立

コミュニティ・ガバナンスの観点から見る　　四方　光　248
少年法の課題

「少年矯正における法的統制」再論　　　　　上野友靖　263

生徒指導に生かす少年法の理念　　　　　　梅澤秀監　278

第3部　座談会：現場の視点・現場からの提言

被害者は少年手続に関与すべきか　　　　　　　　291
　　　　　斎藤義房・八田次郎・花岡明正・片山徒有
　　　　　佐々木央・(司会)澤登俊雄

少年の健全育成とは何か　　　　　　　　　　　　314
　　　　　廣瀬健二・井内清満・梅澤秀監・奥山隆・小長井賀與
　　　　　上野友靖・岡邊健・(司会)高内寿夫

あとがき（澤登俊雄）　380

執筆者・座談会パネリスト一覧（掲載順）

澤登俊雄	（さわのぼり・としお／國學院大學名誉教授）	
守屋克彦	（もりや・かつひこ／東北学院大学法科大学院教授）	
廣瀬健二	（ひろせ・けんじ／立教大学大学院法務研究科教授）	
高内寿夫	（たかうち・ひさお／國學院大學法科大学院教授）	
斉藤豊治	（さいとう・とよじ／大阪商科大学教授）	
沢登佳人	（さわのぼり・よしと／新潟大学名誉教授）	
渡邊一弘	（わたなべ・かずひろ／富山大学経済学部講師）	
横山　実	（よこやま・みのる／國學院大學副学長・法学部教授）	
前野育三	（まえの・いくぞう／弁護士、関西学院大学名誉教授）	
服部　朗	（はっとり・あきら／愛知学院大学教授）	
葛野尋之	（くずの・ひろゆき／一橋大学大学院法学研究科教授）	
崔　鍾植	（ちぇ・じょんしく／九州大学大学院法学研究院准教授）	
武内謙治	（たけうち・けんじ／九州大学大学院法学研究院准教授）	
酒井安行	（さかい・やすゆき／青山学院大学教授）	
上野芳久	（うえの・よしひさ／関東学院大学法科大学院教授）	
荒木二郎	（あらき・じろう／元内閣府大臣官房審議官〔青少年育成担当〕、元警察庁少年課長）	
四方　光	（しかた・こう／元警察政策研究センター教授、警察庁生活安全局情報技術犯罪対策課長）	
上野友靖	（うえの・ともやす／神奈川医療少年院統括専門官）	
梅澤秀監	（うめざわ・ひであき／東京都立雪谷高等学校教諭）	
斎藤義房	（さいとう・よしふさ／弁護士、日弁連子どもの権利委員会少年問題対策チーム座長）	
八田次郎	（はった・じろう／元小田原少年院長）	
花岡明正	（はなおか・あきまさ／新潟工科大学准教授）	
片山徒有	（かたやま・ただあり／被害者と司法を考える会代表）	
佐々木　央	（ささき・ひさし／共同通信社編集委員・解説委員・能力開発センター委員）	
奥山　隆	（おくやま・たかし／国立武蔵野学院）	
小長井賀與	（こながい・かよ／立教大学コミュニティ福祉学部、元保護観察官）	
岡邊　健	（おかべ・たけし／科学警察研究所）	
井内清満	（いうち・きよみつ／ユース・サポート・センター友懇塾）	

第1部 総論

少 年 法 の 理 念 を 問 う

「非行のある少年」の「健全育成」

澤登俊雄

はじめに
第1　目的概念としての「少年の健全育成」
第2　健全育成のための手段と「少年の責任」との関係
第3　「非行のある少年」に対する「介入」「干渉」の正当根拠
第4　「少年の健全育成」と「正当なパターナリズム」

はじめに

　「健全育成」という概念は、「教育基本法」「児童福祉法」「少年法」など、子どもに関する基本法の目的規定の中で必ず用いられている。さらに、「児童の権利に関する条約」（本稿では、この条約を「子どもの権利条約」と呼ぶ）第6条2項は、「締約国は、児童の生存及び発達を可能な最大限の範囲において確保する。」と宣言しているが、ここで要求されている内容を「健全育成」あるいは「成長発達」という概念で置き換えてもよい。つまり、締約国は、自国のすべての子どもの成長発達を保障する義務を負うことになる。わが国の少年法の基本理念についても、「少年の健全育成」を「少年の成長発達権の保障」と読み替えて説明されることも多い。そこでは「子どもの成長発達」は、社会権的基本権としてとらえられている。

　そこで改めて、「非行のある少年」の「健全育成」の意義を考えてみよう。「健全育成」という言葉には、目的概念としての意味と、目的を達成するためにとりうる手段の内容を表す意味との2つが含まれている。この2つのうち、目的概念としての意味については、対象が「非行のある少年」かそう

でない少年かによって、基本的には区別できない。それに対し、手段の内容については、対象が「非行のある少年」である場合には、そうでない少年に対する場合と比べて、本質的ともいえる大きな違いがある。その違いと、違いが生じる理由についても考察しておく必要がある。

　本書に掲載されている「座談会『少年の健全育成とは何か』」を通読すると、「健全育成」に関する様々な観点からの意見が率直に表明されており、得るところが非常に大きい。とりわけ有益なのは、「健全育成」という目的の内容、そのために用いられる手段およびその正当根拠（換言すれば、許される強制手段の範囲）の全体にわたって、実務の現状が具体的に理解できたことである。本稿では、それらの発言も参照しながら、「非行のある少年の健全育成」につき、多角的に検討する。その際のキーワードは、「パターナリズム」と「ケースワーク」である。

第1　目的概念としての「少年の健全育成」

1　「自由社会」における個の確立

　自由社会においては、社会を構成する人のすべてが、それぞれ固有の生活領域・空間（物質的、精神的両面から構成される）を持っており、その領域内では、他の構成員の干渉・介入を一切受けることがなく自由に生活できるという状況が保障されている（プライバシーの権利）。これが自由社会の根幹である。

　各構成員はこの領域・空間（以下、「自分の城」と表現する）を拠点として、自分以外の構成員との交流（コミュニケーション）を重ねながら、自分の城をますます個性的なものに作り上げていく。自分の城がどのように構築され、あるいは変容されるかは、その人がどのような対人行動（社会的行為）を選択し積み重ねてきたかにより、決まってくる。

　子どもの成長発達の過程についても、同様のことが言える。子どもが占有する生活領域・空間は、年齢を重ね、家庭、学校、地域社会の人々との交流（対人行動）を積み重ねていくことにより拡大するとともに、次第に個性的な形を現す。つまり、子どもの成長発達とは、自分の城を自分の手で作り上

げていく過程である。この城の骨格をなすのは、対人行動の試行錯誤的な積み重ねにより、次第に内在化されていく社会的な行為規範、つまり、価値判断の基準である。この内在化された行為規範ないし価値基準は、数多くの偶然の出会いを契機として蓄積される部分も多く、その内容は雑然とし、多様化しているが、同時に各規範の間の整合性が進み、いわば体系化されていく。その体系化に一定の完成度が認められる状態が「人格の完成」である。規範の内在化の過程は、子どもの性格や生育環境に応じて多様である。したがって完成した人格は常に個性的なものである。すなわち、人格の完成は、同時に「個の確立」を意味する。自由社会は、このようにして個性的な「城」が林立する社会である。わが国の憲法第13条は「すべて国民は、個人として尊重される。」と宣言している。

このように、子どもの成長発達とは、行為規範の内在化と体系化に基づく個の確立への過程である。したがって、「健全育成」とは、個の確立が「順調に」達成されるように支援することを意味する。「健全育成」を「人格的自律の助長促進」という言葉で表現している論文も見られる（新江正治「少年矯正と法的統制」刑政104巻7号83頁）。ただし、上記の意味での「健全育成」は、手段を示す用語であり、目的概念としての「健全育成」は、どのような状態での「個の確立」であるかが問題である。

2　達成目標としての「健全育成」

教育基本法第1条は、「教育は、人格の完成を目指し、平和で民主的な国家及び社会の形成者として必要な資質を備えた心身ともに健康な国民の育成を期して行われなければならない。」と宣言している。また、児童憲章の中には、「すべての児童は、個性と能力に応じて教育され、社会の一員としての責任を自主的に果たすように、みちびかれる。」という表現も見られる。

それでは、少年法の目的である「少年の健全育成」とは、どのような状態を目標としているのだろうか。同法第1条は、「少年の健全な育成を期すこと」と「非行のある少年に対して性格の矯正及び環境の調整に関する保護処分を行うこと」とを並列している。この表記の仕方は、健全育成という目的概念の内容が「非行のある少年」とそれ以外の一般の少年との間で違いがないことを示す一方で、非行のある少年に対する健全育成の方法・手段として、「保護処分」という司法処分を優先的に用いることを示したものである。

このような表記の仕方は、「子どもの権利条約」の中にも見られる。すなわち、第3条の「子どもの最善の利益」への配慮義務の規定や、第6条の「子どもの生命権および生存・発達権」の保障に関する規定およびそれに関連した諸規定は、すべての子どもに適用される一方、少年司法手続の対象となった子どもについては、特に人間の尊厳の尊重を基点に、自由権的基本権や社会権的基本権の保障の必要性を詳細に定めている。要するに、わが国の少年法も「子どもの権利条約」も、健全育成という達成目標は、非行の有無に関係なく同一であるが、その目標達成の手段・方法において、非行のある子どもには特別の考慮が必要だとしているわけである。

上述のような迂遠な考察経路をたどった上で、「非行のある少年」についての達成目標は、具体的にどう考えたらよいか考察してみよう。非行は、子どもの成長発達を妨げる重大な障害である。「非行のある少年」は、非行が原因で少年に加えられる様々な社会的反動に耐え抜いて、自由社会の一員としての地位を獲得しなければならない。したがって、健全育成の目標は、まず第1に、非行を繰り返させないようにすることに置かれる。そして第2に、その少年が抱えている問題を解決して、通常の社会生活を営むことができる「健全な社会人」に成熟させることである。ただし、「健全な社会人」といっても、必ずしも定型的なモデルを想定するのではなく、むしろ少年の個性的な面も十分考慮に入れて想定すべきである。このように、健全育成という目標には2つの要素が含まれているが、第1の要素は、実質的に第2の要素に包含されるから、結論的には、第2の要素に集約される（澤登俊雄『少年法入門［第4版］』〔有斐閣、2008年〕38頁。なお、田宮裕・廣瀬健二編『注釈少年法［第3版］』〔有斐閣、2009年〕30頁も参照されたい）。

「健全な社会人」については、もう少し説明する必要があろう。自由社会の一員として求められる「健全性」の内容は、2つの要素から構成されている。

第1の要素は、他人の城（生活領域・空間）の不可侵性を尊重すること（個の尊厳ないしプライバシーの尊重）である。この要素が社会成員のすべてに共有されていなければ、自由社会は存続しえない（社会の成員は自由社会という仕組みから利益を享受しえない）。第2の要素は、すべての社会的（対人）行為が自己責任のもとに行われることである。換言すれば、すべての対人行為が、行為者自身の内在化された行為規範ないし価値基準に基づいて（自由意思に基づいて）行われることである。自由意思に欠け自己責任を

負いえない者は、自由社会の成員として利益を享受できる地位を確保できていない者である。

　以上を要約すると、「健全な社会人」とは、自己責任のもとに対人行為をする能力があり、現に、自由社会の仕組みから自己の生活利益を得ることができる者のことである。そして、このような分析は、「健全育成」という目的を達成するために、公権力機関により、したがって（国会で制定された）法律に基づいて用いられる様々な強制的手段の正当性を具体的に検証する実践的な局面において役立つことになる。

第2　健全育成のための手段と「少年の責任」との関係

1　家庭裁判所による手段の選択

　「非行のある少年」を「健全に育成する」ために、どのような手段を用いるのが適切かについて、触法・虞犯事件の一部を除き、ほぼ全件にわたり第一次的に判断する権限を付与されているのは家庭裁判所である。家庭裁判所が選択できる手段には、強制力を伴うもの（処分）のほか、強制力をもたないさまざまな措置も含まれる。家庭裁判所が行うことができる（選択できる）終局決定または中間決定には、審判不開始、不処分、児童福祉機関送致、保護処分（少年院送致・児童自立支援施設等送致・保護観察）および検察官送致があるが、その選択は、少年の「要保護性」判断に基づいて行われる。観護措置や試験観察の選択についても同様である。

　「要保護性」の要素に「保護相当性」あるいは「保護不適」を加えるべきか否かについては争いがあるが、ここでは触れない。何故ならば、この争いは、「要保護性」の存在が保護処分を選択できる要件であるとする見解を前提にしているが、筆者は、前記のすべての終局・中間決定の中から「要保護性」の内容にもっとも適合するものが選択されると考えているからである。すなわち、「要保護性」は、各種の決定すべての判断基準となるものである。中間決定である刑事処分相当を理由とする検察官送致決定についても同様である（この点につき、平場安治『少年法（新版）』〔有斐閣、1987年〕

44頁以下、および前掲・田宮・廣瀬『注釈少年法』44頁参照。なお、前掲：澤登『少年法入門〔第4版〕』141〜145頁、236〜239頁も参照されたい）。

それでは、すべての手段選択の判断基準となる「要保護性」の実質的な内容は何だろうか。それは、少年の再非行可能性と、少年の成熟度である。成熟度の判定は、少年に内在化されている行為規範の量の大小、その浸透（内在化の強度）および内在化されている各行為規範・価値基準間の整合性ないし体系化の進行度を測定し、その結果を総合して行われる。「要保護性」と並んで調査、審判の対象とされるのは、「非行事実」である。「非行事実」の存在は審判開始の前提条件であるが、同時に、「非行事実」の内容は「要保護性」判断の重要な要素でもある。特に「非行事実」の概念を広義にとらえ、「犯行の動機、態様及び結果その他の当該犯罪に密接に関連する重要な事実を含む（少年法5条の2第1項参照）」とした場合、この事実の中には、「要保護性」判断に影響を与える要素が多分に含まれることになる。

少年の成熟度は、少年鑑別所における行動観察・心理テストや、家裁調査官による社会調査の結果を総合し、さらに家裁裁判官によって認定される広義の非行事実の内容も考慮したうえで判定される。

2　手段の選択と「少年の責任」

家庭裁判所による処遇手段選択の決め手となる「要保護性」の内容として、「少年の成熟度」が重要な要素とされる理由を考えてみよう。少年に内在化する価値体系の完成度が高いほど、自己決定の能力が高いこと、したがって、非行という行為についての自由意思度が高いことを意味するから、そのような少年に対する「非行性を克服して順調な成長発達過程を取り戻す」ための処遇手段は、相対的に強制度の強いものが選択されることになると考えられる。それに反し、成熟度の低い少年に対する処遇手段は、相対的に強制度の弱いものが適していると考えられる。さらに付言すれば、成熟度の高い少年に対する健全育成へ向けた処遇は、少年がすでに構築している価値体系そのものの「変容」を求めるものであるから、手段に強制度が強まる傾向を示す。これに反して、成熟度の低い少年の非行は、行為規範が十分内在化されていない状態、つまり他人からの強い影響のもとで行われるケースが多いと推定される。したがって、これらの少年に対する処遇は、むしろ新たな価値基準を内在化させるための「支援」といった性格を濃くすることになると

思われる。価値基準の内在化は、少年が対人行為を重ね、経験を蓄積する過程の中で、あくまでも少年自身の意思によって行われるものであるから、他から強制を加えることによっては実現されない。

> ＊本書第3部掲載の「座談会『少年の健全育成とは何か』」の中で、非行少年の処遇を担っている各種の施設や組織の専従者から「健全育成観」についての発言があったが、座談会司会者の整理によると、それらの見解は「成育型」と「援助型」とに分けられるとされている。前者は「育て直し」、後者は「育ち直し」という言葉で表現されている。後述の「パターナリズム」との関係で言うと、前者が「強いパターナリズム」（対象者に十分な判断能力がある場合でも介入・干渉すること）と、後者が「弱いパターナリズム」（対象者に十分な判断力がない場合に介入・干渉すること）と対応している。一般的に言って、成熟度の高い少年に対する働きかけ＝処遇は強制度が高く、成熟度の低い少年には強制度の低い、あるいは強制を伴わない働きかけが適している。本稿においては以下、強制力を伴う働きかけを「介入」と呼び、強制力を伴わない働きかけを「干渉」と呼ぶことにしたい。

　強制度の強弱に関わらず、家庭裁判所の決定により、処遇手段として強制処分を課せられる少年は、自分の行った行為について「責任」を負っていることを意味する。しかしその責任概念には、国家権力による「法的非難」という要素は含まれず、少年が内在化された行為規範に従って行為したこと、つまり少年の自己決定に基づく行為（自由意思に基づく行為）により、コミュニケーションの相手方の個人的生活利益を侵害し、自由社会の根幹を危うくした結果について「応答可能性（Responsabilité）があること」を意味する。その応答の方式は、法的非難としての刑罰を受けることではなく、少年が、自ら構築した行為規範の誤りを正し、あるいは新たな規範の内在化に努めることである。したがって、犯罪少年を含む「非行のある少年」に対する施策の目的は、少年が上記の意味での「責任」を自らの力で果たすことを支援するシステムを構築することである（この点につき、本書に掲載されている論文：沢登佳人「責任の本質と少年の処遇」を参照されたい。なお関連して、筆者は、かねてより「新社会防衛論」の提唱者マルク・アンセルの責任論を支持しており、筆者の「少年の責任」に関する上述の見解も、その強い影響下にある。それを示すものとして、澤登俊雄『犯罪者処遇制度論（下）』〔大

成出版社、1975年〕120〜125頁および136〜138頁を特に参照されたい)。

　＊標準的とされる刑法教科書では、「自由意思」に基づいて犯罪行為を行った者だけが「責任」を負うとされているが、その場合の「自由意思」や「責任」の内容に疑問がある。まず「自由意思」については、「相対的自由意思論」が通説とされているが、その説明の内容は統一的でない。「自由意思」に関する筆者の見解は、本文ですでに説明されているが、確認すると、行為者が自己の中に内在化された行為規範ないし価値基準に忠実に従って行為すればするほど、その行為に対する行為者の自由意思度が高くなり、行為者の「責任」も重くなる。したがって、「自由意思」には法則性が認められる。内在化された価値体系の完成度が高いほど、法則性も強くなる。「自由意思」と「責任」とのこのような関係を説明する言葉として、「やわらかな決定論（規範的に決定されているという意味で）」という表現が用いられる。重度の精神障害が犯罪行為の決定的な原因であるときは、行為者には「責任」がないことになるが、このような関係を「かたい決定論（生物学的に決定されているという意味で）」と呼んで区別する。いずれにせよ、すべての犯罪行為は、行為者の「人格」ないし「性格」との間に必然的な関係を持ち、つまり法則性が認められる。この「法則性」ゆえに、行為者の「人格」ないし「性格」に応じた再犯防止に実効性のある手段を実施することが可能になる（平野龍一「意思の自由と刑事責任」『尾高朝雄教授追悼論文集・自由の法理』〔有斐閣、1963年〕231頁以下、特に236、250頁参照)。

「少年の責任」について以上述べてきたところを総合すると、その責任概念は、過去の行為に対して問われる「回顧的」な性格のものではなく、将来への働きかけの根拠となる「展望的」な性格を持つものである。

第3　「非行のある少年」に対する「介入」「干渉」の正当根拠

1　「侵害原理（危害原理、ミル原理）」

少年法が対象とする「非行のある少年（犯罪少年・触法少年・虞犯少年）」は、刑罰法規が定める「犯罪構成要件」に該当する「違法な」行為を現に実行したか、あるいは実行する蓋然性が極めて高い少年の総称である。この少年たちの行為は、自由社会の秩序の根幹である各構成員の基本的な生活利益である「生命・身体の安全、社会的活動の身体的・精神的自由、財産の安全」を現に侵害し、あるいは侵害の切迫した危険をもたらすものである。したがって、自由社会を防衛するためには、このような行為の再発を抑止することが必要不可欠である。抑止のための行為は、個人や社会集団・組織などによっても行われるが、もっとも有効な手段は、公権力機関が法律に基づいて行う強制的な手段である。非行のある少年に対する保護処分などの強制手段は、そのような目的で法定されたものである。「非行のある少年」に対して保護処分や刑事処分を決定する手続の過程においても、決定された処分を執行する過程においても、少年に対してさまざまな強制が加えられるが、それらの自由の剥奪ないし制限は、自由社会を維持するために必要不可欠な手段であるから、正当化される。以上が「侵害原理」の内容である。

　「侵害原理」は、このように、公的・私的な組織・個人が、自由社会で生活している他の個人の自由を制約することが正当化される理由を説明するものであるが、それは、自由の制約（介入・干渉）の「目的」を正当化するものであり、実際の施策の一つひとつが正当化されるかについては、それらの施策が正当化される「目的」に照らし「適正」であるか否か、改めて検討されなければならない。その判断基準は、「必要性」「有効性」「倫理性」の3つである。

> ＊「介入」と「干渉」の意味については前述したが、改めて説明する。「介入」とは、程度の差はあれ、対象者の自由意思を制圧し、対象者が従わない場合は実力を行使してまで「働きかけ」を実施することである。これに対し「干渉」とは、対象者に積極的な「働きかけ」は行うが、自由意思を制圧することのない場合であり、対象者側の心情から言えば「うるさくつきまとわれる」という状態である。

2　「パターナリズム」および「侵害原理」との関係

　「非行のある少年」に対して、保護処分などの強制手段が用いられる目的

の正当性についてみてきた。もしそこで考察を止めるならば、保護処分などの強制処分で予定されている内容が少年の再非行を防止するのに適しているかという視点だけで、その有効性を検討すればよいことになる。しかし、少年法第1条は、保護処分などが「少年の健全な育成を期し」て実施されることを要求している。つまり、既述のとおり、保護処分などの目的には、再非行防止に止まらず、「健全な社会人」として成熟することまで含まれている。したがって、保護処分などの執行過程で、再非行防止目的に限定されない多様な処遇が予定されていなければならず（たとえば、既述の新江氏が言われる「人格的自律の助長促進」）、その処遇の中に強制力を伴う方法が含まれることになるはずである。それでは、そのような処遇が行われることを正当化する理由は何か、検討する必要がある。その正当根拠が「パターナリズム」である（「侵害原理」に対応する日本語として「保護原理」と命名したのは筆者であるが、法哲学では「パターナリズム（Paternalism）」という言葉を用いる）。

「パターナリズム」とは、「ある個人の行動が他者の利益を侵害することがなくても、そのまま放置することによってその個人自身の利益が侵害されるという理由で、その個人の行動に介入・干渉することができる」という原理である。「健全育成」を目標とする処遇の内容には、再非行防止に必要な範囲を越えた多様な「働きかけ」が含まれているはずである。それらの「働きかけ」の中には、強制力を伴うものも含まれてくると考えられる。いわゆる「パターナリスティックな介入」である。何故そこまで介入するのかという問いに答えなければならない。既述したところを繰り返すことになるが、自由社会存立の要件が2つある。その1は、社会成員が互いに他人の生活領域・空間を理由なく侵害しないという秩序が維持されていることであり、このことが、強制の正当根拠として「侵害原理」が認められる理由である。その2は、社会成員が自由社会のもとで様々な生活利益を享受でき、個性的な生活領域・空間を構築する能力ないし地位を得ていることである。そのような地位を得ていない構成員に対して、公的、私的に「支援」体制をつくることが必要であり、そのための介入・干渉が正当化されるという考え方が「パターナリズム」である。この2つは関連していて切り離せない。何故なら、自由社会の秩序のもとで全構成員が立派な城を構築できるわけではない。自由競争の結果「社会的弱者」が生じ、その成員に対する福祉的援助が必要となり、国にその施策が求められる（「福祉国家」）。「非行のある少年」

は、他からの支援なしには、順調な成長を遂げ、自分にふさわしい城を構築する能力・地位を得ることが極めて困難である。保護処分などによる処遇が、まさに少年本人の利益のために必要とされるのである。これが「パターナリズム」として表現される。国家か法律に基づいてこのような目的で介入・干渉することが正当化される場合は、特に「リーガル・パターナリズム」と表現されるが、この表現は「少年の最善の利益」を公権力機関が自ら判断し処遇するシステムの下では、専断的な介入のおそれはないか、「正当なパターナリズム」かどうかの検証が常に必要であることを警告している。

　このように見てくると、自由社会における強制の根拠として、侵害原理とパターナリズムとは、自由社会を維持し存続させるために両立しうるというよりも、むしろ車の両輪のように機能する原理であることが分かる。要するに、「侵害原理」も「パターナリズム」も、「自由原理」を維持するための内在的な制約原理なのである（前掲：澤登『少年法入門』28頁参照。なお、「パターナリズム」全般について詳細に論じられ、おそらくわが国におけるパターナリズム研究の原点を論証している文献として、中村直美『パターナリズムの研究』熊本大学法学会叢書2007年がある。本稿もこの文献に負うところが極めて大きい）。

3　「リーガル・モラリズム」の否定

　自由の制約を正当化する原理として、「モラリズム（道徳原理）」が強く主張された時期もある。個人の人格を形成している行為規範ないし価値基準は、その個人にとっての道徳だといってもよい。個人の尊厳の尊重を前提にすると、道徳（倫理）は個人が自ら内在化させるもので、他から強制されるものではない。社会の構成員のすべてが共有すべきだと誰かが考えた「社会道徳」なるものを、すべての社会成員に対して、刑罰などで強制すること（「リーガル・モラリズム」）は、第2次世界大戦後の多くの国々で否定されている。自由社会を維持するために、最低限共有される必要のある行為規範ないし価値基準は存在する。しかしそれは、家庭、学校、地域社会など多様な場所での多様なコミュニケーションの中で、各人が自らに内在化させていくものである。この意味で、「リーガル・モラリズム」は否定されるべきである。

　ただし、「非行のある少年」には、自由社会を維持するために最低限共有

されるべき行為規範が内在化されていないという意味で「道徳的な堕落」が見られるのであるから、保護処分などの処遇における強制は「モラリズム」で正当化できるのではないかという疑問が生じるかもしれない。子どもに対して一般的に行われる家庭での「しつけ」、学校での「生活指導」、地域社会でのボランティアなどによる「補導」は、上記の意味での「最低限必要な道徳」を子どもたちの行為規範として内在化させることを目的とした「干渉」として公認されている 。しかし、「最低限必要な道徳」の理解についても「干渉する」側の見解が完全に一致しているわけではない。したがって、その道徳を具体的に法律で定めることは認められない。ここでも「リーガル・モラリズム」は否定されるのである。

　ところが、たとえば保護処分（特に少年院送致）の処遇過程では、少年に対し規範内在化のために強制的手段をとること（介入すること）が認められる。ここでは、処遇担当者自身の価値基準に従い、少年にどのような価値基準を内在化させるべきかなど、「介入」の具体的な内容が選択されていることになる。再非行の防止および「人格的自律の助長促進」の手段として、そのような「介入」は必要不可欠であろう。したがって、処遇担当者の価値基準（倫理観）に大きく依拠して行われる処遇が、専断的なものではなく、真に子どもの利益（人権）のためのものになっているか、日常的に検証が加えられる仕組みが制度上存在し、現に機能していることがどうしても必要である。それが「正当なパターナリズム」という観念を生じさせる理由である。そこで、章を改め、「正当なパターナリズム」の問題を検討する。

第4　「少年の健全育成」と「正当なパターナリズム」

1　「正当なパターナリズム」と「子どもの権利条約」

　パターナリスティックな介入・干渉は、個人間の対人関係においても、公権力機関と個人との関係においても、基本的に謙抑的であることが求められる。その理由は2つある。その1は、個人の自由を尊重することが自由社会の根幹であること、その2は、「ある個人の行為をそのまま放置することによって、その個人の利益が損なわれる」ことを他人が判断することの適正

さに疑問が伴うこと、である。

そこで、どのような観点から、どのような範囲で謙抑的であるべきか検討する。

日本国憲法によれば（第3章　国民の権利及び義務）、公権力はすべて、国民の「人権」を保障するために行使される。「人権」には「自由権」と「社会権」とが含まれており、この2つの権利は均衡を保持しながら、「個人の尊厳の尊重」（憲法13条）という基本的な理念のもとに統合されて実現される。

「子どもの権利条約」第3条は、「児童に関するすべての措置をとるにあたっては、公的若しくは私的な社会福祉施設、裁判所、行政当局又は立法機関のいずれによって行われるものであっても、児童の最善の利益が主として考慮されるものとする。」と規定している。すなわち、一人ひとりの子どもについて、今とることのできる方法の中で最善のものを選択して処遇すべきことを公私の機関、組織、個人すべてに対して要求している。すなわち、「子どもの最善の利益」にかなうことが、「正当な」パターナリズムの要件であることを示している。

さらに、条約37条(c)は、締約国が確保すべき事項の一つとして、「自由を奪われたすべての児童は、人道的に、人間の固有の尊厳を考慮して、かつ、その年齢の者の必要を考慮した方法で取り扱われること。」を挙げている。さらに加えて、条約40条1項は、「締約国は、刑法を犯したと申し立てられ、訴追され又は認定されたすべての児童が尊厳及び価値についての当該児童の意識を促進させるような方法であって、当該児童が他の者の人権及び基本的自由を尊重することを強化し、かつ、当該児童の年齢を考慮し、更に、当該児童が社会に復帰し及び社会において建設的な役割を担うことがなるべく促進されることを配慮した方法により取り扱われる権利を認める。」と宣言している。続いて40条2項では、無罪の推定、弁護人選任権、公正な裁判を受ける権利、供述拒否権、証人喚問権、再審請求権など、成人の被告人に認められる適正手続条項のすべてが少年にも認められることを明記している。さらに第3項では、「ダイバージョン」について、第4項では、社会内処遇や福祉的措置の多様化などについて提案している。

このように「子どもの権利条約」は、犯罪に関わる少年の処遇につき、自由権を最大限に保障しながら、同時に、少年の社会復帰に向けて、積極的な働きかけをすること（パターナリズムに基づく介入・干渉）を求めるという

かたちで、少年の社会権の保障にも十分配慮している。結局、条約の各条項全体を貫く理念が「個人の尊厳の尊重」であり、それが自由権、社会権として具体化されていることを知ることができる（「正当なパターナリズム」については、澤登俊雄編著『現代社会とパターナリズム』〔ゆみる出版、1997年〕の各論稿が、さまざまな実践の領域にわたって「正当性」の内容を具体的に検討しているが、特に、花岡正明執筆の「第6章　パターナリズムの正当化基準」は、本稿にとって重要な文献である）。

2　「正当なパターナリズム」と「ケースワークの理論」

　「正当なパターナリズム」の「正当性」は、「介入」「干渉」の目的および手段が「個人の尊厳の尊重」の理念に適合していることである。そして具体的には、憲法が保障している人権条項（自由権、社会権を含む）に抵触していないことである。そして、現在のわが国の実務をこのような状況に近づけるために、少年司法手続における調査・審判過程においても、保護処分や刑事処分での処遇の過程においても、ケースワークの理論や技法が可能な限り取り入れられることが期待される。ケースワークについての説明は、筆者が著書や論文において必要に応じてすでに何回も引用させていただいている守屋克彦氏の著書の一部を掲記することによって替えることにする（守屋克彦『少年の非行と教育』〔勁草書房、1977年〕188～189頁）。

　＊「ケースワークの理論は、……調査、診断、処遇の過程の体系であり、ケースワーカーという専門家の事案処遇の方法ないし技術という形をとってあらわれているが、その技術が向けられる価値は、『パーソナリティの形成発展』であるという表現にもみられるように、専門家の働きかけの対象すなわちクライエントの人格の尊厳の尊重のうえに、専門家の援助を行うことをその基本としている。そのような発想は、面接、受容、調査、記録、診断、自己決定と助言、相談という体系のなかにも現れてくる。すなわち、まず、ケースワークの理論は、クライエントとワーカーとの関係における『受容』の原理を出発点とする。少年を一個の独立した人格として受け入れるということである。『少年を生ける全人としてみる姿勢である』とも表現されているが、このような受容的態度は、『かけがえのない尊厳さを持つ人間として常に対象者をみる人間観を持つ人のみがとり得るものである。この人間観から、対象者に対して常にあた

たかい善意の態度を保ち続け、対象者の人格および問題を類型的にとらえようとするのではなく、その人固有の独自性のものとして個別化して理解しようとする態度と技法が生まれる』と表現されていることからも明らかなように、そのなかには個人の人格を尊厳なものとして尊重するという近代民主主義の思想が含まれているのである。ケースワーク理論のもとでは、少年は単に上からの慈愛の対象となるだけの存在ではない。また国家が定めた臣民類型のなかに教化によって鋳込まれる対象でもない。少年は一個の独立した人格を有する個人として尊重されることになっているのである。

　そして、少年の人格に対する尊重は、単に少年を静的な存在として捉えるにとどまらず、自ら犯罪や非行を克服して発展していく動的な存在として捉えたうえで、そのような個人に対する尊重、信頼につながることになるのである。『ケースワークの過程は、ワーカーがその権威により対象者に指示命令して問題解決をはかるものではない。対象者は問題の過程に積極的に参加するよう援助されねばならない。対象者は、その参加した過程の中で自分の問題を考え抜き、自分の考え、決断をまとめたり、修正したりし、それに対して自分で責任をとるように、即ち自己志向の機会を最大限に認められねばならない』といわれることからも明らかなように、対象者すなわちクライエントに自らの決定により自主的に解決をするようにしむけ、ワーカーはそれを援助するに過ぎないという、少年の自立性の承認とそれに対する信頼とが、ケースワーク理論の第2の指導原理となるのである。

　右のように、ケースワークの理論は、少年の人格の尊厳を認め、さらに少年の生活の自立ないしは行動の自己決定を尊重するという思想に立脚している。犯罪を犯した少年といえども、その人格を独立したものとして尊重しながら、自らの力で非行性を解消していくことを信頼し援助しようとするのである。個人の尊厳という近代民主主義の基本原理を踏まえた実践的な技術であるといわれるのは、そのためである。」

　守屋氏の著書は、法制審議会の少年法改正に関する『中間答申』が公表された1977年に出版されたものである。その後33年経過しており、現在の実務ではどのように捉えられているか気にかかっていたが、2003年に矯正協会から出版され、矯正研修所の研修教材として現在も使用されている『研修教材　少年院法（全訂版）』を通読した結果、ケースワークの理論は現在も支持されていることが分かった。以下に、その教材の一部（36頁）を掲

記して、本稿を終える。

　　＊「社会における試練、危機を乗り越えて生き抜いていけるだけの強い自我形成がなければ、在院者の社会への更生復帰は望むべくもない。在院者の一人一人は、本質的に独自な自由な存在であり、自己実現に向けて不断に自己を克服し、自らの人生を自らの意思と責任をもって生き抜いていこうとする人間であることを深く理解し、そうした人間としてどこまでも尊重していくことが少年院における処遇の原理であり、この認識に立つことによって初めて在院者の人権保障の原理と社会復帰の原理との調和が図られる。」

【本稿が作成されるまでの系譜を明らかにするのに必要な、筆者がこれまで公表してきた論文の中の特に重要なものを年代順に記しておく】
　⑴　「新社会防衛論の刑事政策」『刑事政策講座第 1 巻』(成文堂、1971 年。後に『犯罪者処遇制度論（下）』〔大成出版社、1975 年〕に収録)。
　⑵　「戦後刑事責任論の軌跡──社会的責任論をめぐって──」刑法雑誌 24 巻 1 号 (1980 年。後に『新社会防衛論の展開』〔大成出版社、1986 年〕に収録)。
　⑶　「現代における刑罰の本質と機能」『現代刑罰論大系 1　現代社会における刑罰の理論』(日本評論社、1984 年。後に前掲『新社会防衛論の展開』に収録)。
　⑷　「犯罪・非行対策における強制の根拠とその限界」名古屋大学法政論集（大塚仁教授退官記念論文集）123 号 (1988 年)。
　⑸　「犯罪・非行対策とパターナリズム」犯罪と非行 76 号 (1988 年)。

　　　　　　　　　　　　　　　　　　（さわのぼり・としお／國學院大學名誉教授）

「少年の健全な育成」と手続的機能

守屋克彦

はじめに
第1　健全な育成とはなにか
第2　2008年改正法と健全育成
第3　「健全な育成」の手続的意味について

はじめに

　少年法1条は、「この法律は、少年の健全な育成を期し、非行のある少年に対して性格の矯正及び環境の調整に関する保護処分を行うとともに、少年の刑事事件について特別の措置を講ずることを目的とする。」と定めている。
　「少年の健全な育成」という表現は、教育の基本を定める教育基本法、児童の福祉に関する児童福祉法がいずれも育成という目的を掲げていることにつながる。少年法は、これらの法とととともに、この国の次世代を担う未成年者の育成という教育的な目的を志向する制度の一端を担う法律である。
　しかし、少年法が育成の対象とするものは、非行・触法・虞犯といった大人であれば犯罪として刑罰の対象となる行為あるいはそれに近接する領域の行為を行った少年である。
　法の立場からは、少年が生活をしている国家あるいは社会のために、ひいては少年自身のためにも同じような行為を繰り返さないようにすることが必要であり、少年法の教育目標は第1に再非行の防止に向けられる。さらに、少年法が、そのための教育手段として予定するものは、保護処分であり、多かれ少なかれ、対象者の自由を強制的に拘束する性質を持つ。少年法による育成は、教育の主体、教育すべき対象、教育手段という点で、学校や福祉機

関などが行う一般教育や児童福祉の分野から区別されると同時に、それらの分野とともに共通の目的を志向する領域にあるものとして、そのあり方が検討されなければならない *1。

　しかし、少年法の目的としての「健全な育成」という言葉は、抽象的な表現であるから、それに託するイメージは、人や立場によってさまざまな内容になり得る。現在の少年法の基本部分が施行されたのは1949年であり、すでに半世紀以上の年月が流れている。この間に、少年法については、何度か改正が企図され、その都度賛否両論の立場から意見が戦わされることが続いたが、それも「健全な育成」の理念を巡っての論争と言えないわけではない。そして、2000年の一部改正（2000年改正法）、最新の2008年の一部改正（2008年改正法）では、特に少年の非行による被害者との関わりを巡って、「健全な育成」のあり方を含めて、少年法の本質に関わるような重要な議論が行われた。本稿は、このような問題も含めて、少年法の基本理念や手続構造について明快な説明をされている平川宗信教授の新著『刑事法の基礎』（有斐閣、2008年）さらには、法制審議会少年部会に関わって来られた川出敏裕教授が雑誌「法学教室」に連載中の「入門講義少年法」などに刺激を受けて、「健全な育成」についての一つの局面を考えてみようとするものである。もっとも、私は少年審判の現場を離れてすでに10年以上も経過しており、感想程度の内容にとどまることになるが、澤登俊雄先生の傘寿にお祝いを申し上げる一員に加わらせていただきたいという一心のなせるわざとしてご海容をいただきたい。

第1　健全な育成とはなにか

　少年法における「健全な育成」の内容について、今日最も行き届いた研究をなされておられるのは澤登先生である。私が初めて澤登先生にお会いしたのは、法務省が、1970年に、「少年法改正要綱」を発表して、法制審議会に改正の諮問をした時期に、東京家庭裁判所で行われていた裁判官・弁護士などの実務家と研究者の研究会においてであった。「少年法改正要綱」の最大の特色は、18歳以上の年長少年を「青年」層とし、それに対する手続を原則的に刑事訴訟手続にしようとしたことにあった。当時は、1967年のア

メリカ連邦最高裁判所のいわゆる「ゴールト」事件判決などをきっかけに少年審判手続における適正手続の履践の必要性が説かれるようになったという時代の背景があった[*2]。「少年法改正要綱」は、適正手続の観点からすれば、検察官の関与する対審構造によってはじめて少年も成人並みの権利保障が得られることになるから、心身の成熟度に応じて対審構造を導入すべきであるという立場を示した。そのために、18 歳以上の年長少年を青年層として、原則的に刑事訴訟法の対審手続によることにし、18 歳以下の少年については、職権主義的審問構造中で、検察官関与を認めるという構想を示した。そのために、①年長少年について健全育成を標榜して保護主義をとることの当否、②健全育成の理念と適正手続との関係、③検察官の関与する対審構造と少年の権利保障のための適正手続との異同など、健全育成の内容あるいはそれを実現しようとする手続についての重要な問題について議論がおこなわれることになった。1972 年 10 月 23 日、岡山大学で開催された第 45 回日本刑法学会で、澤登先生のコーディネイトの下に私も参加して行われた「少年法における司法と福祉」という分科会が、その後少年審判における司法機能と福祉機能という言葉を定着させることに一役買ったと評価される[*3]のも当時の少年法に関する理論状況がもたらしたものである。

　健全育成というテーマに関して、この時代に検討され、今日まで引き継がれることになった内容は、私なりに 3 つに絞り込むことができるのではないかと思われる。

　1 つは、現在の少年法の保護主義は、前近代的と批判されるいわゆる国親思想（パレンス・パトリエ）と同一に論ずることはできないということである[*4]。国が非行を犯した少年に対して、刑罰ではなく保護処分に付するということは、パターナリズムと呼ばれる権力行使の類型にあたる。この点は、少年法も、旧少年法（1922 年施行・大正少年法）も共通であるにしても、旧少年法が、保護処分などに不服申立を認めず、少年の利益処分と位置づける国親思想に立脚していたことが明らかであるのに対し、少年法は、保護処分の不利益性を肯定し、少年側の不服申立を認めているのであるから、いわゆる侵害原理と競合するパターナリズムとして、その正当性が検討されなければならないということである[*5]。

　2 つ目は、健全な育成の内容である。澤登先生は、荒木伸怡教授の分析を引用して、少年に非行を克服させるという意味での健全育成の内容を、①少年が将来犯罪・非行を繰り返さないようにすること、②その少年が抱えてい

る問題を解決して、平均的ないし人並みの状態に至らせること、③少年が持つ秘められた可能性を引き出し、個性豊かな人間として成長するように配慮するという段階に分けて考えることができる、とする[*6]。そして、教育の段階から言えば、③の段階まで少年を引き上げることが理想であるが、それは、一般的な教育機関としての学校教育や家庭教育の分野において、強制を伴うことなく行われるべきであって、少年法の下での目標は、②の段階にとどまるべきだと言われる。リベラリズムを基調とする国家（日本国憲法下の我が国もこれにあたる）では、個人の自己決定権が最大限に尊重されるべきであり、公権力機関の介入・干渉は謙抑的になされるべきである、ということであり、積極的なパターナリズムや対象者に一定の価値を強要するモラリスチック・パターナリズムは、公権力行使の正当化要素となり得ない、とする[*7]。このことは、私と考えを共通にする。すなわち、私は、かつて、我が国における少年の非行に対する教育的処遇の沿革とその基底を流れる法思想の検討を試み、明治以来の少年犯罪対策が、寛刑主義から保護主義に移行し、さらに保護主義の内容である教育の理念が、大正少年法の「愛護」から太平洋戦争下の「教化」へ、更に戦後の少年法の民主的な性格にそった「ケースワーク」思想へと変遷したという過程としてモデル化した。その上で、保護処分によって達成しようとする教育目標を、積極的に少年の全人格的な教育として設定する考え方と、その教育目標を非行性の解消ないし再犯の防止という、いわば人格が局限的に表現された部分に限定しようとする考え方に区別した上で、後者の立場に立ち、司法外の一般的な非権力的な教育との連携の上に、全人格的な成長を実現するという関係にあるという構想を示したことがあるからである[*8]。この考えは、澤登先生が、②の段階を、少年法の目指すべき教育目標であるとすることと一致し、今日では、一般的な見解となっていると行って差し支えないと思われる[*9]。しかし、澤登先生の言われる「平均的ないし人並みの状態に至らせること」という点には、この国の憲法の下で生活する平均的な人の価値観まで引き上げるという育成を含むと解釈されるべきであろう。それこそが教育目標に他ならないと言うことである。

　3番目は、健全育成と適正手続の関係である。適正手続の理念は、先に述べたアメリカ連邦最高裁判所のゴールト判決がいうように、従来の国親思想に基づく保護主義の運用が、黙秘権の告知、非行事実の告知と弁解の聴取、証人審問権の行使などの手続的な権利の保障の点で、成人の刑事裁判手続と比べて劣悪な状態に置かれていることに対する批判として登場した。そのよ

うな批判は、事実認定手続における権利保障規定を欠く少年法に対する批判として、すでに我が国の家庭裁判所の中にも台頭してきていた。しかし、上記のように、「少年法改正要綱」が、適正手続の保障と少年審判手続に対する検察官の関与、対審構造とを抱き合わせた構想を示したために、適正手続の履践は、一方で少年審判の刑事裁判化につながり、教育的機能を後退させるのではないかという不安を抱かせることになった。しかし、その後の展開においては、適正手続は健全な育成を目指す保護教育機能と矛盾するものではなく、むしろ、「少年に対してその人権の保障を考え納得のできるような手続を踏んでやることによって、初めて保護処分が少年に対して初期の改善効果を挙げることができる」として、健全な育成の内容とその実現の前提をなすために欠かすことのできない位置が与えられることになった*10。そして、適正手続の保障は、沿革的には非行事実の認定手続について主張されることに始まったとしても、その趣旨は、要保護性の審理すなわち処遇決定の過程についても押し及ぼされることになる。非行が認定されることによって、何らかの強制的な介入は甘受せざるを得ないとしても、保護処分の選択に際しては、あたう限りにおいて、育成のために必要かつ有効な処遇が選択されるように、少年側の利益にそって、少年審判において意見を述べ、裁判所においても、それを聴くという場が保障される必要があるということになる。そのために、弁護士である付添人の選任の保障とその後の援助が望まれることになる*11。平川教授は、このような、健全な育成と適正手続との関連について、「健全育成の理念は、少年の人間としての尊厳を認め、個人として尊重し、成長発達権の主体として位置付けることを前提としている。少年手続の中でこの前提が守られなければ、少年の健全育成は期しがたく、少年手続の福祉機能も果たされない。少年手続においてこの前提を守るためには少年を手続的権利の主体として承認し、少年を個人として尊重するのに必要な手続的権利を認め、客観的事実に基づいて手続を行なうことが必要であろう。そのようにして初めて、少年は審判に納得し、自分の問題性を直視して解決・克服することが可能になると思われる。これが、少年手続における適正手続であるべきである。」と述べている*12。少年の手続的な権利を保障することの教育的な意味づけを行い、健全育成と適正手続とを関連づけた見解として、引用する。

　しかし、以上のような、少年法の目的である健全育成は、2000年改正法から2008年改正法にいたって、被害者との関わりにおいて、単なる理念に

とどまらない具体的な内容を問われることになる。ここでは、その最大の焦点として、少年審判における被害者の傍聴制度の導入を認めた2008年改正法を取り上げることにする。

第2　2008年改正法と健全育成

　2008年改正法は、①故意の犯罪行為により被害者を死傷させた罪、②刑法211条（業務上過失致死傷等）の罪（傷害した場合は生命に重大な危険を生じさせたときに限る）について、被害者等から、審判期日における審判の傍聴の申出がある場合に、少年の年齢及び心身の状態、事件の性質、審判の状況その他の事情を考慮して、少年の健全な育成を妨げるおそれがなく相当と認めるときは、その申出をした者に対し、これを傍聴することを許すことができる旨の規定を新設した（法22条の4）。

　被害者に対する情報の開示が、刑事裁判におけると同様に、少年法においても必要であるという意見は、2000年の法改正時から提唱され、2000年改正法は、被害者等による記録の閲覧および謄写の制度、被害者等の申し出にかかる意見の聴取および審判結果の通知という制度を新設した。その後、2004年に犯罪被害者等基本法が成立し、その基本理念として、「すべて犯罪被害者等は、個人の尊厳が重んぜられ、その尊厳にふさわしい処遇を保障される権利を有する。」と規定された（犯罪被害者等基本法3条1項）。そして、翌年に内閣で策定された「犯罪被害者等基本計画」においては、2000年改正法の5年後の見直しの際に、少年審判の傍聴の可否を含め、犯罪被害者の意見・要望を踏まえた検討を行い、その結論にしたがった施策を実施することとしていた。そのため、それらの趣旨や被害者団体の意見等を踏まえて、法務省は2008年に法改正作業に着手し、要綱を作成して法制審議会に諮問（諮問第83号）を行い、少年法（犯罪被害者関係）部会の審議を経た上、諮問案通りの答申を経て、2008年第169回国会に法案を提出した。

　法務省が、法制審議会に諮問した要綱及びその結果国会に提出した政府原案は、審判傍聴について、被害者等から審判期日における審判の傍聴の申出がある場合に、「少年の年齢及び心身の状態、事件の性質、審判の状況その

他の事情を考慮して相当と認めるときは、その申出をした者に対し、これを傍聴することを許すことができるものとすること。」という表現を用いており、被害者等の傍聴の許可を家庭裁判所の裁量によることとして、「少年の健全な育成を妨げるおそれがなく」という条件を示しておらず、傍聴の対象となる少年の年齢制限もなかった。立法当局の見解によると、被害者側が事件の当事者として審理の経過や処分の決定を見たいという強い要望は、犯罪被害者等基本法の趣旨に従って保護されるべき法的利益であるが、一方で、従来非公開の審判の長所と言われてきた審判での適正な処遇決定や少年の内省の深まりを阻害するようでは、審判の本来の目的は達成されないことになるので、審判傍聴の許否は、個別的に家庭裁判所の審判指揮に委ねることにしたという説明がなされていた[*13]。「少年の健全育成」は少年審判指揮において追求されるべき当然の目的として、特に条文において明記するまでもないとされたのである。しかし、2008年改正法の政府原案に対しては、当然のことながら、日本弁護士連合会や研究者の一部から反対意見があり、パブリック・コメントも寄せられていて、現在のような狭い審判廷において、被害者の傍聴を許すことは、少年の萎縮を招き、裁判官においても、プライバシーに関わる事情まで資料に取り上げ、内省を深めさせるような密度の濃い審判を運営することが困難になるという意見が出されていた。そのことは、法制審議会の審議事項にも反映されており、2007年12月21日の少年法（犯罪被害者関係）部会の第2回会議において配られた論点メモには、総論①の被害者等による少年審判傍聴の意義、必要性や法的利益をどう考えるかという論点に続いて、総論②として「被害者等に少年審判の傍聴を許すことと少年の健全な育成をどう考えるか」という論点の記載があるが、なぜか審議の経過をみても、「健全な育成」の内容も含めて、この論点を詰めるための議論がなされた形跡がなく、総論①の議論がなされた段階で、総論②も済んだことにされて、次の論点に移ってしまっている。そして、法制審議会は、諮問の原案の通り立法がなさるべきものとして答申した。

　しかし、この政府原案による少年法の一部を改正する法律案（内閣提出第68号）が提出された第169国会の衆議院法務委員会においては、第1回の2008年5月27日の審議の冒頭から、少年審判において被害者等の傍聴を認めることは、少年法の健全育成の理念と被害者の尊厳にふさわしい処遇を保障される法的な利益との調整の問題であるという意識が明確に打ち出され、民主党の細川律夫議員などから、法律の中に、健全な育成を害するおそ

れがないことを、傍聴を許可するかどうかの判断の要件として明確に規定すべきであるという意見が言われた[*14]。翌30日に同委員会に参考人として喚問された日本弁護士連合会の斉藤義房弁護士も、政府原案は家庭裁判所の判断基準が不明確であり、「少年の健全育成に照らし相当と認めるとき」とか、あるいは「少年の健全育成を害するおそれがないと認めるとき」などとして基準を明記すべきであると意見を述べている。しかし、国会の会期末ということで急いだためか、同日には、すでに、少年の健全な育成を妨げるおそれがないことを判断基準として明示した修正案が、自由民主党、民主党、無所属クラブ及び公明党の与野党参3会派の修正案がまとめられていて、その修正意見の通り可決されたのが、2008年改正法である。改正法では、「少年の健全な育成を妨げるおそれがなく」という文言が法22条の4に付加されたほか、新たに、法22条の5として、被害者等の傍聴を許す場合には、あらかじめ、弁護士である付添人の意見を聴かなければならず、少年に弁護士である付添人がないときは、職権で弁護士である付添人を付さなければならない旨の規定が設けられた。そしてさらに、法22条の6として、被害者等に対する説明の規定を設け、家庭裁判所は、被害者等から申出があった非行及び触法事件について、少年の健全な育成を妨げるおそれがなく相当と認めるときは、申出をした者に対し、審判期日における審判の状況を説明するものとするとして、審判傍聴の対象外の事件あるいは傍聴を許可されなかった被害者等に対して情報を提供する途を開いた法22条の6を追加し、更に12歳以下の年少少年の事件を傍聴の対象から除外することにした（法22条の4第1項）。このような修正意見のとりまとめ役となった細川議員は、別のところで、家庭裁判所の少年審判を受けたことのある経験者から、少年審判では、裁判官が、非公開の審判廷で、懇切和やかに、少年の心に響く審判を行っていることを聞いて、そのような審判廷の雰囲気を尊重すべきであるという感想を持ったことを述べている。このような感想が修正意見の背景になったと思われることや、政府原案にはなかった必要的付添人制度や国選付添人制度などを導入したこと、さらには、12歳以下の年少少年については、全面的に傍聴を許さないことにしたことを考えると、修正意見すなわち改正法の基礎には、被害者等の希望を容れて傍聴を許すとしても、そのことによって、現在の少年審判の雰囲気が変質してしまうことに対する懸念が強く働いており、それを防止するための歯止めが必要であるという認識が働いていたと見ることが出来ると思われる。それが、ともすれば、被害者側の意向を

尊重して原則的に傍聴を許す方向で考えたいという意向に見える鳩山邦夫法務大臣の発言とか、被害者側の傍聴の利益と少年の健全育成とは対等な価値であって、それを裁判官の個別的な調整に委ねるのであるから、付添人の援助なども必要がないとしていた立法当局及びその線に乗った説明を行った酒巻匡教授などの発言との微妙な差となり、法務委員会での活発な質疑が繰り返されることになった雰囲気を、記録から感じ取ることが出来る。そうだとすると、2008年改正法は、犯罪被害者基本法によって被害者が尊厳にふさわしい処遇を保障された法的な利益と少年の健全育成という少年法の価値とを対等に扱おうとするものではなく、被害者による傍聴は少年法の目的を阻害しない範囲内で認めるという立場をとった[*15]ということで、当初の政府案とはそぐわない内容になってしまったと見ることもできよう[*16]。

第3 「健全な育成」の手続的意味について

　以上のように、2008年改正法では、ひとまず、理念的には少年の健全な育成が被害者の傍聴の利益に最終的には優越するものと位置づけられたといえる。しかし、一方で、被害者の傍聴も、個人の尊厳に淵源を持つ重要な利益であるという位置づけもなされたのであるから、傍聴を不許可にする場合に、家庭裁判所においては、どのような理由で被害者側の傍聴を健全な育成を阻害するおそれがあると判断したのか明確に説明をすることを要求される場合が予想される。傍聴を許さないことに対しては、被害者等からの不服申立は許されないし、法22条の6においても、健全な育成を阻害するおそれがある場合は説明をしないことができるから、詳細な理由はもとより必要がないとしても、傍聴に寄せる被害者等の心情を考えれば、やはり、抽象的にでも説得的な基準を示す必要はあるといえよう。法は、少年の年齢及び心身の状態、事件の性質、審判の状況その他の事情と列挙するが、その中から、どのような場合を健全な育成を阻害する事情の基準とするか、家庭裁判所に難しい判断を迫ることになるのは間違いがない[*17]。この点で、法務委員会での政府側の説明では、もっぱら、少年のプライバシーに深く関わる事項、例えば、その少年が性的な虐待を受けていた事実などについて審判で少年から話して貰う必要がある場合が挙げられている。このような場合が、個人の尊重

という憲法的な価値にてらしても、傍聴を避けるべき事由にあたることは、おそらく異論がないことであろう[18]。

しかし、被害者等が傍聴することに対して反対する側の主な根拠は、審判で取り上げられることによって、少年のプライバシーに関する情報が他に流れ出すという懸念が生じることも重要ではあるが、やはり、被害者等が審判廷にいることによって、少年が萎縮してしまい、心の中を開くような発言ができないために、家庭裁判所としても、少年の内面に深く立ち入った審判ができず、審判が機能不全になるということであった[19]。法が予定するように、傍聴が認められるのは、被害者等が死亡しているかそれに匹敵する重大な障害を負った事件である。しかも、少年審判は、ほとんど事件後間もない時点で行われるので、少年も被害者も、事件を冷静に考えたり表現できる心理状態にはない場合が多い。当然に、被害感情が強く、意見陳述がなされる場合には、少年に対して苛烈なものになるのが普通であろう。そのような被害者が、意見陳述に引き続いて傍聴することを考えると、少年も被害者の目を意識し、萎縮して、表面的な反省・謝罪でその場を粉塗することに終始して、少年審判手続のケースワーク機能が損なわれるという状態がまさしく懸念されることである[20]。そのように考えれば、「健全な育成を妨げるおそれ」とは、「審判手続の中で、少年が自分の意見を十分には言えない状態に陥るおそれ」と考えることができないだろうか。そのような状態は、前に述べたように、健全育成の内容が適正手続と不可分に結びついており、また、少年の意見表明権の尊重が適正手続の内容となっているという理念と相容れない状態ということができるであろう。このように考えると、「健全育成を阻害するおそれ」ということは、少年に十分意見表明の機会を与えないことにつながることになる。被害者の傍聴は、被害者の尊厳につながる重要な利益であり、少年にとっても、被害感情を知ることが人の痛みを知るという教育につながることでもあるので、審判手続全部の傍聴不許可を求めることは特別のケースを除いては許されないと思われるにしても、少なくともその一部において、被害者と同席しないところで、直接裁判官に意見を聞いてほしいという願いが少年側にもあるとして、それすら許さないとすることは、健全な育成を阻害することになるといえないであろうか。

改正法は、被害者の傍聴による少年側の不利益を考えて、法22条の5による付添人援助の方法を新設した。付添人の援助は、法文上は、被害者等の傍聴の当否に対する意見を述べることに限られるが、仮に傍聴が許可された

場合には、審判にも出席し、少年の萎縮を少なくして審判に主体的に参加できるように援助し、少年が周囲に気兼ねせずに、被害者に対する思い、内省の状態や将来の更生への意欲などを裁判官に直接話して聞いて貰う機会を設けることにするための活動をすることになるであろう。そのような中で、少年に対して、仮に犯した行為が重大な犯罪であり、被害感情が厳しいとしても、その言い分は十分に聴くという適正手続の真髄を示すことが、ひいて、少年に対して、個人の尊厳を重んじる法の精神を示し、教育的な意味合いを持つと言うことになろう。

そして、そのことは、被害者等が傍聴している雰囲気の下で審判を運営し、苦心しながら、少年の内心に迫り、被害者の苦痛や遺族の悲しみに対する内省を深めさせ、できる限り更生の途を模索したいと考えている家庭裁判所の裁判官が合理的な裁量を発揮する理由にもなるのではないだろうか。

少年法の目的である「健全な育成」が、個別的な審判に際して、少年の言い分を十分に聴くという手続上の指針として具体化されるのかどうか、今後の被害者等が傍聴するケースの審判運営に注目してみたいと思う。

＊1　拙著『少年の非行と教育』（勁草書房、1977年）5頁以下参照。
＊2　拙稿「少年法改正の歴史と少年法」斉藤豊治他編『少年法の課題と展望（第1巻）』（成文堂、2005年）5頁以下参照。
＊3　葛野尋之『少年司法の再構築』（日本評論社、2003年）53頁以下。服部朗『少年法における司法福祉の展開』（成文堂、2006年）3頁以下。
＊4　澤登俊雄『少年法（第4版）』（有斐閣、2008年）47頁。
＊5　花岡明生「パターナリズムの正当化基準」澤登俊雄編『現代社会とパターナリズム』（ゆみる出版、1997年）224頁以下。
＊6　澤登・前掲注4書38頁。荒木伸怡「少年法執行機関による働きかけとその限界についての一考察」ジュリスト増刊総合特集『法制度と青少年の人権』（1982年）289頁。
＊7　澤登俊雄「犯罪・非行対策とパターナリズム」澤登・前掲注5書152頁。
＊8　拙著・前掲注1書196頁。
＊9　田宮裕＝廣瀬健二編『注釈少年法（第3版）』（有斐閣、2009年）30頁。
＊10　最一小決昭和58年10月26日刑集37巻8号1260頁以下の団藤重光裁判官の補足意見参照。
＊11　拙稿「少年審判の処遇決定過程と適正手続」拙著『現代の非行と少年審判』（勁草書房、1998年）166頁以下参照。
＊12　平川宗信『刑事法の基礎』（有斐閣、2008年）291頁以下。
＊13　http://www.moj.go.jp/SHINGI/syounen_index.html によってダウンロ

ードした法制審議会少年法（犯罪被害者関係）部会（平成 19 年 12 月 13 日から平成 20 年 1 月 25 日まで 4 回開催）の議事録による。
* 14 http://kokkai.ndl.go.jp/SENTAKU/syugiin/169/0004/main.html によってダウンロードした第 169 回国会衆議院法務委員会（平成 20 年 5 月 27 日及び同月 30 日開催）の議事録による。
* 15 川出敏裕「少年法における被害者の法的地位（入門講義少年法第 6 回）」法学教室 341 号（2009 年）130 頁。
* 16 同 132 頁。
* 17 同 134 頁は、これまで言葉の上で言われてきたにすぎなかったともいえる、少年の健全育成と被害者の権利利益の保護の衝突という事態が現実のものとして生じる可能性が高いと指摘する。
* 18 田宮＝廣瀬編・前掲注 9 書 271 頁。
* 19 前掲衆議院法務委員会（平成 20 年 5 月 30 日開催）における参考人斎藤義房弁護士の意見など。
* 20 平川・前掲注 12 書 293 頁。

追記　脱稿後、葛野尋之「少年審判の処遇決定手続と少年の手続参加」『刑事法における人権の諸相——福田雅章先生古稀祝賀論文集』（成文堂、2010 年、125 頁以下）、本庄武「少年刑事事件における憲法上の権利としての手続的・実体的デュー・プロセス」（同書 227 頁以下）に接した。少年事件における適正手続のあり方について、本稿と志向を共通にするものと思われ、引用する暇がなかったことが残念である。

（もりや・かつひこ／東北学院大学法科大学院教授）

少年法の基本理念
——法改正との関係を中心に

廣瀬健二

第1　はじめに
第2　少年法改正までの経緯
第3　平成12年改正
第4　平成19年改正
第5　平成20年改正
第6　おわりに

第1　はじめに

　少年法は第1条で健全育成の目的を謳っている。しかしながら、少年法も施行から60年、人間でいえば還暦を迎えており、時代・社会状況の変化に伴う運用の変遷がみられるのみならず、平成12年以降、平成19年、平成20年と3回も重要な法改正が繰り返され、今後の更なる改正も想定される状況である。しかも、これらの改正については、厳罰化・刑罰化、健全育成の理念に反するものなどという批判もなされている。これまでの改正では1条の健全育成の目的自体は変更されていないが、このような状況下で、その基本理念は変容したのか、今後、その理念を変えていく必要があるのかなどの問に直面しているといわざるを得ない。そこで本稿では、これまでの法改正の経緯及び運用状況等を概観してその意義を見定めたうえ、それが少年法の基本理念にどう影響を及ぼしてきたのかという点に焦点を当てて検討することとする。

なお、少年法の基本理念自体、多義的で大きな問題であるが、この点については、私も参加させていただいた少年法に関わっている関係者による座談会「少年の健全育成とは何か」において多角的かつ実践的に詳細な検討が行われているので、詳細はそちらに譲らせていただき、ここでは、家庭裁判所が少年の調査・審判において、非行少年の非行性を解消しその立ち直りを図ることを目的とするものとして、論じていくこととする[*1]。

第2　少年法改正までの経緯

1　旧少年法（大正11年法律第42号）の成立と特徴

　旧少年法は、内務省（厚生・労働省等の前身）と司法省（法務省の前身）等の対立から10数年の議論を経てようやく成立したが、その妥協の結果、①少年法の適用年齢は、提案の20歳未満が18歳未満に限定され（旧少年法1条）、②少年事件の範囲については、虞犯少年、触法少年、犯罪少年を扱うものの（同4条）、犯罪少年については、軍人軍属等の除外（同3条・26条）、死刑、無期、短期3年以上の懲役・禁錮の重罪及び犯行時16歳以上の者の原則除外（同3条・27条）、14歳未満の少年は地方長官先議とされたこと（同28条2項）、③検察官先議（犯罪少年については、検察官が保護処分相当と判断したものを少年審判所に送致）による限定があり（同27条・62条）、④国選を含む付添人制度はあったが（同42条）、手続規定、処分の不服申立権はなく、処分の事後的な変更（同5条）も認められていた。他方、⑤検察官は事件を事前選別しているため審判手続には関与せず、⑥審判は司法省管轄の行政機関（少年審判所）が行い（同15条〜21条）、⑥保護処分には訓戒等一時的なものも含むもの（同4条）とされていた[*2]。

2　現行少年法の特徴

　現行少年法は、戦後の改革の中で、⑥の審判機関を司法機関とするか、③の手続選別を家庭裁判所の権限とするかが中心的な問題とされた。結論としては、①が20歳未満（2条1項）、②が犯罪・虞犯少年の全事件、ただし

14歳未満は児童福祉機関先議（3条）、③事件の選別は家庭裁判所が行うこととなり（全件送致により担保。41条・42条）、④令状を採用し（11条等）、事実調べに刑事訴訟法を準用し（14条・15条）、保護処分に対する抗告権を創設し（32条）、⑤審判には検察官の関与を認めず、⑥審判機関は家庭裁判所の裁判官とし（3条・4条）、⑦保護処分が3種類に限定される（24条）などの改革がなされ、健全育成の目的規定が置かれ（1条）、保護優先の原則が明確にされた。

　法施行後、昭和29年までの間にも小改正が繰り返されているが、ほとんどは現行法施行の態勢が整うまでの暫定措置（①18歳未満への限定）の解消、各種関連規定の整備のためのものということができ、保護主義を徹底するための動きと捉えることができる[*3]。

3　少年法改正の動きとその頓挫

　前述のように権限を縮小された法務省では昭和34年ころから法改正が検討され始め、昭和41年に少年法改正構想、それに対する批判を受け再構築された昭和45年の少年法改正要綱及びその後の法制審議会において、18歳から20歳を青年として刑事手続での処理を原則とし（青年層の設置）、検察官に手続の実質的な選別、審判への関与、抗告権などを付与すると共に少年の権利保護の手続整備の改正提案がなされた。同要綱は、適正手続を掲げて④少年の権利保障の拡充、⑦保護処分の多様化が提案されているが、主要な争点となったのは、①少年事件の限定による処遇の刑罰化、③検察官先議の一部復活、⑤検察官の審判関与であり、青年層の設置自体の賛否が激しく対立し、結局、この点を棚上げし、昭和52年に現行法の基本構造の範囲内で差しあたり速やかに改正すべき事項として、④について、少年に対する権利保護の教示、国選の弁護士付添人制度、付添人の意見陳述権・証拠調べ請求権、少年の証人尋問権、自白・補強法則、調査官の調査結果の取り扱い、非行事実不存在決定、試験観察・観護措置に関する規定の整備、再審に相当する非常救済手続の整備、観護措置決定等への不服手続創設、⑤について、家庭裁判所の要請・許可による検察官の審判出席、法令違反、重大な事実誤認による検察官の抗告、18、19歳の少年による死刑、無期、短期1年以上の重罪についての検察官の審判出席、必要的付添人、刑事処分相当の検察官抗告、捜査機関の不送致の一部許容、⑦について保護処分の多様化、審判権留

保、保護的措置の明文化、保護観察付き執行猶予の特則などが中間答申の内容とされたが、研究者、日弁連等の強い反対もあって、結局、具体的な法案化は図られなかった。この間の動きについて、法施行以降の関係資料[*4]を通覧すると、家庭裁判所が、創設期以来、直面した様々な困難とそれを凌駕する関係者の情熱・奮闘ぶりが窺えるのであって、この改正の頓挫も家庭裁判所を中心とした関係者により積み重ねられてきた運用実績の成果ということができる[*5]。

その後、改正論議の中で中間答申にまとめられた⑦保護処分の多様化や④少年の権利保障強化については、運用上相当程度の改革、すなわち、法務省の通達による少年院・保護観察の短期処遇、家庭裁判所における事件処理要領等による手続運用の準則化が行われる一方、手続の構造自体の改革は全く行われず、刑事処分については、逆送決定の極限的な運用が進められ、家庭裁判所が保護教育主義の運用を定着させてきたといってよい[*6]。その後30年間、法施行から50年間実質的な改正はなく法制度自体は安定した状況にあったが、最近10年間に、前述のように重要な法改正が3回行われ、更なる改正も予想されている。いずれの改正についても評価が分かれているが、私も既に論じているところであるので、詳細はそれらを参照していただくことにして、以下要点のみを指摘しながら検討していくこととする。

第3　平成12年改正

1　改正の経緯及び概要

非行事実の認定やその手続については、旧法の制定時、現行法への改正時、いずれも問題とされておらず、否認事件等についての非行事実認定手続については検討不十分であった。このため、昭和40年代から非行事実認定手続の改革の必要が指摘されていたところ、山形の傷害致死、草加の強姦・殺人、綾瀬の強盗殺人など重大事犯で非行事実の認定が激しく争われ、家庭裁判所の少年審判の事実認定が、抗告審や地方裁判所の判断と食い違うなどして問題とされる事例が続発した。このような状況を受けて、裁判官等から提言[*7]された問題点の改善を企図し、法制審議会の答申を受けて改正が法案化され

た。この法案自体は衆議院解散によって廃案となったが、その直後の重大非行の続発を受けて処分の在り方の見直し、犯罪被害者保護の観点から犯罪被害者への配慮の充実という2つの要請が付加されたうえ、議員立法により反対意見にも配慮して一部修正がなされて成立したものである。その改正内容は、非行事実認定手続の改革として、①裁定合議制（裁判所法31条の4）、②家庭裁判所の許可による検察官の審判手続への関与（22条の2）、③検察官関与事件における国選付添人（22条の3）、④観護措置期間の伸長（特別更新・17条）及び観護措置決定等に対する異議申立（17条の2）、⑤検察官の抗告受理の申立て（32条の4）、⑥保護処分終了後の取消（27条の2第2項）が認められた。処分の在り方の見直し等として、⑦検察官送致可能年齢の引下（20条1項、年少受刑者につき、56条3項）、⑧原則逆送（20条2項）、⑨刑の緩和の限定（51条2項・58条2項）、被害者への配慮措置として、⑩被害者等による事件記録の閲覧謄写（5条の2・3）、⑪被害者の意見聴取（9条の2）、⑫被害者等への処分結果通知（31条の2）のほか審判の方式（22条1項）、保護者に対する措置（25条の2）が設けられた[*8]。

2　改正法の運用状況

5年間の運用状況は、①裁定合議制172（1年平均約34）、②検察官の審判関与100（同20）、③国選付添人の選任事例25（同5）、④特別更新249（同50）、観護措置決定等に対する異議申立て570（同114条、取消41〔同8〕）、⑤抗告受理申立て5（同1、取消3〔同0.6〕）、⑥保護処分終了後の取消、申立3（同0.6、取消2〔同0.4〕）、⑦16歳未満の検察官送致5（うち、55条移送2・道路交通法違反2）、⑧原則逆送、対象事件349中216（61.9％・同43）、⑨行為時18歳未満の少年に対する無期刑の科刑2（同0.4）、⑩閲覧謄写2836（申出2880）、⑪意見聴取791（申出825）、⑫結果通知3153（申出3180）となっており、その後の統計をみても大きな変化はみられない[*9]。

3　改正の意義及び影響

全般的に厳罰化の改正との批判がなされたが、この運用状況をみると、被害者等への配慮の充実の規定⑩～⑫は積極的に活用されていること、観護措

置等に対する異議申立て④及び保護処分の取消⑥も権利保護に活用されていること、厳罰化と批判された⑧原則逆送の検察官送致は約6割（年間40件余り）で約4割は但書が適用され保護処分が選択されていること、年少者の逆送⑦は極限されていることが指摘できる。総じて事件の内容等に配慮しバランスを図った運用が家庭裁判所において行われており、②④⑤についても、謙抑的な運用がなされているといってよいと思われる[*10]。

　また、改正法の内容のうち、非行事実認定手続の改革については、適正な事実認定を実現して真相解明を促進しようとするものである。冤罪防止の面では少年の権利保障のみならず情操保護にも資するほか、動機等を含めて非行事実の認定がより適正化されることは、少年の問題点がより正確に解明されることになるので、少年の要保護性に即した最適な処分を行い非行性を解消させることにより、その健全育成に資するものとなる。検察官の審判への関与②は非行事実認定手続に限定されており、検察官の抗告受理の申立て⑤にも処分不当は含まれていないので、この点も厳罰化だとする批判は正当なものとはいえない。

　②処分の在り方の見直しのうち、原則逆送などには一般予防的な刑罰化の側面も否定できない。また、改正前よりもその対象となった重大な非行については逆送されて刑事手続において長期の刑が科される少年が増えたことも認められる。確かに長期刑は、少年の立ち直りについて保護処分ほど有効ではない場合、長期拘禁・科刑の弊害等が生じる場合なども考えられる。しかしながら、⑧の原則逆送は、行為時16歳以上の少年による故意の生命侵害犯に限定されているうえ（20条2項）、家庭裁判所の調査の結果に基づく例外（同項但書）、55条移送も認められているので、保護教育主義の基本構造を変容させるような規定ではない[*11]。また、運用実績も前述のように年間40件余りに過ぎない。保護主義の例外が少ない方がよいという点では批判的な見解も理解できないわけではないものの、改正前の少年法は、少年の年齢や非行の罪質、事件の性質・争点等を問わず一律の手続とされており、制度的にも無理なところがあったという面は否定し難いと思われる。例えば14歳の万引きの自白事件と19歳の強盗殺人の否認事件が同じ手続で扱われ同じ処分が可能であるということは、英米独仏などの諸外国においては、想定しにくい事態である[*12]。また、重大な少年非行に対して、犯罪被害者や一般社会が抱く被害・処罰感情、不安や正義感情等への対応策が不十分であったことも否定し難いところであろう。さらに、平成17年に犯罪被害者

少年法の基本理念　35

等基本法が施行され、犯罪被害者等基本計画において少年事件についても犯罪被害者等の心情に十分配慮した対応が求められている。これらの状況の下で考えると、この改正については、少年非行についても諸外国並に犯罪の重さや犯罪少年の年齢による区分を設け、被害者や国民の納得を得ることに配慮したという側面からの評価も必要と思われる[*13]。この改正が被害者や一般国民の少年審判制度全般に対する信頼確保に資するという面では、少年の社会復帰、立ち直りの前提を確保するものともいうことができるので、広い意味では健全育成に資するものということができる。

　③犯罪被害者への配慮は、直接的には少年の改善更生につながるものではないが、いずれにおいても健全育成への配慮が前提とされているうえ（5条の2、31条の2）、被害者等も含めた国民一般の少年審判制度全体に対する信頼確保という観点からは、同様に、健全育成に資するものともいえよう。実際にも、前述のとおり、健全育成とのバランスをも図った運用上の努力がなされているものと思われる。

第4　平成19年改正

1　改正の経緯及び概要

　14歳未満の少年による長崎園児殺害事件、佐世保女児同級生殺害事件等の重大触法事件などを契機に、平成16年9月①警察による触法・虞犯少年の調査権限、重大触法事件の送致手続の整備、②14歳未満の少年の少年院収容、③保護観察の条件違反への対応、④国選付添人の拡充などを盛り込んだ諮問が法務大臣から法制審議会になされ、その審議を経て平成17年2月答申が出され、これを受けて立案された改正法案が同年3月国会に提出されたが、同年8月衆議院が解散されたため審議されないまま廃案となった。平成18年2月再度、同様の法案が提出され、継続審議を経て平成19年5月一部修正のうえ成立し、同年11月施行された。その国会審議の結果、批判の一部に配慮し、①について、虞犯少年の調査権限規定を削除し、調査における付添人の選任を認め、②について、少年院収容下限は撤廃せず、引下げに止め、④について、国選付添人の選任の範囲を広げたほか、各要件規定

を明確化する文言を加えるなどの修正がなされている。

平成19年改正は、①について、警察に触法少年に対する強制調査を含む調査権限を認め、そのうち重大事件については、警察から児童相談所への送致及び児童相談所等から家庭裁判所への送致を原則として義務付け、②初等・医療少年院の収容年齢下限を「おおむね12歳」に引下げて触法少年の送致を可能にするとともに、その送致決定を「特に必要と認める場合」に限定し、③保護観察の遵守事項に違反した少年への警告の権限及び収容保護処分の申請権を保護観察所長に認め（施設送致申請事件）、④国選付添人の選任を犯罪・触法少年の重大事件に広げたほか、保護観察所長・少年院長の保護者に対する指導、助言等の措置などを認めた[*14]。

2　改正法の運用状況

平成21年4月までの時点で②14歳未満の少年に対する少年院送致は、いずれも決定時13歳の少年の現住建造物等放火2件（確定）、傷害、強盗、暴行1件（抗告審で取消差戻し）がある（うち一例は家月61巻2号310頁に掲載）。③保護観察の条件違反に対する施設送致申請は4件ある（うち2例は家月61巻7号81頁、同85頁に掲載）。平成19年11月の施行以降、未だ日が浅いため、いずれも十分な事例はないが、②については、いずれも上限の13歳に対するもので、放火、強盗という凶悪・重大事犯であって特別な必要性については当然、考慮されているものと思われる。③についても、実例が少ないので運用の当否の評価は困難であるが、紹介された前記事案の内容、一般事件で保護処分として保護観察に付される少年は年間1万数千人いること（平成19年度、13,993人）などから考えると、保護観察所としては、不良措置をとらなかった事例も含めて十分な検証を行い、今後とも時機を失することのないように、必要に応じて不良措置を講じていくことが求められているといえよう。

3　改正の意義及び影響[*15]

この改正についても④以外には批判が強いが、基本的にはこれまで実務上のそれぞれの分野で問題とされていた点の改革と少年の権利保護を図るものというべきであり、いずれも少年の健全育成に資するものというべきであ

少年法の基本理念　37

る。

　すなわち、①触法少年に対する調査権限・送致手続の改革については、少年審判実務の実情として、触法少年の事件では、重大事件でも証拠資料が不十分で審判に困難をきたす場合があったので、前者については、これまで最適な処分をするのに不十分であった調査資料を確保し、家庭裁判所の科学調査、審判を手続上確保する改正といえる。また、児童相談所から家庭裁判所への送致がないため、科学調査が生かせず、真相の解明もできなかった場合、共犯者のうち一部の者が送致されず、事件全体の真相解明や処分の均衡の確保に支障をきたしたことなどの問題状況を改善するためになされた改正であって、健全育成のための改正とみることができる。

　② 14歳未満の少年の少年院収容については、例えば中学校2年生（13歳、14歳）の共犯による傷害致死事件で14歳の少年が少年院送致とされる場合、処分の均衡から13歳の少年の少年院送致も検討する必要がある場合があり、触法少年でも殺人等の重大事件などで強制的な収容処分が必要な少年（例えば、長崎園児殺害事件、佐世保同級生殺人事件等）もいる。しかし、改正前は、少年院収容の下限が14歳とされていたため、14歳未満の少年に対してはおよそ少年院送致が不可能であった。このため、前述のように、処分の均衡を失し、少年院送致とされた少年の処遇効果が減殺されたり、本来開放施設である児童自立支援施設に、強制的な収容処分の対象となるべき少年を送致し、本来一時的な措置であるべき強制措置の許可を長期にわたって認めるというような変則的な運用が生じて問題となっていた。今回の改正はこの改善を図ったものである。この点についても、これまで少年院に行かなかった少年が収容されるようになるので厳罰化だという批判もあるが、この改正は、少年法上、限定のない保護処分の対象である触法少年について、必ずしも合理的な理由なく課されていた収容制限を緩和し、特に必要性がある少年の少年院送致を可能としたものにすぎない。14歳未満の少年には少年院送致相当な者は全くありえないというのであれば別論であるが、処分の必要のある少年に対し最適な処分を可能としたものであるから、健全育成に資する改正ということができる。また、共犯少年の処分の均衡の問題も解決できるので、少年の納得等から処遇効果も改善も見込めることから、この点も同様に評価できる。

　③保護処分としての保護観察は、唯一の社会内処遇として最も期待されて活用されていながら、その実効性に限界を感じざるを得ない実情であること

は、少年事件に携わる者の共通認識といってよいと思われる。その原因として、他の保護観察の場合には設けられている条件違反の担保措置（仮退院の場合の戻し収容、仮釈放の場合の仮釈放取消・収監）などと異なり、全く担保措置がなく処分の実効性が減殺されていたことがあることは明らかである。今回の改正は、この問題点を改善し、少年を立ち直らせるための処分としての有効性・実効性を確保しようとするものであるから、健全な育成に資するものということができる。

もっとも、年少者の処遇には原則として福祉的な措置が有効であり、児童福祉機関やその措置の充実が求められることは当然であり、さらなる充実が図られるべきである。

第5　平成20年改正

1　改正の経緯及び概要

平成12年改正には5年後の見直し（同法附則3条）が予定されていたところ、平成16年に、被害者等の権利保護拡充を目指して犯罪被害者等基本法が成立し、これを受けて翌年閣議決定された犯罪被害者等基本計画（Ⅴの第3の1⑼）において、犯罪被害者等が被害に係る刑事に関する手続への参加の機会を拡充するための制度整備が求められ、うち少年審判については、その傍聴の可否を含め、被害者等の意見・要望を踏まえた検討を行い、その結論に従った施策の実施が要求されていた。これを受けて、刑事裁判については、平成19年6月、被害者等の刑事裁判手続への参加を含む刑訴法改正等が成立した。少年審判に関しては、同年11月、法務大臣から法制審議会に被害者等の少年審判における被害者等の権利利益の一層の保護等を図るために必要な法整備について諮問がなされ、少年法部会の審議等を経て平成20年2月答申が出され、これを受けて、①一定の重大事件の被害者等の申出による少年審判の傍聴の裁量的許可、②被害者等による少年事件記録の閲覧・謄写の対象範囲の拡大、③被害者等の申出による意見聴取対象者の拡大が改正法案とされた。また、直接の関連はないが、家庭裁判所の専属管轄とされているため実務上問題となっていた④少年の福祉を害する成人の刑事

事件を地方裁判所・簡易裁判所に移管し、少年法の第3章、37条〜39条を削除する改正も同法案に盛り込まれて同年3月国会に提出された。日弁連等の反対論もあって、衆議院において①の傍聴について、傍聴の基準の明示、少年等への配慮、弁護士付添人（国選付添人の拡充）からの意見聴取などの付加、触法事件の傍聴の限定（22条の4・5）、⑤被害者等の申出により家庭裁判所による審判期日における審判状況の説明の規定（22条の6）、施行3年後の検討規定（改正附則）を設けるなどの修正が加えられたうえ、同年6月成立し、同年12月から施行された*16。

2　改正法の運用状況

①犯罪被害者等による審判傍聴については、平成21年3月末までの間の対象事件74件中、全国各地で35件の申し出があり、ほとんどの事件で審判傍聴が認められている。申し出数が多いのは、自動車運転過失致死傷、傷害致死であり、申し出率が高いのは、傷害致死、傷害、強盗致死、強盗殺人などである。傍聴付添があった事例は3割弱である。傍聴が認められなかったのは、非行無しで審判不開始とされた事例、申出資格のない者からの申出であった事例、審判を開かず検察官送致した事例である。⑤説明制度については、100例ほど申請があり、審判不開始となった事例以外は説明が行われている。罪名としては、傷害が圧倒的に多く、強盗致傷、暴行の順となっている。施行後未だ日が浅く事例も少ないため、傾向的な評価することは相当とはいえないが、やはり人身被害についての要望が強いこと、各家庭裁判所において、相当工夫、努力をしながら誠実に対応していることが窺える*17。

3　改正の意義及び影響

少年法の基本原則である手続非公開の例外を定めた点で重大な意義を有する改正である。他方、少年の健全育成を図る目的の変更はないのであるから、傍聴のある審判においても、これまでの審判の機能を後退させてはならない。このため、審判運営上困難な場面に直面すると思われるが、裁判官以下関係者の力量が問われる、換言すれば腕の見せ所と位置付け努力すべきである。付添人においては、少年の権利・情操保護等を損なわないように求め、努めるべきであり、少年審判官としては、調査官、書記官等との協働の下、

これまで培ってきた経験等を活かし、被害者等に配慮しつつ、審判の本質を変えない審判運営を断行すべきである。その際、前述の法案修正で挿入された触法少年の精神的未熟さに対する十分な配慮、傍聴者への付添、傍聴者等の座席位置、職員の配置等への配慮、両院の附帯決議で配慮を求められた健全育成の目的の確実な達成への努力、少年の萎縮防止のための審判廷の在り方の検討・周知など、保護・教育主義の審判手続の根幹にも関わるものとして、改正法の適切な運用は勿論、その影響を慎重に見定め、問題点の把握、改善に努めるべきであろう。

犯罪被害者の少年審判の傍聴については、前述のように、異論が多く問題点が指摘された。しかし、成立した改正法は、対象事件を限定し、種々配慮規定をおき、健全な育成に反しないことが前提として規定されているのであるから、これも基本構造・理念の変更をもたらす改正ではないということができる。家庭裁判所をはじめ関係者には、配慮規定に即した運用上の努力が強く求められ、また、それを可能とする人的・物的な措置（予算も含む）が講じられるべきである。

第6　おわりに

このように、累次の改正によっても少年法の基本理念は揺らいではいないといってよいと思われる。この点について、少年法は、批判等に曝されながら「嵐に耐える喬木のように大地に根を張って」おり、その「基本構造は終始維持されている」と評されている[18]。私も基本的に賛同するものであるが、家庭裁判所の裁量に委ねられた部分が順次拡大しており、その職責はますます重大となっているというべきである。

少年法制の歴史や諸外国との比較法制のみならず、自らの実務経験に照らしても、我が国の少年法60年の保護優先的な運用は高く評価すべきものであること、少年に対する保護・教育主義は今後も基本的に堅持すべきであること、少年法の基本理念も変更するべきではないことを、私は確信している。しかしながら、同時に、このような保護優先的な運用は、我が国が戦後の混乱を速やかに脱した後、経済の驚異的な成長・発展を遂げるとともに良好な治安状況を相当期間享受できたことなどの好条件が揃った状況におい

て、家庭裁判所を中心とした関係者の弛まぬ努力によって実現された、ある意味では奇跡的な、保護・教育主義の成功と評すべきものであるであることを忘れてはなるまい。従って、このような運用実績は、当然の前提とされるべきものではなく、これを維持するには不断の努力が求められる性質のものであることをまず銘記すべきである。

　ところで、今日が、激動の時代、革命期とすらいえる状況であることは、大方の共通認識となっているものと思われる[*19]。このような激動期には、過去の運用・業績[*20]などがいかに優れていたとしても、従来のやり方を墨守するだけでは不十分であり、守るべきものも維持できないであろう。激変する状況の中で何を守り、維持し、どこを改変していくべきであるのかを、制度の原理・原則に立ち返り、比較法制や歴史的な視点等にも立って十分な検討を行うことが必要となる。そのうえで、守るべきものについては、その必要性・合理性、改変の弊害等の説明・説得に努め、取り入れるべきものは積極的に取り入れ、改めるべき点については、積極的に運用上の試行・工夫を重ねるのはもちろん、立法論も含めた提案も必要に応じて積極的に行って行くことなどが求められるというべきである[*21]。対案も示さずにする単なる批判・反対のみでは、少年司法全体に対する信頼失墜、問題状況の悪化を招きかねないことを銘記すべきである。

　＊１　基本理念の原理的な検討に関して、廣瀬健二「少年責任研究についての覚書」『小林充・佐藤文哉先生古希祝賀刑事裁判論集（上）』（判例タイムズ社、平成18年）610頁、近時の注目すべき論考として、川出敏裕「少年法の概要と基本理念」法教331号（平成20年）153頁以下がある。
　＊２　旧少年法の条文については、田宮裕＝廣瀬健二『注釈少年法（三訂版）』（有斐閣、平成21年）以下、「注釈少年法」として引用）563頁以下参照。旧少年法制定を含む歴史的経緯については、森田明『未成年者保護法と現代社会』（有斐閣、平成11年）、同『少年法の歴史的展開』（信山社、平成17年）、現行少年法の改正経過については、守屋克彦「少年法改正の歴史と少年法」斉藤豊治＝守屋克彦編著『少年法の課題と展望(1)』（成文堂、平成17年。以下「課題と展望(1)」と略記）1頁があり、本稿はこれらの分析に負っているところが大きい。
　＊３　詳細については、守屋・前掲注２論文４頁、丸山雅夫「我が国の少年法とその改正論議の概要」小樽商学討究41巻３号（平成３年）53頁、61頁参照。
　＊４　最高裁判所事務総局家庭局「家庭裁判所十年の歩み」家月11巻１号

（昭和34年）10頁、同「家庭事件一五年のあゆみ」同16巻4号（昭和39年）207頁、同「家庭裁判所二〇年のあゆみ」『家庭裁判所の諸問題上巻』（家庭裁判資料88号）538頁（昭和45年）など

＊5　松尾浩也「少年法──戦後60年の推移」家月61巻1号（平成21年）92頁は、この動きを少年法施行20年の歳月経過の重みが改正の動きを押し戻すだけのエネルギーを蓄積させていたことによると分析されている。

＊6　松尾・前掲注5論文94頁。

＊7　八木正一「少年法改正への提言」判タ884号（平成7年）35頁、廣瀬健二「少年審判における非行事実認定手続」犯罪と非行108号（平成7年）4頁、浜井一夫ほか『少年事件の処理に関する実務上の諸問題──否認事件を中心として』（法曹会、平成9年）301頁等参照。

＊8　詳細については、甲斐行夫ほか『少年法等の一部を改正する法律及び少年審判規則等の一部を改正する規則の解説』（法曹会、平成14年）、注釈少年法22頁、青沼潔「裁定合議制」課題と展望(1)37頁、斉藤豊治「検察官の審判関与」同書48頁、岩佐嘉彦「付添人の活動と国選付添人制度の導入」同書70頁、相澤重明「要保護性調査の基本的な視点」同書90頁、加藤学「否認事件の審判」同書105頁、伊東武是「抗告受理申立制度について」同書128頁、守屋克彦「不処分決定と一事不再理効」同書136頁、同「保護処分終了後の取消し」同書149頁、川出敏裕「処分の見直しと少年審判」同書160頁、児玉勇二＝杉浦ひとみ「少年法改正と被害者への配慮」同書183頁、工藤眞仁「家庭裁判所調査官による被害者調査」同書198頁、岡本英生「観護措置・資質鑑別」同書209頁、下坂節男「原則逆送と社会調査」同書222頁、加藤暢夫「保護観察」同書231頁、津富宏「少年法改正が少年院に与えた影響と課題」同書246頁、浜井浩一「少年刑務所における処遇」同書258頁など参照。

＊9　5年後以降の統計の詳細については、廣瀬健二「我が国少年法制の現状と展望」ケース研究301号（平成21年）39頁参照。

＊10　最高裁判所事務総局家庭局「平成12年改正少年法の運用の概況」家月58巻9号（平成18年）99頁以下、同国会報告同号115頁以下、長岡哲次＝入江猛＝溝國禎久＝大森直子『改正少年法の運用に関する研究』司法研究報告書58輯1号（平成18年）。

＊11　松尾・前掲注5論文97頁。

＊12　廣瀬健二「海外少年司法制度──英、米、独、仏を中心に」家月48巻10号（平成8年）1頁、注釈少年法5頁、河原俊也「2002年、2004年及び2007年のフランス共和国における少年事件処理の実情」家月60巻10号（平成20年）2頁、森健二「アメリカ合衆国における少年事件手続の実情」家月61巻6号（平成21年）1頁、川淵健司「ドイツ連邦共和国における少年裁判手続の実情」家月61巻9号（平成21

年）35頁、宇田川公輔「イギリスの少年司法の動向と少年司法手続の運用状況について」家月61巻10号（平成21年）1頁等参照。

*13 改正前の逆送の下限（改正前20条但書）が米法にならって16歳であったこと、フランスでは少年の減軽排除の年齢区分が16歳とされていること(浜井ほか・前掲注7書86頁)なども考慮すべきであろう。なお、河原・前掲注12論文52頁も参照。

*14 改正の経過、改正内容について、久木元伸＝川淵武彦＝岡崎忠之「『少年法の一部を改正する法律』について」家月59巻11号（平成19年）1頁、小田正二＝川淵健司「少年審判規則及び総合支援法による国選弁護人契約弁護士に係る費用の額の算定等に関する規則の一部を改正する規則の解説」同号131頁。

*15 詳細については、廣瀬健二「改正少年法成立の意義と課題」刑事法ジャーナル10号（平成20年）2頁、この改正の批判的検討として、斉藤豊治「少年法の第2次改正」課題と展望(2) 271頁参照。

*16 飯島泰＝親家和仁＝岡崎忠之「『少年法の一部を改正する法律』の解説」家月61巻2号(平成21年)1頁、浅香竜太＝川淵健司＝宇田川公輔「『少年審判規則の一部を改正する規則』の解説」同号89頁。

*17 廣瀬・前掲注9論文44頁。

*18 松尾・前掲注5論文100頁。

*19 例えば、裁判所内部の以下の論考にも同様の問題意識がみられる。竹埼博允「家庭裁判所60周年を迎えて」家月61巻1号（平成21年）1頁、成田喜達「21世紀の裁判所と家庭裁判所調査官の役割」ケース研究292号（平成19年）68頁、田中由子「家庭裁判所の役割と課題」家月61巻9号（平成21年）1頁。

*20 家庭裁判所の運用実績については、前掲注4の各文献のほか、最高裁判所事務総局家庭局『家庭裁判所30年の概観』（家庭裁判資料117号）(昭和55年)、同『家庭裁判所40年の概観』（家庭裁判資料144号）(平成2年)、同『家庭裁判所50年の概観』（家庭裁判資料174号）（平成12年）等参照。

*21 私が問題としている点については、廣瀬・前掲注9論文50頁参照。

（ひろせ・けんじ／立教大学大学院法務研究科教授）

少年法における人権論の構造

高内寿夫

第1　問題の所在
第2　少年法における適正手続
第3　成長発達権(適切な処遇を受ける権利)について
第4　まとめ——少年の人権と保護主義

第1　問題の所在

　少年および児童の育成は、少年法のみならず、児童福祉法、教育基本法などにも共通する法の目的であるが、少年法上の健全育成は、保護処分という強制的介入が認められている点にその特色があると言えるだろう。強制的介入が許されるのは、少年が非行を克服し成長発達を遂げるために、強制的な措置が必要な場合があると考えられるからである(パターナリズム)[*1]。また、その前提として、少年は一般的に成人より判断力が不十分であり、自己に利益をもたらす方向での自己決定をする能力が弱く、したがって判断力の十分ある者がその判断を行う必要があると考えられている [*2]。
　しかし、公権力の介入・干渉が常に正当とは限らない。ここに少年法における少年の人権論の役割がある [*3]。ただし、従来、少年保護手続上の問題に関しては、少年法の保護主義が強調されてきたこと、また、判例が少年保護手続における少年の憲法上の権利を直接的には認めてこなかったことなどから、少年の人権保障の位置付けが必ずしも鮮明とは言えないきらいがあったのではなかろうか。
　この問題が端的に現れるのは、少年審判の非公開をめぐってである。憲法82条1項、37条1項は裁判の公開主義を規定しているが、その一方で、

少年法22条2項は「審判は、これを公開しない。」と明示する。少年審判が非公開である理由をもっとも詳細に説明する『注釈少年法〔第3版〕』では次のように述べられている。「少年審判は、発達途上にある少年の立直りを目指して行われるので（1条）、少年を晒し者にせず、その情操を保護し（規1条）、社会復帰を妨げないために、少年が非行を犯したこと自体が秘密とされなければならない。また、少年の抱えている問題点（要保護性）を明らかにし、その改善方法を明らかにするためには少年の性格、全生活史のみならず、その家族のプライバシーに関わる事項も詳細に明らかにする必要がある。そのような事項を調査・審判において少年や保護者に率直に述べてもらうため、また関係者の協力を得るためにも、手続の秘密性が必要不可欠になる[*4]。」。

また、裁判例（高松高決昭29・8・5高刑集7巻8号1255頁）は、憲法規定との関係について、少年事件の審判は対審ではないので、憲法上公開が要求されている「訴訟事件」に該当しないという理由から、憲法82条1項の適用を否定している。

しかしながら、上の論理が、あるいは少年法の保護主義を理由にして、あるいは少年審判の審理構造を理由として、少年保護手続に対する憲法条項の不適用を正当化するために用いられるならば、それは誤りである[*5]。そもそも憲法の人権条項が少年の人権を保障するものでなければ、憲法の基本的人権とはいったい何であろうか。少年法の問題は、徹頭徹尾、憲法的枠組みの中で論じられなければならない。私も保護主義は維持されるべきであると考えており、少年審判の非公開に異を唱えるものではない。しかし、従来の議論は、少年保護手続の問題を憲法論として正面から論じることにためらいがあるように思われるのである。

本稿は、こうした問題意識に基づいて、少年法の憲法的枠組みに関して、ひとつの試論を提示しようとするものである。

第2　少年法における適正手続

1　少年法における憲法31条の適用

現行少年法制定時において、少年法と憲法31条以下のいわゆる適正手続条項との適合性が検討された形跡はない*6。しかし、現行少年法によって少年審判所が廃され、少年審判を家庭裁判所が担当することになった点は、少年の人権の根幹に関わる進展を示したものである。なぜなら、少年審判所が家庭裁判所になったことによって、保護処分に抗告が認められ、最終的に憲法問題については最高裁判所の裁断を受ける道が開かれたからである*7。

　判例は、川崎民商事件判決（最大判昭47・11・22刑集26巻9号554頁）および成田新法事件判決（最大判平4・7・1民集46巻5号437頁）において、憲法31条、35条、38条が必ずしも刑事手続のみに適用されるものではないことを明らかにしたが、少年保護手続における適正手続の適用については消極的な立場を維持している*8。しかし、流山中央高校事件決定（最一決昭58・10・26刑集37巻8号1262頁）では、非行事実認定の証拠調べに関し、「少年保護事件における非行事実の認定にあたっては、少年の人権に対する手続上の配慮を欠かせないのであって、非行事実の認定に関する証拠調べの範囲、限度、方法の決定も、家庭裁判所の完全な自由裁量に属するものではなく、少年法及び少年審判規則は、これを家庭裁判所の合理的な裁量に委ねた趣旨と解すべきである。」と判示し、少年保護手続における少年の人権への配慮に言及している。

　一方、学説は、1967年のゴールト判決をはじめとするアメリカ連邦最高裁の判例などの影響から、少年保護手続における適正手続に常に関心を示してきた。学説の流れとしては、少年保護手続への適正手続の適用を認める一方で、保護主義と二律背反的な関係にはない点が強調されてきたといえるのではなかろうか*9。田宮裕は次のように述べる。「デュー・プロセスは、従来少年手続の本質的な泣きどころであったが、パレンス・パトリエの対立物ではないのである。それでは、それは何かというと、これもすでにアメリカの判例を追うなかで示唆したように、少年のための手続的正義、換言すればその人権保障の要求にほかならない*10。」。

　私見としては、憲法31条は少年保護手続にも適用されなければならないと考える。問題はその理由であるが、先の流山中央高校事件決定における団藤補足意見が、もっとも的確にその理由を指摘するものと思われるのでこれを引用する。「おもうに、保護処分（法24条）は少年の健全育成のための処分であるとはいえ、少年院送致はもちろん、教護院・養護施設への送致や保護観察にしても、多かれすくなかれなんらかの自由の制限を伴うものであ

って、人権の制限にわたるものであることは否定しがたい。したがって、憲法31条の保障する法の適正手続、すくなくともその趣旨は、少年保護事件において保護処分を言い渡す場合にも推及されるべきことは当然だといわなければならない。」。

　この中で特に強調したいのは、保護処分は自由の制限を伴うものであって、人権の制限にわたるものであるから、憲法31条の保障する適正手続は少年保護事件においても推及されると述べている点である[11]。これは適正手続論の本質を把握した論理である。

　適正手続論は、元来、国家による個人の生命・自由の制限に対する手続的保障として発展したものである。憲法31条の制定過程を分析した高野隆は、31条を刑事手続のみに関する規定と考えるのは誤りであり、本条は、国家が個人の生命や自由を奪うためには、国会の定める手続に依るのでなければならないという一般原則を定めたものであるとし、少年手続にも31条以下の規定が直接適用されるとしている[12]。

　保護処分は少年に対して何らかの自由制限を伴う処分であるから、その手続保障として、原則的に、少年手続にも憲法上の適正手続が適用されると考えなければならないのである。

　この団藤補足意見の発想には、ゴールト判決の影響が色濃く窺える。ゴールト判決では、少年裁判所においても黙秘権が適用されるという文脈の中で次のように判示されている。「少なくともこの意味では、施設収容は自由剥奪である。それは、『刑事』と呼ばれようと『民事』と呼ばれようと、その意に反する拘禁である。そしてわが国の憲法は、何人もその自由が奪われるおそれがある場合には自己に不利益な証人となることを『強制』されないと保障している[13]。」すなわち、自由剥奪の脅威にさらされるという点においては少年手続も刑事裁判と変わりはなく、それゆえ少年手続も適正手続が適用される領域であるとするのである。

　なお、適正手続論は当事者主義と結びつくものであり、少年審判の職権主義的審判構造には結びつかないという考え方があるが、これは誤りである。上述したように、適正手続は国家の権力的介入（個人の権利制限）に対する手続上の制約原理であり、これは審判の構造に関わりなく妥当するものと解さなければならない。また、少年審判が「訴訟手続」に該当するかどうかとも関係はない。

　また、保護処分は不利益処分であるから（または、制裁的機能を有するか

ら)、適正手続保障が必要であるとする見解があるが*14、これも誤りである。保護処分が利益処分であろうが不利益処分であろうが、保護処分が制裁的機能を有しようがそうでなかろうが、その処分に少年に対する権利制限（自由剥奪）が含まれる限りにおいて、適正手続が問題となると考えるべきである。

　以上とは異なり、少年手続の適正手続について、健全育成または成長発達権の観点も加味した適正手続論を展開する立場も有力である。前野育三は、少年事件における適正手続は、必然的に、ケースワーク的要素を含むことになるとする*15。葛野尋之は、少年審判の非公開に関連して、「少年審判の非公開は、少年の主体的な手続参加と自由な自己表現を確保するために不可欠であり、この意味において少年の適正手続の本質的要素である」と述べる*16。主張の趣旨については大いに共感するところではあるが、憲法31条の解釈としては賛同できない。このように考えると、成人の適正手続との相違ばかりが強調され、元来の適正手続論の持つ意味が不鮮明になるからである。上述の通り、憲法31条の解釈としては、適正手続は、あくまで、国家が「自由の制約を伴う措置」を行う際の手続的保障の問題として考えるべきである*17。少年保護手続へ配慮については、後述するように、適正手続の具体的適用場面において、保護主義の観点または成長発達権の観点から別に考えるべきであると思われる。

2　憲法33条以下の少年法への適用

　次に問題となるのは、憲法33条以下のいわゆる刑事人権規定が少年保護手続にも直接適用されるか否かである。この問題を考える前提として、「適正手続」の用語を憲法31条にのみ用いるのか、憲法33条以下も含めて用いるのかという問題があるが、憲法学、刑事訴訟法学の通説は、憲法31条の内容をなす主要な原則は、憲法33条から39条にわたって例示されていると解釈する*18。すなわち、「適正手続」を31条から39条の全体として捉えるわけである。この考え方に従えば、憲法31条が少年保護手続に適用されるとする本稿の立場からは、その具体的例示である憲法33条以下の規定も少年保護手続に直接適用されることになる。

　学説の中には、少年審判には31条の適用はあるが、33条ないし39条は少年審判には直接的に適用されるものではなく、31条を媒介として適用さ

れると解するべきだとするものがある*19。この見解は、「刑事事件」と明示されている37条などの規定を少年法にも及ぼすための解釈として捨てがたいところがある。しかし、適正手続を国家が「自由の制約を伴う措置」を行う際の手続的保障の問題として捉える本稿の立場からすると、33条以下の規定を刑事手続に限定する理由はなく、また、通説も適正手続を31条から39条の全体として捉えるのであるから、少年保護手続にも33条以下が直接的に適用されると考えるのが妥当であろう。

なお、ここでは踏み込んだ検討はできないが、近時、関連法規の改正が進められ、憲法各条項と少年法との関係に若干の進展がみられるので、ごく簡単に指摘しておくことにする。

拘禁に対する保障（憲法34条）の関係では、2000年改正に伴い少年審判規則19条の3が新設され、観護措置決定に際して、黙秘権、付添人選任権および非行事実の告知、少年の弁解の聴取が行われることになった。

公開主義（憲法37条1項）との関係については次章で検討する。

証人審問権（憲法37条2項）については、2000年改正で規則29条の3が加えられ、少年らによる証人尋問などの申出が規定された*20。

弁護人依頼権（憲法37条3項）との関係では、上記規則19条の3により観護措置の際の付添人選任権の告知が規定された。立法論としては、後段との関係で、現在、検察官関与事件にのみ認められている国選付添人制度の拡充が必要となるであろう*21。

黙秘権（38条1項）については、上記規則19条の3により観護措置における黙秘権の告知が規定されたが、同時に、規則29条の2が加えられ、「裁判長は、第1回の審判期日の冒頭において、少年に対し、供述を強いられることはないことを分かりやすく説明した上、審判に付すべき事由の要旨を告げ、これについて陳述する機会を与えなければならない。」と規定された*22。

自白法則（憲法38条2項）および補強法則（38条3項）については、少年審判手続でもこれを適用するとするのが実務、通説の取り扱いである*23。そのさきがけとなった福島家決昭39・7・13家月17巻1号170頁では、補強法則について次のように判示されている。「犯罪事実の認定過程における誤判を防止し、もって実体的真実を発見しようとすることは、刑事裁判に固有の理念ではなく、少年にその目的はともあれ一定の肉体的、精神的拘束を与えることになる少年保護事件にも適用される理念だということができる。

従って少年法14条、15条が刑事訴訟法319条2項を準用していないからといって、少年保護事件においては自白のみで犯罪事実を認定することはできず、憲法38条3項は少年法に特別の規定がなくても、その趣旨から言って当然に適用されるものと解すべきである。」。

一事不再理効（憲法39条）の関係では、少年法46条は一事不再理効に基づくとするのが通説的見解である[*24]。2000年改正で検察官関与事件における不処分決定などについても、その効力が認められることになった（同条2項）。本稿の立場からすれば、審判不開始決定、不処分決定などにもその範囲は拡張されるべきである[*25]。

3 少年手続における適正手続保障の具体的適用

以上のように、少年保護手続においても、憲法31条以下の規定は適用されると考えるべきであるが、少年法は証拠調べ方法や証拠法についての直接の規定を持たず、少年審判は家庭裁判所の職権主義に基づいて進められるものであるから、刑事手続とまったく同じように適用されることにはならないであろう。佐伯仁志は、行政手続に対する憲法31条の適用を述べた成田新法事件判決を援用しながら、憲法の適正手続の内容は、一般の行政手続から憲法がもっとも厳重な手続保障を定める刑事手続まで、その手続の性質に応じて、様々であり、少年保護手続に適正手続の保障の内容がどのようなものであるかは、少年保護手続の性質に応じて、手続保障が問題となっている場面ごとに、論じられなければならない、と指摘する[*26]。

私はこの点についても、団藤補足意見の考え方が妥当だと思う。団藤補足意見では、次のように述べられている。「わたくしは、少年審判においては、万事なるべく実質的に考えるべきものとおもう。したがって、わたくしは、原則としては、かならずしも証人尋問の方式による必要はないものと解する。法が『参考人』の取調べを家庭裁判所が家庭裁判所調査官に命じて調査を行わせる関係だけで規定しているのは（法8条2項）、家庭裁判所調査官には証人尋問の権限がないからであるが、実務上は裁判官も参考人の形式で取調べをするばあいが多いようである。これは少年審判においては無用の形式性をなるべく避けるのが相当だからであり、これは重要な目撃者を取り調べるばあいであつても、かならずしも別異に考える必要はないとおもう。……立会いおよび反対尋問の関係では、参考人にせよ証人にせよ、重要な参考人・

証人であるかぎり、少年ないし附添人から要求があるときは、すくなくとも実質的に充分にその機会をあたえる必要があるものと解しなければならない。」。

　団藤補足意見は、憲法 37 条 2 項に関するものであるが、他の条項、例えば 38 条 1 項の黙秘権などについても同様に「実質的に」判断されるべきであろう *27。なお、実質的に判断するということは、少年保護手続について、対象少年の特性、手続の進行状況、非行事実の内容などを保護主義の観点から具体的に考慮しながら判断することであり、換言すれば、少年の健全育成に配慮しながら適正手続を保障していくということである。

第3　成長発達権（適切な処遇を受ける権利）について

1　少年審判の非公開

　さて、前章の考え方を前提とした場合、明確に、憲法の適正手続条項と少年法とが対立する規定がある。これがはじめに指摘した少年法 22 条 2 項である。本稿の立場からすれば、国家が「自由の制約を伴う措置」を行う場合は、「法律の定める手続」に従わなければならず、保護処分も「自由の制約を伴う措置」であるからには、適正手続の一内容たる裁判の公開（憲法 37 条 1 項）は、保護主義からの配慮が必要であるとしても、少年審判にも及ぶと解される *28。この点をどのように考えるべきか。

　また、少年事件報道が問題となった際、審判の非公開については、憲法学者から極めて鋭い批判に晒されることになった。松井茂記は、憲法 82 条で規定する裁判の公開は、憲法 21 条のもとで国民が有している法廷へのアクセスの権利に直結する問題であり、いかに少年保護の利益が正当で重要でも、憲法 82 条のもとで正当化されない限り審判を非公開とすることは許されないし、ましてや審判を自動的に非公開とすることは正当化しがたい、と断じた *29。

2　成長発達権

この問題を解決するには、少年保護手続と成人の刑事手続との相違に着目すべきである。言うまでもなく、少年保護手続の最大の特色は、調査段階、審判段階を通じ手続そのものが少年の健全育成のための保護的な措置（広義）という意味を持つ点である。この点において、少年法上の問題を憲法論として論じるためには、適正手続論だけでは十分ではない。なぜなら、適正手続論は、国家の強制的介入に対する手続的抑制原理であり、手続が少年の健全育成に合致するかどうかということまで問題とするものではないからである。そこで従来、この点は少年法の保護主義によってカバーされてきたのであるが、よくよく考えれば、国家による介入のあり方が適切かどうかも少年サイドからチェックされなければならないはずである。そこで登場するのが、少年の成長発達権の考え方である。

　成長発達権は、とりわけ子どもの権利条約への批准を推進役として主張された権利であり、いまだ憲法学上の人権として市民権を得るには至っていない。憲法に直接の規定がないということが最大の理由であろうが、従来の自由権的基本権とは異なる「発達の権利」を憲法上どのように位置付けるべきかという理論上の難問があることも理由のひとつである[*30]。それゆえ、論者によって様々に論じられているところであるが、ここでは、憲法論として成長発達権を構想する場合の枠組みに関するひとつのモデルを提示してみたい。

　まず、少年は、大人同様、憲法13条の「個人の尊厳」原理と密接に結びついた生命、自由及び幸福追求権に由来する権利を享受し得るものと考えられる。

　次に、少年は、未来における可能性を秘め、その成長の過程において他からの影響によって人格形成が大きく左右される可塑性を持つ存在である。旭川学テ事件判決（最大判昭51・5・2刑集30巻5号615頁）は、憲法26条にいう「教育を受ける権利」に関連して、「国民各自が、一個の人間として、また、一市民として、成長、発達し、自分の人格を完成、実現するために必要な学習をする固有の権利を有すること、特に、みずから学習をすることのできない子どもは、その学習要求を充足するための教育を自己に施すことを大人一般に対して要求する権利を有するとの観念が存在していると考えられる」として、少年が成長発達の過程にあることを根拠にして、人格形成に必要な学習をする権利を肯定している。

さらに、わが国が批准している子どもの権利条約は、とりわけ40条1項において、「締約国は、刑法を犯したと申し立てられ、訴追され又は認定されたすべての児童が尊厳及び価値についての当該児童の意識を促進させるような方法であって、当該児童が他の者の人権及び基本的自由を尊重することを強化し、かつ、当該児童の年齢を考慮し、更に、当該児童が社会に復帰し及び社会において建設的な役割を担うことがなるべく促進されることを配慮した方法により取り扱われる権利を認める（政府訳）。」と規定している。

　加えて、市民的及び政治的権利に関する国際規約（国連B規約）14条4項は、少年事件に関し、「少年の場合には、手続は、その年齢及びその更生の促進が望ましいことを考慮したものとする。」と規定し、B規約を具体化した「少年司法に関する国連最低基準規則（北京ルールズ）」は、「少年のプライバシーの権利は、不当な公表やラベリングによって少年が害されることを避けるために、あらゆる場面で尊重されねばならない。原則として、少年犯罪者の特定に結びつきうるいかなる情報も公表されるべきではない。」と規定している。

　以上から、少年の成長発達権は次のように理解されるべきである、「少年は、未来における可能性を秘めた存在で、人格が発達途上で、可塑性に富み、環境の影響を受けやすく教育可能性も大きいので、非行少年については、個別的処遇によって、その人間的成長を保障しようとする理念（少年法1条『健全育成の理念』）のもとに、将来の更生を援助促進するため、社会の偏見、差別から保護し、さらに、環境の不十分性やその他の条件の不充足等から誤った失敗に陥った状況から抜け出すため、自己の問題状況を克服し、新たに成長発達の道を進むことを保障し、さらに、少年が社会に復帰し及び社会において建設的な役割を担うことが促進されるように配慮した方法により取り扱われるべき」権利を有する。

　以上の論理は、実は、少年事件報道の違法性を認めた名古屋高判平12・6・29[31]で示された少年法61条に関する判断を、最小限の修正を施してそのままなぞったものである。本判決は、61条の趣旨を述べたものであり、直接、成長発達権を論じたものではないが[32]、その内容は、少年法における成長発達権の現在の水準を示すものと言ってよいのではなかろうか。本稿では、平成12年名古屋高裁判決の考え方に従って成長発達権を理解しておきたい。

　しかしながら、いまだ憲法学上の人権として確立していない権利を持ち出

して、少年法における少年の人権を論じることに違和感を覚える向きもあろう。しかし、少年保護手続に限って言えば、この種の権利が存在すること自体は承認されなければならないと思われる。なぜならば、少年法の保護主義は少年に対して公的機関の介入・干渉を認める考え方であり、しかも少年法では強制的介入も許されているのであるから、少年サイドからすれば、公的機関の介入・干渉が不適切な場合には異議申立てが許されなければならないはずだからである[*33]。換言すれば、少年には、「適切な処遇を受ける権利」が存在すると考えられる。保護主義の考え方は、干渉・介入の中身の適切性を問う少年の人権と対になっているのである。この人権は、少年保護手続においては、適切な処遇を受ける権利と捉えられるものであるが、その憲法上の根拠規定などを考察していくと、結局は、成長発達権の一分野をなすものと言えるであろう[*34]。

3　審判非公開の憲法論

　それでは、少年審判の非公開の憲法論はどのように組み立てられるべきであろうか。少年審判はそれ自体が保護的側面を有するから、この問題を人権論として考える場合、適正手続の観点と成長発達権の観点との両方から考察する必要が生じる。それゆえ、この問題は、基本的には、少年に対する適正手続と少年の成長発達権との調整の問題として考えるべきである。

　人権と人権とが相対立する場合の調整は、判例上、いわゆる比較衡量論によって処理されている[*35]。上記名古屋高裁の判断を覆した上告審（最二判平15・3・14民集57巻3号229頁）は、少年事件報道の問題をプライバシーの侵害と表現の自由との調整の問題（もうひとつは名誉毀損と表現の自由との調整の問題）として捉え、最三判平6・2・8（民集48巻2号149頁）を引用しつつ次のように判示している。「本件記事が週刊誌に掲載された当時の被上告人の年齢や社会的地位、当該犯罪行為の内容、これらが公表されることによって被上告人のプライバシーに属する情報が伝達される範囲と被上告人が被る具体的被害の程度、本件記事の目的や意義、公表時の社会的状況、本件記事において当該情報を公表する必要性など、その事実を公表されない法的利益とこれを公表する理由に関する諸事情を個別具体的に審理し、これらを比較衡量して判断することが必要である。」。

　この判例の論理を少年審判の非公開の問題にあてはめれば、公開・非公開

については、少年の年齢、社会的地位、非行の内容、審判が公開されることによって被る少年の不利益、審判を公開することによって得られる利益などを個別具体的に審理し、これらを比較衡量して判断することになる。ただし、この調整を考える場合、少年の成長発達権の観点に加えて[36]、少年の保護主義からの配慮が加味され、それを具体化した少年法22条2項は尊重されなければならないから、原則的には、審判の非公開が優先されるということになろう。

しかし、憲法論として考えれば、あくまで人権間の調整の問題であるので、非公開原則が絶対であると言うことはできないと思われる。直接憲法21条が問題となる場面ではないので、少年、保護者など以外の者が審判の公開を要求することはできないとしても、少年が審判の適正を求めて、審判の公開を要求することはできると考えなければならない。また、立法論としては、審判の非公開を維持しながら審判の適正化を図るための制度の導入なども検討しうるものと思われる[37]。

なお、少年の刑事事件とりわけ少年の裁判員裁判は、少年の成長発達権の観点からの主張がとくに有効な場面と言えるのではなかろうか。刑事裁判において、少年が公判の非公開または公開の制限を求める場合、保護主義からの主張を行うこともできるが、刑事裁判の公開原則がやはり優先される。そこで、保護主義からの主張に加えて、成長発達権からの主張を行うことによって、法的な主張としても一層有効な効果を発揮することができると考えられる[38]。

4　2つの人権の関係

ここで、少年保護手続における憲法上の権利としての適正手続と成長発達権との関係およびその相違について整理しておきたい。

まず、両人権の憲法上の根拠規定は明確に異なる。適正手続は、憲法31条で規定され、憲法33条以下にその主たる内容が明定されている。憲法33条以下は主として刑事手続を念頭に置いたものであるが、何らかの権利制限を含む点において少年手続においても同様に妥当する。これに対して、成長発達権は、元来、憲法13条に含意されていたとも考えられるが、実際には、子どもの権利条約をはじめとする子どもの権利概念の充実に伴って発展したものであり、いまだその憲法的枠組みは固まっていない生成中の人権

である。根拠規定としては13条に求められることは間違いないところであるが、24条、25条などの規定を挙げることもできる。

次に、適正手続は、国家の介入・干渉の中身を問題とするものではなく、国家が個人の権利制限（強制力の行使）を行う際の手続的保障である。これに対して、少年の成長発達権は、国家の介入・干渉の内容を問題とする。また、成長発達権は、少年の健全育成というその目的において国家の保護主義と同一の方向を向いているものであるので、成長発達権と保護主義とは、相互補完的な関係にある。

適正手続は、少年に何らかの自由制限が課される場合にのみ問題となるが、少年の成長発達権は、少年保護手続にあっては、適切な処遇を受ける権利であるので、国家の強制力が働かない場面においても主張しうる。

また、適正手続と成長発達権とは、人権としての意義が異なるため、両人権の要求は必ずしも相容れない場合がある。この場合、両人権の調整が必要である。この問題が典型的に現われるのは、本稿で検討した審判の非公開をめぐってである。この場合は、他の憲法上の人権と同様に、比較衡量がなされなければならない。審判の非公開の場合は、少年法の保護主義と少年の成長発達権の観点は一般的には共通するので、審判の非公開が優越すると考えられるが、あくまで調整の問題であるので、公開原則の視点が完全に否定されることはない。

第4　まとめ——少年の人権と保護主義

以上、本稿では、少年保護手続における少年の人権論の構造を検討してきた。少年法における保護主義と少年の人権（適正手続、成長発達権）とは、少年法1条に規定された少年法の目的を実現するための車の両輪である。少年法においては、少年の健全育成は、公的機関による正当な保護主義の実現（正当なパターナリズムの行使）[39] と少年の人権保障との中で、追求、実現されるものとして構想されていると考えられる[40]。少年保護手続における保護主義は、成人の刑事裁判と対比した場合の少年手続の特色ではあるが、憲法の適正手続と相容れない関係にあるものではない。むしろ、両者あいまって、少年の健全育成を実現するものと考えられなければならない。

最後に、これまで論述してきた少年保護手続における少年の人権の構造について今一度まとめておく。

　保護処分は少年に対して何らかの自由制限を伴う処分であるから、原則的に、少年保護手続にも憲法上の適正手続（憲法 31 条および 33 条以下の規定）が適用されると考えなければならない。適正手続は、当事者主義と結びつき、少年審判の職権主義的審判構造には結びつかないという考え方は誤りである。適正手続は、国家の権力的介入（個人の権利制限）に対する手続上の制約原理であり、これは審判の構造に関わりなく妥当するものである。なお、少年保護手続は保護主義の理念によって進められ、刑事訴訟法のようには適正手続に関する規定が明示されていないのであるから、適正手続の保障は具体的事案ごとに「実質的」に検討すべきである。

　また、少年手続は、それ自体が保護的措置であるので、上記の点に加えて、保護的介入が少年の健全育成に適うものかどうかが問題となる。そこで登場するのが、成長発達権（適切な処遇を受ける権利）の考え方である。少年保護手続における少年の人権は、適正手続の視点と少年の成長発達権の視点とから考察されなければならない。少年保護手続における具体的問題を検討する際には、自由の制限が問題であるのか（そうであれば適正手続の観点からの検討が必要）、少年手続および処遇の内容が問題なのか（そうであれば成長発達権の観点からの検討が必要）、両者が問題なのかを整理して、少年保護手続の具体的な人権保障を検討すべきである。

　なお、本稿の立場に立てば、保護主義は、少年の成長発達権を実現するための手段であり、憲法上は、少年の成長発達権が優越するとも考えられる。福田雅章は「少年法の『少年の健全育成』という理念は、まさに右に述べた少年の憲法上の権利である『成長発達権』を援助することを意味するものとして理解されなければならない。」と指摘する [41]。しかし、ここでは、この問題の回答は保留しておきたい。というのは、本稿で述べてきたように、保護主義は少年の自由制限の側面を有し（この点では国家の刑罰権の行使と同様である）、これを安易に「成長発達権の援助」と述べることは、少年の権利の名のもとに少年の権利制限を認めることになって、むしろ成長発達権の権利性をあいまいにしてしまうことを危惧するからである。本稿では、保護主義と成長発達権とは、相互補完的な関係にあるという点にとどめておきたい。

　　＊1　澤登俊雄『少年法入門［第 4 版］』（有斐閣、2008 年）27 頁、花岡明

正「少年法とパターナリズム」新倉修・横山実編『少年法の展望【澤登俊雄先生古稀祝賀論文集】』(現代人文社、2000年) 46頁以下。
* 2 澤登俊雄『犯罪・非行における強制の根拠とその限界』名古屋大学法政論集123号 (1988年) 51頁。
* 3 同「犯罪・非行対策とパターナリズム」犯非76号 (1988年) 14頁、裁判所職員総合研修所監修『少年法実務講義案 (改訂版)』(司法協会、1994年) 19頁。
* 4 田宮裕＝廣瀬健二『注釈少年法〔第3版〕』(有斐閣、2009年) 172頁。
* 5 髙野隆「子どもの権利条約から見た日本の少年手続」自正42巻2号 (1991年) 54頁、佐伯仁志「少年保護手続における適正手続保障と弁護人の援助を受ける権利」曹時48巻12号 (1996年) 3頁。
* 6 柏木千秋「少年法のできるまで」刑政70巻1号 (1959年) 20頁、守屋克彦『少年の非行と教育』(勁草書房、1977年) 154頁以下、森田明『少年法の歴史的展開――〈鬼面仏心〉の法構造――』(信山社、2005年) 269頁以下。
* 7 柏木・前掲注6論文24頁。
* 8 たとえば、憲法39条に関する最大判昭40・4・28刑集19巻3号240頁および39条、40条に関する最三決平3・3・29刑集45巻3号158頁など。
* 9 沢登俊雄＝谷誠＝兼頭吉市＝中原尚一＝関力『展望少年法』(敬文堂、1968年) 18頁〔沢登俊雄〕(同『犯罪者処遇制度論(上)』〔大成出版社、1975年〕所収)、松尾浩也「少年法と適正手続」ジュリ464号 (1970年) 86頁、団藤重光「少年法改正の基本問題」判時61号 (1971年) 7頁、同「適正手続の理念について」刑雑18巻3・4号 (1972年) 232頁、鈴木茂嗣「少年審判と適正手続」刑雑18巻3・4号 (1972年) 242頁、平場安治「少年法における保護主義と適正手続」家月26巻7号 (1974年) 11頁、同「ゴールト判決以降の少年審判問題」家月41巻10号 (1989年) 12頁。
* 10 田宮裕「少年審判とデュー・プロセス――その意義と限界――」家月24巻12号 (1972年) 30頁(同『変革の中の刑事法』〔有斐閣、2000年〕所収)。
* 11 団藤意見は、少年保護手続に適正手続条項の直接適用を認めない法廷意見の補足意見たる限界から、「推及される」という微妙な言い回しになっているが、本稿の立場からすれば、「適用される」ことになる。
* 12 憲法的刑事手続研究会編『憲法的刑事手続』(日本評論社、1997年) 220頁〔髙野隆〕、髙野・前掲注5論文55頁。なお、髙野は、憲法31条は「適正手続」を定めたものではなく、「法定手続」を定めたものであるとするが、本稿では、「適正手続」に何を盛り込むべきかを論じるものではないので、通説の用語法に従い「適正手続」を用いることにする。

*13 In re Gault,387 U.S.,at 35,49-50(1967). 松尾浩也＝菊池和典訳「ジェラルド・フランシス・ゴールト事件」家月20巻5号（1968年）72頁。
*14 佐伯・前掲注5論文6、18頁。
*15 前野育三「少年法の理念・現状・課題」刑事訴訟法研究会・佐伯先生卆寿祝賀論文集編集委員会編『新・生きている刑事訴訟法・佐伯千仭先生卆寿祝賀論文集』（成文堂、1997年）310頁。
*16 葛野尋之「刑事裁判の公開と少年審判の非公開——少年の適正手続としての審判非公開——」新倉修・横山実編『少年法の展望【澤登俊雄先生古稀祝賀論文集】』（現代人文社、2000年）239頁、同「少年審判の構造と少年の適正手続——審判手続の憲法論——」斉藤豊治ほか編『少年法の課題と展望第2巻』（成文堂、2006年）162頁以下。また、川崎英明「少年法と適正手続」法セ517号（1998年）49頁も参照。
*17 田宮・前掲注10論文30頁、松井茂記『日本国憲法〈第2版〉』（有斐閣、2002年）496、498頁。
*18 芦部信喜『憲法［第3版］』（岩波書店、2002年）223頁、松井・前掲注17書499頁、浦部法穂『憲法学教室〈全訂第2版〉』（日本評論社、2006年）282頁、田宮裕『刑事訴訟とデュー・プロセス——刑事訴訟法研究(2)』（有斐閣、1972年）203頁。
*19 猪瀬慎一郎「少年審判における『法の適正な手続』」最高裁判所事務総局編『家庭裁判所の諸問題（下）』（家庭裁判資料88、1970年）81頁。
*20 なお、伝聞法則の適用に関しては、葛野・前掲注16論文「少年審判の構造と少年の適正手続——審判手続の憲法論——」151頁以下参照。
*21 佐伯・前掲注5論文29頁、山崎俊恵「少年法における適正手続についての一考察——弁護士付添人を受ける権利を中心として——」東北法学64巻6号（2001年）813頁。
*22 少年手続における黙秘権については、服部朗「少年法における適正手続の保障——黙秘権の告知をめぐって——」廣瀬健二＝多田辰也編『田宮裕博士追悼論集下巻』（信山社、2003年）647頁以下参照（同『少年法における司法福祉の展開』［成文堂、2006年］所収）。また、捜査段階の取調べについて意見表明権の観点から論じた論稿として、京明「少年の取調べの再構築」一橋論叢135巻1号（2006年）48頁も参照。
*23 田宮＝廣瀬・前掲注4書243頁、福井厚「少年審判における非行事実の認定（中）」法時831号（1995年）52頁参照。
*24 田宮＝廣瀬・前掲注4書446頁。
*25 白取祐司「少年審判と一事不再理効」法時67巻7号（1995年）29頁。
*26 佐伯・前掲注5論文5頁。
*27 服部・前掲注22論文647頁以下参照。
*28 また、審判の非公開は、少年の利益の観点から承認されているのであるが、同時に、少年の権利がそれによって縮減されている点にも注意を払う必要がある。すなわち、刑事裁判は公開・対審で行われている

ゆえに、控訴、上告が認められているのであるが、少年審判の場合は抗告であり、少年審判の上訴手続は、当事者の参加を前提としない手続で進められている。
* 29　松井茂記「少年事件と報道の自由」民商120巻2号（1999年）189頁以下、同『少年事件の実名報道は許されないのか』（日本評論社、2000年）102頁以下、田島泰彦「少年事件と表現の自由」法時70巻11号（1998年）13頁、同「少年事件と表現の自由」田島泰彦＝新倉修編『少年事件報道と法』（日本評論社、1999年）15頁以下。
* 30　成長発達権については、服部朗「成長発達権の生成」法学研究（愛知学院大学論叢）44巻1・2号合併号（2002年）129頁以下がある。とくに、本論文は、「発達権」の権利性について詳細に分析している。また、葛野尋之『少年司法の再構成』（日本評論社、2003年）65頁以下も参照。
* 31　判タ1060号（2001年）197頁、判時1736号（2001年）35頁。
* 32　この点で、本判決が成長発達権を認めたものとするには疑問があるとする指摘もある（山口直也「子どもの成長発達権と少年法61条の意義」山梨学院大学・法学論集48号〔2001年〕95頁以下）。
* 33　成長発達権（適切な処遇を受ける権利）が請求権的性格を有する点について、田口敬也「少年審判における『無罪の推定』──『子どもの権利条約』とわが国少年法の関係に関する序論的考察──(2)」早稲田大学大学院・法研論集60号（1992年）111頁以下参照。
* 34　「適切な処遇を受ける権利」については、少年保護手続上の問題、保護処分の選択の問題（少年法32条）、保護処分執行段階の問題がそれぞれ考えられるが、その具体的な中身については、成長発達権の具体的な内容とともに、今後の検討課題としたい。
* 35　表現の自由とプライバシーに関しては、田島泰彦＝山野目章夫＝右崎正博『表現の自由とプライバシー──憲法・民法・訴訟実務の総合的研究』（日本評論社、2006年）13頁以下［右崎正博］参照。
* 36　山口直也「少年事件と被害者の権利」田島泰彦＝新倉修『少年事件報道と法』（日本評論社、1999年）66頁。
* 37　渕野貴生「少年『犯罪』と審判公開」新倉修編著『少年「犯罪」被害者と情報開示』（現代人文社、2001年）76頁。
* 38　裁判員裁判における公開停止については、笹倉香奈「裁判員裁判と少年のプライバシー・情操保護」刑弁57号（2009年）49頁以下参照。
* 39　澤登・前掲注3論文15頁以下、同・前掲注1書28頁。
* 40　団藤・前掲注9論文「少年法改正の基本問題」6頁。
* 41　福田雅章「少年法の拡散現象と少年の人権」刑雑27巻1号（1989年）239頁。

（たかうち・ひさお／國學院大學法科大学院教授）

少年法における要保護性と責任

斉藤豊治

> はじめに——課題の設定
> 第1　刑事未成年と責任能力
> 第2　要保護性
> 第3　「内省」とその内容
> 第4　少年に対する刑罰と責任
> 結びに代えて

はじめに——課題の設定

　少年法はその実体面に着目すれば、少年の保護事件では非行を行った少年に対して保護処分が課され、少年の刑事事件では逆送された犯罪少年に対して刑事処分が言い渡される。実際には大多数の少年事件は刑事処分を受けず、不開始決定、不処分決定、保護処分決定で終結している。「少年の責任」という場合、「少年の刑事責任」と同義でないことは明らかである。

　少年の責任に関しては、いくつかの基本的な問題がある。それらを列挙すると、さしあたり次のようになろう。これらの問題は、相互に関連しあうものであることはいうまでもない[*1]。

(ⅰ)　保護事件と刑事事件の双方に妥当する責任の概念を認めることができるか。

(ⅱ)　保護処分を課すに当たって、少年の「責任」は必要とされるのか。

(ⅲ)　犯罪少年、触法少年、虞犯少年において、責任を観念することができるか。できるとすれば、責任の内容はそれぞれに共通のものなのか、それとも相異なるものなのか。

(ⅳ) 少年保護事件における要保護性は、責任とはいかなる関係に立つのか。
(ⅴ) 逆送された犯罪少年の責任は、「刑事責任」の一形態に他ならないが、この刑事責任は、成人の刑事責任と同一であるのか、それとも異なるものなのか。少年の刑事責任と成人の責任はいかなる関係に立つのか。少年の不定期刑は、責任とどのように関連しているのであろうか。

第1　刑事未成年と責任能力

1　少年司法の構成要素としての年齢

(1)　少年司法の歴史と刑事未成年および「限定責任年齢」

　少年司法の歴史をたどると、その原点は刑事未成年制度である。刑事未成年制度の起源は古代に遡る。死刑・身体刑・追放刑が刑罰の主流であった時代に、過酷な刑罰を免れさせるという実践的な意味を持つものであったが、同時に規範的判断をすることができない幼年者に対しては責任非難をすることはできないということもまた、刑事未成年制度の存在理由とされていた。刑事未成年は古代ローマにおいても中国においても7歳未満であるから、幼年者であり、その処置は、公的な刑罰制度ではなく、親や家長の権限とされ、懲戒の処分がおこなわれるのが一般的であった。刑事未成年者の制度は、その後、16世紀末における監獄の誕生を経て、自由刑が刑罰の中心となった近代においても存続し、自由刑の限界が強く意識されるようになった現代においても、存在している。

　歴史上、刑事未成年を過ぎた途端に、その者は成人として完全な刑事責任を問われてきたのであろうか。そうではなかった。歴史上、ほとんどすべての少年司法制度において刑事未成年と成人との間に中間的な年齢層が設けられて、刑の減軽が認められてきた。これは、一種の限定責任能力制度といってもよい。この中間的な年齢層の少年たちこそ、後に少年法が形成され、対象とした者といってよい。しかし、少年司法がシステムとして形成される以前から、これらの年齢層に対して刑を減軽する制度が作り上げられてきた。

　刑の減軽の制度は、大別して、年齢によって一律に刑の減軽を認めるとい

う制度と少年ごとに個別にその能力を検討して、刑事未成年者とする刑を減軽するかを決める制度が存在した。明治13年の旧刑法は、刑事未成年を12歳未満として、一律に犯罪が不成立とした（79条）。そのうえで、中間的な年齢層に関しては、後者を採用していた。すなわち、「罪を犯す時満十二歳以上十六歳に満たざる者はその所為是非を弁別したると否とを審案し、弁別なくして犯したるときはその罪を論ぜず」(80条1項本文)、「若し弁別ありて犯したるときはその罪を宥恕して本刑に二等を減ずる」(同条2項)としていた。このように個別に少年の能力を考慮して責任の有無を決めるという方式は、相対的刑事責任能力と呼ばれることがある。もっとも、旧刑法はさらに16歳以上20歳未満に関しては、その罪を宥恕して、本刑に一等を減じるとしていた（81条）。こちらの方は、年齢による一律の減軽を認めていたのである。

　このような刑の減軽制度は、現行少年法にも存在する。少年法51条の刑の緩和の制度である。すなわち、18歳未満の少年に対しては、処断刑が死刑である場合に無期刑への刑の緩和が必要的とされ、同じく無期刑は有期刑への緩和が任意的とされている。いずれも、この年齢は、行為時を基準としており、実体法上の要件となる年齢である。この刑の緩和は、違法性ではなく責任と関連するものであり、少年の責任の減少により説明することができよう。少年法51条の対象となる少年は、規範的責任の存在は否定できないが、可罰的責任が減少するものと思われる。

　ところで、現行刑法では、明治13年の旧刑法にあった相対的責任能力制度は廃止された。その背景には、刑事責任能力が否定される事例はほとんどなく、肯定したうえで、刑の減軽が行われていたという事情があった。明治40年に施行された現行刑法では、満14歳に刑事責任年齢の下限を引き上げたが、14歳になると途端に成人として刑事責任を問われるという構造になっている。すなわち、無から全てへの変化が生じるわけである。そのような対応が、妥当ではないことはいうまでもない。そこで、現行刑法の成立の当時から、少年に関する特別法の制定が予定されていた。こうした「法の空隙」を埋めるものとして、制定されたのが大正11年の旧少年法である。こうした事情は、戦後改革として成立した現在の少年法についても、妥当する。現行刑法を前提とする限り、刑法では満14歳を境に「全てか無か」という対応となる。このような制度が重要な欠陥を有することは明らかである。この欠陥は少年法によって埋められるのであり、現行刑法は少年法と切っても切れない関係にある。このように見てくると、少年法は刑事未成年者と成人

との中間にある一種の限定責任無能力者に対する制度という性質を持つといえる。このような年齢層は、刑法の視点からすれば、耳慣れない表現ではあるが、「限定責任年齢」といえなくもない。

しかし、少年法は、刑法が刑事未成年として刑事責任の範囲から放逐した刑事未成年者について、触法少年として再び対象として取り込んでいる。「限定責任年齢」の者についても、単に刑を軽減しているだけではなく、少年法は、より積極的に健全育成の対象に取り込んでいる。少年法に対して「限定責任年齢」というアプローチをとることは、刑事責任を否定し、ないし軽減するという側面に焦点を当てるものであり、少年法の持つより積極的な側面を看過することになりかねない。

(2) 少年法の積極的側面

少年法は、少年の刑事責任を問い、刑罰を科すことを大前提にして刑の緩和、減軽を図ることを主たる目的とする法律ではない。少年法は、「少年の健全育成」を法の理念としており、「成長発達の援助による非行の克服」をめざす法律といってよい。すなわち、少年法は少年刑法でも、少年刑事手続法でもない。少年司法は、刑事司法のミニチュア版ではない。

少年法の意義は、限定責任年齢の制度のように、単なる刑事責任の軽減、刑の軽減にとどまらない。限定責任年齢制度のもとでも行われていた個別処遇は、少年法ではよりいっそう重要なものとなり、少年審判では要保護性を基準として保護処分等の決定が行われる。刑事責任を基軸として少年司法を考察するというアプローチは、要保護性を無視ないし軽視することにつながりかねない。

刑法41条の刑事未成年者は一種の責任無能力を意味する。14歳未満の者は、一律に「責任」がないとされる。そこでいう「責任」が刑事責任を意味することは明らかであり、刑事責任を問い、犯罪行為への非難として刑罰を科することが想定されている。刑法は、14歳を境に刑事責任の有無が明確に分かれるという扱いをしている。すなわち、14歳に達すれば、一律に刑事責任を負担するに足りる成長段階に到達しているものとされる。しかし保護処分は、犯罪少年だけではなく、触法少年、さらには虞犯少年に対しても課すことができる。これらの少年たちについて、「刑事」責任を観念することはできない。14歳未満の触法少年では、そのような能力は類型的に否定されている。虞犯少年は、そもそも犯罪類型に該当する行為が存在せず、したがって責任非難

の対象が存在しないのである。犯罪少年に関しても、保護処分の賦課の要件として刑罰と同様に、ないしは刑罰に準じて、責任非難を加えてよいかといえば、そうではない。少年法1条は、少年の健全育成を根本理念としており、検察官先議権を否定して、家裁に先議権を与え、全件送致主義、全件調査主義等という枠組みのなかで、犯罪少年についても保護処分が優先的に適用されることを予定している。運用上も保護処分に付されなかった一部の事件についてのみ、検察官送致が行われ、刑事処分が科されている。犯罪少年に関しても、保護処分の選択は責任に応じてではなく、要保護性に応じて行われる。

2　責任能力

　刑法41条の刑事未成年の制度自体が、一種の責任無能力の制度であり、少年に特有の制度である。少年法は、限定責任年齢に対応する制度であるということも不可能ではない。しかし、保護処分では「責任」によってではなく、要保護性によって選択されてきている。

　これとは別の文脈で、刑法でいう刑事責任能力は保護処分の要件となるかが従来から問題とされ、議論が蓄積されてきている。刑法39条の責任無能力制度は、判例・通説によれば「是非を弁識し、これに従って行動を制御する能力」、すなわち、是非弁別能力と行動制御能力から構成される。いうまでもなく、この能力が全くない場合は心神喪失者であり、著しく減退している場合は、心神耗弱者である。こうした能力が少年法における保護処分の賦課の要件として必要とされるのかが問題となる。

　この能力は、犯罪少年に関して問題となるところであり、虞犯少年の場合は、虞犯行為は「犯罪」の周辺領域の行為に過ぎず、犯罪行為を前提とする責任能力を問題とすること自体が、相当でないようにも思える。触法少年に関しては、そもそも一律に刑事未成年であり、責任能力が否定されている。もっとも、それは年齢による法律上の擬制であり、実質的にみると、是非を弁別し、行動を抑制する能力がそれなりに備わっているとみられる場合も考えられる。

　ここでは、まず犯罪少年に関して、考察してみよう。いうまでもなく、刑法で犯罪とは構成要件に該当し、違法かつ有責な行為と定式化される。刑法の責任概念では、責任能力は、故意・過失、期待可能性とともにそれがなければ責任非難をすることはできない[*2]。責任能力は、一面では、それがなければ責任非難をすることができないという意味で、責任を限定する役割を持

つ。しかし、他の犯罪成立の要素が存在する場合には、責任能力が具備されることによって、責任非難を可能にするものといえよう。行為時に責任能力が存在したということで、その行為は主体的な選択に基づいて実行されたという推定を受ける[*3]。その結果、行為者に対する責任非難が認められ、その責任非難は刑罰という苦痛を科すことによって行われる。このような能力は保護処分の賦課においても必要とされるのであろうか。必要とされた場合、保護処分の決定は「責任」非難の大小によって決せられるべきであろうか。

3 犯罪の成立要件としての「責任」と保護処分

(1) 責任と刑罰

　刑法における責任、すなわち刑事責任では、個別行為責任の原則が働く。責任と刑罰の関係については、周知のように「責任に応じた刑罰」とする見解と、「責任を限度とする刑罰」とする見解とがある。モデル化して言えば、前者は積極的責任主義とよばれ、「責任があれば、それに応じた刑罰を科さなければならない」。前者は応報刑と結びつきやすい。後者は、予防目的を重視するものであるが、責任主義は予防目的で科される刑罰の上限を画する機能を営むものとされる。刑罰の内実は、特別予防と一般予防ということになろう。しかし、特別予防も一般予防も、責任非難をぬきに達成できるとは考えにくい。責任非難を向けられた行為者は、これを受け止め、内面化することを通じて、行為および行動傾向への反省が生まれ、贖罪意識が生じる。責任非難は外から加えられるが、贖罪の意識は外から国家や社会によって加えられる責任非難を契機とはしつつも、受刑者の内面において生じるものである。特別予防はこのような内心の変化がないならば、達成困難といわなければならない[*4]。

　一般予防においても、責任非難を通じた人々の規範意識への働きかけ、それによる規範意識の再統合をすること抜きには、達成できない。行き過ぎた刑罰の威嚇は、規範意識の定着にとってかえってマイナスとなろう[*5]。

(2) 責任と保護処分

　少年法3条1項1号の「罪を犯した少年」は、犯罪少年と呼ばれる。「罪を犯した」とあるから、刑法の犯罪概念を前提にしており、したがって犯罪成立要件、とりわけ有責性の充足が必要となるといえそうである。有責性の

要素のうち、故意・過失もない行為は犯罪でないことはもちろんである。適法行為の期待可能性がない行為についても同様である。問題となるのは、責任能力である。責任能力がなければ、責任を問うことができず、したがってそのような少年の行為は、「犯罪」とはいえない。このような文理解釈ないし論理解釈からすれば、犯罪少年についても責任能力が必要となることは自明のように思われる。しかし、ことはそのように単純ではなく、議論の対立が続いている。

　刑法の責任は、刑罰による責任非難を前提にしている。しかし、少年法は刑罰を最終手段として位置づけているのであり、第一次的には保護ないし保護処分を優先させている。触法少年や虞犯少年では、そもそも刑罰の適用はまったく排除されている。犯罪少年についても、刑罰ではなく、保護処分を優先的に適用する制度となっている。犯罪少年が刑事処分相当として逆送され、刑事責任を問われる段階に至ると、「責任」が必要とされることはいうまでもない。しかし、保護手続の中で保護処分を言い渡す場合にも、なお責任能力が必要であるのかが、ここでの中心問題となる。この点につき、責任能力必要説と不要説の対立が見られる。

（i）責任能力不要説

　大まかに言えば、保護処分の福祉的・教育的機能、少年にとって利益になることを重視し、保護処分と刑罰の差異を強調する考え方によれば、不要説が支持される傾向にある。すなわち、保護処分の対象となる少年については、犯罪少年であっても責任能力という要件（ないし要素）は不要であるということになる。保護処分の要否と保護処分の内容は、もっぱら要保護性によって決定される。触法少年、虞犯少年についても同様である。この説によれば、精神の障害があり、心神喪失、心神耗弱であることが明らかな少年たちも、審判の対象となり、保護処分を言い渡してよいことになる。

（ii）責任能力必要説

　保護処分の刑事政策的機能を重視し、保護処分は刑罰に準じ、あるいは刑罰に類似する性質を持つという考え方によれば、責任能力必要説が支持され、保護処分の賦課は責任能力を前提とすることになる。この見解を支えるのは、保護処分は、程度の差はあれ、対象者の人権を制限し、苦痛を与え、非難の要素を含み、烙印をともなうものであり、それであれば、責任主義による限定が必要となるということにある。触法少年、虞犯少年については、厳密な意味での責任能力は妥当しない。そこで、考え方としては、2つの方

向が考えられる。1つは、犯罪少年とそれ以外の触法少年、虞犯少年とを区別し、後者については責任能力を不要とする考え方である。今1つは、犯罪少年とは異なり、責任能力そのものは必要とされないにしても、実質的に一定の規範的な能力が触法少年や虞犯少年に関しても必要とされるというものである。

4　責任無能力者の少年と処遇

　責任能力の不要説と必要説は、単に理論的なレベルだけではなく、処遇面の対応の差異という形で現れてくる。
　責任能力必要説によれば、審判時に心神喪失、心神耗弱と認められる少年は、保護処分の対象とはならない。そのような少年に対しては、精神医療による専門的な治療が行われるべきとされるであろう。しかし、少年院送致決定が行われたが、精神的障害を持つことが明らかとなった少年については、実際には医療少年院での処遇が行われている。精神医療施設の側は、犯罪傾向を持った精神障害者の受け入れは、施設内での保安面から、成人であれ少年であれ、敬遠する傾向がある。保安面では医療少年院の方が対応しやすいともいえよう。しかし、審判時にあきらかな精神障害が見られ、責任能力を否定すべき場合には、少年院送致ではなく、不処分としたうえで、精神医療による対応を行うべきであるというのが判例・実務のなかで優勢な考え方である[*6]。このような対応は、精神障害を持つ少年の処遇として妥当であり、少年自身の利益にもなると思われる。したがって、医療か教育かという選択において、責任能力が基準となるといえよう[*7]。私も、こうした意味で責任能力必要説を支持したいと思う。
　責任能力必要説をとった場合、審判対象との関係で、責任能力は非行事実の要素なのか、要保護性の要素なのかが問題となる。この点はこれまであまり正面から論じられてこなかったといってよい。責任能力は刑法上の犯罪の成否に関わる要素であるから、刑事訴訟法では公訴事実の問題である。このように考えると、少年審判においても、責任能力は犯罪少年に関して非行事実の要素として位置づけられよう。
　もっとも、責任能力必要説にたつとしても、保護処分が責任に応じて、あるいは責任を主要な要素として、課されるべきであるとはいえない。保護処分の要否とその内容は、要保護性によって決められるべきである。

少年法における要保護性と責任　69

5　消極的責任主義・積極的責任主義と保護処分

　責任主義に関しては、「責任がなければ処罰されない」という消極的責任主義という考え方がある。この意味では、責任能力、故意・過失および期待可能性がなければ、責任非難は可能ではない。すなわち、「責任なければ刑罰なし」ということになる。この考え方を貫けば、保護処分決定に責任能力が必要だといっても、責任能力は、それがなければ保護処分を課すことはできないという消極的な方向でのみ作用することになる。そして、保護処分の要否、その内容は要保護性によって判断されることになる。そこでは、科学主義に基づく個別的な判断にしたがって判断が行われる。

　しかし、この点に関しては、異なる考え方もありうる。刑法では、消極的責任主義を徹底し、刑罰の内容をもっぱら特別予防ないし一般予防で説明するという学説はむしろ少数説であり、道義的応報の要素を取り入れる学説、すなわち相対的応報刑論がむしろ多数説である。すなわち、「責任あれば刑罰あり」という積極的責任主義の観念が論者により程度の差はあれ、広く支持されているのが現状である。

　少年に対する実質的責任の内容に関しても、以上のような刑法上の責任と同様な考え方がありうる。それによれば、責任能力が備わる以上、刑法の責任に準じて、行為者である少年を非難し、制裁を加えるべきであるとされる。少年の「保護」を重視する学説が責任能力必要説に否定的であったのも、必要説のこうした帰結を危惧するからであったと思われる。

　少年の責任を論じるうえで最も重要と思われることは、この責任の内実である。私は結論として、責任能力は犯罪少年に関して必要であるが、それを欠いている少年は保護処分の対象から除外するという意味であり、換言すれば消極的な方向でのみ働くものとして位置づけるべきだと考えている。そして、責任能力は、故意・過失、期待可能性とならんで、責任の要素であるから、非行事実のなかに位置づけられるのが妥当であろう。しかし、そのことから保護処分決定が責任に応じて決められるというのは妥当ではない。保護処分はあくまでも、要保護性を基準として判断をすべきである。しかし、要保護性判断においても、少年の反省の有無、程度は重要な要素となると解している。

6 　規範的責任と可罰的責任

　刑法では、故意または過失があり、適法行為の期待可能性があり、かつ責任能力があれば、刑法上の責任は肯定され、責任非難が可能となる。この責任非難は、刑罰を通じて行われる。ここでの責任は規範的責任ということができる。しかし、犯罪少年に関しては、犯罪行為について規範的責任が認められても、刑罰は回避され、保護処分によって代替されており、保護処分が優先的に適用される。このことは、規範的責任では説明できず、可罰的責任論による検討が必要となる。

　犯罪少年であっても刑罰ではなく保護処分を優先するのは、いうまでもなく、刑罰が少年の成長発達、立ち直りにとって、さまざまな有害な影響をもたらすのであり、成長発達、立ち直りには刑罰以外の保護処分等による教育的・福祉的な対応が効果的である。多くの犯罪少年は、規範的責任は肯定されても、成長発達、立ち直りの観点から、可罰的責任が否定されているといえる。犯罪少年が刑事処分相当として検察官に逆送されるには、この可罰的責任の存在が必要である。実際にはこの点は、少年法20条の逆送の基準として論じられている。保護処分決定に関しては、可罰的責任は刑罰ではなく保護処分を課すという方向で、消極的に機能するだけであり、可罰的責任から直接に保護処分決定の基準が見出されるわけではない。

第2　要保護性

　要保護性の内容をどう理解するかはともかく、少年の保護処分の決定は、非行事実よりも要保護性によって規定されるというのが、通説的な見解であろう。しかし、少年の責任に関しては、要保護性と責任の関係の検討を抜きにしては論じられない。

1 　要保護性の意義と機能

　少年保護事件の要保護性に関して、多数説は①再非行の危険性、②保護処分による矯正の可能性、③保護処分相当性の3つの要素からなるとしている。

しかし、多数説は、③の保護処分相当性を加えるのは、刑事処分相当を理由とする逆送決定において、非行の重大性を理由として、保護処分による矯正可能であるにもかかわらず、一般予防、人々の処罰感情、被害者の報復感情を理由に保護処分の相当性を否定するという結論を導く。この学説は40年以上もの間、多数説となっており、少年審判の多くもこれに依拠しているといってよい。この多数説は、さらに2000年の少年法改正で20条2項が新設されたことにより、より強い法的根拠を与えられたとみられている。

　しかし、伝統的な保護主義の思想が根強く存在する少年審判の実務では、刑罰の有害性を考慮して、保護を重視する強い底流が存在することも否定できない。私はこの見解が基本的に妥当であると解している。私は、要保護性に関して、①再非行の危険性、②保護処分による矯正の可能性の2つの要素で考慮すればよいという基本的な立場に立っている。再非行の危険性は、少年の環境的人格的負因を考慮して、放置しておけば再非行の可能性が大きいという判断であり、立ち直りの可能性とは当該の保護処分を加えることで、少年が立ち直りの可能性が認められることを意味する。ともに将来の行動予測を含むものであるが、調査官や裁判官の専門的知識を前提とした経験的判断で足り、自然科学的な意味での確実性は求められていない。

　このような考え方は、現在でも学説では今日でも有力に主張されている。それは、できうる限り刑罰ではなく、保護処分を優先的に適用することを可能にする理論であり、少年の「健全育成」という少年法の理念により忠実な解釈であろうと思われる。ただ、この有力説に対して、以下のような問題点があり、若干の修正が必要であると思われる。

　まず、第2の要件は、保護処分による「矯正可能性」よりも拡大する必要がある。すなわち、「矯正」の可能性ではなく、より広く「立ち直り」の可能性として構成することが必要であろう。また、性格の矯正と環境調整は保護処分の両輪であるから[*8]、「矯正可能性」という表現は、環境調整を組み入れないと誤解されかねない。とくに、社会内処遇である保護観察処分においては環境調整の比重が高い。保護処分だけではなく、環境調整や福祉処分による立ち直りをも考慮すると、矯正可能性では狭すぎる。

　第2の修正点は、事件が重大である場合には、保護の必要性が大きくなる反面、保護処分による立ち直りの可能性に関しては、より慎重な判断が要求され、より高い可能性が求められる。立ち直りの可能性に関しては、一般には刑罰よりも保護処分、具体的には少年院の方が教育的能力は高いと考えられるか

ら*9、保護処分による立ち直りの可能性が認められない場合に、ようやく刑罰の適用が肯定できると解すべきであろう。しかし、家庭裁判所は、重大な事案に関しては、刑事処分ではなく、保護処分を適用するにあたり、立ち直りの可能性に関して、より説得的に説明責任を尽くさなければならない。

　要保護性の存在が確認されると、次にそれぞれの保護処分の種類に応じて、少年院送致相当性、保護観察相当性、児童自立支援施設・児童養護施設送致相当性などに分かれて、下位の「相当性」判断が行われる。しかし、責任を論じるに当たって、保護処分の種類に分けて論じる実益は乏しいといわなければならない。また、刑事処分は保護処分とは明確に区別すべきであるから、「保護」の一形態として刑事処分を位置づけることは妥当ではない。

2　再非行の危険性と少年の負因

　私見は、上述したように、要保護性の要素を①再非行の危険性、②保護処分による立ち直りの可能性とした。これらの要素と少年の責任とはいかなる関係に立つのであろうか。

　再非行の危険性は、少年の環境および人格的負因によって生じるところが大であることはいうまでもない。少年は非行を行うことで、犯罪少年、触法少年、虞犯少年として少年審判の対象となる。要保護性の内容である「再非行の危険性」は、環境的負因と人格的負因に基づいて、非行を反復する可能性があるかどうかにより判断される。

　成人の場合は基本的には環境を選択できるが、子どもは親も環境も選ぶことができない。成人は行為決定の固定的な傾向を有するようになっており、そのような傾向はまさに人格と不可分一体のものであって、犯罪はその人格の表れといってよい。成人の場合、環境の選択もこのような人格に根ざしているといってよい。

　子どもの場合、生れついて与えられた環境は決定的な意味をもち、選択の余地はない。成長に伴う人格の自由の拡大によって、選択の可能性は次第に広がるとはいえ、生まれながらに与えられた環境は決定的であり、いかんともしがたい*10。子どもが家族、学校、交友範囲、地域社会の影響を免れることは、きわめて困難である。環境的負因は、子どもの逸脱的な行動に対して、決定的な意味を持つ。他方、子どもの人格は形成過程にあり、固有の固定的な人格を作り上げているわけではない。環境への働きかけと相まって、形成

過程にある柔らかな人格に働きかけるならば、少年の人格が変化し、成長する可能性が大きい[*11]。そのような柔らかさゆえに、少年は可塑性に富むといわれる。少年法が「非行少年」というレッテル貼りにつながるような表現を回避し、「非行のある少年」（1条、22条1項）という文言を選んでいるのも、このような可塑性を重視しているからであろう。したがって、要保護性の判断においても、人格特性だけではなく、それ以上に環境的負因が独立の要因として重視される。

しかし、少年もまた環境的負因ないし素質によって宿命的に非行へと至るわけではない。ロンブローゾに代表されるような、かつての新派刑法理論、近代学派が説いた硬い決定論は、成人はもとより、少年についても否定されるべきであろう。

第3　「内省」とその内容

非行によって少年はまさに「当事者」として少年司法、刑事司法の対象となり、警察、検察官、家庭裁判所、付添人などとの接触が生じる。さらには、家族、友人、学校、被害者らの反応を体験する。少年保護の過程において、少年をとりまく家庭や友人関係といった保護環境の改善、変化が重要であることはいうまでもないが、非行を契機に周囲や社会の人々の反応を体験することで、少年の側も内省し、あるいは内省を深める。こうした内面の変化、内省を抜きに少年の立ち直りはありえないといっても過言ではない。

この立ち直りの契機としての「内省」の意義については、少年法22条1項が検討の手がかりとなる。同条は、審判の方式に関して、懇切で和やかに行うとともに、非行のある少年に対して「内省を促す」ものとしなければならないと規定する。この内省を促すという文言は、2000年の少年法改正によって挿入されたが、改正前からそのような運用が行われていたのであり、法改正は、こうしたそれまでの実務を確認するものであった。

1　内省と要保護性

それでは、ここでいう「内省」と要保護性とはいかなる関係に立つのであ

ろうか。要保護性の判断において、少年の「内省」は意味を持たないのであろうか。結論を先取りしていえば、「内省」は矯正可能性、私の言う「立ち直りの可能性」における重要な構成要素であると考える。立ち直りは少年の側の自覚的な内省なくしてあり得ない。しかし、それは、刑法における責任の意識とは同じでない。

　刑法では、一般に自由な意思で、すなわち是非善悪を判断でき、行為を制御する能力を有する者が、主体的に自らの意思（自由意思）で犯罪行為を選択している以上、過去に行われた犯罪行為について責任を問い、非難を加え、刑罰を科すことが正当化される。これが責任の本質的要素である。犯罪行為の選択は、行為のつど自由意思に基づいて選択されるのであるから、責任非難も、個別行為責任の範囲にとどまる。

　刑法上の責任の内容については、それぞれの論者の責任論および刑罰論に対応して、差異が見られるといってよい。行為責任論を重視する立場からは、行為についての責任非難であるが、具体的な生身の人間の被害は捨象され、被害は法規範違反ないし法益の侵害という形で相当に抽象化される。

　これに対して、内省では被害者とその周辺の人々は具体的な生身の人間であり、それらの人々に対してどのような被害を生じさせたかを具体的に理解をさせることが重要である*12。少年の内省は、行為者の行為が自らの家族や親しい人々に対して与えた心の傷や行為による法的、社会的反応が自分自身に及ぼす影響についても及ぶのが望ましいのである。しかし、そうしたことがらは、刑事責任では、行為責任、すなわち過去の行為に対する責任非難に特化されるため、ほとんど問題とはならない。

2　内省のテーマ

　少年の犯罪や非行は、成人のように利害得失についての狡猾な計算に基づいて行われることは少ない。少年たちは、好奇心に駆られて非行に陥る「幼稚な冒険者」であることも少なくない。少年たちは、社会的に未成熟であるため、自らが行った非行がどのような社会的意味を持つのかをきわめて不十分にしか理解していない。そこで、行為が被害者やその家族、地域社会に与えた被害を認識しないだけではなく、少年の家族や親しい人々に対してどのような傷を与えるのか、どのような法的、社会的反応を引き起こし、それが今後の自分にどのような影響を及ぼすのかについて、理解しないことも少な

くない。さらには、自らの行動傾向の基盤となるものの考え方、性格の問題点も把握していない。すなわち、内省のテーマとしては、以下のものが中心となろう。

(i) 被害者、その家族や親しい人々に与えた被害、苦しみ、嘆き。これには心の傷も含まれる。
(ii) 少年自身の家族、友人などに与えた苦しみ、嘆き、心の傷。友情の破綻。
(iii) 地域社会に与えた被害およびそれによる反応。
(iv) 国家的、法的な反応。逮捕、勾留、裁判、収容観護、保護処分、刑罰など。少年は社会的に未成熟であり、重大な行為をしてもそれがどの程度の重さの犯罪であるかを知らないことが少なくない。たとえば、「親父狩り」や、「援交狩り」がしばしば強盗致傷という重大な犯罪であることを後から教えられて、愕然とするケースも見受けられる。
(v) 社会や国家の否定的な反応がもたらす烙印や自分の将来に与える否定的な影響。その結果、自分の将来の夢、希望の実現が妨げられること。
(vi) その非行に現れた自分の行動傾向とその基礎に横たわるものの考え方、性格等の問題点。
(vii) 家族、友人等との過去、現在、未来の関係。

　内省の対象は、被害（法益侵害）や被害者との関係だけにはとどまらない。内省によって、心の中に非行、犯罪に至らないためのブレーキが作られる可能性が生まれるが、そのブレーキは「被害者に苦しみを与えない」とか、「刑罰や制裁が怖い」といったものに限定されない。自分の将来がだめになるとか、父母や家族に与える苦しみといった、自己中心的なものであってもかまわない。

　要保護性の要素である内省としては、少年たちに対して、こうした行為の社会的意味を理解させ*13、内省を促すことが重要となる。さらには、内省によって自らの行動傾向の基盤となるものの考え方、性格が有する問題点を認識、自覚させていくことが望ましい。

　このような内省を促すことは、家裁による少年の保護およびその後の保護処分の執行における教育的処遇の必要不可欠な要素となる。そうした内省を通じて、少年は自分のこれからの生き方を主体的に模索するようになるであろう。

家庭裁判所の基本的役割のひとつは、少年が行った行為につき、少年にその社会的意味を理解させることにある。それは、家庭裁判所の教育的機能の本質的な要素といってよい。このような教育的機能は、家庭裁判所の審判段階だけではなく、事件が家庭裁判所に係属し、少年鑑別所に収容されて観護措置を受ける段階ですでに始まっている[*14]。観護措置において少年たちは、身体を拘束されるという厳しく、ショッキングな体験をし、関係者の働きかけを受け、父母の嘆きや周囲の人々の反応を見る中で、自らの行為の意味を自覚的に捉えなおそうとし、内省の契機が与えられる。

　非行を行った少年は、ゆがんだものの考え方、価値意識、規範意識を持っていることも少なくない。筆者の弁護士付添人としての個人的体験から拾ってみよう。

　少年の中には、万引きをしても親と一緒に謝罪をし、親が弁償しさえすれば「許され、解決する」といった認識をもっていて、万引きが犯罪になるという意識を欠く者も少なくない。また、好奇心に駆られて公園で、着火剤を使って火遊びをし、電話ボックスを焼いたという事件では、放火という犯罪の重大性や着火剤を遊びの道具にすることの危険性をほとんど理解していなかった。また、引ったくりがときには強盗となったり、怪我をさせれば強盗致傷というきわめて重大な事件となったりすることを知らず、軽いノリで犯行に及んだりして、逮捕された後、その犯罪と刑罰の重さを知って愕然としているケースもある。女子少年の場合、一般論として性的非行との関連が深いのであるが、家族との折り合いが悪く家を飛び出して、援助交際という名の少女売春で生計と日々の寝泊りの場を確保しているケースもあった。

　これらは、ごく一端に過ぎない。これらの少年たちに見られる認知、価値意識のゆがみは、多くの場合、家庭や地域社会、交友関係のなかで非行副次文化に接触し、学習することによって生じることが少なくない[*15]。そうした認知のゆがみを気づかせ、是正することは、少年審判の課題である。とりわけ再犯・再非行の少年については、自らの行動傾向の問題点を理解させ、その根底にある認知の歪みを気づかせることが肝要となる。

　このように、少年審判における教育の基本的な機能は、①当該の非行の持つ社会的な意味を理解させるとともに、②根底にあるものの考え方、認知、規範意識のゆがみを気づかせ、正していくことにある。少年法が審判の方式に関して、非行のある少年に対して「内省を促す」ことを求めているのも、このような趣旨によるものと解される。そのような教育的機能は、家庭裁

所における狭義の審判だけではなく、社会調査や観護措置・資質鑑別、付添人の活動によっても遂行される。もとより、そうした教育的機能は、周囲の人々の変化、そのための環境調整とあいまって、遂行される必要がある。

3　内省と刑法上の「責任」

そのような「内省」は、上述したように、刑法における「責任」と同じではない。刑法では、行為者は人格がそれぞれの仕方で固まり、「完成」した大人であり、人生の体験を通じて分別を備えており、自由な自己決定が可能な人間であることを前提としている。自由な自己決定により選択された犯罪であるから、非難が当然に可能とされる。分別を持って自由な自己決定が可能な人間であるからこそ、自らの犯罪行為の社会的意味を理解していることが予定されており、そう期待してもよい。しかし、少年の場合には、責任意識の獲得、深化それ自体が目標とされるといってよい。比喩的に言えば、成人の場合は責任が前提、出発点であり、刑事責任を問うことも、先行して存在する「責任意識の喚起、規範意識の作り直し」という意味を持つ。これに対して、少年の場合には責任は目標として位置づけられる。責任意識を持たせ、育てていくことが少年の保護過程における基本的な課題であり、それは多くの場合、内省を通じてはじめて可能となる。

4　審判の方式と少年の内省

少年審判は、内省を促すために、「懇切で和やか」でなければならない。少年審判の関係者が「上から目線」で高圧的で権威主義的な態度を取ったり、やみくもに叱り付けたりしたとしても、少年は心を閉ざしてしまい、少年の心に響くような教育的な関係は成り立たない。少年の言い分に十分に耳を傾ける受容的態度が少年審判の関係者に求められるのであり、少年の側から見れば、意見表明権が保障されるような審判の雰囲気と運用が求められる。

内省を促し、深化させることは、少年審判で完結することもあり、その場合は不処分決定で手続は終わる。しかし、不処分決定では不十分な場合、保護処分の言い渡しが必要となる。保護処分の執行、そこでの処遇は、内省を促し、深化させ、定着させることが不可欠の機能である。少年に対する対人スキルの訓練、教科教育、職業訓練や家族関係の調整が重要であることはい

うまでもないが、内省による心の変化なしには「心の中のブレーキ」を作ることはできないといってよい。そうした内省の深まり、定着によって心の中に非行や犯罪に対するブレーキが作られていく。そうした状態こそ「保護処分による立ち直り」ということに他ならない。そのような可能性を審判の段階で展望的に予測するのが、要保護性の判断である。要約すれば、内省を促して、責任を自覚させ、定着させることは、要保護性の要素のうち、保護処分による「立ち直りの可能性」と関連付けるのが相当であろう。

5　内省能力

　少年に関しては、審判の段階で保護処分を受け止め、内省を深めるに足るだけの能力が必要だということになる。耳慣れない言葉ではあるが、そのような能力を「内省能力」といってもよい。
　従来、このような能力を「実質的責任」という言葉を用いて説明する論者もいた。しかし、実質的責任という言葉は多義的に用いられ、刑事責任との関係で、混同を引き起こす原因ともなっていた。私のいう内省能力は、刑法で言うところの刑事責任能力とは異なる。刑事責任能力は、本来は、刑罰を想定し、刑罰を科すに足りる主体的条件を意味するのであり、保護処分は想定していない。これに対して、内省能力は、まさに保護処分を受け止めるにふさわしい主体的条件を意味する。それは、少年院送致、保護観察処分、児童自立支援施設・児童養護施設送致というすべての保護処分に共通して必要とされる能力である。刑事未成年者であっても、そのような能力は通常、肯定できる。保護観察処分や児童自立支援施設・児童養護施設送致の場合は、14歳未満であってもこれらの処分の対象とされてきた。少年院の収容年齢は、最近まで14歳が下限とされていたが、2007年の第2次少年法改正によっておおむね12歳以上にまで引き下げられた。これによって刑事未成年と保護処分適応年齢の乖離はいっそう明確となった。
　刑事未成年者は14歳以下であれば一律に責任能力がないという類型的処理が行われており、そこでは、個人差は捨象されている。そこから、少年院収容年齢の引き下げに関しては、刑事未成年者であっても「是非弁別能力、行動制御能力」は肯定できるという議論がなされている。すなわち、刑法で捨象された個人差を少年院送致決定であらためて拾い上げようとする議論といってよい。しかし、もともと刑事責任を前提とした観念である「是非弁別

能力、行動制御能力」を年齢の低い少年たちに対する保護処分の要件としてすべての少年に要求することは、行き過ぎである。実際には保護観察処分や児童自立支援施設・児童養護施設送致は年齢の低い少年たちも課されており、強いて「是非弁別能力、行動抑制能力」を要求すれば、フィクションとなってしまうであろう。しかし、これらの年齢の低い少年であっても、内省を促し、それを通じて成長発達を促進することはできる。同様なことは虞犯少年についても妥当する。犯罪ではなく、犯罪の前段階の状態にある少年について責任能力、すなわち「是非弁別能力、行動制御能力」を問うことはできないはずである。しかし、虞犯少年に関しても、内省を通じて虞犯行為の意味、その危険性を認識させることは重要である。内省能力は、犯罪少年、触法少年、虞犯少年のいずれについても共通して必要となるのである。それは非行事実の要素ではなく、むしろ要保護性の要素である。要保護性の要素のうちで、いわゆる保護処分による「矯正可能性」の要素、わたくしのいう「立ち直りの可能性」として位置づけられる。

　こうした内省能力は、ほとんどの少年たちが発達過程で獲得していく。一定の成長段階に達した少年にそうした能力が具わっていると扱うことができる。もっとも、ごく例外的には発育の遅れや歪みが著しく、内省能力を期待できない少年もいる。少年については一般に内省能力を有するという事実上の推定が働くが、例外的にこれらの推定を破る事情がある場合には、保護処分の対象から除外されるといえよう。そのような少年は、少年司法の枠から除外し、純然たる福祉ないし医療の対象とするのが適切であり、児童福祉法上の措置や精神医療法制上の措置が行われるべきことになる。

　内省がなかなか深まらない少年は、観護措置でも、少年審判でも、さらには少年院等の保護処分執行の段階でも存在する。しかし、これらの少年も、親をはじめ周囲の人々が持続的に働きかけることで、あるいは環境の変化などを体験することで、大きな変化を示すことがある。内省能力を育てることも保護処分の課題となる。したがって、少年たちを長い目で見ることで、反省と立ち直りを期待する必要がある。

　内省能力と内省とはイコールではない。内省は、前述したような意味での心理状態を意味するものであり、現実に内省が生じ、深化するなかで少年は立ち直ることが可能となる。これに対して、内省能力は、現実に内省が生じていることは必要ではなく、そのような可能性が少年の主体的条件として認められるということである。

内省能力は、刑法の責任能力とは異なり、行為時を基準とするものではなく、少年審判ないし保護処分の執行段階の時点で必要とされる能力である。行為の時点では内省能力がない場合であっても、保護過程において働きかけを受け、内省が行われ、あるいは深化することにより、自らの行為の社会的意味や自己の行動傾向の問題を認知することにより、立ち直りの可能性が生じる。そのような能力は、保護処分が有効に機能し、少年が内省を通じて将来立ち直ることを促すためのものであるから、展望的である。しかし、内省は、当該の非行の持つ社会的な意味を理解させるとともに、少年の根底にあるものの考え方、認知、規範意識のゆがみを気づかせ、正していくことにあるのであるから、倫理に無関係ではない。

第4　少年に対する刑罰と責任

1　少年に対する刑罰

　保護処分では対応できず、または対応することが必ずしも妥当ではない少年は、刑事処分相当を理由に逆送され、刑事裁判で犯罪行為に対して刑罰が科せられる。この場合に、責任能力が必要となることはいうまでもない。刑事処分が科される少年は、保護処分による立ち直りの可能性が乏しい少年であるが、①教育の一環として刑罰が科され、とりわけ、懲役刑による矯正可能性が期待できる少年、②重大事件で、しかも刑罰による矯正可能性が乏しく、死刑や無期懲役になる少年、③自動車運転過失致死傷や道交法違反での罰金のように人格的環境的負因が深刻ではなく、保護処分を課すまでもない少年などが含まれる。
　犯罪少年の場合、刑事処分相当を理由とする逆送の対象となる可能性がある。逆送後に刑事裁判で犯罪の成立が認められるには、犯罪行為について有責性が要求されることは言うまでもない。理論的には、少年審判を経て刑事裁判に至った少年は、いずれも責任能力と内省能力の存在を肯定されてきているはずである。しかし、実際には刑法39条の責任無能力の少年が刑事裁判の対象となる可能性は否定できない。その場合には、あらためて責任能力の有無が争われ、裁判所の判断がなされる。

逆送後は、原則として刑事手続によって事件は処理され、刑事裁判で有罪となれば、刑罰が言渡される。犯罪の成立に関して、責任能力が責任の要件となることはいうまでもない。そこでは、刑法上の責任の有無が問われる。そこで、少年の場合の刑事責任は、一般の刑事責任との異同が問題となる。

2　不定期刑

　改正刑法草案は、常習累犯者に対する不定期刑を提案していた。常習性は人格の危険性に裏付けられるから、この制度では行為責任を超える刑が認められ、人格の危険性から社会を防衛することが正当化される。そこで、刑期は当然に不定期とならざるを得ない。その不定期刑は、行為責任を超える保安刑を本質とするものであった。

　少年の不定期刑は、同じ不定期刑でも、趣旨は常習累犯者のそれとは基本的に異なり、教育刑主義に基礎づけられる [16]。刑罰が少年の成長発達に対して与える有害な影響を考慮する以上、行為責任を超えて、刑を加重することは許されない。少年に対する不定期刑は教育刑であるから、保安刑のように行為者の人格の危険性によって処断刑の上限を引き上げることや、刑期が行為責任を超えて長くなることは認められない。不定期刑の上限は、行為責任によって限界づけられる。

　宣告される不定期刑の短期がいかなる意味を持つかは、困難な問題であるが、それは、少年が改善更生の努力を最大限行ったとしてもなお残る行為の責任であると解する。改善更生の努力と責任は、「行為責任」にというよりはむしろ「行為者責任」に属すると解するのが自然であろう。その努力と責任は、宣告の時点では、いまなお事前の仮説的判断にとどまる。

　不定期刑それ自体の内実は、特別予防である。行為責任は、故意・過失および責任能力が存在する限り、法益侵害の種類、態様、程度等によって決せられる。刑期の終了は、少年の自覚的な努力によって左右される。教育刑である以上、受刑者処遇は個別処遇を志向するものとなる。教育の内実として、内省に基づく贖罪意識の覚醒、および被害者に対する償いの意識が重要な要素を占めるといえよう。

3　少年に対する死刑および無期刑

不定期刑を中心とする少年に対する刑罰は、教育的な性質を有する。しかし、それによって現行少年法の刑罰制度が説明しつくせるわけではない。現行法は、18歳以上の少年に対しては、死刑を容認している。死刑を「教育刑」として位置づけることができないことは明らかである。学説では、少年に対する刑罰を教育として位置づけ、事実上保護処分に準じる性格のものとして扱い、刑罰による保護・教育を盛り込んで20条の逆送制度を解釈するという見解も有力である。この見解は、少年に対する刑罰の大部分を説明することができるとしても、18歳以上の少年に対して死刑を認める現行法の構造とは調和し得ない。

　翻って考えれば、死刑制度は、少年法の基本理念である少年の健全育成とは相容れない。少年法それ自体に矛盾が内包されているのである。将来的には、死刑の全面的な廃止が課題となろうが、それを待たずに、少年に関しては死刑の廃止のための法改正が必要であろう。法改正以前には、運用において死刑の適用を可及的に控えることが望まれる。

　死刑は、事案そのものが悪質・重大であっても、矯正可能性が認められる限り回避すべきである。応報、一般予防を理由に死刑を正当化することは、少年法の健全育成の理念に反して許されないと解すべきであろう。矯正可能性がないことは、検察官が立証責任を負うものと解する[17]。

　無期刑は、事案そのものが悪質・重大であって、かつ矯正可能性が少ない場合に限られるべきであろう。無期刑では仮釈放が認められており、健全育成を全面的に否定しているわけではない。しかし、無期刑を性質上教育刑として位置づけることができないことは明らかである。

結びに代えて

　以上の分析の結果は、大要、次のような定式化となろう。
　(i)　少年法をもっぱら一種の限定責任能力制度と把握するというアプローチは、少年法が刑事法とは独自に有する積極的意義を軽視することにつながる。可罰的責任の不存在によって少年法を説明することも、同様の問題を有する。
　(ii)　少年審判の対象となる犯罪少年、触法少年、虞犯少年について、共通

して「内省」が課題として与えられる。内省は、自らの犯罪・非行の行為がもった社会的意味を理解させ、反省を促すものである。内省のテーマは刑事責任よりも広いものである。そうした内省は、要保護性の要素のうち、強制可能性ないし「立ち直りの可能性」の不可欠の要素となる。

(ⅲ) 責任能力は、犯罪少年についてのみ問題とすれば足りる。責任能力は、非行事実のなかに含まれる。しかし、犯罪少年においても、保護処分の選択は責任に応じてではなく、要保護性に応じて行われる。犯罪少年では、責任能力はそれがなければ、保護処分を課することができないというものであり、保護処分賦課の要件となる。責任能力のない少年は、基本的には保護処分ではなく、精神医療の対象として扱うのが妥当であろう。

(ⅳ) 少年に対する不定期刑は、長期が行為責任であり、短期は少年が立ち直りにむけて最大限の努力をしたとしても、なお残ると予想される行為の責任を意味する。具体的な刑期、すなわち刑の終了時期は、特別予防によって説明ができよう。特別予防においても、内省に基づく贖罪意識の覚醒、とりわけ被害者に対する償いの意識が重要な要素を占めるといえよう。

*1 これらの問題を検討し、議論を展開し、結論を引き出すには、さらに刑事責任および刑罰に関する一般理論にまで遡った考察が必要とされる。それらを一挙に展開することは私の能力を超える。本稿の考察は、試論の域を出ない点が少なくない。今後さらに考察を重ねて行きたいと考えている。

*2 もっとも、周知のように責任能力が故意・過失や期待可能性と並ぶ責任の要素であるのか、故意・過失の前提となる要件なのかについては争いがある。

*3 責任無能力者の行為についても、その行為は病的な人格の現われと見ることも可能である。しかし、それは主体的選択によって行われたものではなく、「病気」の現れであるとされ、非難の対象から除外される。

*4 特別予防ないし社会復帰処遇において、生きるための能力やスキルの習得、社会復帰に向けての環境の調整はそれ自体として重要な意義を持つことは言うまでもない。しかし、それに終始するだけであれば、犯罪抑止のためのブレーキは、心の中で不完全なままであり、再犯防止の効果はおぼつかないであろう。

*5 一般予防に関しては、消極的一般予防、すなわち刑罰威嚇による犯罪の防止という考え方と、積極的一般予防、すなわち一般の人々の規範意識の変化を通じた犯罪防止を強調する考え方との対立が見られる。両者を明確に区別できるかという疑問はあるが、規範意識の学習とそれにもとづく意識の変化を媒介として予防目的が達成するというアプ

ローチが相対的に人道的であると思われる。ただ、少年に対する保護処分や刑罰の宣告は、特別予防を中心に行われるべきである。積極的一般予防のなかに特別予防をも組み込むというアプローチもありうる。しかし、一般社会の人々と犯罪者とを予定調和的に同じ一般予防の枠組みに組み込むことが妥当であるのか、疑問である。

*6 これに対して、性格の偏りが著しく、それが犯罪傾向と結びついていて、密度の濃い矯正医療が必要な場合は、医療少年院での処遇の方がふさわしいといえよう。

*7 もっとも、精神障害の程度が比較的軽く、保護処分による立ち直りが期待できる場合は、保護処分を選択し、治療的な処遇を行うことが認められてよい。治療の必要性と責任能力とは重なり合うわけではない。

*8 団藤重光＝森田宗一『新版少年法』（有斐閣、1968年）16頁。「矯正可能性」という要素は、実際上は少年送致を念頭に置いていたものと思われる。もし、そうだとすれば、狭すぎる。

*9 保護処分による立ち直りの可能性がある以上、保護処分を優先させるべきである。

*10 ある程度の年齢になり、劣悪な成育環境を逃れようとすると、「家出」となり、それ自体が警察の補導やさらには虞犯少年として審判の対象になる。

*11 そのような人格の可塑性のゆえに、悪い影響を受けるならば、悪い方向にも変わりやすい。

*12 いわゆる修復的司法は、このような生身の人間である被害者の苦痛を理解させるうえで、通常の刑事司法手続よりも優れている。

*13 ここでいう理解とは、単に知識として知っているというだけではなく、自らの行動を律する意識として定着しており、それに従って行動を抑制することを意味する。少年は、社会的精神的未熟さのゆえに自己の行動の意味を理解していないか、理解していても表層にとどまることが少なくない。

*14 故・平場安治博士は少年保護事件を司法過程と保護過程に分けて、家裁に係属のすべての事件の手続が保護過程であるという視点を提起されていた。平場安治『少年法〔新版〕』（有斐閣、1987年）72頁以下。

*15 とくにインターネットの普及により、非行文化への接触や非行文化に染った仲間との連絡がきわめて容易になっている。

*16 改正刑法草案では、常習累犯者の不定期刑が導入された。それは、行為責任に人格責任を加味するものであり、行為者の危険性に対する社会防衛のために刑が加重されており、保安刑の一種といえよう。

*17 少年は可塑性に富むから、矯正可能性が事実上推定されると解するべきである。

（さいとう・とよじ／大阪商科大学教授）

責任の本質と少年の処遇

沢登佳人

はじめに——責任本来の意味
第1 ドイツ絶対主義刑法理論と非難可能性としての責任概念の形成
第2 フランス新古典主義刑法理論と応報としての責任概念の形成
第3 国家体制の変化に伴うドイツ刑法理論の変遷と規範的責任論の完成
第4 本来の責任への復帰を目指すフランス新社会防衛論と少年の処遇
おわりに——改革への動き

はじめに——責任本来の意味

　責任とは、自分自身の自由意思で行う行為・行った行為について、行為者自身が、自分自身の自由意思で、負うものです。刑事責任は、犯罪行為について、犯罪者自身が自分の意思で負うものです。行為者本人が本人の意思で負うのですから、他人が負わせることはできません。犯罪者の責任を裁判所が負わせることはできません。たとえば、共同事業の利益配分で相手にしてやられたと怒った男が、口論の末相手を殴って怪我をさせて暴行致傷罪として処罰されて、「悪いのは奴なのに、何で俺が処罰されるのだ」と憤慨したとします。裁判所や世間は、それでその男に暴行致傷の責任を負わせたと思っているようですが、彼自身はその判決と刑の執行を承認せず、この行為を

正しかったと信じているのですから、裁判所や世間が期待している意味でその行為の責任を負ったのではありません。反省したが「やっぱり俺は正しかった」と確信したことが、彼自身の責任の負い方なのです。確かに裁判所は、その行為の責任を彼に「問う」ことはできます。つまり「君はその行為に責任がある。だから反省してくれ」と求めることはできます。しかし求められてどう反省するかは、彼本人の仕事で、それが彼の唯一の責任の負い方なのです。

　古今東西の聖人・賢者も口を揃えてそう言っています。「自ら罪をつくりて自ら汚れ、自ら罪をつくらずして自ら浄めり。浄・不浄は己に属す。他に因りて浄めらるることなし。」(釈迦『ダンマパダ』)、「夫レ罪アル罪ナキハ我ニ在ルノミ。豈ニ外ヨリ至ル者ヲ以テ栄辱ト為サンヤ。」(朱子『文集』)、「仁ヲ為スコト己ニ由ル。而ニ人ニ由ランヤ。」(孔子『論語』)他、人、外ヨリ至ル者とは他者の毀誉褒貶で、非難や刑罰は毀貶の一種です。

　ですからフランス刑法学の通説的体系は、犯罪を犯罪行為の構成要素(法定・物的・心理的要素)と犯罪者の責任とに二分する体系を取っています。実は昔のドイツ刑法学もそうでした。

　ところが日本刑法学の通説は、刑事責任の実体をこう説明しています。「責任とは、行為者に対して自由意思で違法行為を行わないことを期待しえたのに、敢えて行なったことに対する法的非難である。」と。では期待しえたか否かを誰が判定するのかと尋ねると、法=国家その代理人として裁判官が判定すると答えます。さらに何を基準にして判定するかと聞くと、「平均人ないし一般人に対して期待しうるときには、犯罪者自身に対しても当然期待しうるし、前者に期待しえなければ後者にも期待しえない。」と答えます。

　でも変ですね。責任とは、各個人自身が自分の自由意思で行なったことについて負うものだったはずです。平均人ないし一般人という実在しない観念としての個人に期待しうるからといって、なぜ実在する独自個性的で他人と絶対に代わりえない個人ひとりひとりにも、当然期待しうるのですか。

　この矛盾を回避するには、責任と、非難および非難の法的表現たる刑罰とは、全く異質のものと解するしかありません。なのに日本刑法学、その手本とされてきたドイツ刑法学が、どうして責任と非難=刑罰とを同一視する誤った学説に導かれてしまったのか、それを知ることが本稿の第一の課題です。

第1　ドイツ絶対主義刑法理論と非難可能性としての責任概念の形成

フランス人権宣言の受容におけるドイツ刑法上の難題

　法や法理論は、歴史的生成物です。ドイツ近代刑法・刑法理論は、当初、フランス大革命期に人権宣言の理念に基づいて創られたフランス近代刑法・刑法理論を、ドイツ絶対主義国家体制に適合する形に修正して創り出されました。

　フランス人権宣言における刑法の根本理念は、4、5、8条の罪刑法定主義です。4条は第1文と第2文で、他人の自然権を侵害する行為は犯罪として禁止しうることを定め、第3文で、その禁止は法律によってのみ定めうると定めています。前者は犯罪の実質を限定した実質的犯罪法定主義、後者は形式的犯罪法定主義です。自然権とは2条の自由、所有、安全および圧制への抵抗です。自然権の侵害ゆえこの種の犯罪は自然犯と呼ばれています。

　5条は、自然権の侵害ではないが社会すなわち公衆の共同利益を害する行為は、法律に明定して禁止しうると定めています。この種の犯罪は立法権が社会に有害と認めて初めて犯罪となるので、人工犯ないし法定犯と呼ばれています。フランス刑法では自然犯を crime（本来の罪）、法定犯を delit（違反）と呼び分けています。日本の重罪と軽罪の区別に相当します。

　8条は、第1文で刑罰の実質を厳密かつ明白に必要不可欠なものに限定し、第2文で刑罰の法定を定めて、実質・形式両面の刑罰法定主義を定めています。

　ドイツでは、法律家の間でフランスの革命刑事立法に倣ってドイツ法を近代化しようという気運が生じました。しかし人権宣言の思想は領邦君主の絶対主義権力と矛盾するので、フランスの革命刑事法を直接模倣するわけには行きません。さりとて世論を無視することもできませんから、宣言の思想をある程度採り入れながら、絶対主義権力の基礎を脅かす恐れのないドイツ独自の法と理論を速やかに創り出す必要に迫られました。

フォイエルバッハによる罪刑法定主義の形式的受容

この要望に応えてフォイエルバッハは、罪刑法定主義を形式的法定主義だけに矮小化した新刑法理論（『ドイツ普通刑法教科書』）を著して近代刑法の父と呼ばれました。彼は犯罪の実質を権利侵害と規定しました。人権宣言では権利とは自然権のことですが、そうすると王様が王権に批判的な言動を処罰しようとしても、それだけでは処罰できません。

　そこでフォイエルバッハは、王様に処罰のフリーハンドを残しておくために、人権宣言の罪刑法定主義の根拠規定から4条と5条を除き、8条の「厳密明白に必要不可欠な」という刑罰の実質の限定を無視した上、刑罰という語にその前提である犯罪をも含ませて、罪刑法定主義を形式面だけに一面化しました。そしてその理論的根拠をこう説明しました。まず「法は個人の自由意思に直接介入できない」と自由尊重の素振りを見せた上で、「それゆえ、これこれの犯罪を行うか行わないかは個人の自由だが、もし行えばそれに対応してこれこれの刑罰が科されますよという因果関係を法律で予告して、どちらを選ぶかを個人に自由に選択してもらう。そうすれば、法律で犯罪と定められていない行為をした人が、裁判官の専断で処罰される恐れがない」と。

　しかし史実では、絶対王制下では裁判官の罪刑専断は厳禁され、当時の処刑は全て公開で民衆は罪刑を熟知していました。いずれにせよフォイエルバッハの論理的罠である今の形式的罪刑法定主義は、人権弾圧的刑法に対しては何の防壁にもなりません。

ヘーゲルの立憲君主制国家理論に見る非難としての責任概念の濫觴

　ドイツ諸邦の中でもナポレオンに敵対して最大の被害を受けたプロイセンの王様は、フランスの新法体系に強い恐怖を抱いていました。ところが、絶対王権の支柱となるべき貴族の子弟たちが多く学ぶ大学の学生たちの中に、フランスの新しい思想や制度にかぶれ憧れる者が急増しました。そこで王様は、学生やブルジョワの自由への憧れを満足させつつ同時に絶対君主権を不動の礎石の上に置いてくれる法・国家の理論を創り教えて学生たちを善導してくれる有能な学者はいないかと探して、ヘーゲルを見付けました。彼は見事に王様の期待に応え、全法体系と国家の構成原理を弁証法論理によって統一的に説明して、ドイツ型立憲君主制国家に確固たる理念的・理論的基礎を

与え、それをベルリン大学で学生に講義しました。一学生がそれを筆記したノートが『法哲学綱要』です。
　人権宣言では、個人の自由を含む自然権の保障は国家と法体系の目的・使命です（2条）。これに対してヘーゲルの法・国家理論では、実在である個人の自由意思は法体系と国家の出発点であり、その意思が、弁証法論理の手順すなわち自己の反対物を定立しそれと自己とを総合・止揚して実在＝現存在の次の段階へと発展するという筋書きを連鎖的に積み重ねて、大筋を示せば個人の自由意思→権利→契約→不法＝犯罪→刑罰→道徳→家族→市民社会という順に、前の発展段階を後の発展段階の中にその偶有性として止揚しつつ発展して行って、最終的に立憲君主制国家が市民社会をその偶有性として止揚することによって実在＝現存在たる自由意思の最高の発展段階に到達するのです。つまり、実在である個人の自由意思が発展するにつれて次々に実在である各種の法形態に姿を変え、最後に実在である立憲君主制国家に変身するのです。それゆえ各個人にとって国家は、成長した大きな自分＝個人自身ですが、「国家にとっては各個人の自由意思は、偶有的属性の一つとして国家自身の中に止揚し了えた、それゆえその個性はどうでもよい没個性的な個人すなわち平均人・一般人にすぎず、したがってその意思は国家意思に同化して国家の期待どおりに行為する善良な市民の意思にほかなりません」。
　右の発展過程のうち個人の自由意思から刑罰に至るまでをもう少し詳しく見ると、以下のようになっています。自由意思＝人格は自己を各個人の身体および外的物件を所有せんとする個別意思＝主観的法・権利として定立し、所有を通じて人格と人格とが対峙するが、その止揚たる契約のうちに共通意思たる客観的法が現れ、これと契約当事者の各特殊意思との分裂から後者による前者の否定すなわち不法が生じる。法の否定たる不法が自由意思によって遂行されるのが犯罪だが、法は自由の現存在だから、それを否定する自由意思たる犯罪の現存在はそれ自身の反対物であり空無である。つまり犯罪は本来的に一個の自己否定的なものであり、法の否定たる自己の自己自身による本来的否定性の明示すなわち法の否定の否定たる刑罰を自ら要請する。その意味で刑罰は犯罪者の自由意思の現存在であり、権利であり、彼を尊敬する所以でさえある。つまり犯罪者は犯罪行為自身によって本来的に処罰への同意を与えているのである。なぜなら、犯罪は否定さるべきだということが犯罪の本性であり犯罪者の意思なのだから。かくて法が犯罪により現象的には一旦否定された後、その否定が仮象であって実体において空無であること

を、ほかならぬ犯罪者自身の意思に基づき刑罰によって明示され、自己の現存在が絶対に否定されえないこと、永遠不滅普遍妥当であることを自覚するとき、法たる自由意思はその即事的直接性を止揚して、自ら対自的かつ現実的な意思となり、意思がただ人格性として在るだけの抽象的な権利ないし法の立場から、意思が自己の人格性を自己の対象とする道徳的立場へと進む。

以上の理論によれば、「犯罪者の自由意思したがって責任は刑罰によってその空無性を明示されます。しかるに、汝は空無なりは現象的には汝に対する非難の形をとりますから、責任は犯罪者の自己非難、刑罰はこの非難の明示にほかなりません」。上記のうち「　」で括った前後2つの文を読めば、今の日独刑法学の通説的責任理論の淵源はヘーゲルに在ることが明らかです。

ヘーゲルは犯罪行為を犯罪者に、犯罪者の自己否定を国家の科刑に摺り替えた

ではヘーゲルはどこでどう誤ったのでしょうか。彼の理論は抽象的でよくわからないと言われる方のために、個人の自由意思から犯罪＝刑罰に至るヘーゲルの説明をわかり易い事例に即して解説しましょう。たとえば原始状態で1人の人が単独で生活しているその生活領域に他人が入ってくると、彼は「ここは俺の縄張りだ」と主張して追い払おうとします。生活つまり自由意思の現存在のためのその領域の所有は、たんなる事実ではなくて、彼の主観では自分の縄張りつまり自己の権利＝主観的法として、彼の原初的法意識に現前しているわけです。少し文明が発達して生産力が増し、2人の個人が余った所有物を交換しようと契約したとすると、2人の意識の間に客観的に共通の法＝客観的法が現前します。法が、縄張りを主張する人の主観的法としての権利にとどまっている間は、縄張りを犯（侵）す人にとっては相手の縄張りは法ではないから、権利侵害は彼にとって何ら不法ではありません。しかし契約関係に入って共通の客観的法を認め合った人の間では、権利を侵害する人にとっても、自己の行為は客観的法の侵害すなわち法の否定たる不法として彼の法意識に現前します。

ここまでの説明はよくわかります。しかしそれから先はヘーゲルの詭弁で、こう述べています。「不法（その強度のものが犯罪）を行う人は、自己の行為が否定さるべきことであると知りながら法を否定するのだから、犯罪

は1個の自己否定的なものであり、実行後は法を否定した自己を否定しようとする意思として彼の意識に現前する。この意思の明示が刑罰だから、犯罪者は犯罪を行うこと自体において自己を処罰することを望んでいる。」と。しかし犯罪者は自己の行為が客観的法によって否定されるべきことを知ってはいますが、行為の主体である自己が自己自身によって否定されるべきだと意識しているわけではありません。なのにヘーゲルは、犯罪行為をその主体である犯罪者と故意に混同することによって、客観的法による犯罪行為の否定を、犯罪者自身による犯罪者自身の否定に摺り替えたのです。そしてさらに、犯罪者の自己否定を犯罪者以外の者たとえば国家による犯罪者の否定である刑罰に摺り替えたのです。

ところで、観念の二重の摺り替えというこの構図は、まさしく、犯罪行為についての行為者の責任を犯罪行為の属性たる「有責性（schuldig）」と混同し、さらに犯罪者自身の責任の明示を国家権力の犯罪者に対する非難の明示たる刑罰と摺り替えている、今の日独刑法学の通説「規範的責任論」の責任概念と、完全に軌を一にしています。

ともあれ、ヘーゲルによる個人の自由意思の弁証法的発展の説明は、犯罪―刑罰の段階ですでに致命的な誤りを犯してしまったので、それ以後の立憲君主制国家に至る発展過程が空理空論に過ぎないことは明白です。

第2　フランス新古典主義刑法理論と応報としての責任概念の形成

他方、同時代のフランスでは、ナポレオンの失脚後ブルボン王制が復活し、王権神授説に基づいて涜聖罪処罰の復活を求めるド・メーストルの理論が王権のイデオロギーとなって大革命刑法以来の一般予防主義を排斥したのに対し、自然権侵害を絶対悪とし侵害に対する応報を絶対的正義とするカントの絶対的応報刑論が対立しました。やがて現実に涜聖罪処罰法が制定されると、それに反対して1830年7月革命が起きルイ・フィリップのブルジョワ王制が発足します。すると革命の指導者で新政権のリーダーとなったギゾーらとその後継者のオルトランらによって新古典主義刑法学が創られて、以来今日までフランス刑法学の中心思想となります。

オルトランは責任と刑罰を明確に区別した上で、責任の本質をカントの絶対的正義の要請たる応報に求め、「悪は悪を以て報いらるるに値すとは、古今東西を通じ人間理性が認める関係である。」と論じて、犯罪者が犯した悪の報いを受けるに値することが彼の責任であると主張しました。では誰が彼に悪の報いを与える権利を持つのでしょうか。当然国家だというのが常識ですが、神の代理人でも正義の使者でもなく人民の代表者にすぎないブルジョワ王権がなぜ、自由・所有・安全の自然権を保障されている犯罪者からその権利を剥奪する刑罰を科しうるのでしょうか。その理由をオルトランはこう説明します。「犯罪を放置すれば社会は存在できない。社会は自己保全つまり構成員の共同利益保全のために犯罪者の処罰を必要とするが、犯罪者は悪の報いを受けるに値するから、自己の自然権の一部を奪われても文句を言えない。」と。それゆえ応報に値する限度を超えて社会保全のためだけに刑罰を科すことも、社会保全のために必要充分な限度を超えて応報のためだけに刑罰を科すこともしてはなりません（『刑罰の基礎原理』）。この理論によりナポレオン刑法典の威嚇主義的一般予防刑主義が緩和されて、刑法の人道化が進展しました。

　しかし他面この学説によると、自然権侵害という悪に対しても、社会の共同利益保全のために必要でなければ、刑罰を科してはならないことになります。その結果社会の共同利益の侵害のみを犯罪と解して、自然権の侵害を犯罪と定める人権宣言4条が無視されてしまいました。こうして新古典主義理論は、7月革命以降フランス資本主義経済の急速な発展に伴って頻発した労働者・社会主義者らの人権擁護運動を、ブルジョワ社会の共同利益保全を理由に弾圧する刑罰法規の制定を、正当化するイデオロギーとして機能しました。今でもフランス刑法学の通説は、犯罪の実質（違法性）を社会的利益の侵害とのみ規定し、犯罪法定主義の根拠を、人権宣言4条を省いて5条のみに求めています。

第3　国家体制の変化に伴うドイツ刑法理論の変遷と規範的責任論の完成

　ヘーゲル主義刑法理論と法益侵害者の刑罰忍受義務としての責任概念

1847年に7月王権の首相になったギゾーは、ブルジョワ階級利益の擁護者として、選挙資格拡大運動を抑圧して民衆の怒りを買い、それをきっかけに翌年2月革命が起きて王制は転覆し、共和制時代に入ります。革命が自国に波及することを恐れたドイツの領邦君主たちは、ヘーゲルの理論に基づいて、プロイセン王を皇帝とする立憲君主制国家を創ることを決意し、まず基本法（憲法）の制定を決議します。そしてそれに基づいて、法の各分野ごとに法学者・法律家をかき集めて立法会議を作り、新しい法律の制定を急がせました。

　刑法部会では当然、ヘーゲル学派の理論に従って最初の帝国刑法典が創られます。ビンディングは帝権の代表的イデオローグとして主著『規範とその違反』でこう説きました。「国家は自由意思の最高の現実態であるから、国家意思の自由な発動を妨げるいかなる障碍・制約も在るべきではない。罪刑法定主義は国家意思が支配の必要上認める自己制限にすぎないから、国家の都合でいつでも緩和・排除しうべきであり、したがって刑罰法規所定の犯罪行為のメルクマールは、たんに国家意思たる公法の規範に辿り着くべき論理の筋道の入口ないし糸口に過ぎず、裁判官はメルクマールの自由な拡張解釈や類推解釈によって公法の規範を発見して判決に表明すべきである。その解釈を導く指導理念は、『法益』すなわち『法秩序にとって価値有りと思われる一切のもの』を守るために、その侵害を禁止し制裁することである。そして刑事責任とは要するに、この違反に対する刑罰的制裁を科すべき国家機関の義務に対応する違反者の刑罰忍受義務にほかならない。それゆえ国家の必要に応じて、犯意を逸脱する結果に対しても責任を問うことができる。」と。ここにも、規範的責任論の原型を見ることができます。

客観的違法性概念と構成要件概念との責任概念からの独立

　しかし、絶対主義帝権の保護・推進によりブルジョワジーの力が増大すると、ブルジョワ自由主義思想の立場から、刑法学でもヘーゲル学派への批判が生じます。その先駆けはルーデンで、道徳と功利（一般予防）を相互制肘させるフランス新古典主義学派の影響を受けて「国家は不道徳なものを、それが不道徳なるがゆえに処罰するのではなく、不道徳な行為態様は人間がその生活を相互に適合させるべき客観的法すなわち理性的全体意思を侵害す

るがゆえに処罰するのである。」(『ドイツ普通刑法論・第2巻』)と述べて、違法の実質を公法規範違反としての法益侵害とするビンディングの説に代えて、客観的違法性概念を提唱しました。立法委員会や集会では彼の説が次第に支配的になって行きました。

そのような状況の下にさらにベーリングは、ビンディングにおいては必要なら拡張・類推解釈によってでも公法規範を導き出すためのメルクマールにすぎなかった刑法所定の個別的な犯罪の類型を、罪刑法定主義に基づいて、記述的客観的概念と解し、ルーデンの客観的違法性と並んで公法規範の認識に一定の制約を加える独立の犯罪要素＝Tatbestand＝行為事実＝構成要件と規定しました(『犯罪の理論』)。

ドイツの帝国主義政策は第1次大戦の敗北によって破局を迎え、帝制は転覆して1919年にワイマール共和制が生まれます。帝国の軛と同時にヘーゲル主義から解放された刑法学は、早速公法規範の絶対的支配から相対的に独立した犯罪認定基準の確立を目指して再構築を開始します。その代表としてM・E・マイヤーは、ルーデンに続いて違法性の実質の国家意思からの相対的独立をさらに強力に推進します。すなわち「国家は多種多様に存在する社会中の特殊な一種類にすぎず、一般社会の共同利益が特に強調された状態が文化であり、文化規範はその共同利益保全のために社会が構成員に一定の行態を要求する形式である。国家は、文化規範の中で自己の要求に合致するものを法規範として承認する。この法規範の違反が刑法上の違法にほかならない。」と。(『法哲学』『ドイツ刑法総論』)つまり国民＝全個人の代表としてその共同利益の保全者たるべき議会が共同利益の侵害として法定する犯罪は、共同利益保全を任とする文化規範の違反行為の中から統治の必要上選び出したものに限られるのです。

構成要件、評価規範違反としての違法、命令規範違反としての責任の三区分による規範的責任論の完成

しかし1933年ワイマール共和国は崩壊してヒトラー・ナチスの独裁専制政治が始まると、違法性の実質を、ゲルマン民族共同体の意思として構成員に課される義務への違反と解する義務違反説が、一般社会の共同利益としての法益の侵害を違法性の実質とする法益侵害説を排して流行します。これに対してメッガーは、ナチス体制に従順を装いながらその行き過ぎを防ごうと

して両者の折衷を企て、「法には評価規範と決定規範との二面があり、前者は万人を名宛人としてその共同利益たる法益の保全の観点から客観的に違法か否かを評価し、後者は国家が各国民個人に対して直接命令する義務への違反としての各個人の責任の有無を決定する。」と主張しました。つまり違法の実質はマイヤー的な共和主義的理論に従い、責任の実質はビンディング的・ナチス的な国家＝民族主義的理論に従うことによって、両者を繋ぎ合わせたのです。文化規範は「ドイツ民族の文化規範だ」と言えばナチスの眼をごまかせますが、国家＝民族の義務に違反しても責任のない場合があると言えば間違いなく弾圧されますから、メツガー説は保身上まことに巧みな折衷として倣う学者が多く、当時の主流学説になりました。

　しかしメツガーの責任論には、解決しえない矛盾が伴います。責任は本来個人個人が自分自身の行為について負うものですから、もし義務違反が責任であるなら、義務を課される個人個人の能力、個性ないし彼の置かれた状況が違えば、課される義務の内容は同じでも、彼がその義務をちゃんと果たす可能性、義務を課す側から言えば義務を果たしてくれることへの期待度いわゆる期待可能性が違ってきます。ですから責任＝義務違反説は必然的に、期待可能性の認定基準をめぐって大きな論争を引き起こすことになりました。

　「責任は個人個人のもの」という原点に立てば、当然、同じことを行う義務の違反であっても、個人の能力・個性・置かれた状況が異なるのに応じて責任の有無は異なるはずです（行為者標準説あるいは附随事情標準説）。

　しかし、先に行なったヘーゲルやビンディングの理論の分析から明らかなように、元々責任＝義務違反説によれば、義務を課される個人は国家（ナチス理論では民族共同体）の偶有的属性の１つに過ぎず、彼の存在を独自・個性的・かけがえのないものにしている能力・個性・状況の特殊性は、国家・民族共同体からすればどうでもよいものなのです。どうでもよいものなら、義務違反の有無の判断にそれら個人の特殊性を考慮する必要はありません。それゆえメツガーらナチス時代の主流派刑法学では、行為者標準説を押し除けて没個性的な一般人ないし平均人標準説が支配的となったのです。

　以上が、本稿冒頭で提起した「ドイツ刑法学はなぜ責任＝非難説と期待可能性の平均人・一般人標準説に導かれてしまったのか」という問いへの最終的な答えです。

　1945年にナチス政権が崩壊し共和制が回復した後も、長い歴史の中で培われて来た考え方は容易には変わらぬらしく、寡聞ですが画期的なあるいは

野心的な新学説は登場していないようです。中でロクシンが、自由意思の存否についての不可知論の立場から、自由意思に基礎を置く責任概念を、責任としてではなく社会防衛を目的・本質とする刑罰の制限原理として活用しようとする、フランス新古典主義学派まがいの学説が注目されて、日本では近年信奉者が増えているようです。

第4　本来の責任への復帰を目指すフランス新社会防衛論と少年の処遇

責任とは自己と他者とのコミュニケーションに対する反省・応答・自己超出である

　他方フランスでは、何回もの革命とドイツ占領下のレジスタンスの経験を通して各個人の自由への願望はますます強まり、そこへさらに、従来のブルジョワ支配体制を支えてきたプチ・ブルジョワ階層の没落が加わって、この階層のエリートが多数を占める法学者の世界にも地殻変動が起き、ブルジョワ社会の共同利益の侵害を絶対悪としそれへの応報を責任と解する新古典主義刑法学に対する疑問が高まりました。批判の先頭に立って、犯罪者の責任を直接個人の自由意思と一体のものと捉え、責任追糺手段としての刑罰を否定して、後のフランス少年司法に大きな影響を与えたのが、アンセルの新社会防衛論です。

　その主張を理解するには、フランス刑法学の伝統的責任概念である応答可能性（responsabilité）の意味を正確に理解することが必要です。元々応答とは、裁判所が有罪判決によって犯罪者に犯罪行為を反省するように促し、それに応じて犯罪者が反省して自分自身の答えを出すことを指します。実際に応答してくれるか否かは犯人の自由ですが、彼に応答する能力したがって可能性が在ればそうする責任が在る、というわけです。

　ところが新古典主義理論では、ブルジョワ社会の共同利益の保全を害する犯罪は応報を受けるに値する悪と決まっていますから、犯人の応答はそのことを認めて今後決してしませんと誓うことに決まっています。「その可能性のない確信犯に責任が在るのか」という、今でも論じられている疑問がそこ

から生じます。

　これに対してアンセルは、国家権力による犯罪行為の善悪の判定とは無関係に、犯罪者の責任を直接彼自身の自由意思的行為の本質として捉え直そうとして、次のように述べます。「人間が自由なのは、人間が自己の行動について責任を負っていると感じるからであり、そう感じるのは、自己の個性が自己の行動の中に表れる限りにおいてである。しかるに人間が自己の行動に責任を負う者だと感じるなら、その行動は自己と他人とのコミュニケーションにおいて自らを実現する。」と（『刑事責任・法的観点』。アンセル自身が沢登俊雄に、新社会防衛論の本質を知るのに最適の論文だと教えてくれたものです）。

　ここに言うコミュニケーションとは、犯罪行為が犯罪者自身と直接の被害者、被害者の関係者、その犯罪を処罰する法律を制定・執行する国家権力とその機関およびその法律によって保護され取締まられあるいは弾圧される市民らとの間に作り出す物質的あるいは精神的な関係のことです。犯罪を行おうとするとき、人間はその行為が作り出すであろうコミュニケーションの価値と、その行為をせずに他の行為をするなら作り出すであろうコミュニケーションの価値とを比較々量して、彼自身にとってより価値的と評価するコミュニケーションを作り出す行為を選んで実行します。この比較々量と選択・実行は、彼が過去に行なった全自由意思的行為体験の統一的意味連関である、彼の独自・個性的な思想・信条・価値観に直接照らして意識的・自覚的に、あるいは思考や行動の能率化・敏速化のためにその統一的意味連関が自らその内部に仕掛けた条件反射系の作動によって半ば無意識的・無自覚的に行われますから、犯罪行為が作り出すコミュニケーションは、犯罪者の個性の表現として、その統一的意味連関にほかならない彼の人格に帰属します。この帰属が責任にほかなりません。言い換えると犯罪者は、自己の自由意思的行為が作り出す自己と他人とのコミュニケーションについて責任を負うのです。

　有罪判決に応じて犯罪者は、そのコミュニケーションを改めて想い出しまたは意識化して、それと犯罪行為以外の行為をしたとすれば作り出したであろうコミュニケーションとを比較々量して、いずれをより価値的として選択・実行するべきであったかを判定します。これが彼の応答つまり責任の履行です。それゆえ、責任と刑罰との結び付きを否定してアンセルは言います。「犯罪者の責任について国家がなしうる唯一の対応は、判決で犯罪者に有罪

を言い渡すことで終わる。」と。あとは犯罪者が自分で考えればよいのです。

　しかし待って下さい。応答の体験は自然必然に、犯罪者の全自由意思的行為体験の統一的意味連関＝思想・信条・価値観＝人格に迎え入れられて、意味連関に新たな意味を付け加えます。応答にごまかしや誤りがなければ、人格は進歩・発展＝自己超出します。ですから犯罪者の責任はたんに応答だけでなく、応答体験の正しい迎え入れによって人格を自己超出に導く責任でもあるのです。

　コミュニケーションの正しい理解は自己と他者との人格の対等性の自覚を前提とする。少年の処遇はこの自覚を促すことから始めなければならない。

　その点では成人と少年とに違いはありません。しかし自分が犯罪をするとしないとで、それぞれ作り出す自己と他人とのコミュニケーションと両者の違いを、事実として正確に認識しさらに価値的に比較々量する能力には、両者間に一般的にはかなり大きな差があります。少年は一般に他人に依存し保護してもらわなければ生きられない弱い存在ですから、何事も自己を中心にしてしか、ないし自己に引き付けてしか考えられず、そのため他人を自己と対等の人格と認め他人の立場に自分の身を置いて他人の行為を内から認識＝理解することが、困難です。
　私の知人の１人が重病に罹った時、幼い娘に「お父さんは死ぬかもしれないよ」と言ったら、「早く遺書を書いといて」と言われてがっかりしたそうです。彼女は「父が死ねばその遺産で生活するしかない」という自分と父とのコミュニケーションはちゃんと知っていたけれど、父の生死を自分と対等な人格の生死としては考えられなかったのです。少年の中には、他人が親切に助けてくれたけれど結果的にうまくいかなかったとき、逆恨みして暴力を揮う人もいます。相手の親切を自分に引き付けてしか考えられないからです。これらは、責任能力無き重度精神障害者とも共通の傾向です。
　人間は、他人を自分と対等の存在として認識することによって初めて、自分と他人とがそれぞれ独自個性的で絶対に代わり合うことのできない人格として存在することを自覚することができ、したがって死ぬこと・傷付くこと・苦しむこと……の意味もわかり、他人をその状態に至らしめることの責任もわかってきます。家族・隣人・先生・友だちなどとのコミュニケーショ

ンを通してそのことをある程度わかる前に、何らかの事情によってたまたま保護の外に置かれた少年が、犯罪に走るケースは少なくありません。

　ですから犯罪少年には、有罪判決によって直接責任の自覚を促すよりも、自分と他人とがそれぞれ独自個性的でかけがえのない人格であることをわかってもらうことの方が先です。しかし少年に、現実に体験したことのないそのことをわかってもらうためには、言葉は全く無力です。現実に少年を、他人と人格として対等な立場でコミュニケーションすることが必要不可欠である環境に置いて、少年に自ら体験してもらう以外には、わかってもらう方法はありません。善い家庭環境は、自然にその役割を果たします。善い環境に恵まれなくて犯罪に走った少年の場合は、親が居れば少年より先に親の方を教育する必要があります。親には言葉が通じるはずですから。親がいない場合は、国や地方自治体が家庭に代わる環境を用意するべきです。

　いずれの場合もそれと併せて、少年たちが社会の中で多くの人とコミュニケーションを作りながら責任を持って学び働くことのできるシステムを作って提供する必要があります。司法、行政、教育の諸機関、少年の保護責任者そして一般市民が協力して、明確な理念の下に、そのシステムを、国民によく見える形で法制化するべきです。その形がはっきり見えることは、上記の意味における少年の健全育成が、親や教師や一部の公的機関や奇特な私人の仕事ではなく全国民が挙げて協力するべき大事業であることを、国民に広く理解してもらうために必要不可欠です。

おわりに──改正への動き

　与えられた紙数が尽きようとしているので、具体的制度設計とそれに伴って生ずるであろう諸問題の考察は他日に譲ります。近年欧米アジアの諸国で、少年や家族に責任の自覚を持たせることを目的とする犯罪少年の保護・更生法制が創設されているようです。中でも、コミュニティに対する少年とその家族特に親の責任の自覚を促すことを重点的目的とするイギリス少年法制（横山潔『イギリスの少年刑事司法』〔成文堂、2006年〕参照）は、配慮が周到で参考に値すると思います。これらの試みで心配なのは、成果を急ぎ過ぎて公権力の過剰介入を招きはしないかという点です。筆者の提案は、

責任の自覚の前提として、まず他人を自分と対等の人格として認識する能力を養うことから始めようとするものです。

　《参考筆者著作》
　⑴　「フランス革命と近代刑事法の理念」『近代刑事法の理念と現実』立花書房（1991年）
　⑵　「フランス一七九一年刑法典草案に関するルペルチエ報告」法政理論18巻4号（1986年）
　⑶　「刑事責任能力の実体と判定基準」宇宙超出46号（2009年）
　⑷　「フランス犯罪論に学ぶもの」法政理論13巻3号（1981年）
　⑸　「ドイツ近代犯罪論体系の史的変遷」法政理論14巻2号（1981年）
　⑹　「仏独近代刑罰権理念史序説（一）」法政理論14巻3号（1982年）
　⑺　「M・E・マイヤー研究」白鴎法学3号（1995年）
　⑻　「M・E・マイヤー研究（続・完）」白鴎法学4号（1995年）
　⑼　「マルク・アンセル著、沢登佳人訳・評『刑事責任・法的観点』」法政理論9巻1号（1976年）
　⑽　「書評・横山潔『イギリスの少年刑事司法』」宇宙超出41号（2007年）

　そのほか
　⑾　佐久間基「ドイツ犯罪論体系の形成期」大阪経済法科大学法学論集32号（1994年）
　⑿　渡邊真也「フランスの少年司法制度に関する一考察（一）（二）」刑政119巻11、12号（2008年）

（さわのぼり・よしと／新潟大学名誉教授）

刑法と少年法の関係
―― 責任の要件をめぐって

渡邊一弘

第1　問題の所在
第2　刑法学における人間理解と少年法学における少年観
第3　強制的干渉の正当化根拠と限界づけ
結びにかえて

第1　問題の所在

　少年法における責任の要件をめぐっては、我が国では少年審判対象論における非行事実重視説の台頭により保護処分の不利益性と強制処分としての性格が強調されるようになったことを受け、保護処分ないし審判対象としての要保護性の理解および保護処分の正当化原理の理解をめぐり、論争が見られた[*1]。しかし、ここでは、少年法解釈論の射程での議論が中心であり、刑法と少年法の関係、責任と要保護性の関係という刑事実体法的観点からの刑法と少年法の関係に関する理論的検討については、充分な展開は見られなかった[*2]。他方、責任要件の問題をめぐっては、主として、触法精神障害少年の処遇の在り方に関連して、責任無能力と判定された少年を保護処分に付しえるかという具体的問題について、責任能力必要説と不要説との間で活発な議論が展開されている[*3]。
　改めて確認すれば、少年法において責任の要件が問題となるのは、まずは強制的処分の正当化原理の理解が挙げられる。また、責任は刑罰の限界を画

するという「消極的責任主義」としての責任主義も、少年審判における処分選択原理との関係で問題となる。責任と予防の問題、つまり責任は刑事政策的要請を満たすものでなければならないかという問題も、処分選択の場面においては保護処分優先主義という基準を採用する我が国の少年法においては、審判対象としての要保護性と刑事責任の関係を検討するうえで重要である。

　少年法における責任要件をめぐっては、近時、佐伯仁志教授による少年法理の根幹に関わる問題提起[*4]や平成19年少年法等の改正による初等および医療少年院の入所可能年齢の引き下げを受け、保護処分の本質やその正当化原理にまで遡った議論が展開されるようになり、触法精神障害少年の処遇の問題についても、問題の本質は保護処分の理解、要保護性の理解といった少年法の基本理念に行きつくとの理解が広がっている[*5]。そして、この問題を検討するには、非行少年に対し保護主義を基本理念として対応する少年法と一般刑法との関係を改めて見つめなおし、刑事司法とは別に少年司法を存在させる意義を問い直さねばならないものと思われる。

　このような理解のもと、本稿では、少年法における責任要件をめぐる問題について、刑法における責任主義と少年法における保護主義の前提的理解およびその相互関係を改めて見つめなおすことから、刑法と少年法の関係を再検討することを目的とする。

第2　刑法学における人間理解と少年法学における少年観

1　刑法学における人間理解

　刑事責任をどのように理解するかについては、学派の争いの根本を形成する議論であり、それは論者の人間観、世界観、国家観に根差したものである。刑事責任の基本的理解を見つめなおそうとする場合、そこで前提とされる「人間」観の理解は必要不可欠な作業である[*6]。他方、少年法の解釈に取り組むに際しても、学説の前提となる「少年」観を確認することの重要性が指摘されている[*7]。刑法と少年法の関係を理解するうえで、両法の解釈論において

前提とされてきた法対象の確認こそが、法解釈に先立ち取り組まねばならない重要な前提的作業であると思われる。

まず、刑法学において前提とされてきた人間像の理解を確認してみると、旧派刑法学においては、自由意思を有する行為者が、適法行為の選択が可能であったにもかかわらず違法行為を選択したことに対する回顧的な非難が、刑罰権を基礎づける根拠として理解される。ここでは、合理的で理性的な人間像が想定されていた。他方、新派刑法学は、19世紀後半の資本主義の発達と社会構造の急激な変化に起因する少年犯罪と累犯の急激な増加を受け、観念論的な旧派刑法学による犯罪対策を無力とみなしたことから発生したものであり、社会に危険をもたらす者は、社会の側から一定の防衛措置を講じられねばならないという「社会防衛論」が展開された。ここで、犯罪者は素質と環境により犯罪をするよう決定されている危険な存在として理解されていた。

意思自由論への理解を基礎とした刑事責任論の展開および刑法学説対立の構造に関しては、その後双方の立場から歩み寄りが示された。意思自由論の側からは、人間の意思は素質と環境により制約されつつも、自ら自由に決定する能力を有すると解する「相対的意思自由論（相対的非決定論）」が展開された[*8]。この立場からの責任能力について、「規範に応答しうる能力（規範的責任能力）」である有責行為能力との理解が示された[*9]。他方、決定論の側からは、決定論に基づく法則的な行為にも非難の契機をもたらすことは可能であるとして、意思の因果法則による支配を認めつつ、素質や環境によって決定されるのではなく、意味または価値によって決定されることこそが意思の自由であると解する「ソフトな決定論」が主張された[*10]。ここでは、刑事責任能力についても、刑罰で問うに足りる責任があるかどうかの問題として理解される[*11]。

このように従来、責任論の前提となる人間理解については、刑法の侵害性と自由主義との関係にもっとも重きが置かれ、そこでは人間理解と強制的干渉の正当化原理とが結びついていたのであるが、最近の展開として、ドイツにおいてヤコブスによる持続的に法から離反し、その限りで、自らが法にしたがってふるまうという認知的な最低限の安全を保証しない者を「敵（Feind）」とし、通常の刑法とは別の対応を要する人間像の存在を指摘する見解や、ドイツ刑法典66条以下の保安監置の評価をめぐり、責任能力者の中にも、もはや答責的存在としての行動を期待できないものについては、責任刑法の射

程外として扱うべきとする主張など、従来の国家による干渉からの自由という意味での責任の限界づけに変化を求める見解も表明されている[*12]。

なお、唯一の幼年犯罪者に対する刑法上の特別規定である刑事未成年制度については、政策的考慮による基礎づけという側面も強いのではあるが、幼年者を「精神的発達」が未熟な存在と位置づけ、成人同様の責任は問えない存在とみなしているという点については、争いは見られないといえよう[*13]。

2　少年法学における少年観

未熟性を理由に幼年犯罪者を量刑上成人とは別個に扱う制度は古くから存在していた[*14]。その後、各国で成人の刑事司法とは異なる少年司法制度が誕生していったが、英米型と大陸型という少年司法の2つの潮流の間には「非行少年」像の捉え方にも違いがあった。

英米型の少年司法については、「少年には処罰ではなく救済を」という考えに基づき、「適当な親の保護を欠く児童や福祉が損なわれている少年」に対して、正当な親の与えるであろう保護を、国が司法を背景として、親の代わりであり後見者である「国親」として与える「国親思想」が基本的な理念とされている[*15]。1899年にアメリカのイリノイ州クック郡に少年裁判所が創設され、成人犯罪者と非行少年を区別して扱うようにされたが、ここでは、罪を犯した少年といえども、社会や環境の被害者としてみなされ、一般の要保護・要扶助少年と同等に国家による保護の客体として扱われていた。しかし、その後、アメリカでは1960年代に連邦最高裁ゴールト判決等に見られるように、適正手続の観点から、少年の人権保障が強く主張され、少年の権利主体性が強調されるようになっていった[*16]。

大陸型の少年司法については、新派刑法学における「保安処分」の思想と方法に由来し、少年については可塑性に富み教育可能性が強いゆえに、教育方法をもって個別的な処遇をすることが、社会防衛の目的にもかない、連帯的な共同社会の一員として少年を安定させるためにも効果的であると考えられていた[*17]。ドイツにおいては、1871年ライヒ刑法典における少年刑法規定の改正をめぐる少年刑法改正運動に際しても、新派刑法学が強い影響を及ぼした[*18]。少年刑法改正運動期の議論においては、少年像について発達の成熟という観点から検討され、精神的発達の成熟はかなり早い段階から認められるものであるが、道徳的な発達の成熟は、それよりもだいぶ後の段階

で形成されるものと理解されていた[19]。このような少年理解は、1923年少年裁判所法3条において、「精神的（知的）成熟に加えて道徳的成熟も、また弁識能力に加えて行為能力についても、有責性に前提条件として必要とされる」という現在に続く判断基準を導いた。これは、近代の心理学的関係の研究により、少年の動機づけプロセスは、かつての弁識能力概念が強調していた精神的能力の面においてのみ成人のプロセスと異なるものではなく、同様に、少年にとっては制御困難な衝動的エネルギーの影響によっても、成人の動機づけプロセスとは区別されるとの理解を導いたことに基づくものである[20]。なお、1923年少年裁判所法においてはワイマール憲法を基礎として、1922年少年福祉法とともに、すでに少年を教育請求権の主体として扱っていた[21]。

我が国に目を向ければ、現行少年法については、我が国の少年法理は、国親思想に基づく「少年には処罰ではなく救済を」という理念を持つ点では英米型の影響を受け、また少年法と児童福祉法の二本柱制を採用している点で大陸型的な構造を有しており、どちらとも一致しない保護主義という形態で独自の展開を示してきたと言えるが[22]、やはり、その制定経緯から、英米型の少年法理が強く影響していたことは否めない。少年観についても、初期の実務では審判対象論において要保護性重視説が有力であったように、少年を国家による保護の客体と想定する理解が強かったといえる。

しかし、少年審判対象論における非行事実重視説の台頭に示されるように、次第に保護処分の不利益性が認識され始め、少年の人権への配慮が要請されるようになっていった[23]。これに伴い、保護処分の正当化要件として責任を要求する主張も展開されるようになった[24]。この主張は、保護処分の不利益的側面を重視し、犯罪少年のみならず、保護処分の対象となる触法少年と虞犯少年にも「実質的責任」を要求する主張へと展開されていった[25]。

現在、我が国においても、少年司法において少年の権利主体性を肯定することに異論は見られないといえるが、少年の権利主体性を認めることが少年を責任能力者と理解することには結びつかないとの主張も示されている[26]。葛野教授は、少年の権利主体性を認めつつ、少年については責任能力要件ではなく独自の主観的事情が要求されると主張されている[27]。所名誉教授や岩井教授においては、抑止刑論の立場から、少年は完全に同意能力・判断能力がない存在というわけではないという理解に基づき、成人同様には責任を問えない限定責任能力者層として理解されている[28]。

また、処分選択に際し、成人同様の責任非難は妥当ではないとし、少年については独自の責任能力要件をもって評価すべきとの見解も示されている[*29]。澤登名誉教授は、少年を「社会から平均的利益を享受しうる知識と判断力において未成熟であり、援助を要する者[*30]」であり「自由意思度が低い存在」として理解される。責任非難の根拠となる「自由意思」度が低く、「自己決定能力」に乏しい少年については、その「実質的責任能力」をふまえて処分選択がなされるとされる[*31]。保護処分の要件として「実質的責任能力」の要求する見解は、前述のように、すでに少年審判対象論における非行事実重視説の台頭とともに主張されていたが、従来の保護処分の不利益的側面をふまえ、犯罪少年・触法少年・虞犯少年を保護処分の対象となりうる判断能力主体とみなすために主張された「実質的責任能力」論とは異なり、澤登名誉教授の見解においては、要保護性を非行少年一般に対する処分の前提要件と理解し、保護処分も刑事処分も少年の要保護性に対応した処分と考えられるため、ここでの「実質的責任能力」の評価については、処分選択に際して要保護性の判断要素として扱われることとなる。

　少年法の対象とされる少年層については、その法的位置づけの説明について、種々の試みが見られるが、少年は成人と比して精神的に未熟ゆえに特別な配慮が必要な年齢層であるとの理解は共有されているといえる。少年層の特性を処分選択要件と責任能力論との関係から説明する試みのなかでは争いがみられるが、これについては保護処分の理解、保護処分と刑事処分の関係の理解によるところが大きいといえる。

3　刑事責任能力論からの「少年」層の位置づけ

　社会に危険をもたらした者は、成人であれば刑罰により責任を問われる。しかし、少年は、その未熟性ゆえに、刑法という社会規範によっては動機づけができない規範遵守能力が弱い存在であり、また自分の利益を判断できない存在として理解される。我が国の少年法においては、触法少年や虞犯少年を保護処分に付すことが認められているように、法対象である「少年」を成人とは異なり、完全には自由な存在とは想定していない。少年については一般にその未熟性ゆえに刑法による威嚇では動機づけ出来ない存在と想定されるため、刑罰適応性が肯定されない限り、刑罰をもって責任を問われることはない。その意味で、少年は完全責任能力者とはいえない。

少年を成人と比して責任能力が劣る年齢層、少なくとも「限定責任能力者」層と理解しうるのであれば、医療観察法において心神耗弱と判断された者にも同法による強制処遇が認められている我が国においては、保護処分の正当化原理を責任原理とは別の原理から構成することも可能となる。

　もっとも、少年法には直接的には責任能力に関する規定は存在しない以上、犯罪少年を刑事未成年者ではないが完全な責任能力主体とはなりきっていないという意味で限定責任能力者層と理解する見解も、いまだ解釈論の「試み」の域をでない。しかし、少年法の法対象である少年を「その未熟性ゆえに刑法という社会規範によっては動機づけができない規範遵守能力が弱い存在であり、自分の利益を判断できない存在」と想定するのであれば、精神的未熟に関する責任能力規定である刑法41条との連続的理解も可能となり、この関係を基礎として、少年層の前提的理解についての法的基礎づけも可能となろう。この試みとして、筆者は刑罰による責任非難が否定される場合の処遇システムの機能をふまえ、「刑法で問うに足りる責任」を検討する立場から、少年法における保護主義と刑法41条とを連続的に理解し、犯罪少年については、少年法により保護主義の理念が採用され、要保護性判断を通じた個別的調査により刑罰適応性に応じた処分が決定され、また刑罰が科される際にも少年法において科刑上軽減的な特別規定が設ける必要がある年齢層とされていることをふまえて、犯罪少年については完全な責任能力主体とは見なせないという意味で限定責任能力者層と想定しうるとの見解を示している[*32]。

　刑事司法とは別に少年司法を存在させ、少年を成人とは区別して扱う意義を、少年法の法対象としての「少年」の理解に求め、「少年」をその未熟性ゆえに成人同様には刑罰によっては責任を問えない年齢層として、少なくとも限定責任能力者と想定できるのであれば、医療観察法による医療と同様に、責任原理とは異なる考慮から少年法における保護処分の本質を検討することも可能である。つまり、保護処分に責任能力を要求する見解の前提である「保護処分と刑罰をどちらも行為者の責任を前提とした同質のものと捉え」[*33]る理解は克服可能となる。また、これにより、保護主義が少年の主体性を否定するものであり、責任主義が少年の主体性を肯定するものという形式的な区分論も克服可能となろう[*34]。

第3　強制的干渉の正当化根拠と限界づけ

　非行少年への法的統制の正当化根拠については、これまで保護原理と侵害原理による基礎づけから、分析が行われている。

　英米型の少年法理を基礎づけるパレンス・パトリエの思想は、まさに保護原理に基づくものであるが、ここでは保護処分を、過去の非行に対する非難ではなく、非行性の克服という少年本人の利益のための処分だと理解されている。我が国においても、初期の実務においては審判対象論において要保護性重視説が有力であったように、このような理解が広まっていたといえる。

　しかし、保護を名目とするものとはいえ、やはり保護処分は強制処分としての性質を有し、人権制約を伴うものである以上、その不利益性を認識することも重要とされ、伝統的な保護原理による非行少年への法的統制の正当化は修正を迫られた。保護処分の不利益性を重視し、保護処分と刑罰との類似性を強調する侵害原理からの正当化の試みは、このような観点から主張されたものである。

　侵害原理により非行少年への法的統制を正当化しようとする見解は、保護と自由を対立する理念と理解し、保護処分の不利益性を強調し、保護処分を刑罰同様の非難の意味を持つ強制的干渉と位置づける [35]。このような理解に対しては、侵害原理で正当化されるのは、保護処分という強制手段をもって干渉すること自体であり、保護処分を手段として少年の非行性解消のための教育的処遇を加えられることの正当化にまでは及ばないとの疑問も生じるが [36]、この疑問に対し、佐伯教授は応報と予防の関係について、「犯罪予防と応報の関係を単なる接合や外在的制約としてでなく、両者を整合的に関連づけるためには、国家の刑罰目的としての応報と刑罰の配分的原理としての応報を区別して、国家の刑罰制度の目的は犯罪の防止であるが、特定の個人に科してよいのは、行為者の責任を基礎とする配分原理としての応報の観点から基礎づける必要がある」との見解を示し、その正当化を試みられている [37]。

　他方、保護処分の不利益性をふまえつつ、保護主義の理念を堅持し、処分選択に際し、刑罰同様の罪刑均衡の要請を回避し、要保護性に応じた処分選択を可能とすることを模索する見地からは、侵害原理の基礎にある自由主義的要請と保護主義との関係の精密化をはかり、保護原理からの正当化を堅持

する試みが示されている[*38]。

　このほか、少年を完全責任能力者とは位置付けないことにより、責任原理とは異なる要請から、非行少年の法的統制を正当化しようとの試みも見られる。所名誉教授は、保護原理を基礎とする考えを維持しつつ、保護的観点からその行き過ぎを抑えようとする試みとして「福祉一元的保護処分論」を主張され、そこでは責任無能力者や限定責任能力者への強制的医療の問題と同様、少年を保護処分に付すための正当根拠を社会防衛ないしポリス・パワーの権限に求められている。そのうえで、「パレンス・パトリエが適切に行使されている限り、ポリス・パワーの発動は避けられる筈」であり、「社会の利益がパレンス・パトリエによって守られる結果、ポリス・パワーの出る幕がなくなっている」とされる[*39]。

　社会に危険をもたらした者は、成人であれば刑罰により責任を問われる。少年については一般にその未熟性ゆえに刑法による威嚇では動機づけ出来ない存在と想定されるため、刑罰により責任を問われることは避けられる。しかし、刑法によっては統制できない少年による侵害行為からも、社会は防衛されねばならない。少年法は、保護主義を基本理念とし、国家による強制的な干渉である保護処分により少年の犯罪性を解消することにより、社会防衛の目的も達成しようとする。少年法における「保護主義」には、少年の利益と社会防衛の利益をともに達成する内容であることが求められるのである。我が国では少年法と刑法が連続的関係にあるといえ、少年法には刑法に代わり非行少年による侵害行為を統制する役割も期待されていることをふまえれば、このような少年法による強制的処分については、精神保健福祉法における措置入院をポリス・パワーの権限による福祉的干渉として理解する理論構造も、その正当化原理を適切に説明するものとして大いに参考になるものと思われる[*40]。少年法による強制的処分の理解については、刑法による動機づけができない少年に対する、少年と社会防衛の利益を追求するための国家のポリス・パワーの権限による福祉的干渉との理解も可能であり、保護処分優先主義という処分選択基準については、その目的達成のための実現手段として、保護的アプローチを優先させることの有効性が評価されたという理解から基礎づけることも可能なのではなかろうか。

結びにかえて

　非行少年に対し、刑事司法とは別に少年司法という特別なシステムが設けられるのは、福祉政策的要請と刑事政策要請のどちらに重きを置くかの違いはあれど、少年がその未熟性ゆえ、刑法による動機づけは期待できず、犯した非行に対して刑罰によって対応することは不適切であり、保護的手段による対応が有効だとの理解に基づくものである。我が国の少年法は英米型の少年司法とは異なり、犯罪的危険性を有する少年のみを対象とし、また検察官送致規定を設けるなど、刑事司法と連続的関係にあるといえる。その意味で、刑事責任の前提と少年法の前提とは全くの無関係というわけではない。責任主義と保護主義とは無関係なものではなく、非行少年の法的統制は保護原理のみによるのでは正当化は困難との指摘は正当である。そして、この点を正面から受け止めれば、要保護少年・要扶助少年を本来的な法対象とする児童福祉法と少年法との法的性格の相違が鮮明なものとなる。児童福祉法と少年法とは非行のある児童・触法少年・虞犯少年の扱いをめぐり深い関係があるのではあるが、少年法においては、仮に処分として児童福祉法の規定による措置を講じるに際しても、それは少年の利益と社会防衛の利益をともに追求する国家の権限から正当化されるものであり、処分選択に際し、保護原理からの基礎づけのみならず、刑事司法と連続性がある非行少年統制法として、有効な特別予防効果という刑事政策的要請をふまえることが求められるのである。

　しかし、少年法が保護主義を基本理念とし、全件家裁に送致し、保護処分優先主義を採用していることは重視しなければならない。保護処分と刑罰とを、ともに少年に対して不利益性を有する強制的な干渉として理解し、両者を単に量的差異の関係と割り切るのではなく[41]、少年法においては両者の間に重大な質的差異があるといわねばならない[42]。刑法と少年法の関係、刑罰と保護処分の関係を検討するに際しては、その連続性のみならず、その質的差異も充分に認識する必要があろう。

　なお、犯罪少年は一般に限定責任能力層と想定しうると解する私見の立場からは、犯罪少年層への責任能力評価の統一性という観点から、年長少年への死刑適応可能性も否定されるべきと考える。現在、少年法では18歳以上の少年への死刑の適用が許容されているが、死刑は少年の利益よりも社会防

衛目的が完全に優越するものであり、少年への死刑の適用に際しては、少なくとも少年が成人同様に刑法により動機づけ可能であったという点について、積極的な認定が求められると考える。

* 1 　澤登俊雄「保護処分と責任の要件」『少年非行と法的統制』（成文堂、1987年）所収67頁以下、同「少年審判における処分決定の基準」福田平・大塚仁博士古稀祝賀『刑事法学の総合的検討（上）』（有斐閣、1993年）727頁以下。
* 2 　澤登・前掲注1「保護処分と責任の要件」67頁、渡邊一弘『少年の刑事責任――年齢と刑事責任能力の視点から――』（専修大学出版局、2006年）4頁。
* 3 　この問題について、渡邊一弘「少年の刑事責任能力」法と精神医療23号（2008年）1頁以下、およびそこでの引用文献参照。
* 4 　佐伯仁志「少年法の理念――保護処分と責任――」猪瀬慎一郎ほか編『少年法の新たな展開』（有斐閣、2001年）35頁、同「少年法における責任能力」中谷陽二編集代表『精神科医療と法』（弘文堂、2008年）63頁。
* 5 　澤登名誉教授は、早くから「……この問題は、保護処分そのものの性質をどのように規定するかという問題でもあるから、まさに少年法の根幹に関わるものである。」と早くから指摘されている。澤登「保護処分と責任の要件」（前掲・注1）67頁。そして、同『少年法入門（第4版）』（有斐閣、2008年）236頁以下では、要保護性論を前提として、少年の刑事責任の問題について議論を進めている。また、佐伯・前掲注4「少年法における責任能力」64頁では、不要説の理論的根拠は保護処分の理解によるものだと分析している。なお、渡邊・前掲注3論文2頁参照。
* 6 　安田拓人「刑法における人間」法律時報80巻1号（2008年）46頁。
* 7 　澤登・前掲注5書2頁においては、非行観や非行少年観が『「少年法」という法律の解釈・運用をめぐり意見の対立を生じさせている根本的な原因でもある。』と説明されている。
* 8 　団藤重光『刑法綱要総論（第3版）』（創文社、1990年）34頁以下。
* 9 　同書272頁以下。
*10 　平野龍一「意思の自由と刑事責任」『刑事責任の基礎』（東京大学出版会、1966年）所収19頁以下。
*11 　平野龍一『刑法総論Ⅱ』（有斐閣、1975年）286頁。
*12 　安田教授も、我が国の議論でも、「責任能力ある者の中にも答責的存在としての行動をもはや期待しえない一定の性癖・人格をもったものがいるのだということを正面から認識」することも必要だと主張される。安田・前掲注6論文48頁。
*13 　我が国の現行刑法41条の解釈論について、渡邊前掲注2書231頁以下。

*14 渡邊・前掲注 2 書 69 頁以下、149 頁以下参照。
*15 団藤重光・森田宗一『新版少年法（第 2 版）』（有斐閣、1984 年）4 頁。
*16 アメリカの少年司法における責任能力要件をめぐる歴史的経緯については、佐伯・前掲注 4「少年法における責任能力」63 頁以下参照。
*17 団藤＝森田・前掲注 15 書 3 頁。
*18 リストはマールブルク綱領においては、改善可能なグループとして少年犯罪者を位置づけることを具体的に取り上げ、少年の処遇の問題を強調することはなかったが、これは犯罪者一般の刑法上および刑事政策上の目的設定を基礎として対応しうるものと想定していたためである。リストはのちに、改善可能なグループとして少年犯罪者を想定し、刑事司法システムにおける教育的処遇についての問題提起を行っている。渡邊・前掲注 2 書 103 頁以下。
*19 少年裁判所法が制定されるにいたったドイツにおける少年刑法改正運動期の議論について、渡邊・前掲注 2 書 101 頁以下参照。
*20 渡邊・前掲注 2 書 126 頁参照。
*21 丸山雅夫「ドイツ」澤登俊雄編『世界諸国の少年法制』（成文堂、1994 年）所収 205 頁。
*22 阿部純二「保護と刑罰――ひとつの概観――」刑法雑誌 18 巻 3 ＝ 4 号（1972 年）218 頁、川出敏裕「少年法の概要と基本理念」法学教室 331 号（2008 年）154 頁以下。
*23 最高裁昭和 58 年 10 月 26 日第一小法廷決定。刑集 37 巻 8 号 1260 頁。本決定における団藤重光裁判官の補足意見参照。
*24 柏木千秋『改訂新少年法概説』（立花書房、1951 年）41 頁。この点の分析について佐伯・前掲注 4「少年法の理念」43 頁以下。
*25 柏木・同書 41 頁、佐伯・前掲注 4「少年法の理念」44 頁。
*26 葛野尋之「少年法における『責任』と保護処分」『少年司法の再構築』（日本評論社、2003 年）所収 521 頁。なお、司法的機能や適正手続保障の問題を重視する立場と責任能力の要求の直接的な結びつきを否定する見解として、佐伯・前掲注 4 論文 43 頁。
*27 葛野・同書 525 頁以下。
*28 岩井宜子「保護処分と刑事処分の関係について」家庭裁判月報 32 巻 12 号（1980 年）5 頁、所一彦「少年保護再論」『少年法の展望【澤登俊雄先生古稀祝賀論文集】』（現代人文社、2000 年）8 頁。
*29 団藤＝森田・前掲注 15 書 3 頁においては、道義的責任論の深化としても、大陸型少年法的な少年法理に到達可能と説明されている。
*30 澤登・前掲注 5 書 5 頁以下。
*31 同書 236 頁以下。
*32 渡邊・前掲注 2 書 46 頁以下、243 頁以下、267 頁以下参照。
*33 佐伯・前掲注 4「少年法の理念」38 頁。
*34 なお、佐伯教授は、措置入院制度については、「……その正当化根拠は

あくまで保護原理にあるというべきである。」とされたうえで、「少年法の保護処分を保護原理から理解する見解からは、保護処分も措置入院も同じ性格の制度として理解されることになるが、両者は大きく異なる。」とされている。佐伯・前掲注4論文39頁。
- *35 佐伯「少年法の理念」(前掲・注4) 41頁。
- *36 澤登・前掲注5書27頁。
- *37 佐伯・前掲注4「少年法の理念」45頁以下。
- *38 澤登・前掲注5書24頁。川出敏裕「少年法の概要と基本理念」法学教室331号 (2008年) 153頁以下。廣瀬健二「少年責任の研究についての覚書」『小林充先生佐藤文哉古稀祝賀刑事裁判論集上巻』(判例タイムズ社、2006年) 618頁。丸山雅夫「少年に対する保護処分と責任の要件——裁判例の分析を中心として——」南山法学第32巻第1号 (2008年) 50頁以下。
- *39 所・前掲注28論文5頁、7頁。
- *40 医療観察法および精神保健福祉法による強制入院の正当化根拠についての議論につき、山本輝之「心神喪失者等医療観察法における強制処遇の正当化根拠と『医療の必要性』について——最高裁平成19年7月25日決定を契機として」中谷編集代表・前掲注4書132頁以下。
- *41 平野・「刑事責任の拡散」前掲注10書所収86頁、佐伯・前掲注4「少年法の理念」51頁。
- *42 渡邊・前掲注2書250頁。

(わたなべ・かずひろ／富山大学経済学部講師)

非行少年の処遇理念の推移
──少年法適用の上限年齢との関係に見る
　保護主義理念の推移

横山　実

はじめに
第1　国家主義の立場からの少年法適用年齢の引き上げの提唱
第2　戦争直後における処遇理念の転換と少年法適用年齢の引き上げ
第3　少年法適用年齢の引き上げとそれへの反動
第4　年長少年をめぐる1977年までの議論
第5　1990年代後半からの刑罰化と少年法適用上限年齢の引き上げの議論
第6　民主党の成年年齢の引き下げの提唱
第7　民主党の少年法適用年齢引き下げの提唱の妥当性の検討
第8　論理一貫性よりも実態の調査が必要
終わりに

はじめに

　アメリカのイリノイ州で、1899年に少年裁判所が創設されて以来、少年裁判所の普及と共に、非行少年に対して保護主義で対処すべきということは、世界的に支持されるようになっている。その保護主義は、国家主義の立

場からも強調されることがあり、我が国では、第2次世界大戦中にそれが見られた。しかし、歴史の皮肉で、少年法適用年齢を18歳未満から20歳未満に引き上げるという、戦時中の提言は、少年の健全育成を図るための保護主義の充実を目指す、1948年の少年法で実現した。

1948年の少年法制定の直後から、治安を重視する立場の法務省や保守的な政治家は、少年法適用年齢を引き下げるよう目指した。しかし、少年の健全育成を目指す保護主義は、浸透していったので、法改正による少年法適用年齢の引き下げは実現されなかった。

1990年以降、保守化の傾向が進み、また、犯罪被害者の声に人々が共感するようになり、少年法が規定する保護主義は揺らぎ始めた。2009年に政権をとった民主党は、少年法適用年齢の引き下げを提唱している。本論文では、その論拠を批判的に検討する。その上で、少年法適用年齢を18歳未満に引き下げたとき、保護主義を実践している実務に、どれだけ大きな打撃を与えるかを分析する。

第1 国家主義の立場からの少年法適用年齢の引き上げの提唱

大正時代の1922年に我が国で初めて制定された少年法（以下、「大正少年法」という）は、小河滋次郎などの感化院関係者から批判を受ける中で成立した。そこでは、少年の最善の利益のために教育や保護を与えることが、強く意識されていた[*1]。大正少年法での適用年齢の上限は、18歳未満であった。法制定の当初は、我が国の政府の予算が乏しくて、少年司法システムを全国展開することはできなかった。わずかに、東京と大阪に少年審判所を開設し、それらの地域でのみ、少年司法が実施されたに過ぎなかった。このような状況だったので、保護主義の充実を図るために、少年法の適用年齢を引き上げるというような発想は見られなかった。ところが、我が国が戦争遂行の体制に入ると、少年司法を担う実務家から、少年法適用年齢の引き上げが提唱されるようになった。その趣旨は、保護を厚くするという点にあった[*2]。

我が国は、戦争遂行体制を確立していく中で、思想統制を厳しくしただけでなく、青少年の不良行為に対しても厳しい態度をとるようになった。つま

り、怠惰に過ごしているだけの少年も、銃後活動としての産業報国を実践していない非国民として補導され、厳しい鍛錬が課せられるようになった。鍛錬の主な担い手は、民間の司法保護団体であり、それらの団体は、いわゆる不良の少年を鍛えるために各種の練成道場を開設することになった *3。それに続いて、矯正院（現在の少年院）も短期練成プログラムを実施するようになっていった *4。そのような状況において、保護主義を厚くするという理由で、少年審判所長、保護観察所長及び矯正院長は、少年法適用年齢の引き上げを提唱したのである。その経緯は、次の通りである *5。

　　第9回少年審判所長、保護観察所長、矯正院長会同（1940〔昭和15〕年5月16日〜18日）では、司法大臣から「長期戦下ノ社会情勢ニ鑑ミ少年及思想犯ノ保護ノ実績ヲ向上セシムル為有効適切ナル具体的方策如何」の諮問事項が出された *6。そのうちの「殷賑産業地帯ニ於ケル少年犯罪ノ現況ニ照シ之ニ対処スベキ方策」について協議した結果、少年審判所長および矯正院長から答申が出されているが、その中では「少年法の適用年齢を満二十歳迄拡張せられ度き事」と提言されている *7。
　　第10回少年審判所長、保護観察所長、矯正院長会同（1941〔昭和16〕年5月19日〜21日）では、少年審判所長及び矯正院長が、前年と同様に答申している。その答申では、少年法の改正も提唱されていた。そこでは、第1条が、「本法に於いて少年と称するは十八歳に満たさる者を謂ふ」とあるのを、「二十歳」に改めることが提案されていたのである *8。その提案の理由は、「十八歳以上二十歳未満の者にして保護を要するもの多き実情に在り、十八歳未満にては保護の目的を完遂するに欠くるところにありと認む」であった *9。

　我が国は、中国への侵略を進めていたので、徴兵令で服役した20歳以上の男子の多くは、海外に派遣されていた。そこで、国内の労働力不足は深刻で、「産業報国」のスローガンのもとで、女性も子どもも銃後の守りとして、勤労奉仕することが求められていた。そのような状況で、18歳以上20歳未満の者で怠惰な生活を送っている者も、少年法適用の保護少年として、練成プログラムを課すことが提言されたのである。少年法適用年齢の引き上げの真意は、国家主義の立場から、18歳及び19歳の怠惰な不良者を、戦時遂行体制での良質な労働力に鍛え上げることにあった。つまり、アメリカの少年司法システムで強調された「少年の最善の利益を図る」という処遇理念

は、当時の我が国では、背後に退いたのである。

第2　戦争直後における処遇理念の転換と少年法適用年齢の引き上げ

　戦後になると、連合国軍最高司令官総司令部（GHQ）の指令で、民主化のために、全面的法改正が行われることになった。少年法の改正の検討は、司法保護法改正諮問委員会に委ねられたが、ここでの結論は、大正少年法の部分的改正であった[*10]。しかし、その委員会は、戦中の実務家の提唱を踏まえていたためか、少年法の適用年齢を20歳に引き上げることを決定していた[*11]。その後、GHQは、日本政府が提案する少年法や矯正院法などの小幅な改正では満足せず、ルイス博士から全面改正の提案が出された。全米プロベーション協会が提唱する「標準少年裁判所法案」を模範とした「少年裁判所法案」が、我が国の司法省に提示され、それに基づいて少年法改正の作業が進められたのである[*12]。

　当時のGHQは、日本を民主化するには、時代を背負う青少年への教育と福祉を充実させる必要があると考えていたと思われる。非行少年についても、アメリカで理想とされる保護主義を我が国で実現するために、上記の「標準少年裁判所法案」が提示されたのであろう。

　保護主義の拡充は、少年法や少年院法の適用年齢の引き上げの提唱において見られる。GHQは、少年法の適用年齢を20歳未満に引き上げることを了承しただけでなく、たとえば、矯正院については、初等、中等、高等、医療の4種類を設けるとともに、矯正院に26歳未満の者まで収容することを求めてきたのである[*13]。これにより、現行少年院法では、医療少年院には「心身に著しい故障のある、おおむね12歳以上26歳未満の者を収容する」と規定しているのである[*14]。

　少年法と少年院法の改正案は、GHQの修正案をもとにして作成されて、1948年の国会で審議された。少年法の主要な改正点の1つが、少年の年齢を20歳未満に引き上げることであった。政府委員による理由の説明は、以下の通りであった[*15]。

最近における犯罪の傾向を見ますると、20歳ぐらいまでの者に、特に増加と悪質化が顕著でありまして、この程度の年齢の者は、未だ心身の発育が十分でなく、環境その他外部的条件の影響を受けやすいことを示しておるのでありますが、このことは、彼等の犯罪が深い悪性に根ざしていたものではなく、従ってこれに対して刑罰を科すよりは、むしろ保護処分によってその教化をはかる方が適切である場合の、きわめて多いことを意味しているわけであります。

　以上の政府委員の説明は、国会議員に受け入れられたので、1948年に制定された現行少年法では、第2条第1項で、この法律で「少年」とは20歳に満たない者をいうと規定している。以上の分析をまとめると、少年法の適用年齢が20歳未満に引き上げられた理由は、次の3点にあるといえよう。
　第1には、戦前からの実務家による引き上げの提唱が挙げられる。しかし、この提唱は、前述したように、戦争遂行のための国家主義的な立場に基づく保護主義からなされたものである。戦後は、国家主義が否定されたので、彼らの提唱は、少年の健全育成を図るという立場からの保護主義に基づき、少年法の対象者を拡充するためと、理由付けが変えられたのである。
　第2には、ルイス博士が主導して、アメリカでも実現していない理想的な保護主義を、日本で実験的に実現するために、少年法の適用年齢が引き上げられたと考えられる。
　第3には、当時の青少年の犯罪や非行の深刻さが指摘される。終戦直後は、日本中が絶対的な貧困に悩んでおり、青少年が物を盗んだり、強盗したりすることは、広く見られた[*16]。しかし、それらの少年の非行や犯罪に対して、特に、軽微なものに対して、人々の許容性は高く、警察への通報活動は低調だった。その背景には、非行を犯した少年が増大したのは、「戦時中の不完全な教育と、終戦直後の社会的混乱のため」という認識があったからである[*17]。当時の非行少年は、終戦直後の社会的混乱の中で、社会的資源を剥奪されており、また、適切な保護・教育を与えられていないとみなされたのである。そこで、彼らに手厚い保護と教育を与えるという視点から、少年法の適用年齢の引き上げが提唱されたと思われる。

第3　少年法適用年齢の引き上げとそれへの反動

少年法の適用年齢を 20 歳未満に引き上げることを盛り込んだ少年法は、1948 年に可決され、1949 年 1 月 1 日から施行された。すでに、改正の審議の中で、政府委員は、資源面でその実施が困難であることを認めていた。つまり、「少年の年齢を二十歳にまで引き上げることになると、少年の事件が非常に増加する結果となりますので、裁判官の充員や少年観護所の増設等、人的物的機構の整備するまで一年間、すなわち来年一ぱいは従来通り、十八歳を少年年齢とするような暫定的措置が講ぜられておるのであります」と説明していた[*18]。このようにして、少年法は、困難な状況の中で、少年の最善の利益のための保護主義を拡充するために、実施に移されることになった。しかし、それが軌道に乗るのは、数年の歳月を要した[*19]。

　現行少年法は、保護主義を貫徹するために、検察官から先議権を剥奪した。東西の冷戦が始まり、GHQ が民主化よりも治安維持に関心を持つようになると、少年法改正の動きが出るようになった。1951 年には、18 歳及び 19 歳の少年に少年法を適用する体制が十分に整わないにもかかわらず、その動きが表面化している。つまり、同年 2 月には、当時の法務府が、年長少年の事件を検察官先議とする内容の少年法草案を作成している。しかしながら、それは当時の GHQ の反対で国会に提出するには至らなかったのである[*20]。GHQ は、戦前に検察官が強大な力を有していたことを知っていたので、その権力回復の契機になることを恐れて、検察官先議の復活に反対したものと思われる。

第 4　年長少年をめぐる 1977 年までの議論

　我が国は、1952 年に平和条約を締結して独立し、その 3 年後に 55 年体制が確立して、保守の自由民主党が政権を独占するようになる。自由民主党政権の下で、検事が主要ポストを独占している法務省は、検察官先議権の回復、検察官の不服申し立て制度の確立などを目的として、少年法改正作業を進めることになった。服部朗・佐々木光明は、1951 年から 1958 年の時期を、戦後の少年法改正の第 1 期とみなしており、その特徴は、検察側が問題提起し、「社会治安上の観点」から少年法改正を正面から取り上げたとし

ている*21。

　しかし、少年の健全育成を目指すという保護主義は、少年司法の関係者の間に浸透していった。特に、裁判所が、少年法の保護主義の実現に主要な役割を果たした*22。また、保護主義に基づいて、少年院における処遇や保護観察の実践なども改善されていった。

　このような保護主義の浸透の中で、検察側は、むき出しの形で、検察官先議の権限を取り戻すことを主張することはできなくなっていった。そこで、保護主義の浸透を踏まえて、少年法改正案を作成することになり、それが少年法改正要綱として結実している。1970年6月には、法務省は、その要綱を、諮問案として法制審議会に提示している。その要綱では、18歳以上20歳未満を青年として、その年齢層の処理手続きを刑事訴訟化することを提唱していた。しかし、当時、裁判所は、家庭裁判所を中心機関として保護主義を実現することに熱心だったので、要綱は少年法の基本理念や基本構造を変えるものとして、反対を表明した。また、少年法研究者や日本弁護士連合会も、要綱に対して反対したので、要綱で示された青年層の規定については、法制審議会で合意が得られなかった。

　その結果、法制審議会は、1977年に中間答申を発表しているが、そこでは、改善の必要がある事項が4つ指摘されている。そのうちの1つとして、18歳以上の年長少年については、18歳未満の少年とは、ある程度異なる特別な取り扱いをすることを指摘するに留まった。これ以降は、18歳及び19歳の年長少年を、少年法の保護事件から外すという議論は、下火となった。

第5　1990年代後半からの刑罰化と　　　　少年法適用上限年齢の引き上げの議論

　1990年に東西の冷戦構造が崩壊した後、世界的に保守化が進み、新自由主義の名の下に、自己責任が強調されるようになり、犯罪化や重罰化が促進された*23。非行少年についても、貧困家庭出身の少年が減少したこともあり、同情すべき保護・教育の対象者という見方が薄れていった。それに代ったのが、規範意識を欠いているために非行を犯したという少年像である。このような非行少年像を持つ者は、非行を犯した少年には、その行為の責任を

自覚させ、規範意識を覚醒させることを強調するようになる。そのためには、少年法のもとでの保護処分では甘すぎるので、刑罰を積極的に科すべきだと主張しはじめた。世論のこのような動きの中で、1990年代の後半から、少年法の保護主義は、後退を余儀なくされたのである。

その結果として、少年法改正の論議では、18歳及び19歳の年長少年を少年法適用年齢から外すことが、特に保守的な自由民主党の議員を中心として、強く主張されるようになった。それは、人々が同情を集める犯罪被害者の声に対応するものでもあった[24]。

第6　民主党の成年年齢の引き下げの提唱

少年法の改正議論が盛んであったとき、民主党は、ネクストキャビネットの見解「18歳以上に大人としての権利と責任を」を、2000年5月23日付で公表している[25]。成年年齢を18歳に引き下げる見解の根拠は、以下の通りである。

> 政治における市民参加の拡大を図ると同時に、若者の社会参加を促進する第一歩として、民主党は選挙権年齢の引下げを基本政策として掲げ、18歳選挙権を実現する法案を策定してきました。しかし、最近になって、相次ぐ少年犯罪により、何歳をもって大人とすべきかという論議が急速に高まっています。この機会に、自民党の主張に見られるような、刑罰強化のため少年法の適用年齢を引き下げるという本末転倒の議論ではなく、「大人としての権利と責任」という観点から、年齢論議を整理すべきだと考えます。なお、刑罰の問題も、刑法全体を見直す視点が必要です。
> 　民主党は、18歳は経済的自立が可能な年齢であり、現に結婚や深夜労働・危険有害業務への従事、普通免許の取得、働いている場合は納税者であること等、社会生活の重要な部面で成人としての扱いを受けており、世界のすう勢も18歳以上を成人としていることから、…成人年齢を18歳に引き下げることを提案します。これによって、18歳選挙権を実現し、少年法の適用年齢も18歳未満の者とします。

以上のような基本的な考えに基づいて、少年法の適用年齢については、次のように指摘している。

> 少年法は、「少年」の定義を、20歳に満たないものとして、「成人」は20歳以上の者としています。成人年齢を18歳以上とすることで、必然的に少年法の適用は18歳未満の者となります。現行では、少年が犯罪を犯したとき、16歳以上は教育処分か刑事処分を受けることとなっていますが、18歳、19歳は今後、大人として刑事裁判を受け、処罰されることになります。なお、14歳、15歳について刑事処分も可能とするかどうかは、現状の少年法の運用状況をあらゆる角度から検証して結論を得ることとします。

以上の見解から明らかなように、少年法の改正議論が盛り上がっていた2000年頃には、与党の自由民主党および公明党だけでなく、民主党も少年法の適用年齢を18歳未満に引き下げることに賛成していた。それなのに、2000年の少年法改正でそれが実現しなかったのは、次のような理由による[*26]。

> 少年法の適用年齢の上限を20歳から18歳に引き下げることは、刑事司法全般において成長過程にある若年者をどのように取り扱うべきかという基本的な考え方にかかわる問題です。したがって、時代の変遷、主要各国の現状、成年年齢を20歳と定めている民法や選挙権年齢を20歳と定めている公職選挙法等、年齢について定めている他の法令との整合性のほかに、最近の少年犯罪の動向や、18歳、19歳の者を保護処分に付すことができなくなることの当否など、多くの観点から検討する必要があります。

そのように見送られたからこそ、選挙年齢の引き下げに積極的な民主党は、今でも、少年法適用年齢の引き下げを目指している。その準備として、たとえば、民主党は、政策調査会で討論して、2008年7月22日に「成年年齢引下げに関する論点整理」を発表しているのである[*27]。

政策調査会は、検討する際に、「18歳に引き下げることが相当と考えられる年齢条項」と「必ずしも18歳に引き下げるべきとはいえない年齢条項」とに区別している。前者の範疇には、「少年に対する刑事司法手続き上の少年院収容年齢の上限等」が加えられていて、これらは「少年法の成人年齢引

き下げと連動すべきと考えられる」とされている。「ただし少年院収容や保護観察など成人となったのちも継続して行われることのある保護処分の年齢の上限については、その処遇の内容等に照らして同様の幅で引き下げるべきかどうかについて別途検討する必要がある」としている[*28]。

第7　民主党の少年法適用年齢引き下げの提唱の妥当性の検討

　民主党の提唱は、「自民党の主張に見られるような、刑罰強化のため少年法の適用年齢を引き下げるという本末転倒の議論」とは異なるといえるのであろうか。民主党は、自分たちの見解は論理的な整合性があると誇っている。しかし、その見解通り、少年法適用年齢が引き下げられると、自由民主党の保守的な論者が期待していたように、刑罰化が実現し、少年法の健全育成の理念に基づく保護主義は、大きく損なわれることになる。まずは、民主党の提唱の妥当性を検討しておきたい。

1　状況の変化をふまえる必要性

　民主党は、上記の見解を公表した2000年5月以降の変化を、きちんと認識すべきと思われる。2000年頃には、犯罪被害者の声が高まり、人々は「少年法は、少年を甘やかせる法」という認識を持つようになっていた。そのような時代背景があったから、民主党は、それに応えるために、少年法適用年齢を引き下げて、「18歳、19歳は今後、大人として刑事裁判を受け、処罰される」ことを主張したのである。しかしながら、少年法は、犯罪被害者の声を考慮して、保守的な政治家によるイニシアティブで、2000年11月に一部刑罰化の方向で改正されている。

　当時の民主党が「14歳、15歳について刑事処分も可能とするかどうか」と留保した点については、2000年の少年法改正で刑事処分を科すことができるという形で、解決されている。また、少年法20条2項を設けて、故意の犯罪行為により被害者を死亡させた罪の事件で、その罪を犯すとき16歳以上の者については、原則逆送を規定したので、重大な犯罪を行った16歳

以上の少年については、刑事処分適用の拡大を実現している[*29]。

2000年当時は、犯罪被害者の運動が高まり、マスコミもそれを大きく報道していた。犯罪被害者で運動に携わったものの多くは、自分の子どもが殺害されたか、自分が大きな身体的危害を加えられた人たちであった。これらの遺族や被害者は、しばしば応報感情から、重罰を科すことを要求したが、少年事件については、2000年改正少年法で、14歳と15歳の少年にも刑事罰が科せられる道が開かれ、16歳以上の故意による殺害の事件の加害少年が、刑事罰を科すために原則逆送となることで、彼らは部分的に満足した。また、検察官も、それ以前は、自分たちの逆送相当の意見が、家庭裁判所によって無視されてきたという不満を持っていたが、2000年改正少年法の下での運用で、逆送の比率が高まったので、さらに多くの少年事件について刑罰を科すよう求める声は、検察官から聞かれなくなっている[*30]。

その後も、犯罪被害者の知る権利や意見陳述権を保障するという方向での少年法改正は進み、2008年6月には、少年法第22条の4が設けられて、殺人事件などの重大な事件については、被害者等からの申し出がある場合、少年審判の傍聴を認めることができるようになった。また、被害者からの申し出がある場合には、裁判所は審判の状況について説明することができるようになったし、被害者の閲覧や謄写の対象の範囲も広げられた。このように次々と少年法が改正されたので、2000年当時の「加害少年の権利は保障され過ぎていて、被害者の権利は無視されている」という、犯罪被害者の主張は、必ずしも妥当といえなくなっている。民主党は、このような状況の変化をきちんと認識して、少年法の適用年齢の引き下げを検討すべきと思われる。

2　少年法適用年齢の引き下げの根拠についての検討

2000年の少年法改正を議論していたときに、保守的な政治家たちは、少年法の適用年齢を18歳未満に引き下げるように主張していた。民主党も、前述のように、選挙権付与との対として、引き下げを主張していた。そこで、国会において改正少年法を可決する際に、付帯決議において、8つの事項の検討を促すとしたが、その1つが少年法の適用年齢であった。

今の時代は、1つの重大事件がマスコミで大きく報道されると、そのような事件への対応として、刑罰化への方向での法改正がしばしば行われる。施行5年後の見直しで少年法適用年齢が話題に上がらなかったのは、この間、

18歳及び19歳の年長少年による凶悪事件が、大きく報道されることがなかったのも一因といえる。それは、少年の健全育成を目指す保護主義を擁護する立場からは、きわめて幸運であったといえよう。

しかし、最近では、民主党が中心となって、成年年齢を18歳に引き下げて、選挙権などの権利を付与する見返りとして、18歳と19歳の若者に責任を持たせるとして、少年法の適用年齢の引き下げが主張されている。この主張は、個人責任を強調する風潮の中で優勢になりつつある。民主党は、「18歳は経済的自立が可能な年齢であり、現に結婚や深夜労働・危険有害業務への従事、普通免許の取得、働いている場合は納税者であること等、社会生活の重要な部面で成人としての扱いを受けて」いることを強調し、そのような若者が罪を犯した場合は、少年法を適用せず、責任をとらせるために刑罰を科すべきだと主張している。

それは、法制度の建前からの主張である。歴史的にみれば、18歳で自立している者の数は激減している。つまり、第1次ベビーブーマーが10代になった昭和40年頃は、中学を卒業したばかりの若者の多くが、就職していた。彼らは、家を離れて大都会において1人で生活し、厳しい労働を行う中で自立した社会人となり、20代前半には結婚していた。しかし、今では、少子化や高学歴化のために、18歳で自立して働いている若者は激減している。18歳の若者の多くは、高校卒業後に就職したり、大学に進学したりしても、親に扶養してもらっており、真の意味で自立した社会人とはなっていない。少子化時代の若者は、とくに男子は、過保護で甘やかされて育てられているので、親離れが遅くなっており、20代後半になっても、フリーターやニートといわれる者に見られるように、十分に自立していない。社会的未熟さが20歳を超えて蔓延していることを認めるようになったために、2003年に発表された青少年育成施策大綱では、30歳未満までを対象にして、自立を促すための施策を行うべきと提唱しているのである。このように未熟で社会人として自立できていない若者に対しては、責任を問うとして、刑罰を科すよりも、少年法のもとでの保護・教育の措置で対処することの方が必要であると思われる。

ところで、今の日本人は、特に若者は、個人的な生活領域に閉じこもりがちである。そのような人々は、非行を行った少年を、自分たちと異質な異常者とみなし、彼らへの恐怖心から、彼らを社会的に排除する傾向にある。そこで、重罰を科して、社会から長期間排除して、自分たちだけは安全な生活を

楽しみたいと考えるようになっている。民主党の見解のように、少年法の適用年齢を 18 歳未満に引き下げることは、このような社会的排除の風潮を助長することになるのである。

3　諸外国に合わせる必要性の検討

　民主党は、成年年齢については、「世界のすう勢も 18 歳以上」と指摘している。しかし、それだからといって、我が国がそれに合わせる必要性はないと思われる。欧米では、1990 年以降の保守化の傾向の中で、刑罰化が進行して、少年法の下の保護主義の制度が崩されてきている。我が国は、2000 年の少年法改正の前は、刑罰主義をできる限り排除して、ほぼ純粋な保護主義を貫いてきた。そのような保護主義の少年司法システムを、筆者は次の英文で紹介している。
　1997 Juvenile Justice: An Overview of Japan. In Winterdyk, John (ed.), *Juvenile Justice System*. Toronto: Canadian Scholars' Press, Inc.: 1-28
　編者の Winterdyk は、我が国の保護主義に基づく少年司法システムを高く評価して、この本の第 1 章に、筆者の英文を掲載している。彼は、この本を教科書にして、カナダにおける自分の大学のクラスの学生に、国際比較をさせたところ、学生は、20 歳未満までの非行少年に対して、手厚く保護・教育的処遇を実践している日本のモデルが、一番よいと答えたという。
　我が国では、1990 年代の前半までは、加害少年については、社会的に劣悪な環境のために非行を犯した少年というイメージがあり、彼らに対する同情があった。その典型的な例は、連続射殺ピストル事件で 19 歳のときに逮捕された永山則夫死刑囚に対する同情である。劣悪な環境にいる加害少年に対する同情を反映して、彼らの社会復帰に対しては、多くの人が、たとえば、保護司や更生保護女性会の会員などが、援助の手を差し伸べていた。
　Winterdyk は、このような点に着目して、日本のモデルを、Participatory Model（参加モデル）及び Welfare Model（福祉モデル）として高く評価した。彼は、アメリカなどに見られるようになった、刑罰による Crime Control Model（犯罪統制モデル）の対極概念として、参加モデルを挙げ、それを採用している我が国の少年司法システムを高く評価したのである[31]。
　Winterdyk が我が国の少年司法システムを評価したもう 1 つの理由は、そのシステムのもとで、優秀な人々が、少年の最善の利益のために尽力してい

る点である。少年係の警察官、家裁調査官、少年鑑別所技官、少年院教官、保護観察官、保護司など、多くの人々が、少年の非行防止や社会復帰のために熱心に働いている。もし少年法の適用年齢が18歳未満に引き下げられたならば、彼らが取り扱ってきた18歳と19歳のケースが消滅する。そうなると、彼らがこれまで行ってきた保護・教育の働きかけをする領域が、大きく減少する。その結果、経費削減の名の下で、これらの人材や施設が、他に転用されてことになるが、そうなってしまったら、実務における保護主義的実践活動は、大きく後退する。一度、体制が壊されると、それを再建するのは極めて困難なので、民主党は、少年法の適用年齢の引き下げが実務に与える影響について、きちんと分析する必要がある。

第8　論理一貫性よりも実態の調査が必要

　民主党は、2000年以降の世論を考慮し、また、論理的整合性の視点から、少年法適用年齢を18歳未満に引き下げることを提唱し続けている。ところで、法のあり方については、2つの立場がある。1つは、法体系の論理的な整合性を求める立場である。民主党の見解は、この立場から打ち出されている。もう1つは、個々の法の目的に応じて、法の適用の基準は複数存在してもよいという立場である。この立場からは、成年年齢を18歳にして選挙権を付与しても、少年法の「健全育成」という目的を考慮して、少年法の適用年齢は、現行法どおり、20歳未満に据え置くべきと主張される。筆者は、この立場なので、「少年法の適用年齢」は、20歳未満に据え置くことを強く主張する。
　ところで、実証科学の立場からは、もし少年法の適用年齢が18歳未満に引き下げられたら、少年司法システムの実務において、どのように重大な影響が出るのかを、しっかりと事前に調査すべきと主張される。そのような調査に基づいてこそ、欧米の社会科学者が主張するEvidence-based Policyが、実現できるのである。そこで、紙面の関係で詳細に指摘できないが、2007年の統計をもとにして、少年法適用年齢が18歳未満に引き下げられたとき、実務の各分野でどのようにケースが減少するのか、また、それが実務にどのように影響を与えるかについて、分析しておくことにする。

1　警察活動への影響

(1)　補導活動

　警察は、少年法適用年齢が下がった場合でも、巡回や街頭補導活動への人員を減らしたり、また、その回数を減らすとは考えられない。現在でも、不良行為少年として、深夜徘徊や喫煙をしている大学生などの 18 歳以上の年長少年には、巡回や街頭補導活動で声をかけるのは稀である。それゆえに、少年法適用年齢が、18 歳未満に引き下げられたからといって、補導のための街頭での声かけが、減少するとは思えない。ただし、声をかけた対象の者が、18 歳以上であると判明したときは、補導票に記入しないことになるので、155 万という補導人員の総数は、統計上、減ることになろう。

(2)　少年サポートセンターの活動

　少年サポートセンターは、街頭補導活動のほかに、少年相談活動、継続補導、立ち直り支援、犯罪被害少年に対する支援、広報啓発活動を行っている。それらの活動のために、全国で約 1,100 人の少年補導職員が配属されている。少年サポートセンターが働きかけの対象としている「少年」の範囲は、成年年齢が 18 歳に引き下げられることにより、当然、狭められることになる。たとえば、「保護者の同意を得た上で」実施している継続補導（少年警察活動規則第 8 条第 2 項）や被害少年に対する継続的支援（同規則第 36 条第 2 項）については、18 歳以上の者に対して行う法的根拠を失うことになるからである。そのようにケースを失うことは、行動科学の知見を持つ少年補導職員の支援の範囲が狭まることを意味しており、保護主義の後退といえる。

(3)　刑法犯少年の逮捕

　警察は、すでに、年長少年に対しては、犯した犯罪の重大性、逃亡や証拠隠滅の恐れなどの理由で、年少少年のように手心を加えることなく、積極的に逮捕活動をしている[32]。それゆえに、少年法適用年齢が 18 歳未満に引き下げられて、犯罪捜査規範 208 条が適用されなくなったとしても、18 歳及び 19 歳の交通業過を除く刑法犯少年の逮捕率（現在は、20.3％）が大幅に高まることはないであろう[33]。

(4) 送致

　年長少年の場合には、累犯で逮捕される場合が増加するので、それを反映して、身柄付送致の比率が、他の年齢層に比べて 19.0％と高まっている[34]。他方、初めて些細な犯罪、たとえば、自転車の無断乗りを犯した者も多く、そのために、簡易送致の比率は、年少少年や中間少年のそれよりも高く、50.0％となっている。少年法適用年齢が 18 歳未満に引き下げられると、現在簡易送致されている 10,301 人の多くは、警察で微罪処分によって、処理されることになるであろう。これは、ケース処理の効率化というメリットをもたらす。しかし、このメリットは、警察に不処分の権限を付与することで実現できるので、少年法の適用年齢の引き下げのメリットとして強調すべきでないであろう。

2　検察活動への影響

　検察における少年被疑事件の受理人員の総数は、180,662 人であるが、そのうちの 42.2％が、18 歳及び 19 歳の年齢層である。その内訳を見ると、自動車運転中に死傷事故を起こした少年のうちの 91.1％が、年長少年である。また、道路交通法等違反の 59.0％、その他の特別法違反の 57.9％が、年長少年である。もし少年法の適用年齢が 18 歳未満に引き下げられたならば、検察は、交通業過を除く刑法犯事件の 2 割強だけでなく、交通関係の多くの事件の処理を、少年法の手続きから外すことになる[35]。
　現行の少年法は、全件送致主義を取っており、検察官は、事件選別の裁量権を持っていない。そこで、検察庁で既済された事件の 92.8％が、家裁に送致されている[36]。ところで、少年法の適用年齢が 18 歳未満に引き下げられた場合には、既済人員の約 4 割に当たる事件については、検察官の裁量権が発揮されることになり、起訴猶予を行うことが可能となる[37]。これも、ケース処理の効率化という点からみると、メリットである。

3　家庭裁判所の活動への影響

　家庭裁判所の新受理人員については、年齢別の分析はできないが、捜査機関からの送致のデータから判断すると、もし少年法の適用年齢が 18 歳未満

に引き下げられたならば、家庭裁判所は、交通致死傷事件を除く刑法犯事件の２割強だけでなく、交通関係の多くの事件の処理から解放されることになろう。過度のケース負担をかかえている家庭裁判所にとって、処理すべき事件数が減少するのは、望ましいといえるかもしれない。しかし、そのうちのかなりの部分は刑事事件として処理されるので、刑事裁判所の仕事を増やすことになる。行動科学の視点からは、ケースの総量が減少することは、家庭裁判所調査官が18歳未満の重要かつ複雑な事件に、調査のエネルギーを集中できるというメリットがある。他方では、18歳及び19歳の少年が、刑事裁判において、行動科学的データが提供されないために要保護性が考慮されず、主として犯した行為の重さに応じて刑罰が決められてしまうというマイナスがある。

(1) 家庭裁判所における逆送の決定

家庭裁判所における少年保護事件の既済人員174,270人のうちで、刑事処分相当として検察官に逆送された者は、5,085人である[38]。一般保護事件の人員108,231人については、その理由で逆送されたのは356人に過ぎない。つまり、逆送事件の大半は、年長少年による交通関係の事件であり、そこでは、刑事裁判で罰金を科すために、逆送されているのである。我が国では、年長少年でも、犯している犯罪の程度は軽いものが多くて、検察官に逆送して刑罰を科すに値するのは、極めて少ないのである。このような実務の状況から判断すると、少年法適用年齢を18歳未満に引き下げて、要保護性が高い18歳及び19歳の者にまでも、刑罰を科すことが、現実的に妥当なのかが問われることになる。

法務省付の検事も、次のような意見を表明して、少年法の適用年齢の引き下げに慎重な姿勢を示していることに注意していただきたい[39]。

> 18歳、19歳の少年のうち、刑罰（特に実刑）を科すほど悪質な行為をした者ではないが、現行少年法では保護処分（保護観察、少年院送致）の対象となる要保護性の高い者については、少年法年齢を引き下げた場合、制度上、不起訴、罰金、あるいは刑の執行猶予となるにとどまり、実刑にもならず、さりとて保護処分にも付すことができないことになります。

(2) 年齢超過のケース

もう1つの問題点は、年齢超過である。すでに、検察の段階においても、116人が20歳の誕生日を迎えてしまったとして、少年事件としての手続きから外されているが、家庭裁判所での少年保護事件の既済人員のうちで、年齢超過の人員が2,522人も存在しているのである。現行の少年法では、家庭裁判所の裁判官が処分を下すときまでに若者が20歳の誕生日を迎えた場合には、年齢超過として検察官に送致することになっている。そこで、捜査機関は、20歳の誕生日に近い少年の事件については、年齢切迫事件として、できるだけ速やかに捜査を遂げて、家庭裁判所に送致するようにしている。年齢切迫事件とは、「身柄事件で20日後、在宅事件で2ヵ月後、簡易送致事件で3ヵ月後に、それぞれ成人に達する事件」を指している[*40]。そのように捜査機関が急いで処理をしても、毎年、3千人弱の者が年齢超過として、少年法の適用から除外されているのである。少年法適用年齢を18歳未満に引き下げるということは、現行法と同じ法適用のやり方で実施すると、実質的には、約17歳10ヶ月未満の少年しか、少年法が適用されなくなるのである。

4　観護措置への影響

　観護措置により少年鑑別所に新たに収容された者は、15,289人であったが、そのうちの35.1％が年長少年であった[*41]。少年法の適用年齢が18歳未満に引き下げられたら、少年鑑別所は、4割弱のケースを失うことになり、大都市が存在しない県にある少年鑑別所は、運営できなくなるおそれがある。失われるケースの内訳を見ると、観護措置をとられていた少年で、保護観察に処せられたものは、7,466人であるが、一般保護事件の既決人員で保護観察を受けたもので年長少年の割合は26.2％であるので、7,466人のうちで、2,000人弱が少年鑑別所に収容されなくなると予測される。さらに、観護措置のあとに少年院に収容される約2,000人の年長少年のケースを失うことになる。つまり、約4,000人の年長少年の重大かつ複雑な事件の鑑別を、少年鑑別所は担わなくなるのである。これは、行動科学にもとづく保護主義の大幅な後退といえる。

5　試験観察への影響

試験観察は、普通は、それを行った後で不処分となるので、年少少年及び中間少年を主な対象にしている。それゆえに、試験観察を受けた少年のうちで、年長少年が占める割合は、20.1％に留まる[*42]。しかし、身柄付きで試験観察を受けた少年は171人いたが、そのうちの41人（24.0％）が、行為時年齢は18歳か19歳であった[*43]。もし少年法の適用年齢が18歳未満に引き下げられたならば、身柄付き試験観察の場合には、少なくとも約4分の1のケースが失われることになる。仏教慈徳学園のように、身柄を収容して試験観察を実施している施設は、委託費が減り、運営できなくなる可能性がある。

6　保護観察への影響

　保護観察所の新受人員は、1号観察が17,848人（そのうちの3,992人は交通保護観察、3,910人は短期保護観察）、2号観察は4,344人（そのうちの563人は一般短期少年院、42人は特修短期少年院からの仮退院者）であった[*44]。保護観察所の受入人員でみると、年長少年が占める割合は、1号観察が36.1％である。2号観察では、18歳及び19歳が41.0％、20歳から22歳の年齢層が17.0％を占める。もし少年法の適用年齢が、18歳未満に引き下げられるならば、少年法24条で定める保護処分として課せられる保護観察の場合には、36.1％のケースが失われることになる。また、少年院仮退院者として保護観察を受けるものは、半分以下になりかねないのである。

　家庭裁判所において保護観察処分を受けた人員30,597人のうちでは、交通致死傷事件、道路交通保護事件及び反則金不納付事件が、それぞれ、4,266人、12,290人及び6人であった[*45]。一般保護事件の占める割合は45.9％にとどまり、54.1％が交通関係事件の少年であった。運転免許取得年齢の関係もあり、交通関係の保護事件の多くは、18歳か19歳の少年である。少年法適用年齢が18歳未満に引き下げられると、交通関係保護事件に特化した保護観察の制度は、壊滅的な打撃を受けることが予想される。

　交通関係保護事件に特化して、1977年に導入されたのが、交通短期保護観察制度である。この制度は、交通事件により家庭裁判所で保護観察に付せられた少年のうち、一般非行性がないか、又は、その進度が深くなく、交通関係の非行性も固定化していない者を対象にして行われている。安全運転などについて集団で教育を受けるという形で、3月以上4月以内で実施されて

いる。2007年には、13,356人がこの教育を受けている[*46]。少年法の適用年齢が18歳未満に引き下げられると、このうちの多くが、交通安全教育を受ける機会を逸して、単に罰金を科されるだけで終わることになる。なお、年長少年の多くにとっては、罰金は、アルバイトで払える範囲の金額であれば、痛くもかゆくもない刑罰であり、安全交通の教育を受けさせられることよりも、よほど楽なのである。つまり、交通事件の若者に罰金という刑罰を科すだけでは、彼らに規範意識を覚醒させるようなことは期待できないのである。

7　少年院における処遇への影響

少年院の新収容者の人員は、4,074人であったが、その内訳は、14歳及び15歳が18.6%、16歳及び17歳が43.2%、18歳及び19歳が38.2%である[*47]。他方、家庭裁判所の既済人員のうちで、少年院送致の保護処分を受けた者は、4,090人であり、そのうちで一般保護事件が3,758人、道路交通保護事件が332人であった[*48]。ところで、少年院法2条3項では、中等少年院は、心身に著しい故障のない、おおむね16歳以上20歳未満の者を収容すると決めている。家庭裁判所の既済人員のうちで、2,914人が中等少年院送致を受けている[*49]。その内訳は、14歳及び15歳が3.6%、16歳及び17歳が52.6%、18歳及び19歳が43.8%である。また、犯罪的傾向の進んだ、おおむね16歳以上の少年を収容する特別少年院には、家庭裁判所から、18歳及び19歳の58人が送られている。さらに、医療少年院に送致された少年88人のうちで、18歳及び19歳の者は、47人（53.4%）となっている[*50]。もし少年法適用年齢が18歳未満に引き下げられたならば、中等少年院の収容者の43.8%、特別少年院の100.0%、医療少年院の53.4%が、少年院における矯正教育を受ける機会を逸するのである。現在、少年人口の減少を反映して、少年院収容人員が減少しつつあるが、少年法の適用年齢が引き下げられると、収容少年が定員に満たない少年院が続出して、これが閉鎖に追い込まれることになりかねない。そうなると、これまで少年院で築いてきた非行少年に対する保護的教育的処遇のノウハウは、失われることになる。

中等少年院や特別少年院に収容されていた18歳及び19歳の者は、法改正の後は、少年刑務所で拘禁させることになるが、そこでの矯正教育の密度

は、現在の少年院におけるよりも低い。そこで、施設内処遇における、社会復帰を目指す保護主義は、大幅に後退することになる。ところで、現在は、重罰化により、懲役刑の科刑が重くなっており、そのために、刑務所は過剰収容になっている。少年法の適用年齢を18歳未満に引き下げると、現在、少年院に収容されている少年の多くが、刑務所に収容されることになり、その分だけ、過剰収容が深刻化することになる。その対策として、少年院を少年刑務所に転用するのは、保護主義の大幅な後退といえよう。

おわりに

　我が国は、第2次世界大戦中には、国家主義からの保護主義の充実が提唱され、少年法の適用年齢を20歳未満に引き上げることが提唱された。終戦と共に、国家主義からの保護主義は否定されたが、1948年に制定された少年法では、少年の健全育成をはかるとの立場からの保護主義の充実が目指され、少年法適用年齢が20歳未満に引き上げられた。その後、少年法の適用年齢を18歳未満に引き下げるべきという意見は、法務省や保守的な政治家によって声高く叫ばれてきたが、現在に至るまで、それは実現されないできた。しかし、2009年8月末での選挙によって政権をとった民主党は、選挙権を18歳以上の若者に付与する見返りとして、彼らに成人としての義務を課するという論理に基づいて、少年法適用年齢を18歳未満に引き下げることを提唱している。

　本論文では、その論理を貫徹した場合には、世界的に高く評価されている、我が国の保護主義に基づく非行少年の処遇、特に保護観察や少年院での処遇が、大きな打撃を受けることを、2007年のデータに基づいて明らかにした。立法政策は、実証的なデータに基づくことが望まれており、本論文がその必要性の理解に寄与することを願っている。

　　＊1　たとえば、多摩少年院の初代院長の太田秀穂は、「矯正院の教育に携わる者は、教育者でなければならない」という方針を立て、高い教養を身につけた者を職員として採用している（矯正協会編『少年矯正の近代的展開』〔矯正協会、1984年〕377頁）。

*2　澤登俊雄によれば、現代社会は個人の尊厳ないし自由が最高の価値をもつのであるが、少年非行があった場合には、国家が介入することになる。その介入を理由付けする原理としては、侵害原理及び道徳原理＝道徳主義と並んで、保護主義が挙げられている（澤登俊雄『少年法入門（第4版）』〔有斐閣、2008年〕23頁）。この分析枠組みからすれば、我が国の戦争中の保護の強調は、道徳原理＝道徳主義に基づく積極的介入と解釈できるであろう

*3　戦後になって司法保護団体が廃止されるのは、連合国軍最高司令官総司令部が、司法保護団体を戦争協力団体とみなしていたからと思われる。なお、1949年3月末には、165団体が廃止されたが、そのうちの28団体（その後、32団体）が、少年院に転換されている（矯正協会編・前掲注1書805頁）。

*4　矯正協会編・前掲注1書528頁。

*5　八田次郎からの指摘に触発されて、経緯を分析した。

*6　矯正協会編・前掲注1書476頁。

*7　同書471頁。

*8　同書478頁。

*9　同書478〜479頁。

*10　日本政府は、当初、少年法や矯正院法、また、司法保護団体の助成などを規定していた司法保護事業法について、新憲法に抵触する点は少ないとみなし、部分改正で対処するつもりであった（横山実「少年院の形成」新倉修＝横山実編『澤登俊雄先生古稀祝論文集少年法の展望』〔現代人文社、2000年〕299頁）。

*11　同書693頁。

*12　澤登・前掲注2書246〜247頁。

*13　法務省『少年院法（昭和23年法律第169号）制定過程』（謄写印刷）8頁。

*14　少年院収容の最低年齢は、2007年の少年院法改正により、「14歳以上」から「おおむね12歳」に引き下げられている。最低年齢の引き下げについての筆者の主張は、処遇選択の多様化という点で賛成するが、少年院への収容は、中学生に限るべきというものである（『横山実ゼミナールジャーナル17号』〔2005年〕11頁）。

*15　矯正協会編・前掲注1書726頁〜727頁

*16　横山実「日本における少年非行の動向と厳罰化傾向」國學院法學38巻4号（國學院大學法学会、2001年）175頁。

*17　矯正協会編・前掲注1書735頁

*18　同書727頁。

*19　戦争直後の少年院の混乱とその後の整備については、横山・前掲注10論文301〜306頁を参照していただきたい。

*20　澤登・前掲注2書247頁。

*21　服部朗・佐々木光明編『ハンドブック少年法』(明石書店、2000年) 429頁。

*22　日本犯罪社会学会の前身である犯罪社会学研究会は、1951年に始まっているが、その研究会による調査を、当時の最高裁判所家庭局の課長や各裁判所の所長が積極的に支援していた（横山実「30年を振り返って：The Spirit of 犯罪社会学会」『第30回大会報告要旨集』〔日本犯罪社会学会、2003年〕32頁)。これらのリーダーは、実務の改善にも積極的で、たとえば、家庭裁判所付きの判事は、保護票の作成を提唱している。それが実現されたので、非行少年の保護・教育の処置が飛躍的に促進されたのである。

*23　横山実「人々の意識と犯罪化・重罰化」菊田幸一・西村春夫・宮澤節生編『社会のなかの刑事司法と犯罪者』(日本評論社、2007年) 84頁。

*24　当時の政治家は、犯罪被害者の声を取り入れると、選挙で票が集まることを認識していた。

*25　http://www.dpj.or.jp/news/?num=11318 (2009年7月26日現在)。

*26　甲斐行夫・入江猛・飯島泰・加藤俊治編著『Q&A改正少年法』(有斐閣、2001年) 22頁。

*27　http://www.dpj.or.jp/news/?num=13748 (2009年7月26日現在)。

*28　たとえば、現在の少年院法では、26歳未満の者まで収容できることになっている。少年法の適用年齢が、2歳引き下げられたならば、それは、原則として「24歳未満」までの収容ということになる。しかし、それについては、その処遇の内容等に照らして別途検討するとしているのである。

*29　その条文のもとでの運用の変化については、How has The Revised Juvenile Law Functioned since 2001 in Japan?. In Emil W. Plywaczewski(ed.), Current Problems of the Penal Law and the Criminology No.4. Bialystok, Poland: Temida 2 (2009): 667-702 を、特に14歳及び15歳の逆送事件については、横山実「2000年改正少年法の施行後五年間の適用の考察」『八木國之博士追悼論文集──刑事法学の新展開』(酒井書房、2009年) 153～175頁を参照していただきたい。

*30　平成7 (1995) 年からの5年間での凶悪犯（殺人、強盗、強姦、放火）の検察官への逆送致率は、5.0%～2.4%と低率であった（甲斐ほか・前掲注26書31頁)。2000年改正少年法が施行された2001年4月1日からの5年間では、犯行時16歳以上で原則逆送の対象となった少年は、349人であったが、その検察官への逆送率は、61.9%であった（最高裁判所事務総局家庭局『平成12年改正少年法の運用の概況（平成13年4月1日～平成18年3月31日)』)。

*31　第2版は、2002年に発行されたが、我が国でも2000年の少年法改正で一部刑罰化が実施され、保護主義の特徴が薄れたと判断されたためか、筆者の英文は、第11章に収められた。

*32 犯罪捜査規範208条では、「少年の被疑者については、なるべく身柄の拘束を避け、やむを得ず、逮捕、連行又は護送する場合には、その時期及び方法について特に慎重な注意をしなければならない。」と定めている。しかし、警察は、1997年以降、重大な結果を生じた犯罪少年に対する逮捕活動を積極化している。それでも、警察で検挙する刑法犯少年の多くは、ささいな犯罪行為で検挙されているので、103,224人の検挙人員のうち、88.1％が、身柄不拘束で措置されている（警察庁 犯罪統計書『平成19年の犯罪』の111表より算出する）。

*33 逮捕率は、13歳及び14歳が7.4％、15歳及び17歳が12.5％であった。

*34 警察が検挙した交通業過を除く刑法犯少年の総数は、103,224人であったが、そのうちで、身柄付送致が11.1％、書類送致が44.0％、簡易送致が44.9％であった。

*35 検察が受理した交通業過を除く刑法犯少年112,427人の内訳は、16歳未満が24.7％、16歳及び17歳が33.1％、18歳及び19歳が23.2％であった（法務省『第133検察統計年報 平成19年』248頁の表から算出する）。

*36 検察における少年被疑事件の既済の人員191,365人のうち、年齢超過後の処分が0.1％、不起訴・中止が1.2％、他の検察庁に送致が5.9％であり、実質的には、ほとんどすべてのケースが、家庭裁判所に送致されているのである。

*37 家庭裁判所に送致された既済の人員177,604人のうち、16歳未満は24.2％、16歳及び17歳は33.3％、18歳及び19歳は42.5％であった。

*38 最高裁判所事務総局編『司法統計年報 4少年編 平成19年』（法曹会、2008年）の表から算出する。

*39 甲斐ほか・前掲注26書22～23頁。

*40 守山正・後藤弘子編『ビギナーズ少年法 第2版増訂版』（成文堂、2009年）131頁。

*41 14歳未満は0.7％、14歳及び15歳は23.6％、16歳及び17歳は40.1％であった。また、20歳以上の者も0.5％存在していた（法務省『第109 矯正統計年報Ⅱ 平成19年』の20頁及び21頁から算出する）。

*42 一般保護事件の家庭裁判所終局人員のうち、試験観察を受けた者は、1,848人であったが、その行為時年齢を見ると、14歳未満が1.0％、14歳及び15歳が39.4％、16歳及び17歳が39.5％であった（前掲注38書の56頁の表から算出する）。

*43 行為時の年齢が14歳及び15歳の者は13.5％、16歳及び17歳の者は62.5％を占めていた。

*44 法務省『第48保護統計年報 平成19年』 概説Ⅹの表14に基づく。

*45 前掲注38書の7頁の第3表に基づく。

*46 前掲注44書概説Ⅹⅰの表15に基づく。

*47　前掲注41書の124頁から算出する。
*48　前掲注38書の7頁の第3表に基づく。
*49　前掲注38書の34〜35頁の第19表から算出する。
*50　この比率は、一般保護事件について算出したものである。それゆえに、道路交通保護事件で少年院に送致された年長少年の数を加えれば、この比率は高まると推測される。交通保護事件で、初等、中等、特別及び医療の各少年院に送致された少年の数は、それぞれ、11、317、3及び1である。

　　　　　　　　　（よこやま・みのる／國學院大學副学長・法学部教授）

少年法と少年福祉

前野育三

第1 ある架空のケースを考える
第2 少年法の「保護主義」
第3 処分の選択と教育・福祉措置への努力
第4 保護処分の質
第5 法務教官による暴力の行使などの人権侵害の根絶のために
第6 まとめ

第1 ある架空のケースを考える

1 L少年のケース

　ある架空のケースを考えてみよう。名前がないと不便なので、L少年としよう。Lの両親は、彼が幼い頃に離婚し、母親が親権者となった。その後、父親の行方はわからない。その母親が、Lが小学校3年のときに長期入院し、病院から姿を消して行方不明になった。それ以降Lは伯母に育てられた。伯母によれば、Lの母親は、以前から母親として不安定な状態にあり、Lはしばしばこの伯母さんの家にお世話になっていたようである。伯母は、経済的に安楽ではない中で、自分の子に引き続き、妹の子（甥）も愛情深く育てていた。この伯母は、離婚歴があり、かつての夫からまったく養育費を受け取ることなく、自分の細々とした収入で子育てをしてきたのである。
　Lの学校での成績は下位である。さまざまな家庭的不幸のために、学業の基礎が作れなかったのであろう。しかし友達関係で孤立しているわけではな

い。体育や音楽の得意な活発な中学生である。

　Lは、伯母の愛情に包まれていたが、実の親が自分を見捨てたことについては、許しがたい気持ちだっただろう。このような境遇、このような気持ちの少年には、なぜか悪友が目を付けやすいものである。Lにも悪友との交友関係ができた。中学1年の夏に盗んだバイクを乗りまわし、児童相談所が指導した。児童相談所は、児童自立支援施設への入所を勧めたが、伯母は、自分のところで立ち直らせたいと言った。ところが、翌年また遺失物横領事件（放置された古自転車数台を改造して友人と乗り回していた）を起こし、家庭裁判所に送致された。

　このような環境の少年に対する家庭裁判所の処遇方針は厳しい。伯母がどんなに愛情をもって育てていても、環境に問題がないとは、なかなか認められない。Lは、児童自立支援施設送致になった。もしLが実父母のもとで、通常の経済状態で、通常の愛情を受けて育っていたならば、非行事実の重さから見て、絶対に施設収容にはならず、不処分か保護観察ですんでいただろう。不幸にして、通常の環境に恵まれなかった（あるいは、恵まれているように見えない）から施設収容を伴う処分になったのである。L少年にとって、児童自立支援施設が、「ここに来てよかった」と思える場所であってほしいと願うのみである。同時に、児童自立支援施設を経験したことが、暗い前歴としてラベリングされ、Lの将来に影を落とすことにならないことを願うのみである。

2　架空ケースから考えられること

　この架空のケースでは、いろいろなことが浮かび上る。第1に、実父母の離婚と蒸発の後、伯母が愛情をもって育ててきたが、伯母自身が貧しくもあり、伯母がL少年を精一杯の愛情と努力で育てていても、その姿はなかなか浮かび上がらず、L少年の環境は一見最悪である。環境の良し悪しは個別的な判断になじむ事柄であるが、ともすれば類型的に判断されがちである。第2に伯母の愛情と努力にもかかわらず、L少年の環境は、やはり普通ではない、このような環境は、誘い込む対象を狙っている悪友の標的になりやすい。第3に、通常の環境に育っておれば、不処分ですんだ少年が、児童自立支援施設送致になるという問題である。刑事処分でも環境の影響は否定できないが、それは法を運用する者の偏見に基づくものと否定的評価を下す

こともできるであろう。それに対し、少年法では、法本来の目的からして、悪い環境の下で生育する少年には、干渉の程度の大きい処分（厳しい処分と受け止められることが多い）が行われる。もちろん処罰のためではなく健全育成のためである。L のケースでは、児童自立支援施設送致が L にとって伯母の家庭で育つよりもよかったという結果が出てはじめて、この保護処分が少年に対する利益処分になるのであって、そうでなければ、劣悪な環境に育った少年に対する差別的取り扱いといわざるを得ない。第 4 に、利益処分になるか否かは、児童自立支援施設の処遇内容にかかっているということである。児童自立支援施設には、少年の利益になったと確信できるような生活と教育のために努力する責任があるが、家裁決定の時点では、決断を伴う選択である[*1]。第 5 に、ラベリング効果の点も考えれば、あらゆる処分にはマイナスの効果が伴うが、それでもプラス効果のほうが大きいといえるためには、保護処分とくに施設収容を伴う処分が十分に限定的に用いられることを前提とするということである。病気の治療においても、副作用が予想されてもなお当該の治療方法を採用しなければならない場合がある。保護処分も非常に必要性の高い場合に限定して用いられれば、利益処分としての性格は、それだけ強くなる。

第 2　少年法の「保護主義」

1　少年法と「子どもの権利条約」の規定

　少年法は第 1 条において、「この法律は、少年の健全な育成を期し、非行のある少年に対して性格の矯正及び環境の調整に関する保護処分を行うとともに、少年の刑事事件について特別の措置を講ずることを目的とする」と規定する。また、子どもの権利条約（児童の権利に関する条約）は、40 条において、「締約国は、刑法を侵したと申し立てられ、訴追され又は認定されたすべての児童が尊厳及び価値についての当該児童の意識を促進させるような方法であって、当該児童が他の者の人権及び基本的自由を尊重することを強化し、かつ、当該児童の年齢を考慮し、更に、当該児童が社会に復帰し及び社会において建設的な役割を担うことがなるべく促進されることを配慮し

た方法により取り扱われる権利を認める」と規定する。
　少年に対しては、犯罪を行った場合でも、すでに行ってしまった犯罪に対する刑罰ではなく、将来に向けての健全育成が重要な課題になる。健全育成は、少年が自己の尊厳を取り戻し、自分の価値を認識するとともに、他者に対してもその人権と基本的自由を尊重する意識をもつよう、少年の年齢に適した方法で追求しなければならないということが求められている。

2　あやまちを克服しながらの成長

　非行のある少年の多くは、人生の早い時期に挫折を強いられた少年たちである。家庭の貧しさ、親の愛情の欠如や誤った養育方針、才能の貧しさ、発達障害その他、それぞれに原因は異なるが、挫折の原因をかかえて生まれてきた少年である。時代が変わり、非行の形態が変化しても、この点は、いつの時代も変わらない。
　あやまちを犯すのは、上記のような、恵まれない条件をかかえた子どもだけではない。子どもは誰もあやまちを犯し、あやまちを克服しながら成長するものである。あやまちを犯したときにそれを克服するのを助けてくれる大人が身辺にいるか否か、これが子どもの成育にとって決定的である。不幸にして、そのような大人に恵まれなかった少年には、子どものつまずきを援助する専門機関が手を差し伸べなければならない。専門機関の多くは、少年法か児童福祉法に根拠をもつ機関や施設である。

3　健全育成について

　少年法の「保護主義」ということが言われる。単に刑罰に替えて保護処分を尊重するというだけでは、取り立てて意味はない。もっとも、保護処分を執行する現場が健全であるかぎり、保護処分は、刑罰よりも、少年の教育にとって適切であることが多い。少年刑務所よりは少年院の方が教育的であることは、かなり確かな事実として多くの識者が認めている。
　しかし、少年に対する教育は、あくまでも学校や家庭における一般教育が基本であって、非行のある少年を対象とする特別教育は例外であるという位置づけを忘れてはならない。可能な限り一般教育の可能性を追求するということと、施設における教育も一般教育との理念の共有を大切にしなければな

らないという、この2点が保証されて初めて施設における教育が少年にとって有益なものとなる。もっとも、施設教育の特殊性を意識したそれ自体の質の高さは、常に追求されなければならない。

　少年法は保護優先主義というよりは、教育・福祉優先主義である[*2]。戦後、日本国憲法の下で制定された現行少年法は、旧少年法に比べて、すばらしい前進面を多数持ち合わせているが、少年法が教育・福祉法であるという性格は、少年法の文言自体の中に完全に埋め込まれているというわけではない。むしろ、現行少年法運用の初期の段階での実践の中で獲得された成果であり、また、その後の国際人権法の発達などによって支えられてきた成果であるということができるのではないだろうか。

　少年法は、1条で、この法の目的を規定するが、そこでは前述のように、「この法律は、少年の健全な育成を期し、非行のある少年に対して性格の矯正及び環境の調整に関する保護処分を行うとともに、少年の刑事事件について特別の措置を講ずることを目的とする」と規定されている。「少年の健全育成」という大目標は良い。しかしその大目標に向けて少年法が予定しているのは、少年自身に対する施策としては、保護処分と、刑事事件に関する特別措置だけである。しかも、保護処分は、「性格の矯正及び環境の調整に関する保護処分」と規定されている。歪んだ性格を正し、良くない環境を調整すれば、非行のある少年が立ち直れるとの非行観に立脚しているようにも読める[*3]。これは、まさに少年に対する厳罰を求める保守的世論にも通じる非行観である。

　健全育成という大目標は、国民主権、人権尊重、平和主義の日本国憲法の下での健全育成であることを忘れてはならない。あくまでも、自分を大切にするとともに他者の人権を大切にする健全な人格への育成でなければならない。「教育は、人格の完成を目指し、平和で民主的な国家及び社会の形成者として必要な資質を備えた心身ともに健康な国民の育成を期して行われなければならない」（教育基本法1条）という理念は、非行のある少年に対する教育においても、教育の目的とされなければならない。非行のある少年に対する教育は、一般教育と理念を共有し、具体的場面においても、可能な限り一般教育と連携するものでなければならない。

　少年法が教育と福祉の法であるためには、①処分選択場面での教育・福祉への努力と、②保護処分の内容が教育的・福祉的であることが要求される。それぞれを検討してみよう。検討の重点は、少年院に置くことにする。介入

の度合いが大きく、処分決定の数も保護観察に次いで多く、少年法が教育と福祉の法でありうるかに関連して、最も重要な保護処分だと思われるからである。

第3　処分の選択と教育・福祉措置への努力

1　家庭裁判所

　平成20年版犯罪白書によると、2007年中に家庭裁判所で審判を受けた一般非行（交通非行を除く非行）の少年について終局処理人員の処理区分別構成比を見ると、審判不開始が71.6％、不処分11.3％で、これら2つを合計すると82.9％に達する。それに対し、保護処分に属するものは、保護観察12.8％、少年院送致3.3％（人員では4,074人、交通非行を含む）であり、児童自立支援施設・児童養護施設送致は、その他という項目（0.3％）の一部を構成しているに過ぎない。保護観察と少年院送致の合計は16.1％である。検察官送致は0.7％であり、そのうち刑事処分相当という理由によるもの0.3％、年齢超過という理由によるもの0.4％である。少年院送致は、人員では4,074人（交通非行を含む）である。

　これを見ると、家庭裁判所が、保護主義を保護処分中心主義と理解していないことは確かである。むしろ保護処分を行わなくてもよいケースは審判不開始や不処分で終わらせ、保護処分の必要なケースを厳選するという従来の実務[*4]が基本的には維持されていることが窺われる。

　家庭裁判所では、少年本人や保護者に対する面接指導などで、非行に至った少年の生活態度や生活目標の問題点を自覚させ、その克服の手助けをするなど、少年の健全育成のために可能な限りの努力をしている場合が多い。つまずきが生じた直後は、少年にも保護者にも危機感があり、これは、他者からの指導に耳を傾ける好機でもある。最も指導が入りやすい時期である。家庭裁判所は、審判機関として、少年の非行によって生じた危機感の最も大きな時期に少年や保護者と接することになる。家庭裁判所は、面接指導や、親子間の関係の調整など、さまざまな方法で健全育成の援助を行っている。その結果、要保護性が解消するか顕著に緩和できたときには、審判不開始や不

少年法と少年福祉　145

処分で終結するのである。要保護性緩和のために家庭裁判所自らの行う措置を保護的措置と呼んでいる。現状において、保護的措置への情熱は維持されていると見ることができよう。

2　弁護士付添人

別表の示すように、少年事件において、弁護士たる付添人がつくケースは多くはない。しかし、現在では、国選付添人の範囲が拡大され、①故意の犯罪行為により被害者を死亡させた罪、②死刑又は無期若しくは短期2年以上の懲役又は禁錮に当たる罪（両者とも触法行為を含む）であって、少年鑑別所収容を伴うケースについては国選付添人を選任することができ（少年法22条の3第2項）、現実に選任されるのが普通となっている。また、少年の利益を保護者が十分に代弁できないようなケース（虐待親や、保護者が親以外であるケースなど）では、家庭裁判所が、法テラスを通じて、法律扶助による弁護士付添人をつけることが多くなっている。したがって、少年法と少年の福祉を考えるとき、弁護士の役割を抜きに論じることはできない。

もっとも、付添人の付かない事件のほうがはるかに多く、十分なケースに付添人が付いているとは到底いえない現状がある。たとえば、平成20年版司法統計年報少年編によれば、非行なし不処分43件のうち、付添人がついていたのは15件（34.9％）に過ぎない。送致事実に疑問がもたれるようなケースですら、付添人の付かないケースのほうが多いのかと懸念される。また、少年院送致の決定を受けた少年3,554人中、付添人がついていたのは1,997人、43.81％にすぎない。

しかし2009年5月21日に被疑者弁護の範囲が拡大されてからは、被疑者段階では弁護人が付いているのに、家裁送致後は付添人が付かないというケースを少なくするための努力が行われていて、かなりの成果を挙げている。付添人選任率を更に引き上げるためには、被疑者国選の選任請求を、より簡易にするための制度設計が必要である。少年であっても成人と同様に資力申告書の提出を要求されるが、少年の多くが無資力である現状に鑑みれば、不必要な手続というべきであろう。また、被疑者国選弁護人の選任を受けないまま家裁に送致される少年については、別途、付添人の選任を充実させる必要がある。これについては、当番付添人制度の活用が望まれる。

熱心な弁護士は、付添人として関与した事件について、少年院送致後も少

別表　付添人の有無　罪名別と処分別（2007年度）

	総数	付添人あり	同・比率%	うち弁護士	うち国選
総数	54,054	4,828	8.9	4,604	451
刑法犯総数	48,260	4,269	8.8	4,079	449
窃盗	27,661	1,584	5.7	1,473	3
強盗	178	135	75.8	135	90
傷害	5,308	992	18.7	968	7
傷害致死	16	14	87.5	14	3
殺人（死亡させた事件）	15	15	100	15	10
殺人（非死亡）	23	22	95.7	22	16
強盗致傷	358	296	82.7	295	214
強盗致死	2	2	100	2	1
強盗強姦	4	4	100	4	3
強姦	77	62	80.5	61	36
集団強姦	37	32	86.5	32	27
わいせつ	338	122	36.1	120	9
特別法犯総数	5,227	391	7.48	373	2
麻薬及び向精神薬取締法等	191	50	26.2	48	1
覚せい剤取締法	237	86	36.3	83	1
検察官への送致	617	131	21.2	130	38
刑事処分相当	260	106	40.8	105	36
年齢超過	357	25	7	25	2
保護処分	16,977	4,212	24.8	4,038	408
保護観察	13,124	2,540	19.4	2,409	108
児童自立支援施設等へ送致	299	115	38.5	110	5
少年院へ送致	3,554	1,557	43.8	1,519	295
初等少年院	569	234	41.1	229	40
中等少年院	2,836	1,236	43.6	1,206	241
特別少年院	62	40	64.5	40	6
医療少年院	87	47	54	44	8
不処分	10,660	347	3.5	347	4
うち非行なし	43	15	34.9	15	0
審判不開始	25,593	63	0.2	52	0

出典：司法統計年報平成19年版より作成

年院で面会して、少年を励まし、少年の立ち直りの動向を見守るなどの関わりを続け、さらに仮退院後まで少年を見守ることも多い。家裁調査官、少年院教官、保護観察官は、少年が自らの属する機関の審判や処遇の対象である時期だけしか関われないが、弁護士は全期間を通じて関わることができる。この点に弁護士たる職務の魅力を感じる人もいる。

　弁護士は、自分が付添人を務める少年について、可能な限り少年院送致を避けようとする場合が多い。家庭、学校、職場、近隣の通常の環境の中で更生の可能性があれば、それがもっとも望ましいのはいうまでもない。少年院は、その教育内容が非常にすばらしい場合には、それによって与えるものも大きいが、そのような場合ですら、同時に、失うものも大きい。それだけではない。少年院を経験したことによるラベリング効果が少年の将来にどれだけの困難をもたらすか、計り知れないものがある。非行を原因とする処分はすべてラベリング効果をもつ。したがって非行を原因として課せられる処分は、すべて不利益処分としての側面をもつ。どんなに立派な教育が行われても、不利益処分的性格は否定できないのである。付添人が多くのケースで少年院送致を避けようとするのは、主として、ラベリング効果のせいである。

　しかし、少年院送致も限定的に用いられることで、その福祉的・教育的効果のゆえにプラス評価に転じることができる。要は、必要性の高いケースに限定して少年院送致が行われることである。少年院送致をはじめ、保護処分は、十分限定的に用いてこそ、プラス面のほうが大きくなるわけである[*5]。重要な少年事件の多くに弁護士付添人が付くようになり、かつ、少年事件の特性をよく理解した弁護士が増えたことは、保護処分が適切な事件に限定的に用いられることの保障として重要な意味を持つであろう。具体的には、弁護士が自らの教育的影響力と可能な限りの社会資源の活用によって、少年の健全育成を促進し、その成果を家裁調査官や裁判官に示すことによって、保護処分とくに収容を伴う保護処分を避けるように務めるのが通常だからである。

第4　保護処分の質

1　少年院の教育力

第2の問題、すなわち保護処分の内容が教育的・福祉的であるかについての検討に入ろう。少年院に限定して論じることとする。
　結論を先に述べると、少年院の教育力は、少年刑務所よりはるかに高い。少年院での処遇は、少年刑務所とどのように異なるであろうか。少年院では、通常、次のような指導が行われていると考えられる。
　① 作文指導や日記指導で、少年の心の変化を細かく把握し、適時の指導を行っている。
　② ロールレタリングなどで、親の気持ちや被害者の気持ちを理解する工夫をしている。
　③ コミュニケーション能力を高める教育を行っている。
　④ 社会生活に必要な技能を身につける教育を行っている（文章を書く能力など）。
　⑤ 保護者との連携が図られている。
　総じて、少年院では、少年の心の変化を早期に捉え、適切に対応する努力が行われている。また、社会生活を送る上で必要な基礎的能力を養成することを重視している。そして、それらを可能にする条件としては、下記の諸条件が考えられる。
　① 刑期に制約されない教育期間（長期、一般短期、特修短期の区分は、教育プログラムの内容を前提としている）。
　② 作業中心の処遇を行なう刑務所に対し、少年院では多様な個別指導。
　③ 教官対少年の比率（刑務官対受刑者の比率より、ずっと恵まれている）。
　④ 教官の教育能力（法務教官は刑務官よりも、教育の専門家的資質がある）。
　⑥ 施設の規模。刑務所より小規模。
　⑦ 同世代者が多数を占める。
　まず、刑期に制約されない教育機関について考えてみよう。少年院の収容期間は、法律上は20歳に達するまでという不定期収容であるが、通達によって、長期、一般短期、特修短期に区分され、事実上、定期収容に近づいている。しかし、長期、一般短期、特修短期は、それぞれ固有の教育プログラムをもち、家庭裁判所で処分を決定する際に、当該少年の要保護性から見て、どの類型の教育プログラムが適切かという判断に基づいて、期間類型の選定

が行われている。まず教育計画あり、である。それに対して、懲役刑の場合には、刑期を決定するものは責任である。責任に応じた刑期が宣告され、その枠内で可能な教育を行うことになる。

第2に、刑務所では、受刑者処遇法以来、作業以外の各種指導が行われるようになった（刑事施設被収容者処遇法103条）とはいえ、作業中心の処遇（同92条）が行われていることに変わりはない。少年刑務所においても、個々の少年の要保護性に応じた細かな個別指導が行われることはない。

第3に、少年院教官と少年との比率は、刑務官と受刑者との比率よりも、はるかに少年の教育に有利である。少年院の前身たる矯正院の創設の趣旨が、少年監と感化院の中間に位置する施設として登場した（矯正院法案理由）事情からして、少年受刑者よりも可塑性の高い少年に、より教育的な処遇を行うことを目的とした施設であったので、刑務所に比べて手厚い職員配置が行われたのであろう。

第4に、法務教官は刑務官よりも教育の専門家としての高い資質が期待され、選考・養成の過程を通じて、教育専門家として育成されているし、法務技官の関わりも少年院においては高い。

第5に、施設の規模が大きすぎないことは、きめ細かな指導や抑圧的でない指導のための重要な条件である。少年院の収容定員は、一般に100～200人程度であるが、刑務所の収容定員は、はるかに多い。

第6に、少年院では、一緒に処遇を受ける者の多くが同世代者であるが、刑務所では、被収容者の年齢幅が大きい。このことは、グループの形成やグループ内での指導の濃密さに大きな影響を及ぼしている。

以上のような諸条件に支えられて、少年院では少年刑務所よりも高い教育能力を維持している。

第5 法務教官による暴力の行使などの人権侵害の根絶のために

1 施設運営の透明性

2009年5月、広島少年院で、少年院教官による在院生に対する暴力とい

う非常にショッキングな事件が判明した。暴行は08年度末に約100件に上っていたという。このような暴力が、少年院で日常的に行われている暴力の氷山の一角なのか、まったく例外的な、少年院当事者から見ても信じられないような事態なのか。前者と見るべき事情はないように思われる。しかし、少年院での処遇には、暴力行使への誘引はたくさんあり、広島少年院のような事態にいたる可能性は、普遍的に存在すると思われるので、徹底的に検証して、暴力への根を取り除いておかなければならない。

　暴力への誘引の第1は、閉鎖環境の中に圧倒的に優位な法務教官と、自分の意思に基づかずに収容されている少年がいるという事実である。このような環境では、暴力による支配が生じやすい。これを改善するためには、一般市民の視線が少年院内に届くようにしなければならない。刑事施設視察委員会に倣って少年院視察委員会のような第三者委員会を作ることを早急に考えなければならない。第三者委員会は、少年院よりも抑圧的性格の弱い児童自立支援施設にも既にあり、少年院だけがエアポケットになっている。閉鎖空間での対人処遇には、その処遇が教育であれ、刑罰であれ、医療であれ、すべて第三者委員会がなければならないというのが社会的常識になる必要があるのではないであろうか。精神病院には精神医療審査会がある。

　第2に、少年院は、秩序維持のために必要な規律の強制が、施設の閉鎖性のゆえに、一面的に理解され、実行される危険性があるということである。少年院にはさまざまの在院生がいる。中には、矯正教育の影響を一切拒否して、暴力団社会へ帰って行く少年もいる。教官は、そのような少年に「なめられない」ように努めなければならない。また、発達傷害のある少年には、型から教える強制が必要だとの教育論もある[*6]。これらはいずれももっともである。しかしこれらの論理が一面的に理解され、他のさまざまの要請に単純に優越させられた場合、力ずくの支配に陥りやすい。そうなった場合には、信じられないような暴力も行われる基盤が作られてしまう。外部からの視線とともに、職場内で自由に発言できる職場の民主主義が重んじられなければならない。

2　法務教官の人権教育

　他者を尊重し他者の人権を尊重する人間に教育するには、教育する側の高い人権意識が要求されることはいうまでもない。法務教官の中には、高い人

権意識も存在するので、少年院での今後の教育力の充実のために期待したいところである。法務教官である八田次郎氏の著書『少年院の教育と処遇——法務教官の実践』[*7]を素材に考えてみよう。氏は次のように述べている。「少年施設では、対象者が少年であるということもあり、権利の制限の根拠としてパターナリスティックな配慮が働きやすく、少年の更生のためになるという理由づけをして、それが法的な問題であることが、あまり問題にされなかった」（123頁）。「パターナリスティックな干渉・介入が正当化されやすいのである」（131頁）。これらの表現に続いて、子どもの権利条約12条を引用しながら、児童の意見表明権と処遇について述べている（134頁以下）。

広島少年院で見られたような暴力事件をなくするために必要なことは、施設の透明性の確保とならんで、法務教官に対する憲法や国際人権法の教育を強化することである。閉鎖環境における人権に関連した国際条約や国際準則における人権保障規定は、憲法上の保障よりもはるかに具体的である[*8]。これらの規定の遵守は、国際社会における日本の義務であることを、法務教官の教育において、十分に徹底させる方策が採られなければならない。

第6　まとめ

　少年法は、非行を行った少年の教育と福祉のための施策を目指す法である。しかし、少年法のそのような精神が運用上も十分に達成されるためには、処分の選択と処分の内容において2つのことが要請される。第1は、処分の選択に関する要請である。家庭や学校における通常の保護環境や教育環境から少年を切り離す、施設収容を伴う処分は、十分に限定的に用いられて初めて、プラス効果がマイナス効果を上回る運用が期待されるということである。第2は、処分の内容、とくに施設収容を伴う処分の内容が問われているということである。施設収容処分が教育的・福祉的実績を伴うものであって初めて、少年法が少年のための法律であるという実質を獲得することになるということである。保護処分は要保護性に対応して課せられるものであるから、利益処分であることが国家の倫理として要求される。責任に応じて科せられる刑罰とは原理的に異なるものである。保護処分は、教育力と福祉的効果において、刑罰よりましというレベルで満足してはならない。真に

利益処分たる実質を具えなければならない。少年法が真に教育と福祉の法として生かされるか否かは、われわれがそれを主体的に活用する[*9]か否かにかかっている。それは同時に少年自身に主体的に関わらすことである。ジャン・シャザルは、「法廷での弁論において子供は主体であって客体ではないと宣言することは、子どもの個人としての資格にもとづく諸権利を確認することであり、子どもを保護しようということであり、同時に子どもの生活の重みを損なうまい、子どもを空虚な観念に還元してしまうまいということである」とのべている[*10]。

*1 教育と「強制」あるいは「不利益性」との関係については、守屋克彦『現代の非行と少年審判』（勁草書房、1998年）に詳しく論じられている。21頁で問題指摘をした後、ほとんど全編にわたってその問題意識が維持されている。

*2 山口幸男『現代の非行問題』（民衆社、1978年）172頁。

*3 山口幸男『非行と教育ハンドブック』（法政出版、1990年）8頁も、この不十分さを指摘する。

*4 守屋克彦は、「少年の可塑性に対する信頼に基礎を置く謙抑性の原理」と呼んでいる。守屋克彦『現代の非行と少年審判』（勁草書房、1998年）53頁。

*5 「少年司法運営に関する国連最低基準規則」（北京ルールズ）19条は、「少年の施設収容処分は、常に最後の手段であり、かつその期間は必要最小限にとどめられなければならない」と規定している（沢登俊雄・比較少年法研究会著『少年司法と国際準則』〔三省堂、1991年〕）119頁以下参照。

*6 品川裕香『心からのごめんなさいへ』（中央法規出版、2005年）。

*7 八田次郎著『少年院の教育と処遇――法務教官の実践』（青藍社、2005年）。

*8 「市民的及び政治的権利に関する国際規約」（国際人権規約B規約）
　第7条　何人も、拷問又は残虐な、非人道的な若しくは品位を傷つける取扱い若しくは刑罰を受けない。
少年司法運営に関する国連最低基準規則（北京ルールズ）
　17.3　少年が身体刑（corporal punishment）を受けることがあってはならない。
少年非行の防止に関する国連ガイドライン（リヤドガイドライン）
　21(h)　残酷な懲戒、とりわけ体罰を科さない。
　46　青少年の施設収容は最終的な手段であり、最短の必要期間に限られなければならない。
　47　いかなる子どもまたは青少年も、家庭、学校その他の施設にお

いて、残酷で屈辱的な矯正・懲罰を受けない。
「自由を奪われた少年の保護に関する国連規則」は、Ⅳ「少年施設の管理運営」

25条　すべての少年は、施設内の管理機構に関する規則、提供されるケアの目的と方法、懲罰の要件と手続、情報の請求または不服申立ての正式な方法、および、拘禁中の権利義務を十分に理解させるのに必要なその他のすべての事項を理解するための援助が与えられなければならない。

「拷問及び他の残虐な、非人道的な又は品位を傷つける取扱い又は刑罰に関する条約」は、拷問と「他の取扱い」とを区別しているが、16条により読み替え規定を置いた上で、10－13条については、次のように規定している。

10条1項　締約国は、拷問の禁止についての教育及び情報が、逮捕され、抑留され又は拘禁される者の身体の拘束、尋問又は取扱いに関与する法執行の職員、医療職員、公務員その他の者の訓練に十分に取り入れられることを確保する。

13条　締約国は、自国の管轄の下にある領域内で拷問を受けたと主張する者が自国の権限ある当局に申立を行い迅速かつ公平な検討を求める権利を有することを確保する。

＊9　山口・前掲注3書はしがき。
＊10　ジャン・シャザル『子供の権利』（クセジュ文庫、1960年）20頁。

（まえの・いくぞう／弁護士・関西学院大学名誉教授）

少年司法と児童福祉
―― 職種間協働の可能性

服部　朗

第 1　はじめに
第 2　児童福祉と少年司法との関係の歴史
第 3　真相解明のための司法と福祉との協働
第 4　家裁送致後における司法と福祉との協働
第 5　むすびにかえて

第 1　はじめに

　非行問題というと少年法を想起しがちである。しかし、非行問題は児童福祉の重要な一分野でもある。児童福祉法の理念は「児童が心身ともに健やかに生まれ、且つ、育成される」ことにあるが（1条）、これは少年法の理念と共通のものだと解されており *1、児童相談所や児童自立支援施設などの児童福祉機関は、非行のある児童についてもこの目的を達成するために実践を続けてきている。

　しかし、近年、児童福祉の分野から非行問題への取り組みが次第に後退してきている。私は、この傾向を「司法と福祉との二極分化」と呼び、憂慮すべきだと書いたことがある *2。これは、司法は刑事司法へ、福祉は非行問題を切り離した福祉へと軸足を移し、その間に空白ができてしまうこと、すなわち、少年司法の刑事司法化、非行問題からの福祉の後退を指している。わが国には、非行問題について少年司法と児童福祉という目的は同じだがアプローチの異なる二つのシステムが今のところ存在する。この二つのシステム

を今後どのように維持、発展させていくべきか。現在、少年司法と児童福祉との関係のあり方が問われている。

2007（平成19）年の少年法第2次改正（以下「第2次改正」という）は、①触法少年の事件についての警察の調査権限の整備、②14歳未満の少年の少年院送致、③保護観察に付された少年が遵守事項を守らない場合の措置、④国選付添人制度の拡充等を内容としている[3]。第2次改正を「厳罰化」とみる立場もある。2000（平成12）年の少年法第1次改正により逆送可能年齢の引き下げや原則逆送制度の創設が行われた結果、従来少年司法で扱われていた事件の一部は刑事司法の対象へ移行することとなった。これと同様に、第2次改正により少年院の対象年齢の引き下げや原則家裁送致制度の創設が行われた結果、従来児童福祉で扱われていたケースの一部は少年司法の対象へ移行することとなった。すなわち、児童福祉から少年司法へ、少年司法から刑事司法へと、広義の少年法制が動いたことになる。この意味で第2次改正は「厳罰化」の一環を成すものだといえなくもない。しかし、問題の核心はそこにはないように思われる。第2次改正中①と②は、少年司法と児童福祉との関係を問うたものとして捉えるのが適切だと考えられる。

私は、第2次改正は「司法と福祉との二極分化」を加速してしまうおそれがあるとの理由から、これに反対してきた[4]。改正法が成立した現在、あらためて同じテーマと向き合うのは腰の重い作業ではあるが、改正法のより良い運用のために「職種間協働」の観点から若干の考えを述べることにしたい。

第2　児童福祉と少年司法との関係の歴史

児童福祉における非行問題への取り組みは古く、1883（明治16）年に池上雪枝が、不良化の道に足を染める保護者なき少年少女たちに教養を与えるため、大阪の自宅に感化院を開いたことが嚆矢だといわれている。以降、1885（明治18）年私立予備感化院（翌年東京感化院）、1886（明治19）年千葉感化院、1888（明治21）年岡山感化院、1889（明治22）年京都感化保護院等が相次いで創設される。1899（明治32）年には、留岡幸助が東京府巣鴨に家庭学校を開き、不良少年を善良なる家庭の裡に置き、身を以て彼等を率ひ、互に喜憂を頒ち寝食を倶にする家族的生活を根幹とする感化事

業に着手する。民間から興った私立感化院設立の動きを背景に、1900（明治33）年に感化法が制定される。わが国初の少年法（大正少年法）と、少年院法の前身である矯正院法との制定は1922（大正11）年のことであるから、四半世紀も前に児童福祉における非行問題取り組みの法的基盤ができていたことになる。

　1907（明治40）年には現行刑法が制定され懲治場留置が廃止されたことで、その対象であった少年たちの受け皿が問題になる。司法省は、14歳未満の者に対する処遇としてとりあえず感化院を利用することとするが、感化院の収容力には限界があった。そこで、1908（明治41）年に感化法を改正し、感化院の対象拡大と創設費等の国庫補助が図られた結果、感化院は全国的に拡がることになる。しかし、感化院の収容力にはなお限界があったため、少年法の制定が要望されることになる。この少年法制定の動きに対し、内務省は、1919（大正8）年に「児童保護委員法案」を提出して抵抗する。当時の文献を開くと、少年法制定の動きに対し、児童福祉サイドから烈火のごとき反対論が展開されていたことがわかる。1920（大正9）年、感化法の起草者の一人であった小河滋次郎は、「非少年法案論」と題する講演のなかで「教育主義と相容れざる少年裁判制度の到底少年保護の目的を全うするに足らざる有害無益の施設である」と説き、非行問題は児童福祉こそが担うべきだとして少年法制定に猛然と反対するのである。

　少年法制定をめぐる内務省と司法省との確執は、最終的には法案28条2項に「十四歳ニ満タサル者ハ地方長官ヨリ送致ヲ受ケタル場合ヲ除クノ外少年審判所ノ審判ニ付セス」という規定を挿入することで妥協をみ、1922（大正11）年、わが国初の少年法（大正少年法）が制定される。同年、矯正院法も制定される。

　その後、感化院は、1933（昭和8）年の少年教護法により少年教護院となり、1947（昭和22）年の児童福祉法により教護院となり、1997（平成9）年の児童福祉法改正により児童自立支援施設へと名称を変え、現在に至っている。

　少年法および矯正院法も戦後改正され、1948（昭和23）年、現行少年法および少年院法が制定される。しかし、少年司法と児童福祉との関係をどうするかはなお課題であったため、翌年の1949（昭和24）年には少年院法、少年法および児童福祉法が改正され、初等少年院の収容下限年齢を「おおむね十四歳以上」としていたところ、「おおむね」を削除して「十四歳以上」

とすること、触法少年は児童相談所先議とすること、強制的措置を導入することが決められた。その翌年の1950（昭和25）年には少年院法が改正され、医療少年院の対象年齢を「おおむね十四歳以上」としていたところ、「おおむね」を削除して「十四歳以上」とした。また、1952（昭和27）年には犯罪者予防更生法が改正され、「十四歳以上」の限定がとれ、触法少年も保護観察の対象となった [*5]。

このようにして、戦後、児童福祉と少年司法との間には14歳という刑事責任年齢と一致する形で境界線が設けられた。この境界線の引き方をめぐっては、理論的な不整合があるとの指摘もあるが、基本的には、児童福祉と少年司法の二つのシステムは、内務省と司法省との確執を歴史的な背景に持ちながらも、いわば得意技の違う相棒として、今日までそれぞれ発展を遂げてきた。教護院からは少年院への敬意の言葉が、また、少年院からは教護院への敬意の言葉が聞かれていた。非行問題についての対等な二元主義が実現していたのである。

しかし、こうした二元主義に微妙な変化が起き始めた。1997（平成9）年の児童福祉法改正により、児童自立支援施設の対象児童は「家庭環境その他の環境上の理由により生活指導等を要する児童」にまで拡大された。この改正は、児童自立支援施設の児童養護施設化を推し進めつつある。また、最近、児童相談所（以下「児相」という）は、窃盗等の比較的軽微な事件も家裁に送致する傾向にある [*6]。これらは、「司法と福祉との二極分化」、すなわち非行問題からの児童福祉の後退の具体的な表れである。

以上のような歴史の潮流のなかで、第2次改正はどのような意味を持ち、また今後どのような影響を与えていくかが問われている。

第3　真相解明のための司法と福祉との協働

本稿では、以上のような歴史的な課題をにらみながら、第2次改正の内容を振り返るとともに、改正法の運用のあり方について検討したい。

第2次改正中、本稿との関連では、①触法少年事件についての警察の調査権限の明確化（少年法6条の2第1項）、②触法少年事件調査のための押収、捜索、検証および鑑定の嘱託に関する規定の創設（6条の5第1項）、

③一定の触法少年事件についての児相送致手続きの創設（6条の6）、④重大触法少年事件についての原則家裁送致手続きの創設（6条の7第1項）、⑤初等および医療少年院の収容年齢の引き下げ（少年院法2条）が問題になる。これらの改正の趣旨については、前記①〜④は触法少年事件の真相解明を、⑤は触法少年に対する処遇の選択肢の拡大を図ることにある、と説明されている[*7]。

しかし、触法少年に対し犯罪捜査的調査を進めることによって、はたして真相は解明されるのだろうか。たしかに、触法少年の事件についても警察の調査が必要であり、いわゆる凶悪事件のような場合には、凶器等の捜索差押え、殺人等の現場の検証、死体解剖のための鑑定等の強制処分が必要になることがあろう。しかしながら、特に触法少年のような年少少年事件の真相解明のためには、少年の生活を総合的に把握しようとするソーシャルワークの視点と手法が不可欠であり、これが基本にないと結局真相は明らかにならない。

真相解明のためにまず必要なことは、触法少年ゆえに起きやすい冤罪があることの認識である。第2次改正が議論され始めた2004（平成16）年9月、那覇家裁は、浦添市の連続放火事件で現住建造物等放火未遂などの非行事実に問われた中学2年（当時13歳）に対し、少年の供述には不自然な点があること、録音テープによると少年の供述態度は警察官に迎合的であることなどを指摘し、少年の供述は信用性に欠けるとして、非行事実なし不処分の決定を言い渡した[*8]。この他にも触法少年の冤罪事件が報告されているが[*9]、触法少年のような年少少年は迎合的に供述をしてしまう傾向が特に強いため、警察調査に当たっては一層の配慮が必要である。この点、衆議院における法案修正で、触法少年の警察調査に際しては、①少年の情操の保護に配慮する（6条の2第2項）、②少年および保護者は、いつでも弁護士である付添人を選任できる（6条の3）、③警察官の質問に当たっては、強制にわたることがあってはならない（6条の4第2項）とする条項が付加されたこと、また、参議院法務委員会において、少年期特性に考慮する必要性および捜査の可視化を検討する旨の附帯決議がなされたことは重要である。これらは注意規定以上の意味を持つものといえよう。

次に必要なことは、触法事件のような年少少年の事件については、事件の立件という観点からのみ調査を進めても真相の解明には至らず、もっと幅広い視点から事実を把握する視点が必要なことの認識である。ある行為や事実

少年司法と児童福祉　159

はそれ独自に存在するのではなく、少年の成育史、家庭環境、その時々の状況などと複雑に絡み合いながら存在する。したがって、ある行為や事実の有無やその意味を明らかにするには、少年がどのような心理状態にあり、どのような生活を送っていたのかという視点から接近を試みる必要がある。これはソーシャルワークにおけるアセスメント*10の一部にほかならず、ここに真相解明のために果たすべき児童福祉的なアプローチの役割があるといえる。なお、少年法のセオリーからいえば、非行事実の存在が確認されてから要保護性の診断に進むのが順路であり、上に述べたことは、要保護性判断にからめて非行事実の存否を判断するかのように聞こえるかも知れない。しかし、ここにいう生活の総合的な把握とは、少年がどのような暮らしをしていたのかを丁寧にみていく視点とその作業であり、正確な非行事実の解明にとっても必要なものである。

　以上のことに関連して、私の付添人体験を記しておきたい。少年Ａ（13歳）は、少年Ｂ、Ｃと共謀の上、同級生Ｄに傷害と恐喝をはたらいた容疑で補導され、警察から児相に通告と同時に送致手続きがとられた（Ａの被疑事実は認定いかんによっては強盗致傷とされる可能性もあった）。Ａの事件は、第２次改正法施行後に起きたもので、警察により必要な調査が行われた上、分厚い捜査記録とともに児相に事件が送致された。児相は、Ａを一時保護所に入所させた後、事件を家裁に送致した。私は、観護措置がとられた直後にＡの共同付添人の一人となった。Ａとは鑑別所で初回の面会をした。常道からいえば最初に非行事実の確認をすべきであるが、私は、Ａの年齢を考慮し初回と第２回の面接時にはあえて非行事実の確認はせず、Ａとざっくばらんに話しをした。第３回の面接時に、送致書記載の非行事実をなるべく分かりやすくＡに伝え、記録にはこう書いてあるけど何か言いたいことはないか、言い忘れたことはないかと尋ねた。Ａは、傷害に至った経緯の記述は正しくないが、傷害と恐喝をしたことについては間違いないときっぱり答えた。しかし、第５回の面接時に、Ａは「本当は恐喝はやっていない」とぽつりと呟いた。私は驚いて話しを聞くと、共犯少年Ｂの背後には少年らが怖れている大人がいて、さらにその背後にはやくざの影もあり、また、その大人とＡの義兄とは知り合いで、Ａは義兄らから「お前が全部やったことにしろ」との指示を受けていたことがわかった。しかし、Ａは、鑑別所で過ごすなかで、Ｂをかばっていることをばかばかしく思うようになり、仕返しを恐れながら、ためらいがちに私に真相を打ち明けた。真相はすぐ明らかになり、警

察は恐喝の送致事実を取り消した。審判でも、恐喝については非行事実のないことが確認された。

　Ａのケースは私の数少ない付添活動の一つであるが、少年事件の怖さを思い知らされたケースでもあった。一つのケースから一般化はできないとしても、触法少年のような年少少年の事件の真相解明には、少年の話を聴こうとする姿勢と、少年の暮らしを捉えようとする視点とが不可欠であるように私には思われる。Ａのケースでいえば、Ａは幼少期に親からひどい虐待を受け、義兄からも度重なる暴行を受け、いつも暴力に怯えながら過ごしてきた。このようなＡの暮らしをもっと早く捉え、その供述心理に思いを馳せていたなら、Ａの一部冤罪はもっと早く発見されていたことだろう。少年の生活を捉えようとする姿勢がないまま、単に犯罪捜査的調査が進められても真相の解明には至らず、冤罪を見落とすおそれさえあることを知らなければならない。

　ここに児童福祉的なアプローチが真相解明にとって持つ意義があるように思われる。もっとも、児相は犯罪捜査の専門機関ではないから、事案の解明に必要な全てのことを児相が行うことはできない。しかし、児相がイニシアティブをとり、必要に応じて他の専門機関や専門家と協働して事実把握に当たることは可能であろう。そのプロセスのなかで、押収、捜索、検証、鑑定嘱託の強制処分が必要となることもあろう。重要なのは、この順序ないしは関係である。すなわち、触法少年事件の真相解明のためには、少年の生活を総合的に捉えようとするアプローチを基礎とし、その上に司法的なアプローチを重ね、異なる視点や知識・技法から事実の解明という共通目標に向けて作業をすること、すなわち、児相と警察との、また児相と家裁との「協働」が必要だと考えられるのである。なお、衆議院における法案修正で、触法少年に対する調査については、少年の心理その他の特性に関する専門的知識を有する警察職員（少年補導職員）に調査をさせることができる旨の規定が付加された（6条2第3項）。ここには重要な視点があるように思われるが、基本的には、児童福祉の専門機関である児相がイニシアティブを持った上で、警察あるいは少年補導職員との協働のあり方を考えていくべきであろう。また、児相の側にも、改正法に対応した法的知識や捜査記録の読み方等のスキルが求められていよう。

第4　家裁送致後における司法と福祉との協働

　前節の最後にも触れたが、改正法の運用のあり方を考えるとき、少年司法と児童福祉との「協働」ということが一つのキーワードになると思われる。
　「協働」（collaboration）とは、組織論では、「問題について異なる諸側面をみているそれぞれの立場のものが、その違いを建設的に探求し、何が可能かについてそれぞれの限定された見方を越えた解決法を追求していく過程」として、また、ソーシャルワーク論では、「異なる個人あるいは集団、組織が、相互の利害と関心にもとづきながらそれぞれの資源を効果的、平等に運用することによって、共通目標の合意にむけて一緒に作業すること」、あるいは「共通目標を定義しその達成のために一緒に作業する2人以上の個人や二つ以上の集団、組織の間の関係」として定義されている [11]。「協働」には、大別すると、「対人間協働」「職種間協働」「組織間協働」の三つのレベルがある。このうち、「職種間協働」（interprofessional collaboration）とは、「個々の利用者の問題解決・ニーズ充足を支援するにあたって、異なる視点や知識・技法をもつ異なる職種の人々が問題を共有し、対等な関係のもとに解決・充足方法を話し合う。そして、合意形成のうえ責任を共有してその決定事項を実施していくことである [12]」。このような協働は、社会福祉の分野において、多様な、あるいは複雑な問題・ニーズを抱えた利用者等に対する「総合的な支援」の必要性から考案、実施されているものである [13]。また、職種間協働の一例として「多職種チームアプローチ」がある。これは、異なる専門性を持つ人たちが共同目標のもとに当事者を中心としてチームを作って協働することをいい、医療、看護、保健、高齢者ケアなどの分野で提唱、実践されているものである [14]。チームアプローチは、ケースマネジメント [15] と関連して、あるいはラップアラウンド・プロセス [16] の基本要素の一つとして述べられているものでもある。
　このような「職種間協働」ないしは「多職種チームアプローチ」は、すでに非行問題の分野で部分的に行われてきている。例えば、2001（平成13）年4月に尼崎市で小6の男児（11歳）が包丁で自殺をしようとして母親に激しく叱られ、腹が立って包丁を振り回し母親を刺した事件で、尼崎市の児相では、児童福祉司や心理判定員、精神科医らが約1ヶ月半、男児や家族から聴き取りを行い、事件の動機や背景、育った環境などを調査し、弁護士

や精神科医ら7人で作る県社会福祉審議会児童相談部会の意見を聞いた上で、児童を児童自立支援施設に入所させる措置を決めた[*17]。また、名古屋市児相などでは非行問題専門の児童福祉司が配置され、例えば、在宅指導中の少年が新たな非行を犯しその事件が家裁に係属したような場合に、児童福祉司が審判に立会った上で、保護観察と並行して児相の指導を継続したり、また少年院送致になった後も少年と文通を重ねるなどして、少年や家族に継続的に関わるという実践が行われてきている。これらは、「職種間協働」または「多職種チームアプローチ」の一例といえる。

　児童福祉、少年司法、メンタルヘルスなど複数の分野にまたがる問題について、「職種間協働」ないし「多職種チームアプローチ」は有効な接近法の一つだと思われる。というのも、複合的なニーズを持つ少年とその家族に対し効果的な関わりをするには、単独の専門機関または専門家による関わりだけでは不十分であり、複数の専門機関および専門家がそれぞれ異なる視点や知識・技法を持ちながら協働して事に当たるのが効果的だからである[*18]。

　このような「職種間協働」ないしは「多職種チームアプローチ」という視点から、非行問題における少年司法と児童福祉との関係のあり方を考えることはできないものか。第2次改正後も、また改正前も、少年司法と児童福祉との関係は縦割り的であり、両者の協働ということはあまり考えられてこなかった。両者の間にある14歳という境界線も、互いの管轄を分かついわば垣根であって、広義の少年法制全体についていえば協業関係があるものの、個々のケースについての少年司法と児童福祉との協働は全国的にみれば少数である。第2次改正により少年司法と児童福祉とが競合的管轄を有する領域が拡張されたが、立法過程における議論を振り返ると、少年司法か児童福祉かの二者択一であって、両者の協働ということは考えられていない。しかしながら、これは少年非行全般にいえることであろうが、少年やその家族の抱えるニーズは複合的なものであり、いずれか一つのシステムでは適切に対応できないことが少なくない。特に触法少年事件の場合は、幼少期からの劣悪な家庭環境をめぐる少年の複雑な育ちが根底にあることが多いため、分野横断的な支援を考えていかないと有効な対策にならないことが多いように思われる。ここに、少年やその家族のニーズに応えるための少年司法と児童福祉との協働の意義と可能性があるように思われる。

　このような少年司法と児童福祉との協働場面はいくつか考えられるが、本節では、第2次改正により創設された家裁送致手続きを一例に話を進める

少年司法と児童福祉

ことにしたい。第2次改正により、①触法少年の事件で、少年法22条の2第1項各号に掲げる罪、すなわち、故意の犯罪行為により被害者を死亡させた罪、および死刑または無期もしくは短期2年以上の懲役もしくは禁錮に当たる罪に係る刑罰法令に触れる場合（1号事案）、②その他の触法少年の事件で、家裁の審判に付することが適当であると思料する場合（2号事案）には、警察官は事件を児相長に送致しなければならないこととなった（少年法6条の6第1項）。そして、1号事案については、都道府県知事または児相長は、原則として事件を家裁に送致しなければならないこととなった（少年法6条の7第1項）。なお、2号事案についても、従来どおり、児相は、家裁の審判に付することが適当だと認めた場合には、児童を家裁に送致することになる（児童福祉法27条1項4号）。

これらの規定がどのように運用されているか、改正後も児相先議主義が維持されているかは関心のあるところであるが[19]、本稿では、同規定の運用のあり方を考える上で、家裁送致後における児相と家裁との職種間協働という問題を提起したい。家裁送致後における児相の基本的スタンスとしては、二つのタイプがありうる。一つは、家裁送致後は児相はケースとの関わりを一切絶つというものである。これを「移管型」と呼ぶことにする。もう一つは、家裁送致後も児相が必要に応じケースとの関わりを継続するというものである。児相と家裁とが協働してケースに関わるという意味で、これを「協働型」と呼ぶことにする。これまでの児相のスタンスは移管型が中心であったように思われる。「家裁に丸投げ」だとして児相に批判が向けられたところでもある。

では、児相から家裁への送致は、いずれの型によるべきであろうか。この「送致」の意味を、ケースに関与する全ての権限の委譲と捉えれば、児相は、家裁送致後は一切の関わりを絶つべきこととなる。しかし、送致により事件の管轄は家裁に移るものの、児相の一切の関わりを排除すべき理由は見当たらないように思われる。また、児相から家裁への送致については、戦後、現行少年法が採択するところとなった保護処分の決定と執行との分離[20]や、少年法41条および42条の「捜査を遂げ」の解釈に関して指摘されている捜査と家裁手続きとの区分[21]といった原則は妥当しないと思われる。逆に、移管型をとると次のような問題を生じよう。一つには、家裁の調査審判の結果、児童福祉法の規定による措置が相当だとして再び児相にケースが戻される場合（少年法18条1項）や、児童自立支援施設送致により再び児童福祉にケース

が戻される場合（少年法24条1項2号）が十分ありうることである。移管型からこれをみれば、ある日突然にケースが舞い戻ってくることになる。これでは迅速かつ適切な対応はとれないであろう。もう一つのより実質的な理由は、少年とその家族の複合的なニーズに対応するシステム横断的なケアの必要な場合が、触法少年のような年少の少年事件については特に多いと思われることである。少年司法によって供給される保護のメニューは重要ではあるが、少年とその家族のニーズ全部に対応しうるものではない。少年やその家族には、例えば、家計の問題、居所の確保、学習・就労支援、保健医療、メンタルヘルスなど、少年司法によっては必ずしも十分には対応しえない複合的なニーズがあることが少なくない。また、仮に触法少年を少年院に収容したとしても、少年の社会復帰のプランを考えていく上で、例えば自立援助ホームの利用や、場合によっては里親的ケアが必要となることもあろう。このような少年や家族の複合的なニーズに対応するには、単独のシステムまたは専門機関だけでは不十分であり、複数のシステムまたは専門機関が協働し、各々の専門性を生かしながら継続的にケースに関わり、ケアのシステムを作っていく必要がある。このような総合化された働きかけがないと、結局少年の健全育成は達成されず、社会の安全も確保されないことになる。

　以上の理由により、児相から家裁への送致は「協働型」を中心に考えるべきであり、児相は、家裁送致の措置をとった後も、少年司法に問題を全て委ねるのではなく、家裁とケースカンファレンスを行いながら分担すべき役割を確認し、少年とその家族に関わっていくことが必要と考えられる。条文解釈の問題としても、児童福祉法27条1項4号の家裁送致は、児童福祉司による指導（同項2号）や児童自立支援施設送致（同項3号）と並ぶ児童福祉法上の措置の一つであり、児童自立支援施設送致後も児相が少年とその家族に対し関わりを継続していくことが要請されているのと同様、家裁送致の措置についても、児童福祉と少年司法とをまたぐことにはなるが、児相が少年や家族に継続的に関わっていくことが要請されていると考えることができよう。実際、触法少年のケースで、家裁が少年を試験観察に付す決定をした上で、児相の関わりも継続し、家裁と児相と付添人との協働のもとで試験観察を実施したケースなどがある。このような取り組みは、複合的なニーズを持つ少年とその家族に対するケアのシステム（systems of care）[22]や、ケースマネジメントのプロセスとも相通じるところがあろう。

　このほかにも、少年司法と児童福祉との協働場面は考えられる。第2次

改正との関連でいえば、あるケースについて同時に児童自立支援施設と少年院との協働はありえないとしても、両者が経験交流し、処遇技法等について情報交換していくことも、広い意味では「協働」に当たろう。少年院サイドでもこのような試みは始まっており[23]、また児童自立支援施設サイドでも「児童福祉施設における非行等児童への支援に関する調査研究事業」が企画実施され、その中で少年院との交流が行われている[24]。

第5　むすびにかえて

　以上本稿では、100余年にわたる少年司法と児童福祉との関係の歴史を概観した上で、第2次改正が持つ意味を捉え、その問題点を再確認するとともに、改正法のより良い運営のあり方について検討してきた。
　第2次改正は、少年司法と児童福祉との間にある境界線を、両者の競合する領域を児童福祉の側に設ける形で引き直したものといえる。その改正内容は、たしかに「一見小振りで技術的なもの」であるが、そこで問われているものは、100余年にわたって築かれてきた少年司法と児童福祉との関係である。この意味において、第2次改正は、それ自体としては小さな改正であるが、両者の歴史に深く関わり、また広義の少年法制のゆくえに大きな影響を与える契機を持っている。はたして、第2次改正は、両者のより良い関係の発展につながるだろうか。
　このような疑問を抱えつつ、しかし改正法のより良い運用を考えたとき、少年司法と児童福祉との「職種間協働」ないしは「多職種チームアプローチ」の意義と可能性を本稿では提起した。両者の協働については、理論的にまた実務的に詰めなければならないことが多々あるが、少年司法と児童福祉とは、少年の健全育成という共通目標のもと、異なる視点や知識・技法を重ね合わせながら、対等な関係のもとに問題解決・充足方法を話し合い、責任を共有してケースに関わっていくことが必要と思われる。
　なお、本稿では、触法少年のケースを念頭に議論を進めてきたが、少年司法と児童福祉との協働は触法少年のケースに限られるものではなく、14歳以上18歳未満の虞犯少年や犯罪少年についても要請されるものである。実際の例としては、妊娠中の17歳の少女の保護観察に当たって、母子の健康、

経済援助、出産に向けての不安の解消など福祉的な対応が必要となったケース、広汎性発達障害の認定までは受けないがそうした傾向を持つ少年の保護観察に当たり、母親の支援と少年の学習支援が必要となったケースなどがある。また、家裁に係属している犯罪少年の事件について、児相が少年の親から相談を受けたことを契機として並行指導を行い、審判で児相長送致となった後、児相が少年と親の双方に関わり支援を行ったケースもある。このほかにも、少年司法と児童福祉との協働が求められるケースは少なくないであろう。今後は両者の協働の拡充が望まれる。

　第2次改正の背景には、たしかに児童福祉の弱体化がある。児童福祉の現状については反省点もある。しかし、司法化の道だけで事態が改善されるとは思われない。性格の異なるものを調和的に動かしていくことは難しいことではあるが、少年司法と児童福祉との協働にこそ、より良い制度の運用の道があるのではないだろうか。

* 1　澤登俊雄『少年法入門［第4版］』（有斐閣、2008年）35〜36頁参照。
* 2　服部朗「少年非行をめぐる司法と福祉の二極分化——児童福祉法改正によせて」立教法学49号（1998年）208頁以下。
* 3　川淵武彦＝岡崎忠之「『少年法等の一部を改正する法律』の概要」ジュリ1341号（2007年）38頁以下参照。
* 4　服部朗「児童福祉と少年司法との協業と分業——諸問第72号と法制審答申をめぐって」犯罪と非行144号（2005年）34頁以下。
* 5　以上の歴史について、森田明「触法少年の法的取扱いについて——長崎幼児誘拐殺害事件の投げかけた波紋」法教280号（2004年）38頁以下参照。
* 6　『平成17年版犯罪白書』207頁の図「触法少年の家庭裁判所一般保護事件非行名別終局処理人員の推移」参照。
* 7　川淵＝岡崎・前掲注3論文40頁参照。
* 8　那覇家決平成16・9・29季刊42号（2005年）200頁。
* 9　児玉勇二「触法少年の人権」法律実務研究3号（1988年）57頁以下参照。
* 10　ケースマネージメントにおけるアセスメントとは、「要援護者を社会生活上の全体的な観点からとらえ、諸種の問題点やニーズを査定すること」をいう。白澤・後掲注15書17頁。
* 11　副田あけみ「協働：対人間・職種間・組織間」古川孝順＝副田あけみ＝秋元美世編著『現代社会福祉の争点（下）——社会福祉の利用と権利』（中央法規出版、2003年）91頁。
* 12　副田・前掲注11書103頁。
* 13　職種間協働には様々な利点がある一方で問題点もある。例えば、利用者

にとっての問題点として、①対立を避けるための、あるいは、慣れ合いによる安易な、あるいは妥協的な支援計画案の作成が行われる、②みんなが了解しやすい既存のサービスの範囲内での選択肢提供になりやすいなどの問題点のあること、また実践者にとっての問題点として、①合意形成という目的達成のために、創造的な、あるいは冒険的な問題解決・ニーズ充足方法の提案がしにくい／提案しても反対されやすい、②異なる意見や対立する考えを受け止めつつ、自身の意見を主張するというバランス感覚の必要性は緊張感や負担感をもたらすなどの問題点のあることが指摘されている。副田・前掲注 11 書 109 頁参照。

*14　例えば、黒田輝政ほか編著『高齢者ケアはチームで』（ミネルヴァ書房、1994 年）、松下正明編『臨床精神医学講座・S5 巻精神医療におけるチームアプローチ』（中山書店、2000 年）、副田あけみ「社会福祉援助活動におけるチームアプローチ」北島英治＝白澤政和＝米本秀仁編著『社会福祉士養成テキストブック②社会福祉援助技術論（上）』（ミネルヴァ書房、2002 年）167 頁以下参照。

*15　ケースマネジメントについては、白澤政和『ケースマネージメントの理論と実際――生活を支える援助システム』（中央法規出版、1992 年）等を参照。

*16　ラップアラウンド・プロセスについては、服部朗「少年司法とラップアラウンド・プロセス」愛知学院大学論叢法学研究 51 巻 2 号（2010 年）〈掲載予定〉参照。

*17　2001（平成 13）年 5 月 29 日付朝日新聞朝刊。

*18　職種間協働は、システム間での調整を促進することで縦割り組織を崩していくケースマネジメントの機能とも相通じるところがあろう。白澤政和＝渡辺律子＝岡田進一監訳、ステファン・M．ローズ編『ケースマネジメントと社会福祉』（ミネルヴァ書房、1997 年）21 頁、26 頁参照。

*19　改正後の状況については、全国児童相談所長会「平成 21 年度総会・全体協議会資料」（2009 年）91 頁以下参照。

*20　澤登・前掲注 1 書 31 〜 32 頁参照。

*21　守屋克彦『現代の非行と少年審判』251 頁（勁草書房、1998 年）参照。

*22　See David A. Dosser, Jr. et al. eds., *Child Mental Health, Exploring Systems of Care in the New Millennium*, 2001.

*23　木村敦「少年法改正の意義③少年院の視点から」法律のひろば 60 巻 10 号（2007 年）38 〜 39 頁参照。

*24　その報告書として、全国児童自立支援施設協議会「児童福祉施設における非行等児童への支援に関する調査研究事業報告書」（2008 年・2009 年）がある。

（はっとり・あきら／愛知学院大学教授）

第2部
各論

少年法の新たな課題

少年事件の処遇決定と裁判員裁判

葛野尋之

第1　少年事件の刑事裁判
第2　少年事件の処遇決定と市民参加の実質化
第3　処遇決定の判断資料とその取調べ
第4　結語——裁判員制度の真の目的のためにすべきこと

第1　少年事件の刑事裁判

　裁判員制度が始動した。刑事手続のあらゆる領域に重大な影響が生じる。その影響は、もちろん少年事件の取扱いも及ぶ。本来、少年の成長発達権の保障に根ざした健全育成の目的（少年法1条）からすれば、少年の非行克服に向けた教育的援助は、家裁調査官のソーシャル・ケースワークを含む少年審判と保護処分によって追求されるべきであり、刑事処分相当として事件を逆送し、刑事裁判と刑罰によって対処することは極力限定されるべきである[*1]。また、公開・対審の刑事裁判が、少年の手続参加の保障を本質とする適正手続と矛盾の契機を含んでいることからすれば、刑事処分相当として逆送決定が許されるのは、公開・対審の刑事裁判のなかでも畏縮し疎外されることなく、少年が手続の主体として、手続を十分理解し、手続に参加することが可能であると具体的に確認された場合に限られるべきである[*2]。裁判員裁判が予想される場合には、裁判員裁判における手続参加の可能性が確認されなければならない。さらに、2007年刑訴法改正によって、審理の傍聴、心情意見の陳述にとどまらない、被害者参加人による証人尋問、被告人質問、弁論意見陳述（論告・求刑）が認められるようになり（刑訴法316条33～

38)、その運用のなか、「感情に支配される法廷での審理は、かえって感情的対立を激しく」し、「対決的・威圧的・糾問的な法廷活動のもとでの被告人の萎縮を現実化する危険性」があると指摘されているが*3、このような被害者参加の可能性も考慮されなければならない。かくして、少年の手続参加の可能性が確認されない限り、適正な手続が確保されないという意味において、刑事処分が「相当」であるとはいえず、逆送決定は許されないというべきである。

　そのうえでなお、刑事処分相当として逆送が決定され、少年事件の刑事裁判が裁判員裁判により行われる場合がありうることを想定しなければならない。裁判員裁判の対象は、死刑または無期の懲役・禁錮の事件および法定合議事件であって（裁判所法 26 条 2 項 2 号）、故意の犯罪行為により被害者を死亡させた罪に係わる事件である（裁判員法 2 条 1 項）。他方、2000 年の少年法改正によって、行為時 16 歳以上の少年による故意の犯罪による被害者死亡事件については、家裁は「刑事処分以外の措置を相当と認めるとき」を除き、刑事訴追のための逆送決定をすべきこととされた（20 条 2 項）。これは、「原則逆送」を定めた規定と理解され、運用上も、逆送決定は顕著に増加した（2001 年 4 月 1 日の施行から 5 年間に 216 人）。「原則逆送」事件は裁判員裁判の対象となるから、家裁の逆送決定を経た少年事件の多くが、裁判員裁判により審理されることになる。試算によれば、逆送・起訴後に成人に達した被告人の事件を除外すると、少年事件の裁判員裁判は、年間 40～50 件程度見込まれるという。

　少年事件の刑事裁判においては、少年事件の特性に配慮した、それに相応しい充実した審理がなされなければならない。それが、適切な処遇決定の前提となる。他方、裁判員裁判においては、市民の司法参加を具体化したものとして、裁判員裁判を有効に機能させるような審理が要求される。審理手続においても、判断においても、市民参加が実質的なものとならなければならない。これら両者が二者択一的にではなく、両立的に実現されなければならないのである。

　しかし、これらの両立的実現は容易ではない。刑事裁判においては、公開・対審の手続が、少年・関係者のプライバシー保護や少年の「情操の保護」（少年審判規則 1 条 2 項）、さらには少年の手続参加の保障において、深刻な問題をもたらすこと、これまで実務においてさまざまな配慮・工夫がなされてきたものの、裁判員裁判においてはそれらの問題が顕在化・尖鋭化する

少年事件の処遇決定と裁判員裁判

であろうこと、これまで提案されてきた解決策には問題や限界があることは、前稿が明らかにしたとおりである*4。問題の深刻さにかんがみ、実務家のなかからは、少年事件を裁判員裁判の対象から除外すべき、あるいは年長少年の事件に対象を限定すべきとの提案もなされている。少年事件に対する社会的関心の高さからすれば、これは、市民の司法参加としての裁判員制度の正統性にもかかわる提案であろう。また最近では、裁判員裁判の運用において、「目で見て耳で聞いて分かる審理」、「簡にして要をえた」立証、証拠の厳選などを強調するあまり、少年事件の特性に配慮した、それに相応しい審理を不可能にするかのような提案もなされている。このような提案は、少年事件の充実した審理と適切な処遇決定を犠牲にするだけでなく、実のところ、裁判員裁判を市民の司法参加としての実質に欠けるものにしてしまう危険をはらんでいる。

本稿は、裁判員裁判における少年事件の処遇決定がどのように行われるべきか検討する。以下、論じるように、少年事件に相応しい充実した審理が行われ、適切な処遇決定がなされるためには、少年の人格特性や生育環境が十分検討されなければならず、それに関する証拠として、家裁の社会記録が取り調べられなければならない。このことこそが、市民の司法参加としての裁判員制度の目的にも適い、裁判員裁判を真の意味で有効に機能させることにもなるのである。

第2　少年事件の処遇決定と市民参加の実質化

1　「原則逆送」事件と家裁移送判断

少年事件の裁判員裁判において、裁判員は処遇決定の判断にどのように関与すべきか。少年事件の処遇決定に実質的に参加した、といえるような関与でなければならない。

裁判員法の6条1項によれば、裁判員の関与する判断は、事実の認定、法令の適用、刑の量定とされ、同条2項によって、法令の解釈、訴訟手続など、それ以外の判断は、裁判官のみによるものとされている。さらに、少年事件の場合、保護処分相当を理由とする家裁への事件移送の判断（少年法

55条)にも、裁判員が関与すべきことが明記されている(裁判員法6条2項2号)。それは、家裁移送の判断が、有罪を認定した後の広い意味での刑の量定に関する判断の一種だからだと説明されている[*5]。また、家裁移送の判断に含まれる「犯罪事実の認定及び刑事処分の見込みという各判断は、有罪判決における裁判員の関与する判断と実質的に同一の内容である上、見込まれる刑事処分と見込まれる保護処分の具体的な比較検討についても、量刑に準ずるものとして裁判員の関与を認めることに支障はなく、むしろ、この部分のみを切り離して裁判官の判断事項とすることは適当でないという考えに基づくもの」であるとも指摘されている[*6]。家裁移送の判断は、具体的事件において、当の少年に対して、刑罰を科すか、それとも保護処分のために家裁に事件を移送するかに関するものであるから、刑の量定に先行するものとして位置づけられる。家裁移送の判断は、少年事件の刑事裁判をもカバーする健全育成の目的のもと(少年法1条の文言からそのことは明らかである)、少年手続と刑事手続を貫く「保護優先主義」の全体構造のなか、決定的に重要な意味を有している。裁判員法においては、このような家裁移送の判断と、なお刑事処分が相当と判断された場合の量刑とを含む、少年事件の処遇決定の全体が、裁判員の関与すべき判断とされたのである。

　刑事裁判所による家裁移送判断のあり方に重大な影響を与えうるのが、2000年少年法改正による20条2項の創設である。この規定は、一般には、いわゆる原則逆送を定めたものと理解されている。「原則逆送」事件の家裁移送判断について、注目すべき見解を打ち出したのが、平成19年度司法研究『難解な法律概念と裁判員裁判』(以下、『司法研究』)である[*7]。

　『司法研究』によれば、家裁移送の根拠となる保護処分相当性の判断は、通常は、検察官が主張する刑事処分相当との事情と、弁護人が主張する保護処分相当との事情とを比較検討して行われるのに対し、「原則逆送」事件については、保護処分相当性に関して特別な判断が必要になるとされる。すなわち、『司法研究』は、先行する司法研究『改正少年法の運用に関する研究』[*8]を参照しつつ、少年法20条2項ただし書を適用して刑事処分以外の措置を選択するためには、保護処分の方が矯正改善に適しているだけでなく、「事案内容において、少年についての凶悪性、悪質性を大きく減じて保護処分を許容しうるような『特段の事情』」が必要であるとする。さらに、家裁と刑事裁判所とのあいだの移送の連続を回避し、家裁調査官など専門的調査能力を有する家裁の判断を尊重すべきことから、20条2項の趣旨を55条の保護処分相当

性の解釈に反映させるべきとする。このような考え方を前提に、『司法研究』は、他の解釈の可能性もあるとの留保を付しながら、家裁が「特段の事情」なしとして逆送を決定した場合、「基本的には家庭裁判所の判断を尊重した上で、『特段の事情』に関する判断要素が変化した場合などにおいて同法55条の保護処分相当性が認められるにすぎない」としている。

「特段の事情」の判断要素について、『司法研究』は、20条2項ただし書の掲げる諸事情について、事件の性質、少年の特性その他一切の客観的・主観的事情が考慮されるべきとしながらも、再度、先行司法研究を参照しつつ、20条2項が対象犯罪の反社会性、とくに人の死という結果の重大性に着目した規定であること、立法過程においても、反社会性を減じる事情のある事例がただし書の適用例としてあげられていたことから、「『特段の事情』のほとんどが当該犯罪行為に関連する事情の場合に認められている」とし、少年の資質・環境に関する事情としては、「動機の形成や犯行に至る経緯、責任能力・判断力等、刑事裁判における犯罪事実や重要な量刑事実に影響するものにおおむね限られているのが実情」であって、この意味において、「『特段の事情』に関する判断要素は、狭義の犯情を中心とした量刑事情と大差ない」としている。

2　家裁移送の抑制に対する疑問

『司法研究』のとるこのような見解には、いくつかの疑問がある。

第1に、その前提とする少年法20条2項の理解への疑問である。少年法1条の健全育成目的からすれば、20条2項を「原則逆送」規定とする理解には重大な疑問があり、本来、被害者死亡事件についての社会感情に配慮して、一段と丁寧な社会調査のうえで、処遇選択の理由をいっそう明確かつ説得的に説明する責任を家裁に対して課した規定として理解すべきである [*9]。たとえ「原則逆送」規定との理解に立ったとしても、20条2項の規定からは、ただし書該当性を認定できないときは逆送決定をすべきことが要求されているにすぎず、先のような意味の「特段の事情」のない限りただし書の適用はできないと理解することには無理がある。かりに「原則逆送」事件だから「特段の事由」が必要との前提に立ったとしても、その「特段の事情」ありとは、20条2項ただし書に掲げられた事情からみて、すなわち「犯行の動機及び態様、犯行後の情況、少年の性格、年齢、行状及び環境その他の事

情を考慮し」たうえで刑事処分以外の措置の相当性が認められることでしかないはずである。「特段の事情」の判断要素を狭義の犯情を中心とする一般の量刑事情に限定することは、20条2項ただし書にそれ以外の事情も掲げられていることからみて、この規定の解釈として正当化されえない[*10]。たとえ「特段の事情」が必要だとの立場を前提にしても、「少年事件としての当該事件を正当に評価するためには、少年事件および少年の特質を踏まえて、保護処分相当性の判断要素として（20条2項ただし書において・引用者）掲げられた各具体的事実を『特段の事情』として総合的に検討することが必要」というべきであろう[*11]。改正案の国会審議においても、提案者からは、少年の要保護性に関する調査を踏まえ、「個々の事案においては、犯行の動機、態様、犯行後の状況、少年の性格、行状、情状及び環境等の事情を家庭裁判所がきめ細かく検討し、保護処分が適当であると認める場合には逆送しないで保護手続を選択することになって」おり、「裁判所において最も適切な処分が選択される」ことになると説明されていた[*12]。『司法研究』の見解は、このような提案者の説明から大きく逸脱している。

第2に、刑事裁判所による家裁移送の判断が担うべき機能からみても、疑問がある。健全育成目的と少年審判・保護処分優先の全体構造のもと、家裁の逆送決定は、少年の処遇選択にとって決定的に重要なものであり、調布事件最高裁判決[*13]によって、保護処分以上の不利益性を有するものと性格づけられている。それにもかかわらず、逆送決定自体には不服申立の方法が用意されていない。このことからすれば、家裁移送に関する刑事裁判所の判断は、家裁の逆送決定に対する不服申立の審査として機能すべきことを期待されているというべきであろう[*14]。過去の実務においても、家裁移送の決定は、逆送決定後の事情の変化を根拠とするものだけでなく、実質的にみたとき、家裁の逆送決定を破棄し、事件を家庭裁判所に差し戻すとの判断としてなされてきた。また、たとえ「原則逆送」規定によって逆送決定が増加しても、家裁移送が効果的に機能することによって、個別具体的事件における適切な処遇選択が可能になるものと期待されていた。このような期待は、2000年改正案の国会審議において、提案者からも明確に表明されていた。『司法研究』がいうように、少年法55条の保護処分相当性が認められる場合を、「特段の事情」の判断要素が変化したときに基本的に限定することは、刑事裁判所による家裁移送の決定を厳しく抑制することとなり、家裁移送の判断が家裁の逆送決定に対する不服申立の審査や、「原則逆送」のセーフテ

ィネットとして有効に機能することを不可能にするであろう。もともと、『司法研究』は、55条の解釈・運用に「原則逆送」規定の趣旨を反映させるべきとの前提に立っていた。しかし、20条2項が新設された後にも、55条はなんら修正を受けなかったのであるから、「原則逆送」事件だからといって、刑事処分の適用が拡大するよう、刑事裁判所による家裁移送の決定をことさらに抑制する必要はない、とも考えうるであろう。

第3に、家裁、刑事裁判所間の移送の連続の回避や、家裁の判断の尊重という根拠についての疑問である [15]。刑事裁判所の家裁移送については、家裁と刑事裁判所の双方が刑事処分相当と認めた場合に限って刑事処分を課すことができる、という制度的意義が指摘されてきた。移送の連続の回避を強調して、刑事裁判所の家裁移送決定を一般的に抑制しようとすることは、このような制度的意義を失わせることになる。また、家裁が家裁調査官、少年鑑別所など専門的調査機能を有することはたしかであるが、この専門的調査機能は、矯正可能性や処遇の見通しに関する判断においてこそ発揮されるべきものである。逆送決定が「保護不適」を理由に行われる場合、それはこのような専門的判断を超えた法的・規範的判断によるものであるから、家裁の専門的判断の尊重という要請は妥当しない。刑事裁判所の家裁移送において、家裁の専門性の尊重は、抗告制度の場合と同様、刑事裁判所が最終的な処遇決定の権限を有さず、事件を家裁に「移送」しうえで、その専門的調査機能を活かした処遇決定に委ねる、という形で具体化されているのである。

3 市民参加の実質化

『司法研究』の見解には、裁判員裁判における市民参加の実質化という観点からも疑問がある。

ここにおいて確認すべきは、裁判員法が、家裁移送と刑の量定を含む少年事件の処遇決定すべてについて、裁判員の関与を要求したことである。少年事件の処遇決定において、少年に刑罰を科すのか、それとも保護処分により臨むのかという判断は、刑の量定に先行するものであり、それに優るとも劣らず重要である。裁判員法は、この家裁移送の判断に裁判員の関与を要求することによって、市民の健全な社会常識を反映させようとしたのである [16]。逆送決定が家裁において裁判官のみによって行われ、しかも、少年法20条2項該当事件に典型的なように、その多くが「事案の重大・悪質性を重要な

判断要素として保護不適とするものであり、……経験諸科学による専門的な判断というよりも、法律的・社会的評価の面が強い」のであるから、刑事裁判所における家裁移送の判断に裁判員が関与することによって、市民の健全な社会常識の観点から家裁の判断を再検討させることこそが、裁判員法の目的に適うところである*17。『司法研究』の見解は、家裁移送の判断への裁判員の関与を実質的に限定しようとするものにほかならない。そのことは、少年事件の処遇決定に市民の健全な社会常識を反映させようとした裁判員法の趣旨に反する。この意味において、裁判員裁判としての有効な機能を失わせるのである。

　また、「原則逆送」事件の家裁移送の判断において、「特段の事情」の判断要素を狭義の犯情に限定することについては、裁判官と裁判員の役割分担という観点からも疑問がある。裁判員法において、裁判員の関与する判断とされたのは、事実の認定、法令の適用、刑の量定であり、少年事件の場合、少年法55条による家裁移送の判断も含まれる。法令の解釈に関する判断は、たしかに裁判官の専権とされた（裁判員法6条2項1号）。しかし、裁判官が法解釈によって、法適用の仕方を厳格に枠づけることは、裁判員の実質的関与を過度に抑制してしまう危険をはらんでいる。「特段の事情」が必要との前提に立つとき、具体的事実に照らして「特段の事情」が認められるかどうかは、まさに法適用に関する判断である。裁判員法が、法適用の判断に裁判員が関与すべきとしたことからすれば、本来、「特段の事情」の有無を判断するうえでどのような事情を考慮するかの判断にも、裁判員の健全な社会常識を反映させるべきであろう。法律の規定から一義的に明らかでないにもかかわらず（むしろ、20条2項ただし書は狭義の犯情以外の事情を掲げている）、「特段の事情」の有無は狭義の犯情によって判断する、という形で法適用の仕方を裁判官が枠づけることは、このような裁判員法の趣旨に適合しないのである。

第3　処遇決定の判断資料とその取調べ

1　裁判員裁判にともなう問題

少年事件の処遇決定については、どのような証拠を、どのような方法で取り調べるべきかが問題となる。これまで少年事件の刑事裁判においては、量刑にあたって、また、家裁移送に関する判断、とくに保護処分の必要性・有効性の判断を行うためには、他の証拠の取調べでは不十分であり、家裁の作成した社会記録の取調べが必要かつ重要とされてきた[18]。少年法50条、刑訴規則277条に沿った運用である。

　他方、社会記録は、少年の要保護性に関するものである以上、必然的に少年・関係者のプライバシーに深く関わる情報を多く含んでいる。また、その内容が明らかにされることによって、少年に強い精神的打撃を与える場合もある。「情操の保護」（少年審判規則2条1項）の問題である。さらに、家裁調査官と被調査者との信頼関係の維持という観点からも、社会記録の秘密性が要請されてきた。社会記録の取調べについて、その秘密性を保持するために運用上の配慮・工夫がなされてきたのは、それゆえである。しかし、直接主義・口頭主義の徹底や「目で見て耳で聞いて分かる審理」が強調されるなか、裁判員裁判においては困難な問題が生じる。「法廷で取り調べられた証拠のみに基づいて判断を下すことを徹底しよう」とすれば、これまでのような配慮・工夫のうえで社会記録を取り調べることはできなくなるから、少年法50条や刑訴規則277条は「死文化」するおそれが強いとの指摘さえある[19]。

　『司法研究』は、家裁移送の判断基準と判断要素に関する先の見解を前提として、その判断資料についても、とくに社会記録の取扱いに関連して、厳格な限定を提案している。『司法研究』によれば、刑訴規則277条があるにせよ、「証拠の厳選の要請は、当然社会記録にも及ぶはずであ」り、また、少年その他関係者のプライバシーへの配慮が要請されることから、家裁移送の判断資料は、「その判断に必要不可欠なものに厳選」されるべきとされる。『司法研究』は、判断基準・判断要素に関する先の見解に基づき、「特段の事情」の審理に必要な証拠としては、通常は一般の刑事裁判と同様の証拠で十分であるとし、社会記録が必要となる場合でも、少年調査票の「意見欄」で足りるとする。証拠調べの方法としては、「『目で見て耳で聞いて分かる』審理という要請に対応するためには、公判期日における朗読以外の方法はない」とする。さらに、『司法研究』は、「意見欄には、『特段の事情』の有無を中心とした調査官意見の内容及びその判断の根拠が当事者に、ひいては裁判員にも、十分伝わるような、かつ少年その他の関係者のプライバシーに配

慮した、簡にして要を得た具体的な記載を行うことが求められる」とする。そして、調査官意見について弾劾的な主張・立証を行う当事者は、プライバシーに配慮しつつ、社会記録を含む開示記録のなかから、鑑別結果報告書の意見部分、医師の診断書など、公判での朗読に適した部分を抜粋のうえ証拠化するべきとしている。

2　必要十分な社会調査と少年調査票

　たしかに、社会記録の取調べをこのように限定したうえで、「特段の事情」に関する記載が、少年・関係者のプライバシーにも配慮しつつ簡潔になされたならば、公判廷での朗読により裁判員にも理解が可能となり、プライバシーに関する問題も回避することができるであろう。裁判員裁判における「目で見て耳で聞いて分かる」審理という要請には、応えることができるであろう。

　しかし、『司法研究』の見解には疑問がある。「特段の事情」を要求するその前提的立場の問題は、上述のとおりであるが、少年事件の審理のあり方として、社会記録の取調べを先のように限定することは、要保護性に関する人間行動科学的調査の活用を定める少年法 50 条、家裁の取り調べた証拠の取調べを求める刑訴規則 277 条に明らかに反している。その結果、家裁移送の判断から、少年の人格特性や生育環境に関する事情が削ぎ落とされることとなり、少年事件の特性に配慮した、それに相応しい充実した審理も、そのような審理に基づく適切な処遇決定も不可能となる。家裁移送の判断は、健全育成目的から切り離されることとなり、健全育成目的が少年の刑事事件の取扱いをもカバーすることを明記する少年法 1 条に適合しないといわざるをえない。もともと、公判前整理手続における証拠の整理も、「充実した公判の審理」のためになされるべきものであり（刑訴法 316 条の 2 第 1 項）、「証拠の厳選」（刑訴規則 189 条の 2）自体が目的ではない。社会記録の取調べが少年事件の充実した審理のために必要とされるとき、「証拠の厳選」を理由にしてそれを避けることは認められないというべきである。

　このような『司法研究』の見解は、少年調査票の記載、ひいては社会調査のあり方に重大な変化を求めるものであるが[20]、それとまるで歩調を合わせるかのように、近時、家裁実務において、社会調査とその結果を記載した少年調査票の簡略化がみられるという。家裁調査官に対して「簡にして要を

得た」少年調査票の記載が強調されるあまり、必要十分なものながらポイントを押さえた無駄のない調査票ということを超えて、調査票の記載のみならず、その前提となる社会調査自体においても、質、量両面で必要な調査を尽くさない不十分な調査が広がるおそれがあるという[*21]。「原則逆送」事件について逆送可能性が高いことから、少年調査票の作成において、刑事裁判の公開審理のなかでの取調べがありうることを想定して、それに適合するように、プライバシーに深く関わる事項などの記載を簡略化することは、かねてより示唆されていたところである[*22]。しかし、論者も認めるように、社会調査自体の科学性・専門性が後退することになれば、少年の要保護性の解明が不十分となり、刑事裁判所のみならず、家裁の処遇決定の根幹が切り崩されることになる。「少年事件において、科学的、専門的な見地から十分な調査を行うことは少年法の原理からすれば譲れない一線というべき[*23]」なのである。逆送が相当程度予想される事件に限定して行うとの考えもありうるが、むしろそのような事件においてこそ、家裁の処遇決定のためにも、逆送された場合における刑事裁判所の処遇決定のためにも、いっそう丁寧な社会調査が必要とされるというべきであろう。改正案の国会審議においても、「原則逆送」事件について、少年法20条2項ただし書の該当性を判断するために、丁寧な調査が必要とされることは、提案者から繰り返し表明されていた[*24]。

3　証拠としての社会記録

　個別事件においてその少年に刑罰が相応しいのか、保護処分が相応しいのかを判断するうえでは、本来、保護処分による教育の必要性・有効性が重要な判断要素となり、それを具体的に解明するためには、その少年の人格特性や生育環境を具体的に検討する必要がある。たとえ、「原則逆送」事件について「特段の事情」が必要とされ、「原則逆送」の趣旨が家裁移送の運用のなかにも反映されるべきとの立場によったとしても、上述のように、その判断要素は、狭義の犯情に限定されることなく、少年法20条2項ただし書に掲げられているような犯罪行為の背景に関する人格特性、生育環境をも含むべきである。少年法50条が、少年事件の審理が人格、生育環境などの行動科学的調査を踏まえたものとなるよう求め、刑訴規則277条が、家裁の取り調べた証拠を取り調べるよう求めているのは、それゆえである。これら

は、「原則逆送」事件の審理においても、遵守されるべきものなのである。

　少年の人格特性や生育環境の十分な検討は、たとえ『司法研究』の見解に立ったとしても、少年法20条1項による逆送事件については、家裁移送の判断において必要とされる。また、「原則逆送」事件を含め、刑事処分相当と判断された後、具体的にどのような刑を量定すべきか、とくに社会復帰の促進に特別に配慮して少年事件に認められている不定期刑をどのように科すべきか判断するうえでは、不可欠といえるであろう。

　問題は、裁判員裁判において、少年の人格特性や生育環境について、どのような証拠を、どのように取り調べるべきかである。『司法研究』がいうように、家裁の社会記録を取り調べるにしても、調査官の意見欄だけで足りる、とすることはできない。この意見欄は、家裁調査官が、社会調査によって得られた事実とそれに対する評価を踏まえて、少年の処遇に関する意見を家裁裁判官に対して示した部分であるから（少年審判規則13条2項）、少年調査票に含まれる家裁移送の判断に必要な情報を、それのみによって得ることは不可能である。むしろ重要なのは、家裁調査官が意見を形成する基礎となった事実であり、それについての評価であろう[25]。これらは、家裁の逆送決定においても基礎とされたものであり、刑事裁判所の家裁移送の判断がその検討のうえでなされることによってこそ、逆送決定に対する実質的審査も可能となる。刑訴規則277条が定めているように、刑事裁判所が家裁裁判の取り調べた証拠としての社会記録を取り調べることが要求されるが、反面、裁判員裁判においては、直接主義・口頭主義の徹底という観点から、書証の使用はできるだけ回避すべきとされている。一般的にはそうであろう。しかし、社会記録は書証であっても、少年事件の充実した審理と適切な処遇決定のために必要な情報を含み、また、むしろそのような情報ついては、口頭報告よりも、書面による報告の方が正確さにおいて優れているから、裁判員裁判においても証拠とすることを認めるべきである。

　このとき、社会記録を証拠とすべきなのは、当事者いずれかの利益のためというよりも、少年事件の充実した審理と適切な処遇決定のために必要な基礎資料としてなのであるから、その取調べは、当事者いずれか一方の請求によるのではなく、当事者の同意を前提として、裁判所の職権によるべきであろう。また、少年調査票と鑑別結果報告書の取調べは不可欠であるとしても、社会記録のなかには、それらの取調べを行ったならばあえて取調べることを必要としない資料も含まれているであろう。それらについては、裁判員

の理解の混乱を回避するためにも、裁判所と両当事者の合意のうえで、職権取調べの対象から除外すべきであろう[*26]。

4　社会記録の取調べ方法

　刑訴法において書証の取調べは朗読によるものとされ、とりわけ裁判員裁判においては、書証を用いる場合でも、「目で見て耳で聞いて分かる」審理となるよう、実務上慣行となっていた要旨告知（刑訴規則203条の2）によるのではなく、全文朗読がなされるべきといわれている。社会記録を証拠とする場合、どのような取調べ方法が適切なのか[*27]。これをめぐっては、第1に、どのような取調べ方法によれば、裁判員が社会記録の内容を理解することができるか、第2に、社会記録中に含まれた少年・関係者のプライバシーの保護や被調査者との信頼関係の維持、少年に対する精神的打撃の回避に配慮するとき、どのような方法が適切か、が問題となる。

　これまで、社会記録の取調べについても、要旨告知が実務の慣行とされ、ときにそれさえ省略されてきたのは裁判官が公判廷外で社会記録を閲読し、その内容を理解することができる、このような形で実質的な「取調べ」が可能だとされたからである。裁判員には理解可能であろうか。

　前提とされるべきは、少年の人格特性や生育環境について、ポイントを的確に押さえた必要十分な社会調査が行われ、それが人間行動科学の専門家でない者にも理解可能な程度にまで明快に、少年調査票としてまとめられるべきことである。ここまでまとめられて初めて真の意味において「簡にして要をえた」調査票だといえるのかもしれない[*28]。このことが、家裁においても、人間行動科学の専門家ではない裁判官がその内容を正確に理解したうえで、処遇決定を行うために必要とされ、また、少年の理解と参加を確保した、適正な処遇決定手続が践まれるための基礎ともなる[*29]。そのような少年調査票であれば、裁判員裁判においても、一般市民である裁判員が閲読し、その内容を正確に理解することは可能であろう。

　この場合、公判廷における朗読は必要か。後に閲読して理解することができるのであれば、裁判所と両当事者の合意を前提として、その理解を補助する程度の、また、公開審理を実質的に担保する程度の要旨の告知で足りるであろう[*30]。要旨の告知であれば、その内容に配慮することによって、少年・関係者のプライバシー保護や被調査者との信頼関係の維持、少年に対する精

神的打撃の回避という要請にも応えることができる。

5　家裁調査官の証人尋問

　家裁調査官の証人尋問について、『司法研究』は、証拠方法としての意義が不明確であること、公務員として守秘義務を負っていることを理由として、消極的立場をとっている。しかし、社会記録を書証として取り調べるにせよ、少年調査票の重要部分について家裁調査官が口頭で説明することにより、裁判官・裁判員の理解が助けられることになるであろう。さらに、家裁調査官の口頭説明に対して質問することにより、説明内容への疑問も解消されるであろう。

　たしかに、家裁調査官は家裁の職員であるが、証拠とされるべき少年調査票の作成者として、証人適格は否定されないというべきであろう。家裁調査官の守秘義務については、どのように考えるべきか。家裁調査官が、少年調査票の内容のなかの公務上の秘密にあたる事項について証言を拒否できることは、一般的には承認されるべきであろう（刑訴法 144 条）。しかし、少年調査票が証拠として取り調べられる場合、すでにその内容は裁判所に対して開示されているのであるから、家裁調査官の証言が少年調査票の重要部分の説明に関するものである限り、もはや裁判所に対して「国の重大な利益を害する」秘密であることを主張し、その証言を拒否することは認められないというべきである。

第 4　結語──裁判員制度の真の目的のためにすべきこと

　裁判員制度はたんに「司法に対する国民の理解の増進とその信頼の向上」（裁判員法 1 条）を目的とするものではない。これらの目的の達成は、「あくまでも司法に参加する国民が、客観的な基準に照らして適切といえる裁判を目指して参加するから」であり[*31]、裁判員制度は、裁判官と裁判員とのあいだで、「専門性と健全な良識の相互作用を図ることにより、よりよい裁判の実現を目的としている」のである。憲法における司法権の目的・機能か

らすれば、この「よりよい裁判」とは、詰まるところ、「法の下の平等な正義」の具体的実現のために「公正な裁判を受ける国民の権利」をよりよく保障する裁判である[*32]。刑事裁判について、そのような裁判は、憲法の適正手続主義からも要請される。このとき、少年事件の刑事裁判において、「公正な裁判」の本質は、少年事件の特性に配慮した充実した審理が尽くされることであり、それを通じて適切な処遇決定がなされることであろう。このような裁判の実現こそが、裁判員裁判の目的なのである。それゆえ、裁判員裁判を有効に機能させるためとの理由から、少年事件の充実した審理や適切な処遇決定を抑制することは許されない。むしろ、裁判員裁判の目的に反するのである。

　本稿は、少年事件の裁判員裁判において、少年事件の特性に配慮した、充実した審理が行われ、適切な処遇決定がなされるためには、少年の人格特性や生育環境が十分検討されなければならず、それに関する証拠として、家裁の社会記録が取り調べられるべきことを論じた。このことは同時に、裁判員制度の上述の目的からすれば、裁判員裁判を真の意味で有効に機能させること、司法への市民参加を実質化することに結びつくのである。

　また、本稿は、少年調査票の概要を説明するための家裁調査官の証人尋問について、証人適格がないことや守秘義務を理由として、それが否定されるべきでないことを指摘した。家裁調査官の証人尋問をめぐる重要問題は、むしろ、公判廷での証言が傍聴人や在廷する少年に聴かれることによって、少年・関係者のプライバシーが明らかとされ、家裁調査官と被調査者との信頼関係が損なわれる危険が生じ、あるいは、出生、家族関係などに関する重大な秘密を知ることから、少年が精神的打撃を受けることである。これらの問題に対処するためには、審理の公開制限や公判期日外の証人尋問、被告人の退廷措置の可能性を検討する必要がある。また、実務のなかでは、弁護人の私的鑑定としての精神鑑定や犯罪心理鑑定の積極的活用が提起されている。その可能性、条件作り、証拠化と取調べの方法なども検討されるべきである。さらには、少年の健全育成を支え、促すためのコミュニティの市民参加という観点から、市民付添人、処遇場面での参加、非行防止活動への参加など、他のさまざまな局面での市民参加を展開するなか、少年審判への市民参加の制度を構想し[*33]、それと連携する形で、少年事件の裁判員裁判のあり方を再考する可能性も検討されなければならないであろう。これらについては、次の機会に行いたい。

*1 葛野尋之『少年司法の再構築』(日本評論社、2003 年) 463 頁以下参照。
*2 葛野・前掲注1書 428 頁以下、葛野尋之『少年司法における参加と修復』(日本評論社、2009 年) 211 頁以下参照。これまでの刑事裁判においても、公開法廷のなかで少年が過度に緊張し、畏縮し、疎外されてしまうことが指摘されてきたが(川村百合「少年の裁判員裁判の問題点と解決策を考える」自由と正義 59 巻 10 号〔2008 年〕89 頁など)、村山裕「少年逆送事件の問題」法律時報 81 巻 1 号 (2009 年) 34 頁は、「原則 9 人で行われる裁判員裁判の構造に由来する威圧感や、パワーポイントを用いるなど裁判員に分かりやすい立証方法は、少年に畏縮効果や衝撃をもたらさないか」という点を問題として指摘している。
*3 鈴木一郎「被害者参加制度の現状確認」法学セミナー 660 号 (2009 年) 23 頁。これは、日弁連刑事弁護センターによる関与弁護士アンケートの結果分析に基づくものであり、被害者の二次被害や失望感・虚無感の可能性とともに、公正さに欠ける審理の結果、「被告人の更生の阻害や無実の被告人への誤判の危険性」までも指摘されている。
*4 葛野尋之「少年事件の裁判員裁判」季刊刑事弁護 57 号 (2009 年) 43 頁参照。
*5 池田修『解説・裁判員法(第二版)』(弘文堂、2009 年) 32 頁。
*6 辻裕教「『裁判員の参加する刑事裁判に関する法律』の解説 (1)」法曹時報 38 巻 11 号 (2007 年) 93 頁。
*7 司法研修所編『難解な法律概念と裁判員裁判』(法曹会、2009 年) 59 頁以下。これに対する批判として、村山・前掲注 2 論文、武藤暁「少年法 55 条の保護処分相当性について」季刊刑事弁護 60 号 (2009 年) 100 頁参照。
*8 司法研修所編『改正少年法の運用に関する研究』(法曹会、2006 年)。これに対する批判として、改正少年法検証研究会「『司法研修所編・改正少年法の運用に関する研究』の批判的検討」立命館法学 307 号 (2006 年) 参照。
*9 少年法 20 条 2 項について、本来、「原則逆送」規定ではなく、処遇選択に関する家裁の特別に重い説明責任を定めた規定として理解すべきことについて、葛野・前掲注 1 書 589 頁以下、正木祐史「20 条 2 項逆送の要件と手続」葛野尋之編『少年司法改革の検証と展望』(日本評論社、2006 年) 36 頁以下、本庄武「少年法は厳罰主義を採用したと解すべきか」一橋論叢 133 巻 4 号 (2006 年) など参照。
*10 本庄武「逆送決定の基準論」改正少年法検証研究会・注 7 論文 348 〜 362 頁、同「少年の刑事裁判における処分選択の原理」龍谷大学矯正・保護研究センター研究年報 5 号 (2008 年) 197 〜 199 頁、正木祐史「逆送裁判員裁判における 55 条移送『保護処分相当性』の提示」季刊刑事弁護 57 号 (2009 年) 77 〜 80 頁など。

*11 正木・前掲注 10 論文 79 頁。
*12 第 150 回国会衆議院法務委員会議議録第 2 号（2000 年 10 月 10 日）漆原良夫議員発言など。同旨の説明が度々なされている。
*13 最判 1997 年 9 月 18 日・刑集 51 巻 8 号 571 頁。
*14 田宮裕＝廣瀬健二編『注釈少年法（第三版）』（有斐閣、2009 年）472 頁は、「検察官送致決定に対する不服申立は認められないが、本条の移送の申立によって刑事裁判所の職権発動を促すことで、刑事裁判所に刑事処分相当性の審査を事実上求めることができる」とする。
*15 正木・前掲注 10 論文 77 頁。
*16 このような市民参加を実質化させるためには、少年法の目的や処遇決定の原理について市民の基本的理解を促進し、それを社会常識のなかに血肉化させることが必要であろう。
*17 守屋克彦「少年逆送事件・コメント」村井敏邦＝後藤貞人編『被告人の事情／弁護人の主張』（法律文化社、2009 年）178 頁。
*18 横田信之「刑事裁判における少年調査記録の取扱いについて」家裁月報 45 巻 11 号（1993 年）6 頁以下。
*19 佐藤博史＝竹田真「重大少年事件と裁判員制度」現代刑事法 7 巻 1 号（2005 年）91 頁。
*20 裁判員裁判における使用をも念頭におきつつ、「簡にして要を得た」記載という観点から、「特段の事情」に関する『司法研究』の見解に沿った調査票の記載を促すものとして、少年法実務研究会・家裁調査官研修部「原則検察官送致事件の少年調査票の記載の在り方」総研所報 5 号（2008 年）参照。これに対する本格的批判として、岡田行雄「少年事件に関する社会調査の調書依存化とその克服に向けて」熊本法学 118 号（2009 年）参照。同論文は、このような社会調査は、捜査機関から送付された供述調書など「法律記録に基づき、事件を解釈し、その背景を分析するだけのものに変質する可能性が高い」が、調書依存化を克服するために、社会調査にあたり家裁調査官は、捜査機関の作成した供述調書からは距離をおき、むしろその内容を批判的に吟味しなければならず、「家裁の外に出て幅広い事情を丹念に調査する必要がある」とする（74 頁）。さらに、藤原正範「家裁調査官の調査の劣化を危惧する」季刊刑事弁護 57 号（2009 年）参照。
*21 日本弁護士連合会『少年審判における社会調査のあり方に関する意見書』（2009 年 5 月 7 日）http://www.nichibenren.or.jp/ja/opinion/report/data/090511.pdf。
*22 角田正紀「少年刑事事件を巡る諸問題」家裁月報 58 巻 6 号（2006 年）37 頁。
*23 角田・前掲注 22 論文 37 頁。
*24 第 150 回国会衆議院法務委員会議議録第 8 号（2000 年 10 月 31 日）杉浦正健議員発言など。

* 25 武藤・前掲注 7 論文 102 頁。
* 26 武藤・前掲注 7 論文 102 頁。
* 27 刑事裁判における少年調査票の取扱いについて、岡田行雄「改正少年法における社会調査」葛野・前掲注 9 書 56 頁以下参照。
* 28 もっとも、社会調査が少年の人格特性と生育環境を対象とし、人間行動科学的専門性に基づくものであるがゆえにこそ、事実の摘示から、その評価、それに基づく結論に至る道筋が、たんに理路整然としていればよいというわけではなかろう。「少年事件の調査にとって結論に矛盾する事実はきわめて重要であり、そこを大切にすることこそ家裁調査官の科学性の証であった。余分なことを書かないという姿勢は余分なことを調べないということになり、ついには科学性を放棄することにもつながりかねない」という藤原正範の指摘（注 20 論文・86 頁）には、重い意味がある。このような社会調査の結果をどのように理解しやすく明確に少年調査票にまとめるかは、困難であるが、解決されるべき課題である。
* 29 葛野尋之「少年審判の処遇決定手続と少年の手続参加」同・前掲注 2 書参照。
* 30 少年事件の刑事裁判、とくに裁判員裁判の公開審理をめぐる問題については、葛野尋之「少年事件の刑事裁判と公開原則」刑事法ジャーナル 21 号（2010 年予定）参照。この論文は、少年・関係者のプライバシー保護、少年の手続参加の保障という観点から、少年事件の審理の公開停止、公判期日外の証人尋問・被告人質問、ビデオリンク方式の被告人質問の可能性について論じている。また、渕野貴生「逆送後の刑事手続と少年の適正手続」葛野・前掲注 9 書、笹倉香奈「裁判員裁判と少年のプライバシー・情操保護」季刊刑事弁護 57 号（2009 年）49 頁参照。
* 31 長谷部恭男「司法権の概念と裁判のあり方」ジュリスト 1222 号（2002 年）146 頁。
* 32 土井真一「日本国憲法と国民の司法参加──法の支配の担い手に関する覚書」同編『岩波講座・憲法 4 ──変容する統治システム』（岩波書店、2007 年）272 ～ 276 頁。
* 33 葛野・前掲注 1 書 618 頁以下、同・前掲注 2 書 356 ～ 358 頁参照。

（くずの・ひろゆき／一橋大学大学院法学研究科教授）

韓国における少年陪審裁判の現状と課題
―― 少年法の理念に則った観点から

崔　鍾植

第1　問題の提起
第2　2008年5月27日に行われた少年陪審裁判の概要
第3　少年陪審裁判の問題点
第4　結びに

第1　問題の提起

　韓国においては、2008年から「国民の刑事裁判参与に関する法律」(以下、「陪審裁判法」といい、この法律による裁判を「陪審裁判」、少年刑事事件に関する陪審裁判を「少年陪審裁判」とする) が施行された [*1]。
　ところが、韓国の陪審裁判において一般市民が陪審員として刑事裁判に参与することは、国民の権利でありながら義務になっているが、刑事被告人が陪審裁判を受けることは、義務ではなく権利としてのみ定められている独特な仕組みになっている [*2]。さらにこの陪審裁判法は、特に少年についての排除を定めていないだけではなく、犯罪少年が陪審裁判の対象となる場合を特別に想定して配慮する規定をも設けていない。しかしながら、少年司法においては、「処罰よりは保護と教育」を重視しており、成人刑事司法とは異なる専門的特性を有する。少年法もこのような特性に配慮し保護事件と刑事事件について様々な特別措置を工夫している。したがって、当然陪審裁判

法においてもこのような少年法との事前調整を図るべきだったにもかかわらず、まったくそのような調整を行わず、一部でありながらも陪審裁判を犯罪少年にも同じく適用することによって少年法と不調和の結果を招かざるを得なくなった。もちろん陪審裁判法は、被告人が希望しない限り陪審裁判にはならないと定めているが、陪審裁判法の目的である「司法の民主的正当性と信頼を高める」ためであれば、少年の場合も例外にしてはいけないようであるが、その目的以外にもまして少年の「健全育成」という目的をも当然配慮しなければならなかった。

　今の少年陪審裁判のもとでは、少年被告人に耐えかねる負担が多く、結局少年の健全育成に役に立たない側面もあるので、少年側が積極的に陪審裁判を望むことは現実的に難しい。つまり、少年被告人が「陪審裁判を受ける権利」を行使する実益がほとんどない、ということである。少年刑事裁判も少年陪審裁判も当然「健全育成」という少年法の目的や少年法の理念を無視したり排除したりしては、その存在意義があまりないということを前提とし、本論文においては、さる2008年5月27日韓国ソウル西部地方法院で開かれた少年陪審裁判を中心として[*3]、その問題点を検討し改善策を提示しようとする[*4]。

第2　2008年5月27日に行われた少年陪審裁判の概要[*5]

　陪審裁判法の施行以来、少年陪審裁判は2008年5月27日1件がソウル西部地方法院で行われた。この事件の被告人は、1989年2月生まれの満19歳を超えた年長少年として常習窃盗罪と強盗傷害罪の罪名で起訴されたが、陪審裁判としたほうが有利であろうと判断した国選弁護人の勧誘により陪審裁判を申請したケースである。少年は、3歳のとき実父が亡くなり11歳のとき母親が再婚したが、養父から暴力などの虐待を受け、2007年18歳のときに家出をした不遇な家庭環境がある。少年は15歳から窃盗を始めて以来10回ほど常習に窃盗を繰り返し、本件の強盗傷害罪で逮捕されたときには、夜間住居侵入窃盗罪で執行猶予中だった。過去少年院送致の前歴はなく、1号処分[*6]と善導猶予処分[*7]の社会内処分を受けた後、再び執行猶

予処分（懲役6月）に処されたことがある。

本件の少年被告人は、すでに公判準備手続で公訴事実の主要内容を認めたため5人の陪審員が選定された[*8]。陪審員の選定手続は約2時間にかけて行われたが、当日出席した候補者は23名であった。選定方式は、抽選により1次候補者6人（予備陪審員1人を含む）を指定し、これらに対して検事、弁護人が交互質問をし、3人を忌避または免除決定することによって入れ替える等の過程を経、最終5人の陪審員と1人の予備陪審員を確定した。この陪審裁判は当日審理のみで終わったが、最初から有罪無罪が問題となった裁判ではなく主に量刑に関する部分が主要争点であった。陪審員団の評議内容については詳しく知る方法がないが、評決は全員一致で強盗傷害罪（主位的公訴事実）を無罪とし、強盗致傷罪（予備的公訴事実）を有罪と認定した[*9]。また裁判官との量刑に関する議論の中で陪審員の量刑意見としては、懲役短期11月、長期2年6月の意見が提示されたというが、保護処分該当性に関する意見提示もあったのかについては言及していない[*10]。検察は加害者が少年という点を考慮し、短期3年6月と長期4年の不定期の実刑を求刑した。裁判長は判決の宣告で、「少年がまだ幼くてまた犯行手口も軽く、不遇な家庭環境を送ったという点と矯正可能性があるので全面的に本人に責任を問うのは望ましくないが、執行猶予中に再犯を犯し犯行手口もますます大胆で重くなっておりついに人にまで怪我をさせた点、再犯の危険性がある点、身柄拘束の前歴がないので自由剥奪の刑罰による衝撃療法が必要な点、などを認めて実刑を宣告する。しかし、まだ少年という点、社会復帰を考慮し重刑は望ましくないので酌量減軽し、懲役短期2年と長期2年6月を言い渡す」と明らかにしている[*11]。裁判長のこの説明からすると、少年被告人の環境的要因よりは犯罪事実の側面を重視しており、少年部送致決定のための保護処分該当性の認定如何については触れていないことが分かる。

第3　少年陪審裁判の問題点

1　少年陪審裁判の公開と関連した問題

検事が少年刑事事件を起訴し、刑事法院の裁判として行われる場合には公

開裁判の原則が適用される。しかし、少年保護事件として少年法院で行われる少年審判については非公開原則を適用している（少年法24条2項）。少年審判の非公開原則は、「人格的に未成熟な、長い将来のある少年に対しては、情操の保護と並んで少年時代の過ちを公衆の目から隠し、これを忘れ去られた過去に埋葬することにより、将来の不利益を避ける」[*12]ことによって、結局少年の社会復帰を促進させようとすることである。このような非公開原則の理念は、少年審判だけではなく刑事裁判に対しても適用しなければならないと思うが、現行憲法上公開裁判の原則（憲法109条）[*13] が規定されているため、「裁判」の形式をとっている少年刑事裁判を非公開とすることは現実的に難しいかもしれない。しかし、憲法109条の「善良な風俗」の範疇に「子供の健全育成」が含まれると解釈する余地はまったくないだろうか。さらに少年のプライバシー権（憲法17条）[*14]や幸福追求権（憲法10条）[*15] 等を理由として少年犯の場合には特に公開停止ができ、また刑事訴訟法の被告人などの退廷規定（刑事訴訟法297条）[*16] を利用し健全育成のために場合によっては少年を退廷させたまま裁判することもできると解釈することは無理だろうか[*17]。

　ひいては、少年陪審裁判に関してはより違った解釈もできるのではないだろうか。すなわち、一般市民が傍聴できる刑事裁判で少年が裁判を受けるのと傍聴人以外に陪審員も共に参加している陪審裁判で裁判を受けることとは根本的に異なると考える。当然陪審裁判のほうが少年に対する心理的圧迫と負担が大きいので少年の情操を害する恐れもより大きいだろう。したがって、少年陪審裁判は一般少年刑事裁判とは差別的に運用すべき必要性もより大きいと見なければならない。さらにすでに一般市民が陪審員として裁判に参加している以上公開裁判の目的は達成していると見ることもできるのではないだろうか。陪審員以外の一般傍聴人だけでも排除させる制限的公開裁判としたり、あるいは少年の健全育成のため一定の場合に少年被告人が退廷させられるようにしたり、現行憲法の下でも陪審裁判法を改正する方策を工夫する必要があるのではないか。

　少年陪審裁判で少年被告人が受ける心的圧迫や畏縮・疎外という問題は、第1回少年陪審裁判の様子を見ても明らかである。まず、傍聴席のすぐ手前に位置した被告人席に座っている少年は、衆人環視のもとでまるで拷問を受けていることと変わりがないように見え、その心理的負担からくる不安な様子がそのまま窺われた。このような状況の中、少年被告人は時々与えられ

た発言の機会で自分に対する自らの言い訳すらほとんどできなかったようである。この少年被告人は、市民参加形態の裁判で要求される理性的、能動的な防御主体としての「強い被告人像」[18] とは全く距離があった。ただ弱気で消極的で受動的な、その場にいては耐えられないようで可愛そうな幼い子供にすぎなかった。被害者に対する証人尋問時もそうだったが、自分の生母が証人として呼ばれ泣きながら証言をする時には、少年の心的苦痛が極に達したようにも見えた。このような少年陪審裁判が少年の健全な育成のために役に立てるとはとうてい考えられなかった。

2 保護処分該当性の判断問題

　刑事法院は少年の被告事件を審理した結果、保護処分に該当する事由があると認めた場合は、決定をもって事件を管轄少年法院に送致しなければならない（少年法 50 条）。すなわち、犯罪事実が重くても少年の健全育成のためには刑罰より保護処分のほうが有効性があり、同時に刑罰ではなく保護処分を選択することが一般の応報感情などに照らして認められると判断される場合に、少年を再び少年法院に送致する刑事法院の決定である。保護処分に該当する事由があるという判断は事実審法院の裁量的判断によるが、その内容は、犯罪事実の軽重だけでなく、少年本人の心情や環境に変化が見られ、あるいは被害者側との和解や賠償、応報感情の緩和など社会的条件も変化したため、刑罰よりは保護処分による矯正効果に期待すべきだとする判断である[19]。ところが、このような保護処分該当性の判断を陪審員もできるのかについて陪審裁判法は明確に規定していない[20]。ただし、法 12 条の「陪審員の権限と義務」に関する条項で「陪審員は陪審裁判をする事件について、事実の認定、法令の適用および量刑に関する意見を提示する権限がある」と包括的に規定しており、また 46 条 4 項でも「評決が有罪の場合、陪審員は審理に関与した判事とともに量刑について討議しそれに関する意見を述べる」と定めているので、少年法 50 条の「保護処分該当性」の判断もここに含まれると解釈することもできるかもしれない。しかし、そのように解釈する場合にも、果たして少年問題の専門的特性をよく理解できない陪審員が少年の重い犯罪事実に偏らず、「保護処分該当性」を的確に判断できるのかが問題である[21]。勿論、韓国の陪審裁判法上では、陪審員の評決と量刑意見に拘らず（陪審裁判法 46 条第 5 項）、裁判官が独自的に少年の保護処分該

当性を判断し最終判決を言渡せばそれでいいかもしれないが、それでは陪審裁判を採択した意味がないだろう。

　陪審員が少年被告人の保護処分該当性を適切に判断することができるようにするためには、第1に、裁判長が陪審員に少年法の存在事実と基本理念などを十分に説明することが必要である。すなわち、陪審裁判法46条1項によって「裁判長は弁論が終結した後、法廷で陪審員に公訴事実の要旨と適用法律条文、被告人と弁護人の主張の要旨、証拠能力、その他に留意する事項について説明しなければならない」とし、また46条4項但書でも「裁判長は量刑に関する討議前に処罰の範囲と量刑の条件などを説明しなければならない」と規定しているので、この説明の中には必ず少年事件の特殊性と手続、保護処分の種類と処遇の内容、少年法50条の趣旨などに関して、十分に説明しなければならない[*22]。説明方法としては、例えば少年院の処遇に関する映像を見せたり、特別に少年問題の臨床専門家を招請し説明を聞いたりするなど、陪審員にわかりやすい方法を工夫する必要がある[*23]。特に、この点と関連しては、刑事訴訟法上の「専門審理委員制度」（279条の2）[*24]を活用することも十分できると考える。実際に行われた第1回少年陪審裁判を見ると、裁判長が陪審員に保護処分について分かりやすく説明した場面は見当たらない。さらに、量刑についても、陪審員と裁判官とが一緒に討議したことは間違いないだろうが、そのとき陪審員からどの程度保護処分該当性に関して活発な意見提示があったかどうかは明らかではない。裁判長が判決の言渡しの補充説明を行ったときにも、この件については言及しておらず、ただ実刑の必要性だけが強調され保護処分該当性が否定される理由についてもはっきり説明していなかったことが分かる。少年陪審裁判で陪審員が少年法50条の保護処分該当性による少年法院送致決定を適切に判断することができるようにする問題を貫徹させるためには、立法的な解決が必要である。まず、裁判長が少年法50条の趣旨に関する説明を裁判の中で義務的にしなければならないことを陪審裁判法46条の中に付け加える方向で改正しなければならない。第2に、陪審員が少年法50条の趣旨をよく理解するには、やはり弁護人の役割がもっとも大切である。すなわち、弁論過程で弁護人が陪審員に少年司法の特殊性と、保護処分の意義と内容、また50条の趣旨などについて、どれくらい分かりやすく説明するかによって陪審員の理解が大きく変わることができる。第1回少年陪審裁判の担当弁護人は、陪審員に少年法上の保護処分の種類と意義などについて分かりやすく説明することに

大変苦労したことを明かしている*25。さらにこの担当弁護人は、陪審員団が評決に入る前にもう1回より積極的に少年法上の保護処分が適切だということを強調する必要があったと述懐していることからも分かるように、陪審員が担当弁護人の説明だけによって複雑な保護処分該当性を適切に判断するには限界があったと考えられる。この裁判では弁護人が少年の不遇な環境と自首した点などを主張し、陪審員に善処を訴えたにもかかわらず、結局実刑が言渡されたことについては非常に残念な判決であったと考えざるを得ない。保護処分該当性をより分かりやすく陪審員に説明するための弁護人の工夫が必要である。第3に、陪審員が少年被告人に対する保護処分該当性を適切に判断するためのもう1つの工夫としては、陪審員に対し少年に関する社会調査記録を如何なる形であれ読ませるようにしたほうが望ましい。この問題については、次章で述べられている問題とも関わりが深いのでそちらでもう1度触れることにする。

3 少年刑事事件に対する審理の方針と関連した問題

少年法は加害者でありながら被害者でもある少年保護を想定しているため*26、少年保護事件や少年刑事事件の審理についても多様な特則を設けている。特に韓国少年法は、少年審判の場合と同じように（24条1項）、少年刑事事件に対する審理の方針についても、「懇切*27で和やかにしなければならない」（58条1項）と定めている*28。これは少年の傷つきやすい感性を保護するための特別規定として保護事件に対する少年部の審理方式を規定している少年法24条1項と同じ内容である。すなわち、保護事件に対する少年部での少年審判の方式や少年刑事裁判での審理方式は、少年の情操保護に配慮しなければならないということである。しかし、現行陪審裁判法は徹底した公判中心の手続を行っており、少年の場合でも例外はない。陪審員が5人から7人ないし9人まで参与する陪審裁判が果たしてどれくらい「懇切で和やかに」行われるかは疑問である。検事と弁護人の間の激しい攻防の中で少年がその衝撃に耐えることは大変な負担になることに違いない。また、検事の巧妙な誘導尋問に対処する能力や陪審員などの質問に対して積極的に陳述できる能力についても成人被告人に比べて顕著に劣る。一方、少年刑事裁判の審理は、「懇切で和やかに」、「少年の心身状態、品行、経歴、家庭状況、その他の環境などについて正確な事実を明かすことができるように

特別に留意」しなければならない（少年法58条2項）。ところが、この規定は少年法院での調査方針に関する9条[*29]の内容と類似している。すなわち、少年刑事裁判でも少年法の特徴である科学主義を適用していることである。ただ刑罰だけを言渡すための手続ではなく、少年の要保護性を科学的調査技法によって明らかにし、処遇の個別化を実現しようとするためである。少年法が唯一判決前調査（9条、11条、56条）を規定している理由がここにある。ところがここで問題は、このような科学調査を少年陪審裁判でも適用することができるかという点である。1日または長くて2～3日中に裁判を終わらせなければならない陪審裁判で少年の「心身状態、品行、経歴、家庭状況、その他の環境などに対し正確な事実を明らかにする」ことはほとんど不可能である。たとえ検事が行った検事決定前調査（少年法49条の2）の資料を活用することが可能としても、陪審裁判は公判中心手続を採択しているため、その調査内容はまたいちいち公判廷で検事と弁護人の攻防の中で確認手続を踏まなければならない場合もありうるのでやはり無理である。また少年のプライバシーと深く関連したこのような調査内容を陪審裁判で公開的に扱うという点も問題である[*30]。結局、少年陪審裁判では少年が直面している社会環境的問題や精神的問題点が十分究明できないまま厳罰に終わってしまう恐れが非常に高いといわざるを得ない。

　少年刑事事件に対する審理方針と関連した問題点を無視したまま、陪審裁判の公判廷で有罪無罪あるいは量刑の攻防だけを経た上で裁判長が独断的に判決を下すことができる現行少年陪審裁判は少年の健全育成を期するどころか、むしろ少年の情操を大いに害する恐れが高い。それに対する改善策としては、まず、何よりも前述したとおりに、少年陪審裁判を少なくとも制限的公開でもできるような方策を工夫しなければならない。第2に、韓国は強い検事先議制を運用しているが、検事は一般的な捜査権だけではなくさらに少年被疑者についての社会調査（品行、経歴、生活環境やその他必要事項）を少年分類審査院、保護観察所、少年院に対し要求することができる（少年法49条の2）。この規定は、まさしく少年裁判所の機能を形骸化させる危険性があるという批判を浴びていることは別論としても、もしその調査がきちんと行われているとしたら、陪審員がその調査記録のダイジェスト版を量刑判断の段階でも眼を通せるようにする方策を模索しなければならないと思う。第3に、少年被告人席が傍聴席とあまりにも至近距離に位置している

ため*31、少年が非常に重苦しく感じていることが窺えた。今の速記録係席と入れ替える形で再配置する方策を工夫したほうが望ましい。勿論、この問題も根本的には、少年陪審裁判を制限公開ないし非公開にすれば解決することができることであろう。

第4　結びに

　少年司法の究極的な目的は、保護主義の実現つまり少年の健全育成の達成である。したがって当然、これを離れては少年陪審裁判の存在意義もない。韓国において果たして少年被告人側が陪審裁判を希望するメリットはどのくらいあるのか。すなわち、少年の基本権利の一つになっている「健全な成長発達権」の実現のために陪審裁判法はどのくらい配慮しているのか。残念ながら、それについての答えはごく懐疑的であると言わざるを得ない。現在韓国での少年陪審裁判に対する消極的な運用はおそらくこのような原因からではないかと考えられる。以下、韓国少年陪審裁判の問題点について少年法の理念に則った改善策をまとめることによって結びに代えたい。
　第1に、少年陪審裁判の公開と関連した問題点に対する改善策としては、すでに公正な裁判のために一般市民である陪審員が参加しているので、その他の傍聴人の入廷は排除するように陪審裁判法を改正する方策を検討すべきである。第2に、少年陪審裁判で陪審員が適切な保護処分該当性を判断するためには、弁護人の役割がもっとも重要であるのでその奮発がより強く求められ、裁判長も陪審員に対し保護処分該当性の認定による少年法院送致決定に関する少年法50条の趣旨について必ず法廷で説明するようにし、さらに陪審員が評議や評決に入る前に少年に対する社会調査記録を閲覧することができるように、陪審裁判法を改正しなければならない。第3に、少年刑事裁判の審理方針と関連した問題に関する改善策としては、少年陪審裁判を非公開とし、さらに必要な場合には、裁判長が少年を退廷させることができるよう陪審裁判法を改正しなければならない。第4に、以上のような改善策は、陪審裁判法のなかで少年陪審裁判のための1つの新しい章を設けて定めたほうが望ましいと考えられる。

*1 韓国の陪審裁判法と陪審裁判制度に関する詳細な情報は、今井輝幸「韓国における国民参与裁判の現状」刑事法ジャーナル 15 号（2009 年）、今井輝幸「（続）韓国における国民参与裁判の現状」刑事法ジャーナル 16 号（2009 年）、拙稿「韓国における国民の刑事裁判参与制度」季刊刑事弁護第 53 号（2008 年）を参照。

*2 陪審裁判法第 3 条①何人もこの法律の定めるところによって、国民参与裁判を受ける権利を有する。②大韓民国の国民は、この法律の定めるところによって国民参与裁判に参与する権利と義務を有する。

*3 ソウル西部地方法院は、公開で行われた最初の少年陪審裁判を自ら録画した。筆者はこの映像録画物を通じて裁判を間接的に傍聴した所見により記述する。

*4 韓国の少年陪審裁判における問題点は、ほとんど日本における少年逆送事件に対する裁判員裁判でも危惧されうるものであろう。

*5 ソウル西部地方法院の判決書謄本（2008 고합 63）と録画された映像資料による。以下、この少年陪審裁判を必要により「第 1 回少年陪審裁判」という。

*6 保護者または保護者に代わって少年を保護することができる者に監護委託する保護処分である（少年法 32 条 1 項 1 号）。

*7 善導条件付起訴猶予処分といい、検事が少年被疑者に対して、犯罪予防志願奉仕委員の善導、その他の少年善導教育施設での相談・教育・活動を受けさせることを条件として起訴猶予処分をすることである（少年法 49 条の 3）。

*8 陪審員の数は、法定刑が死刑・無期懲役または無期禁錮にあたる場合には、9 人の陪審員、その他の対象事件の場合には 7 人、本件のような場合には 5 人の陪審員が参与することができる（陪審裁判法 13 条）。

*9 韓国刑法において強盗致傷罪と強盗傷害罪は法定刑が同じである（刑法 337 条）。ただし、被害者の入れ歯が折れた部分についても陪審評決は強盗致傷を認めたが、裁判長の判決ではこの部分につき傷害罪の成立を否定し無罪を言い渡した。

*10 判決を言い渡した際、行われた裁判長の敷衍説明による。

*11 少年側は、この判決に不服し高等法院に控訴したが、その時点では少年はすでに 19 歳を超えてしまい、成人裁判と同じく扱われ（韓国少年法の上限年齢は 18 歳である）、結局 2 年の実刑が確定した。

*12 澤登俊雄『少年法入門〔第 4 版〕』（有斐閣、2008 年）137 頁。

*13 「裁判の審理と判決は公開する。ただし、審理は国家の安全保障または安寧秩序を妨げたり善良な風俗を害したりする恐れがあるときには、法院の決定により公開しないことができる」。

*14 「すべての国民は私生活の秘密と自由を侵害されない」。

*15 「すべての国民は人間としての尊厳と価値を有し、幸福を追求する権利を有する。国家は個人が持つ不可侵の基本的人権を確認し、これを保

障する義務を負う」。
- *16 ①被告人は裁判長の許可なし退廷することができない。
- *17 これに関する日本の議論については、笹倉香奈「裁判員裁判と少年のプライバシー・情操保護――刑事裁判の公開原則の問題点を中心に」季刊刑事弁護 57 号（2009 年）49 ～ 53 頁参照。
- *18 葛野尋之「少年事件の裁判員裁判」季刊刑事弁護 57 号（2009 年）47 頁。
- *19 澤登・前掲注 12 書 235 頁。
- *20 この点について、日本裁判員法は 6 条で解決している。
- *21 日本の裁判員裁判での同じ問題については、葛野・前掲注 18 論文 45 頁、村中貴之「55 条移送が争点となる場合の主張上の問題点」季刊刑事弁護 57 号（2009 年）60 ～ 63 頁、川村百合「55 条移送が争点となる場合の立証上の問題点」同号 64 ～ 69 頁、正木祐史「逆送裁判員裁判における 55 条『保護処分該当性』の提示」同号 5 ～ 80 頁参照。
- *22 김수현「国民参与裁判制度의 問題点」国民参与裁判 6 個月의 現状과 評価：国民의 司法参与研究会 学術討論資料集 6（2008 年 6 月 13 日）10 頁。
- *23 김수현・前掲（22）11 頁；장상균「国民参与裁判運用의 몇 가지 問題点」国民参与裁判 6 個月의 現状과 評価：国民의 司法参与研究会 学術討論資料集 6（2008 年 6 月 13 日）48 頁。
- *24 ①法院は訴訟関係を明らかにしたり訴訟手続を円滑に進めたりするために必要な場合には、職権でまたは検事、被告人、弁護人の申込みにより決定を持って専門審理委員を指定し、公判準備及び公判期日など訴訟手続に参与させることができる。②専門審理委員は、専門的知識による説明または意見を記載した書面を提出したり期日に専門的知識によって説明や意見を陳述したりすることができる。ただし、裁判の合議には参与することができない（以下省略）。
- *25 김형국「国民参与裁判에 対한 弁護人의 考察 -2008 年 5 月 27 日 ソウル西部地方法院 2008 고합 63 強盗傷害等事件を中心として -」国民参与裁判 6 個月의 現状과 評価：国民의 司法参与研究会 学術討論 資料集 6（2008 年 6 月 13 日）26 ～ 27 頁。
- *26 최병각「少年法改正과 少年司法의 健全育成」刑事政策研究 18 巻 3 号（2007 年）1084 頁、拙稿「第 6 次 少年法改正의 問題点에 関한 考察」刑事政策 20 巻 1 号（2008 年）358 頁。
- *27 韓国少年法 24 条 1 項と 58 条 1 項では、「親切」という表現を使っているが、意味としては日本少年法の「懇切」のほうがより適切であると考える。
- *28 この点においては、少年刑事事件の「審理の方針」について定めている日本少年法 50 条と異なる。つまり、日本少年法 50 条の場合は、少年審判における「審判の方式」に関する 22 条を準用しているわけではなく、9 条の「調査の方針」の趣旨にしたがって、少年刑事事件に対

　　　　する審理を行うように定めている。
*29　「調査は、医学・心理学・教育学・社会学やその他専門的な知識を活用し少年と保護者または参考人の品行、経歴、家庭状況、その他の環境などを究明するように努めなければならない」
*30　日本の裁判員裁判での社会調査記録の取扱いについての問題は、葛野・前掲注18論文46〜47頁、相川裕「裁判員裁判における社会記録の取扱いの問題点」季刊刑事弁護57号（2009年）54〜59頁参照。
*31　その距離は、おおよそ2メートル程度しか離れてないようであった。

　　　　　　　　　（ちぇ・じょんしく／九州大学大学院法学研究院准教授）

少年再審の理論的課題

武内謙治

第1　はじめに
第2　問題の構造
第3　27条の2第1項と第2項の関係と射程
第4　むすびにかえて

第1　はじめに

　少年法の2000年改正により、27条の2第2項が創設された（以下において、単に項番号のみを記す場合、少年法27条の2の項数を指すものとする）。27条の2第1項（現行法も同じ）における「保護処分の継続中」という文言が桎梏となり、判例理論上少年再審の扉が狭く閉ざされた状況にあっただけに、2項の創設は、保護処分取消しの対象を拡大するという現実的な効果をもたらしうる点で、概ね肯定的に評価されてきたといえる。

　しかし、この規定は、立法作業時からすでに指摘があったように、小さくない理論的問題を残しており、少年保護手続における「再審」を法体系上どのように位置づけていくかにはなお課題が残されているといえる。少年法の大改正から10年の歳月を経ようとしている現在、その理論的な問題点を整理し、解釈論上の可能性を探ることにも、意義があるように思われる。本稿では、保護処分の取消し[*1]にかかわる問題の構造を確認した上で、現行法の解釈論上の可能性を探ってみたい。

第2　問題の構造

1　問題の歴史的構造

　少年再審をめぐる議論は、今日まで何を理論上の課題としてきたのであろうか [*2]。
　刑訴法に規定されるのと同様の再審規定がない中で、誤って保護処分が言い渡された場合の「再審」を行うための手がかりとされてきたのは、1950年の法改正（昭和25年4月15日法律第98号）で新設された27条の2の規定であった。この規定は、本来は、20歳まで引き上げられた成人年齢規定の施行を前に成人を少年と誤認した場合に対処する趣旨で創設されたものであった。この条項を少年再審の根拠規定として用いる試みの中でまず焦点が当てられたのは、同条1項にいう「審判権」の内実であった。形式的審判条件説、実体的審判条件説、保護処分要件説、保護要件説の対立は、審判対象論や非行事実の位置づけをも反映していたが、形式的審判条件説を除いて学理上は27条の2が再審的機能を担うことを承認するものがほとんどであり、裁判例においてもこれが認められてきたといえる [*3]。
　少年保護手続における適正手続保障の問題が学理上焦点化され、少年法改正に関するいわゆる中間報告においても少年再審規定の明文化の必要性が指摘される中で、こうした方向性の到達点となったのは、1983年の最高裁決定（最三決昭58・9・5刑集37巻7号901頁、家月35巻11号113頁）であった。どの学理に拠るのかは明らかにしないながらも「審判権がなかったこと」のなかには非行事実の不存在も含まれるとの解釈を示したこの決定が同時に注意深く「少年を将来に向かって保護処分から解放する」と表現した事柄は、しかし、その後の1984年決定（最三昭59・9・18刑集38巻9号2805頁、家月36巻9号99頁）と1991年決定（最一決平3・5・8家月43巻9号68頁）により、保護処分終了後の取消しとその遡及効の否定という形で敷衍された。保護処分取消し規定に再審的機能を承認する点では解釈論上柔軟な踏み込みを見せる一方で、その時的限界については厳格に一線を画した一連の判例を受けて理論的課題として浮かび上がったのは、「保護処分の継続中」という文言をいかに克服するか、であった。それは、①明文規定において27条の2により取消された保護処分に一事不再理効が及ば

ないとされていることの理解、②保護処分取消しの遡及効の有無[*4]、③少年の名誉回復の要否、④27条の2の本来の立法趣旨の評価、といった点との関連において、不可避的に体系的な説明を求めるものであったといえる[*5]。

　この克服は、③少年の名誉回復の必要性という実質論を支えとして、二つの方向から試みられたといえる[*6]。一つは、④旧少年法下の取消しが現在の要保護性に処分を対応させるためのものであったこととの相違を明らかにし、①取消された保護処分に一事不再理効が及ばないとされていることや少年事件補償法との体系的整合性から取消しに②遡及効を認める見解である（斉藤説）[*7]。この見解は、その上で、保護処分終了後においても取消しの実益は存在していることから、「保護処分の継続中」の文言を「保護処分の継続中においても」と解釈し、保護処分終了後の場合にも27条の2第1項の類推適用を認めた。もう一つは、④に光を当て、元々の趣旨である年齢誤認の場合と非行事実不存在の場合を区別し「保護処分の継続中」は前者の場合にのみかかる要件であると理解するものである。これにはさらに実体的側面を強調するものと手続的側面に着目するものとに区別されうる。前者は、①27条の2第1項により取消された保護処分決定には一事不再理効が否定されることに着目し、「保護処分の継続中」は「不利益再審」の側面をもつこの措置が憲法39条と抵触しかねないがゆえに、人権保障との調整を図るために保護処分終了後の不利益再審を禁止する趣旨で置かれたものと理解する（若穂井説）[*8]。その上で、非行事実不存在の場合の保護処分取消しという少年の「利益再審」の場合にはこの要件を厳格に解釈する必要はない、と主張する。後者は、これと同様に④立法過程の分析から、27条の2第1項の規定は年齢誤認の場合における職権による調査と是正のための手続にかかわるものであり、それが少年に不利益を及ぼす可能性があることから「保護処分の継続中」という時的限界を画する文言が盛り込まれたと理解する（大出説）[*9]。したがってそれは、職権調査・是正が意図された場合に適用がある限定として解釈・運用すべきもので、基本的に少年側が主張する非行事実の不存在の場合には事情が異なる、と主張するものであった。

2　現行法の構造的問題

　こうした解釈論上の試みが展開される中、2000年の法改正は、1項の文言に手をつけることなく2項を新たに付け加える形で、27条の2の改正を

行った。1項と2項には、文理上、次のような違いがある。すなわち、1項の取消しは、①「審判権がなかった」ことを理由とし、②「保護処分の継続中」という時的制約をもち、③「審判に付すべき事由がない」ことを理由とする場合には、取消し手続への検察官の関与がない限り一事不再理効が生じない（46条3項）。他方、2項のそれは、①「審判に付すべき事由の存在が認められない」ことを理由とし、②「保護処分が終了した後においても」可能であり、かつ、③検察官の関与がなくても、46条本文から元々の保護処分の効力として一事不再理効が及ぶ。その一方で、④本人死亡の場合にはこれを行うことができず（27条の2第2項但書）、2000年改正法施行後に保護処分が終了する事件に適用するものとされている（附則（平成12年12月6日法律第142号）2条4項）。

　この立法により、2項については正面から、1項に関しても46条3項という裏面から「審判に付すべき事由の存在が認められないこと」が明文化されたため、非行事実の不存在が取消し理由になるのかという、歴史の早い段階で焦点化された問題については一応の解決が与えられたといえる [*10]。

　保護処分取消しの遡及効については立法過程では正面からは説明が行われていない。しかし、これと密接に関連する少年の名誉回復の必要性については、立法過程において否定する説明が行われており、本人死亡後の保護処分終了後の取消しを否定する規定ぶりをとる2項但書はまさにこの観点から根拠づけられている [*11]。刑事訴訟手続と少年保護手続は、①サンクションか本人に対する保護・教育的な措置か、②公開か非公開か、報道規制があるか否か、③前科登録の対象となるか否かという点で異なっており、刑事再審と同様に本人の名誉回復措置が必要とは考えられず、保護処分の取消しは誤って保護処分を受けたため傷ついた本人の情操の保護、回復を図ることを趣旨とする、と説明されている [*12]。

　以上のように、2000年改正は、少年再審をめぐる議論の到達点からいえば、歴史的な課題にほとんど回答を与えていない [*13]。しかし、こうした説明が成功しているかは疑わしい。むしろ、2項の創設により、1項と2項の関係や各々の射程という体系的な問題につき整理を行い、整合性をもった解釈論上の可能性を探る必要性が生じており、保護処分の取消しの法的な本質が問われているといえる。本人死亡後や2000年改正法の施行前に終了した保護処分につき、保護処分の取消しを行うことを現行法の解釈論として認めることができるか、という問題はその試金石となる。

少年再審の理論的課題　203

第3　27条の2第1項と第2項の関係と射程

1　取消しの遡及効と名誉回復

　現行法の体系的な理解を難しくしているのは、1項・2項ともに保護処分取消し制度の趣旨は本人の名誉回復にあるのではなく、「誤って保護処分を受けたために傷ついた本人の情操の保護、回復を図ること」にあるという立法時の説明である。

　しかし、この説明をどこまで維持できるかは疑わしい。名誉回復の問題と密接に関連する保護処分取消しの遡及効について考えてみると、2項による保護処分終了後の取消しについて、少年を将来において保護処分から解放することに別段の意義があるとは考えがたい。また、付則2条4項において2項による取消しが2000年改正法施行後に終了した保護処分を対象としていることは、事務処理上の問題とともに「法的安定性」の問題から説明されている[*14]。これらのことを考えれば、2項による取消しは遡及効をもつと理解するのが素直である。それが1項に与える影響については、解釈に委ねられた事柄と認識されているが[*15]、「取消し」という同じ文言を用いながら、一方は遡及効をもち、他方はそれをもたないというのは不自然であり[*16]、体系性を欠くことになろう。

　より直截に保護処分取消しの利益に目を向けてみても、すでに指摘されているように、執行の終わった保護処分を取り消すことは裁判所の過去の判断が違法であったことの宣言とならざるをえず、その実質は名誉回復を除外して考え難い。それを情操の保護というか名誉回復というかは、保護処分の取消しを行う側からみるか行われる側からみるかの違いにすぎない[*17]。仮にそれを情操保護と呼ぶとしても、その核心にある、裁判所が過去に誤った判断を行ったという不正義とそれを是正する必要性は、法施行の前後、本人死亡の前後を問わず、客観的に存在している。権利論としていえば、それは、憲法上の公正な裁判を受ける権利（憲法31条、32条、37条）に結びつくといえる。同時にこれは、子どもの権利条約40条2項(b)(iii)及び(v)、北京ルールズ7.1、14.1、そして成長発達権ともつながりをもっていると考えられ

る*18。

2　従前の学理の視角からみた1項と2項の関係

　現行法の保護処分取消し制度の体系的・構造的な理解として、1項・2項ともに取消しが遡及効をもち、どのように言い表すかは別にして、少年の名誉回復が保護処分取消しの利益であると理解せざるをえないとすれば、両条項の関係はどのようになるであろうか。本人死亡後や2000年改正法の施行前に保護処分が終了している場合における1項の適用可能性に焦点を当てて、問題の整理を試みよう。

　2項創設以前に見られた、保護処分終了後にこの規定の適用を否定する理解をなお維持することもありえないわけではない。しかし、その否定の根拠を1項による取消しが遡及効をもたないことに求めることはもはやできないのであるから、この立場には、1項にいう「保護処分の継続中」の意義に関する新たな説明が求められることになる。

　反対に、2項創設以前に提唱された、27条の2による取消しに遡及効を認め、その対象を保護処分終了後の場合にも拡大することを試みた立場を前提とした場合には、どうなるであろうか。これらの立場は、2000年改正で46条3項但書により、「審判権がないこと」とならんで「審判に付すべき事由の存在が認められないこと」もが27条の2第1項による取消しの理由となることが明らかにされた点、その意味で保護処分取消し理由が二元的であることが明らかとなったこと、また少なくとも非行事実不存在を理由とする場合には1項・2項ともに遡及効をもつと理解せざるをえない点と整合的であり、体系性を保った解釈を可能にする。これらの理解からは、本人死亡後や2000年改正法の施行前に終了している保護処分の取消しも、1項により可能とする余地が生じよう。

　しかし他方で、これらの立場は、1項の解釈で「保護処分の継続中」という枠組を実質的に取り外すがゆえに、「保護処分が終了した後においても」との文言を置く2項の存在につき体系的な説明を行う必要性に新たに直面している。もっとも、斉藤説の立場からは、比較的容易にこれに対する回答を与えることができるかもしれない。斉藤説において「保護処分の継続中」との文言が「保護処分の継続中においても」との趣旨であると解釈されたのは、少年保護手続が司法的過程と教育的過程から成っているという正当な認

識から導かれたものであった。つまり、教育的過程の安定性を犠牲にしてでも司法的過程の誤りを正す必要性が特に高い期間であるがゆえに、「保護処分の継続中」との文言が注意的に置かれていると理解されたのであった。この考えとパラレルに、例えば、2項が「保護処分が終了した後においても」と規定するのは、保護処分がすでに執行され、少年が一応の安定した社会生活を営むようになった後でも、誤った保護処分の言い渡しという不正義が過去の司法過程に存在する場合には——その一応の安定を犠牲にしてでも——それを取り消さなければならないことを注意的に明らかにしたものと理解することが可能である。ただ、こうした理解をとったとしても、斉藤説にはなお課題が残りうる。1項・2項ともに取消し対象を広くとりうる視角をもつだけに、本人死亡後や2000年改正法の施行後に終了した保護処分の扱いが2項にのみ関係していることの説明とその解釈が、また保護処分終了後の取消しは1項の「類推」適用によると結論づけられていた[*19]関係から「保護処分が終了した後」の文言を明文で置く2項との適用関係の優劣が、新たな体系的問題として浮上しているといえる。

これらの立場については、さらに、一事不再理効に関する両項の相違の説明が、解釈論上の新たな課題として浮かび上がっているといえる。

3　新たな解釈の可能性

(1)　1項と2項の意義

このように、27条の2第2項の創設以前に主張された解釈論を土台としてみると、2項の創設によっていずれも、体系的な説明という点で新たに課題を抱えているように思われる。それでは、27条の2第1項と2項の関係と射程はどのように理解されるべきであろうか。

検討の基点としたいのは、2項創設以前に、27条の2の立法趣旨を検証する中で、その手続法上の意味を明らかにした見解がもっていた視角である。その核心は、27条の2第1項にいう「保護処分の継続中」の文言は職権による手続と不可分に結びついており、その時的限界は本質的に職権調査・是正が意図された場合にのみ適用されるべきである、ということにあった。

ここから27条の2第2項の位置づけを図るとすればどうなるであろうか。2000年改正により新たに創設された2項の取消しの法的性格は、1項と同様に、本人などの申立権に基づくものではなく、裁判所の職権により行うも

のであると説明されている*20。「申立権が認められているのとほとんど変わりがないと言える」*21 実務運用があるとしても、少年らの職権発動の申立てを受けずに、裁判所が純粋に自らの職権で取消し手続をとりうる仕組が残されていることになる。つまり、保護処分取消し手続が開始される契機は、1項と同様に2項においても二元的なのである。これを前提とする場合、2項但書は少年らの職権発動の申立てなく裁判所が自らの職権をもって取消し手続を開始した場合にのみ適用されると理解する可能性が生じる。それでは、なぜ2項但書に、わざわざ本人の死亡後に保護処分の取消しができない旨の規定が置かれたのであろうか。それは、次のように解釈すべきである。つまり、一方で、裁判所が違法に保護処分を言い渡した状態が客観的に存在しており、職権によってでもそれを是正しなければならない必要性がある。しかし、他方で、職権による調査・是正を無限定に許すことになると、1項の元々の趣旨のようにあからさまな「不利益再審」という形態ではないにしても、保護処分終了後、司法の関与を離れた本人やその家族などが平穏な社会生活を送る利益が侵害される危険性が生じる。時的限界は、その調整として規定された。換言すれば、誤判の是正という目的をもつ一方で、処分の取消しを行う側から見れば「情操の保護」というパターナリスティックな理由に出たものであるがゆえに却って当事者の利益侵害の危険性を内包するという、両義的な職権による調査・是正は、正当化のために時的限界を必要としたのであり*22、それを規定したのが2項但書ということになる。附則2条4項の規定も、同様に、職権調査・是正というパターナリスティックな配慮を国家の側がとることができる開始時点を明らかにしたに過ぎないものと理解できる。これはあくまでパターナリスティックな配慮の始点と終点なのであるから、少年側から「名誉の回復」のために非行事実不存在の申立てが行われるような場合には、その適用はない。手続開始の契機がどうであれ、過去の違法な処分という不正義は客観的に存在しているわけであるから、パターナリスティックな配慮の始点と終点の枠に位置しない事件であっても、それについては少年やその家族の申立てが行われれば、取消しが行われなければならないのである*23。

　私説からは、1項は第一義的には年齢などの比較的形式的な「審判権」の問題に関して、そして2項は「審判に付すべき事由」にかかわる実質的な問題に関して、職権調査・是正の時的限界を置いていると理解することになる。46条3項で示唆されているように、27条の2第1項は「審判に付す

べき事由」をも取消しの理由としうるが、これは少年側から主張があった場合を念頭に置いている。2項は、基本的には少年側が主張する、この「審判に付すべき事由の存在が認められないこと」についても、特別に職権による再審査を認めたものである。これらの規定は各々、違法な保護処分決定という不正義の問題を取り上げており、1項では保護処分の継続中という教育的課程における、2項では保護処分終了後の社会生活における安定を犠牲にしてでも、そしてこの期間においては裁判所の職権によってでも、この不正義を是正しなければならないこと——それほどに不正義が大きいこと——を明らかにした規定である。

(2) 一事不再理効の問題

一事不再理効の問題はどうであろうか。この問題は、2000年改正法のそもそもの非体系性に起因しているともいえる。2000年改正法は、不処分決定に一事不再理効を認めない判例理論[*24]の外枠を崩すことなく、一事不再理効の対象を「保護処分」とする46条1項に手をつけない一方で、検察官の審判関与を条件に不処分決定に一事不再理効を認める同条2項を新たに創設した。理論的に一貫しないこの態度が、保護処分取消しにも及んでいるわけである。1項による取消しの場合は、保護処分の取消しが不処分決定と同視され、検察官の関与が一事不再理効を及ぼすための要件となる（46条3項）のに対し、2項の取消しについては元々の保護処分の効力として46条本文から一事不再理効が発生するというのが立法時の説明である[*25]。そうであるとすれば、保護処分が一度は確定したという事情がある点で両者に相違はないから、46条1項にいう「保護処分がなされた」とは「保護処分の執行がなされた」という意味に解さざるをえないことになり[*26]、かつ一事不再理効の発生根拠が、この保護処分の執行の終了と検察官の審判関与という二元的で、理論的に統一性のない構成をとっていることにならざるをない。しかし、この理論構成を許すのであれば、家庭裁判所の保護処分決定が確定した後でも、その保護処分の執行が終了していない間は、同一事件の審判や刑事訴追ができることになる。

この不当な帰結を回避するには、さらに高次元での統一的な説明を模索するほかない。例えば、46条1項は「審判を経た事件」に着目することで、保護処分が言い渡されるという典型的な手続負担を例示している一方で、同条2項は検察官関与という特に少年側の手続負担が重い場合を掲げること

で、憲法 39 条による二重の危険禁止の趣旨をそれぞれ注意的に確認した規定と解釈する、といったようにである。仮にこのような解釈が可能なのであれば、46 条 3 項についても、次のような説明を行いうる。すなわち、46 条 3 項本文にいう「第二十七条の二第一項の規定による保護処分の取消し」とは年齢誤認などの形式的な理由に基づく職権調査を経た取消しのことを指しており、その場合に適用される。同条の但書は、それとは事情が異なる「審判に付すべき事由の存在が認められないこと」を理由とする取消しについて一事不再理効が及ぶことを、特別に手続負担が重い検察官関与の場合を例示して注意的に確認したものである、という理解である。

　こうした理解は、確かに、2000 年改正法の立法時の説明とは一定の距離を置くものではある。しかし他方で、2000 年改正法の立法者は、46 条 3 項但書の規定を設けた際に、27 条の 2 第 1 項による取消しには「審判権」の不存在と「審判に付すべき事由」の不存在という異なる理由がありうることを明確に前提にしながらも、その書き分けについて明確な説明を与えておらず、かつ一事不再理効に関して非体系的で、不合理な態度をとることで広く解釈の余地を開いていることも事実なのである。さらに、1950 年の法改正の際に、立法者は、27 条の 2 の保護処分取消しに一事不再理効が及ばないとすることが憲法 39 条に抵触するのではないかという「この法案の一番の実は法律問題」について、刑事処分と保護処分の違いを強調するだけでなく、アメリカの判例において「被告人において非常に作意をいたしまして故意に嘘を言つて裁判所の審判を誤らしたような場合には、二重処罰の禁止にはかからないというような判例が多」くあり、「二十七條に規定するような場合には、本人が年齢を強いて嘘を言いまして、そうして（保護処分を──引用者）受けるような事例が多い」[27] ことを理由として掲げているのである。そこでは、二重の危険禁止や一事不再理効を否定する前提として、対象者の側に積極的な「作意」があるような年齢誤認事例が想定されていたのであり、これを非行事実不存在の場合[28]に適用することは、却って立法者の意思に反することにもなる。

第 4　むすびにかえて

本稿では、少年再審の理論的課題を確認し、現行法の解釈可能性について検討を試みた。戦後展開した少年再審に関する議論の多くが自覚的にそうであったように、本稿で試みた解釈も、実質論から出発し、爪を立てて巉巖を登るに等しいものかもしれない。しかし、2000 年改正法の立法者がそれを許さないほどの、綻びのない理論と体系を準備していたかは、疑わしい。2 項の創設により、保護処分取消しや一事不再理について、理論上・法体系上の混乱が却って生じている状況にあるといえる。

　しかし、こうした混乱に比して、問題の核心は明瞭である。仮に、本人生存中や判決確定後の一定期間に刑事再審を限定するという立法が刑事訴訟の世界で行われたとすればどうであろうか[29]。これを受け容れがたいのであれば、少年法の世界でも、否、少年法の世界であればこそ、これを受容することはできない。成長発達の途上にある者を対象とする少年保護手続であればこそ、人権保障の土台として名誉の保護と回復が必要なのである。結果の不正義のみならず、適正なコミュニケーションをとることができなかったがゆえの手続過程の歪みという意味においても、誤判は是正されなければならない。それは国家が「教育」主体としての「名誉」を保持し、回復するための唯一の方法でもある。

* 1　本稿において念頭に置くのは、適法に言渡された保護処分同士や有罪判決・保護処分の競合が問題となっている場合の保護処分の取消し（少 27 条）ではなく、違法な処分言渡しが行われた場合の保護処分の取消し（少 27 条の 2）である。なお、本稿では、紙幅の関係から、文献註を最小限にとどめざるをえなかった。ご海容をお願いしたい。
* 2　少年再審をめぐる議論の歴史的な展開については、守屋克彦「保護処分の終了後の取消し」斉藤豊治＝守屋克彦編著『少年法の課題と展望　第 1 巻』（成文堂、2005 年）149 ～ 159 頁を参照。
* 3　「審判権」の内実をめぐる学理と裁判例の俯瞰については、最高裁判所事務総局編『少年執務資料集(2)の上』（法曹会、改訂版、1981 年）142 ～ 153 頁を参照。
* 4　この問題は、保護処分取消しの対象は保護処分決定か、それとも保護処分の執行か、という形式でも問われた。
* 5　殊に②と③については、27 条の 2 により保護処分が取消された場合にも補償を認める「少年の保護事件に係る補償に関する法律」が 1992 年に制定されたことにより、原理的にも検討が加えられることになった。
* 6　津田玄児「少年再審についての一試論」法律実務研究 1 号（1986 年）

83〜108 頁で示されたような憲法の直接適用の可能性を模索する試みもあった。現在なお検討に値するアプローチであるが、本稿では直接の検討の対象とはしない。

*7 斉藤豊治『少年法研究1 適正手続と誤判救済』(成文堂、1997 年) 142〜188 頁 (初出：1990 年、1992 年)。

*8 若穂井透「閉ざされた少年再審」法セミ 371 号 (1985 年) 26〜27 頁、同『子どもたちの人権』(朝日新聞社、1987 年) 261〜268 頁。なお、田中輝和「少年保護事件と再審」東北学院大学論集・法律学 48 号 (1996 年) 75〜104 頁も参照。

*9 大出良知「少年審判手続における「再審」」法時 67 巻 7 号 (1995 年) 37〜42 頁。

*10 もっとも「保護処分に付すべき事由の存在が認められないこと」が「審判権がなかったこと」の内実を形成するのか、それと独立に並列されるのかまでは明らかではない。いずれにしても、「保護処分に付すべき事由の存在が認められないこと」が法文に明記されたことから、非行事実と並んで要保護性を審判対象とする立場に立つのであれば、保護処分決定当時の要保護性の不存在も取消し理由となると理解するのが自然であろう。

*11 この条項は、取消しの期間として保護処分終了後 5 年間という限定を付していた案が批判を浴びた末に修正されたという経緯をたどっている。

*12 法制審議会少年法部会第 79 回会議議事録 (平成 10 年 12 月 10 日)、第 150 回国会参議院法務委員会会議録第 7 号 (平成 12 年 11 月 16 日) 14〜15 頁、甲斐行夫・入江猛・飯島泰・加藤俊治「少年法等の一部を改正する法律の解説」『少年法等の一部を改正する法律及び少年審判規則等の一部を改正する規則の解説』(法曹会、2002 年) 169 頁を参照。

*13 いわゆる少年法の中間報告は、「本人及び関係人の名誉の回復を図る」ことは「少年の人権を保障する上から是非とも必要」との認識から、刑事再審に準じた非常救済の制度の新設を盛り込んでおり (法務省刑事局「法制審議会少年法部会審議経過中間報告の内容説明」家月 29 巻 7 号〔1977 年〕127 頁)、その後の立法論も同様の観点をもっていたといえる (例えば、大森政輔「少年の権利保障強化のための手続改善について」家月 29 巻 9 号〔1977 年〕38 頁)。この点からいえば、2000 年改正法は、こと少年再審に絞れば中間報告よりも後退した水準の立法を行ったと評価すべきであろう。

*14 甲斐ほか・前掲注 12 論文 291 頁。

*15 井上正仁ほか「少年法改正 (下) ——法制審議会答申をめぐって」ジュリ 1152 号 (1999 年) 82 頁〔横畠裕介発言〕。

*16 川出敏裕「保護処分終了後の救済手続」ジュリ 1152 号 (1999 年) 89 頁も参照。

*17 守屋・前掲注 2 論文 158 頁、川出・前掲注 16 論文 89 頁。同様の指摘として、浜井一夫「少年審判における事実認定手続の一層の適正化」現刑 24 号（2001 年）44 頁。

*18 成長発達権の権利性については、名古屋高判平 12・6・29 民集 57 巻 3 号 229 頁も参照。

*19 類推適用によることの狙いのひとつは、一事不再理効を否定する条項の適用を回避することにもあったといえる。斉藤・前掲注 7 書 184 頁を参照。

*20 甲斐ほか・前掲注 12 論文 172 ～ 173 頁。

*21 甲斐ほか・前掲注 12 論文 173 頁。

*22 特に国家によるパターナリズムが無制限に許されるわけではなく、対象者の利益の種類や手続などの枠組に服する必要があることについては、澤登俊雄「犯罪・非行対策とパターナリズム」同編著『現代社会とパターナリズム』（ゆみる出版、1997 年）147 ～ 152 頁を特に参照。

*23 なお、本稿の立場に立たない場合でも、法的安定性とならんで「審判記録の不存在や家庭裁判所の手続的負担」（甲斐ほか・前掲注 12 論文 291 頁）を根拠としている附則 2 条 4 項の立法趣旨から、2000 年改正法施行前に保護処分が終了している事件について、個別事例の処理として、保護処分の取消しの対象になる場合がありうると解される。

*24 最大判昭 40・4・28 刑集 19 巻 3 号 240 頁。起訴便宜主義の健全な運用に期待をかけた本判決の前提に、調布駅事件などにより変化が生じており、見直しの機が熟していることについては、守屋克彦「不処分決定と一事不再理」斉藤豊治＝守屋克彦編著『少年法の課題と展望 第 1 巻』（成文堂、2005 年）147 頁を参照。

*25 法制審議会少年法部会第 79 回会議議事録（平成 10 年 12 月 10 日）参照。

*26 川出・前掲注 16 論文 91 頁。

*27 第 7 会国会参議院法務委員会会議録第 12 号（昭和 25 年 3 月 14 日）14 頁。

*28 殊に少年の冤罪事件は、捜査段階に大きな問題を抱えている。少年の責に帰すべき事由がないことだけでなく、取調べ状況の可視化を欠いていることも含めて国家の側が無垢ではないことも、ここでは想起すべきである。

*29 これは、鈴木義男「再審理由としての証拠の明白性」研修 444 号（1985 年）14 頁などによりかつて実際に主張されたことがあった。

（たけうち・けんじ／九州大学大学院法学研究院准教授）

少年法の理念
―― 被害者傍聴、健全育成、そしてEBP

酒井安行

第1　はじめに
第2　法制審議会少年法（犯罪被害者関係）部会における議論から
第3　いくつかの論点について
第4　おわりに

第1　はじめに

　近代法における民刑分離の原則のもと、長年、刑事手続から疎外された存在であった犯罪被害者の権利・利益状況は、近年になって、日本においても、驚くほどの速度で改善が進んでいる。そしてそれは、保護主義、健全育成の理念のもと、もともと、本質的に加害者オリエンテッド性を内在させる少年司法にも及び、2000年、2007年、2008年と相次いで大きな改正が行われた。また、2004年に成立した犯罪被害者等基本法は、犯罪被害者等の「個人の尊厳が重んぜられ、その尊厳にふさわしい処遇を保障される権利」を規定し、その具体化に向けて2005年に閣議決定された「犯罪被害者等基本計画」は、「犯罪被害者等の意見・要望を踏まえた検討」に従った施策の実施を約束し、そこには、「少年審判の傍聴の可否を含」むものとされた。その後、被害者団体の関係者も加わった法制審議会少年法（犯罪被害者関係）部会での審議を経て、本稿で主たる検討の対象とする被害者等による少年審判の傍聴のほか、被害者等による記録の閲覧・謄写の要件緩和、対象

の拡大、被害者等による意見聴取の対象者の拡大等が答申され、国会審議において、衆議院で一定の修正が行われた[*1]のち成立し、2008年12月に施行された[*2]。

本稿は、上記の少年事件における被害者傍聴の導入を素材に、本書の共通テーマである「健全育成の理念」について、雑感を述べようというものである。

第2 法制審議会少年法（犯罪被害者関係）部会における議論から[*3]

部会では、少年審判の被害者傍聴について、少年が被害者を死亡させたような重大事件では、被害者やその遺族から、審判のやり取りを自らその場で直接見聞きし、具体的で十分な情報を得たいとの強い要望が示され、このような関心、心情は、犯罪被害者等基本法の趣旨などに鑑み十分尊重されるべきであること、それは、被害者等の立ち直りにも役立ち、少年審判に対する被害者等を始めとする国民の信頼を一層確保することになる等の根拠が示された。他方、しばしば指摘される少年が萎縮して言いたいことが言えなくなるとの懸念については、裁判官が少年の年齢、心身の状態等を考慮してきめ細かく相当性を判断した上で許可するので、適正な処遇選択や少年の内省の深化を妨げられることはないし、被害者等が傍聴している場所でその立場や心情に思いを致しながら審判を受けることで、少年が、自らの非行の重大性を認識し、内省を深めることに資する場合もあるとも説明された[*4]。

1 傍聴の利益

当然ながら、部会では、傍聴の利益をどのように捉えるかが議論された。特徴的なことは、被害者に「自分の目で直接見聞きしたい」という強い要望があることが何度も挙げられたことである。このような「とにかく見たいのだ」という極めて主観的な要求が、しかも、そのような要求があること自体がいわば立法事実的に援用されたということが注目される。このような、極めて主観的な要求が、これほどの強い保護を、ややアイロニカルにいえば、「むかし、健全育成、いま、被害者の要望」とでもいいうるようなカテゴリカル

な優先順位を得たことの意味は極めて大きいといわなければならない。

2　少年審判の機能への影響と被害者の立場

　被害者が傍聴していたら、少年やその家族等のプライバシーに深く関わるようなことは、その内容が深刻で、それゆえ審判にとって重要であるほど話題にしにくくなり、何より、少年が萎縮し、真実、本心、本音が言えなくなり、少年審判の事実認定作用も教育的機能も損なうという反対論にはもちろん説得力があるといえよう。

　それにもにもかかわらず、むしろ、それゆえにこそ、被害者を納得させるどころか、かえって、「また健全育成か。もうたくさんだ」という反応を呼び起こした。まさに、いままで被害者が「我慢させられてきた」こと、さらには、「我慢させられていたことさえ気づかされないほど疎外された立場しか与えられていなかったことに気づいてしまった」ことが、激しい怒りのエネルギーとなり、怒濤の如く立法をも突き動かしたという面があるように思われる。

3　「我慢させられてきた」被害者

　伝統的な健全育成概念は、健全育成とは、「育成する」側、それも、国家ないし社会からみて「健全」な少年の育成という性格が強く、そのような意味での「よい子」像に向けての育成であったといいうる。保護主義の理念は、しばしば、少年が「国家・社会の明日を担う」存在であることと結びつけて語られ、そのような少年を更生させ、健全に育成することは、少年の利益であるだけではなく、むしろ社会の利益であるとされ、それが、保護主義擁護のための説明原理として機能してきたのである。折に触れて「甘やかし」を批判されることはあっても、「明日の社会を担う存在の健全な育成」という強固な公共利益性は、簡単には揺らぐことはなく、むしろ、「個人主義」が、「我がまま」、「身勝手」の同義語として語られた集団主義日本社会においては、被害者の、「この目で見たいから見たいのだ」などという、今回、まさに真正面から認められた主観的利益は、少年の健全育成という公益よりも自分の欲望を優先しようとする「我がまま」として批判されかねず、おそらく、多くの被害者は、そのような「空気」を読んで自制せざるを得ず、あ

少年法の理念 | 215

るいは、そもそも、「そういうもの」として受け入れてきたといえよう。

第3　いくつかの論点について

1　個人主義的価値観の浸透？

　その後、憲法の基本理念である個人主義的価値観は、さしもの集団主義社会日本においても、少しずつ浸透し始めたといいうる。これにより、一方において、従来、「明日の国家社会」といった圧倒的な公益性の前に立ちすくむしかなかった被害者の主観的要求が、次第に、「我がままではない」正当な主張であるという地位を付与されてきたといえよう。そして、これら「知りたい」、「報復したい」という願望は、極めて主観的で具体的な、まさに生の欲求としての利益であるがゆえに、それが、一旦力を得ると、明日の社会のための健全育成という目に見えない理念に対して、圧倒的なエネルギーをもって迫ってくるのである[*5]。

　個人主義的価値観は、他方で、健全育成概念に関しては、近時有力に主張されている成長発達権論という形で現れる[*6]。これは、健全育成の概念を「育成」する国家、社会の側からではなく、「育成を求める」ないし「育つ」側＝少年、個人の側から捉え、そのための自由権的、社会権的保障を求める包括的な権利として把握される。そこでは、しばしば、少年の「いまあるがまま」の人格の尊重が語られ、「健全」の中身について、個々の少年の個性が全面的に認められる。成長発達権概念は、健全育成概念の個人主義的な把握であるという性格が強いということができよう。

　こうして、被害者の個人的な利益と少年の個人的な成長発達利益が衝突するという様相が生じてくる。そして、社会は、この両者の合理的な調整の原理を未だ持ち合わせていない。少年の成長発達の利益は、「明日の社会」という強力な公益的バックを失い、いわば、素手で、被害者感情という個人的利益と対峙せざるを得なくなり、そして、「殺した側と殺された側のどちらを優先するのか」という分かりやすすぎる論理の前に容易に屈したのである。しかしながら、この経緯をみると、「被害者」の要求の急速な拡大を、個人主義的要素の浸透とのみ結びつけて理解することは、全く一面的であること

はいうまでもない。被害者の要求は、他面において、処罰権力の拡大強化、加害者の手続的諸権利の抑制という方向性を有し、むしろそれを求めており、それゆえにこそ、「公益」の代表者であり、かつ特別予防への志向が強いとされた検察官は、被害者の個人的、主観的要求を受け入れ、提携の道を選んだという側面を軽視することは許されない。当然ながら、事象は、様々な矛盾を内包し、相克し合いながら進んでゆくのである。

2　類型性、EBP

　今回の改正に関する議論の中でしばしば出てくるのが、「類型的」という文言と「エビデンス」という文言である。少年のプライバシー保護、自由な手続参加が、「類型的に」保護され、そのため、手続は、「類型的に」非公開とされ、「類型的に」認められなかった傍聴を、今回、裁判官が、具体的な事情に応じて、個々に判断して許すことにするということであり、とくに、被害者側からは、被害者の傍聴が少年を萎縮させ、健全育成を損ねるという命題の「エビデンス」が、しばしば問われたのである。

　「エビデンス」は、いうまでもなく、いわゆる「EBP」論を背景にした用語である。従来、とくに具体的根拠を求められることなく、一種自明のものとして認められてきた様々な命題が、「本当にそうなのか。具体的な根拠があるのか。証拠、データを示せ」という攻撃にさらされるようになったということである[*7]。この点、EBPを重視することについては、しばしば、短期的に効果が出ないもの、あるいは、効果の検証が難しいものの価値が不当に軽視されてしまうという批判がある。その批判の説得力にもかかわらず、EBP論が受け入れられている一つの背景には、おそらく、このような「特殊性」を、いわば隠れ蓑にして、検証を免れたまま「既得権」が維持されてきたことへの異議申し立ての意味があるものと思われる。

　このような文脈で捉えた場合、健全育成は、それ自体、「将来」の「社会」への効果として把握される場合、極めて「エビデンス」が得にくい領域であることは明らかである。それでも健全育成は、「類型的に」価値のあるものとして、いわばエビデンス要求を免れる高みにいて保護され、それに従属する形で、傍聴→萎縮→少年の自由な発言の阻害→……→健全育成への障害という各プロセスも、「エビデンス」を求められることはあまりなかったといえよう。それが個々のエビデンスを要求される地位に引き下ろされてしまう

と、大きな困難に直面せざるをえないのは、当然の成り行きであった。

3　少年の萎縮と被害者の要望のエビデンス

　前述のように、被害者が傍聴していると少年が萎縮して本音を語らなくなり、審判の健全育成機能が果たせなくなってしまうという主張は、おそらく、反対論の最大の論拠である[*8]。しかし、被害者たちからは、萎縮するというのは自分の罪への気づきであり、反省の契機であるから、萎縮＝健全育成阻害ということにはならないとか、中には、萎縮して、明らかな嘘をつけなくなるならよいことであるとの反論までなされている[*9]。それはともかく、たしかに、萎縮効果は、直感的には当然であるものの、その「エビデンス」は必ずしも明らかではなかったといえよう。人間の言葉がコミュニケーション手段である以上、被害者が存在しない従来のコミュニケーション環境における言葉と、それが存在する環境でのそれとには、直ちに、前者の発言が真実、本心、本音で、後者はそうではないという単線的な関係に尽きない面があるとも思われる。自分の立ち直りを期待し、その方向での発言を期待するまなざしのみに囲まれている場面での発言にも、それはそれで様々なバイアスがかからざるをえないとも思われ、これのみを、一般的に真実、本心、本音といいうるかどうかについては、たしかに、経験科学的な検証による「エビデンス」を要するように思われる。しかし、繰り返しになるが、重要なのは、「被害者がいると萎縮して本心が語れなくなる」という命題が、具体的な「エビデンス」を求められるようになり、抽象的に保護されていた地位を奪われてしまったという事実である。

　これに対して、被害者の傍聴要求はどうか。部会では、傍聴の具体的な利益が何であるのかが問われ、これについては、法文上の根拠として、犯罪被害者等基本法3条の、「個人の尊厳が重んぜられ、その尊厳にふさわしい処遇を保障される権利」が援用され、実質的には、「直接知りたい」という願望を満たすことが、被害者の立ち直りに必要である[*10]という説明もなされた。しかし、この「立ち直りに資する」という点については、「エビデンス」が求められることも、示されることもなく、むしろ、上述したように、その後、法務省事務当局は、この説明にもこだわることなく、単に、「被害者が要望していること」それ自体を強調するようになったのである。これは、それによっていかなる利益が達成されるのか、そのエビデンスはあるのかとい

う議論を、いわば初めから免除する論法であったといえよう。その効用の具体的な証拠を不要とすることはもとより、「効果などは関係ない。見たいから見せてほしいのだ」という要求が、ただ、そのような要求があることのみを根拠として認められたのである[*11・12]。

第4　おわりに

　日本の少年司法は、様々な動揺を経ながらも、保護主義の伝統には根強いものがあるとされる。たしかに、従来の改正は、たとえば、検察官関与については、裁判官と少年の対立の回避というまさに保護主義的根拠が、少なくとも表面的には強調されたし、原則逆送ですら、少年に対する規範意識の涵養という、一般予防的要素を含みつつも、少年への教育効果が援用された。そして、改正の都度、反対論に対して、この程度の改正すら認められないと、少年法の根本理念自体に反対する極端な方向が出てきかねず、それを防ぐためにも、改正が必要であるという「説得」がなされたのである[*13]。
　この点、前述のように、今回も、傷つき、悲しむ被害者の姿を直接目にすることにより、少年に自らの犯したことの重大性に向き合わせ、更生の第一歩としうるという、傍聴を、健全育成の手段として理解する発言もあった[*14]。これは、伝統的な少年司法の論理の中に傍聴という異質な要素をも組み込もうとするものである。しかし、上記のように、部会では、傍聴は、むしろ、保護主義に基づく非公開主義の例外であることが強調されたように思われる。これは、傍聴を健全育成の手段に位置づけることで「統一」を図ることを断念ないし拒否し、両者の対立性を肯定しつつ、結局、従来のような、非公開制の「類型的」保護までは不要とし、裁判官の具体的な判断により、健全育成を優先させることは可能であり、それで足りるとするものであった[*15]。そして、注目されるのは、被害者団体関係者と思われる委員から、被害者保護法の制定によって、むしろ、被害者との関係では、少年法の考え方そのものが質的に変わったのだという指摘がなされ[*16]、法務省当局も、そのような主張に立つものとしての被害者の要望の存在自体を改正の論拠として強調したことであろう。これは、基本法によって少年法の理念が根本的に修正されたとの理解に対して、認容的な態度をとったといいうるようにも思われる。

少年法の理念 | 219

最後に、このような経緯で認められた傍聴は、したがって、おそらく、一定のタイプの被害者によりなされることが多くなることも予想される*17。その場合、そのような被害者に対して、裁判官が、傍聴を認めない理由として、「健全育成」の観点からの不相当性をどこまで納得させうるかは、予断を許さないように思われる。そうすると、保護主義の伝統を守ろうとすれば、部会でも一部指摘されたように、重要な部分は、審判前の非公式な場面で（もとより、被害者傍聴なしで）行われることになり、審判のセレモニー化、形骸化という事態が生じかねない*18。仮にこのように、審判外の非公式の手続で重要な部分が行われるとすると、それは、一面において、まさに、ゴールト判決が批判したように、少年への手続的保障の不十分な手続が復活しかねない一方で、少年のいない場で重要な手続が進むという意味で、保護主義とはおよそなじまない方向ともなってしまう。日本の少年司法における保護主義の伝統、また使い勝手の悪さを運用上吸収してゆく実務の伝統といえども、こうまでして、被害者の「再疎外」による保護主義維持の方向を模索するとも思えないが、ある種の悲壮な危機感が感じられないではない。

　本体を少しずつ掘り崩しつつも、しかし、健全育成の手段として位置づけ、またはそれとの調和を図る形をとることで進められてきた保護主義の様々な変容が、今回、被害者の要望のみを理由とする改正にまで到達したことで、ある種の質的変化を遂げ、仮にそれが、上記のような非公式化の推進への動因となるとすれば、かなりの皮肉にはちがいない。

* 1 部会審議で激しく議論され、被害者にとって加害者の年齢は無関係であるという原則論が押し切る形で採択された触法事件での傍聴について12歳未満を除外する、傍聴許可は、事前に、弁護士付添人（いない場合は原則として附する）の意見を聞く等、健全育成に配慮する修正が行われ、他方で、家庭裁判所による被害者等に対する審判状況の説明規定が加わった。
* 2 経緯の概観につき、飯島泰ほか「『少年法の一部を改正する法律』の解説」家月61巻2号（2009年）1頁以下参照。
* 3 事務当局提出による論点メモ（法制審議会少年法［犯罪被害者関係］2007年12月21日議事における配布資料14）。傍聴に関する論点が、1-1 傍聴の意義、必要性、法的利益、1-2 少年の健全育成との関係、2-1 触法少年事件を対象とするか、2-2 対象とする罪種、3 傍聴を認める実体的、手続的要件、4-1 傍聴する位置、4-2 モニター傍聴の可否、5 付添いの可否、6-1 傍聴者の守秘義務の対象、要件、6-2 守秘義務以

外の情報漏示防止の仕組みの要否として整理された。
- ＊4　法務省事務当局の説明。2007年12月13日議事録。
- ＊5　抽象的な法益から具体的な利益へという命題を想起されたい。
- ＊6　葛野尋之『少年司法の再構築』（日本評論社、2003年）65頁以下、服部朗「成長発達権の生成」愛知学院大学論叢法学研究44巻1-2号（2003年）所収、山口直也「子どもの成長発達権と少年法61条の意義」山梨学院大学法学論集48号〔2001年〕所収等）。
- ＊7　「課題研究　最近の刑事政策関連立法・施策における政策形成過程の再検討」犯罪社会学研究30号（2005年）参照。なお、EBP論が、医学領域で始まったという経緯は示唆的である。特別な「業務権」者としての医師による行為として、当然に認められる傾向のあった医療行為の価値が、いわば相対化され、有用性の根拠を、具体的に証拠で示すことが求められるに至ったのである。もっとも、この点、日本では、たとえば、国民皆保険制度が自明の極めて優れた制度と意識され、「萎縮医療」という言葉が魔術的な力を持って医師の責任追及を「萎縮」させる状況が強まるなど、EBP論の背後にあるような医療の「相対化」の発想は、進んでいないように思われる。
- ＊8　弁護士委員の意見書（2007年12月21日参考資料8。2008年1月10日議事録参照）。なお、少年司法運営に関する国連最低基準規則（北京ルールズ）8条、21条は、少年のプライシー尊重を要請し、14条は、「少年が手続きに参加して自らを自由に表現できるような理解し易い雰囲気」を求めている。
- ＊9　2007年12月21日議事録。
- ＊10　2007年12月13日議事録での法務省事務当局の説明。
- ＊11　他の被害者団体から、審判のような早期の時期での傍聴は、かえって被害者を傷つけてしまうので被害者の利益とはいえず、導入には賛成できないとの意見も提出されたが、これは「被害者の要望」ではないとされたわけである。なお、「生命」侵害の被害者ではない被害者「遺族」が生命侵害被害者に「準ずる」扱いを受けることの根拠については、より基本的な検討が必要とも思われるが、他日を期したい。
- ＊12　そのような被害者の要望が国民の共感を得ており、それを実現することが規範の安定に資するという積極的一般予防論的な、「エビデンス」になじみにくい説明になろう。
- ＊13　2008年1月10日議事録（もしこれで被害者の傍聴する利益を完全に封じてしまったときには、むしろ現在の我が国の少年司法システムを根本的に変えろという議論が出てくるのではないかということを懸念しております）。
- ＊14　裁判所関係の委員と思われる。2008年1月10日議事録。
- ＊15　衆議院の修正において、相当性の判断に際し「健全な育成を妨げるおそれ」がないことが明文で書き込まれた。

*16 2007年12月21日議事録、2008年1月25日議事録等。
*17 前掲注11参照。
*18 2008年1月13日議事録（少年事件の手続自体は……調査官といろんなやり取りをしたり、……審判が始まる前に裁判官と……話をしたりというようなことが総合的に絡み合って、最後に審判が行われる……枠組みになっている……。……被害者の方が傍聴されていろいろと話がしづらい部分も出てくるとなると、ではそれは事前に調査官調査でいろいろ話をしようとか、裁判官に直接訴えたいこと……は、……審判の前に付添人が代わりに言っておこうとかいうような形になって、結局少年審判自身がある意味では形式化するというか刑事裁判化する……、そういう懸念もある……とも思っています）。

（さかい・やすゆき／青山学院大学教授）

少年審判廷と被害者の傍聴

上野芳久

- 第1　はじめに
- 第2　2008年改正法の問題点
- 第3　被害者等の傍聴の可否
- 第4　おわりに

第1　はじめに

　刑事法の世界で長いこと置き去りにされていた被害者が注目され、その保護の必要性が主張されるようになったのは、国際的にも比較的最近になってからのことである[1]。

　わが国ではさらに遅れた[2]。本格的な犯罪被害者支援のための法律であるいわゆる犯罪被害者保護二法[3]が制定されたのは2000年5月であり、被害者保護基本法が2004年12月のことである。しかし、その間の保護拡大のスピードは驚くほどの速さであり、2007年には、被害者参加制度(刑訴法第二編第三節)が創設され、求刑について意見を述べることさえ可能になった[4]。その背後には、被害者が結集する多数の団体[5]が誕生し、被害者自身が積極的に声を挙げはじめ、それに応えて公的機関も被害者支援に力を入れはじめたという事情があったのである[6]。

　以上は主として成人事件に関する動きであるが、当然のことながら少年法にも被害者保護の波が押し寄せた。もともと少年法では、加害少年自身を被害者(親や社会の教育の失敗による被害者[7])と見ているため、加害少年から被害を受けた少年や死に至らせられた少年の遺族を被害者として考慮することはなく、その保護を考えるという姿勢は成人事件の場合よりもさらに

弱かったといえる。しかし、特に1997年の神戸児童殺傷事件が発生した頃から少年事件が社会問題化し、被害者の遺族が手記を出版したり、遺族・被害者が団体を形成して法務大臣に少年法改正を働きかけたり*8と、被害者自身が積極的に発言し始め、マスコミも被害者団体の行動を大々的に報じたのである。その結果、2000年改正をめぐる議論の中でも、事実認定の精度を上げることと共に、少年犯罪被害者の保護が検討課題とされた。そして現実に、2000年改正法*9には、被害者等の申出がある場合に家裁は、①記録の閲覧・謄写を認める規定（少5条の2）、②被害者等の意見を聴取する規定（9条の4）、③審判結果を通知する規定（31条の2）がおかれ、さらに、2008年改正法*10では、家裁が、①一定の場合には、非公開である審判廷における被害者の傍聴を許す規定（22条の4）、②被害者等に対して審判状況を説明する規定（22条の6）まで新設されるにいたった。

　このように少年司法に被害者が係わる場面は次第に拡大してきた。過去に被害者への配慮が欠けていたことは否定できないことであるから、拡大してきたこと自体はむしろ歓迎すべきだと思う。しかし、だからといって、どこまでも拡大していいわけではない。では、その限界はどこにあるのだろうか。たとえば上記の成人の刑訴手続の場合と同じところまで行き着くべきなのだろうか。これが本稿の問題意識である。

　ただ、被害者保護の問題領域はかなり広いので、本稿では問題を限定し、少年審判廷において被害者等の傍聴は許されるのかを考えてみたい。上記のとおり既に2008年改正法が認めたことであるが、まだまだ検討する余地があるように思われるからである。

第2　2008年改正法の問題点

1　非公開の意義

　本来、裁判は公開しなければならない（憲法82条1項）のに、審判廷が非公開（少22条2項）とされたのは何故かといえば、①審判は少年の立ち直りを目指す（1条）ので、少年の将来の不利益を避けるため（社会復帰を妨げないため）にも非行自体が秘密とされなければならない、②少年の問題

点（要保護性）と改善方法を明らかにするためには、少年・家族のプライバシーに関わる事項を明らかにする必要があるが、それを調査・審判で率直に述べてもらうため、また、関係者の協力を得るためにも、手続の秘密性が必要だから、とされている[*11]。

したがって、これまでも、この趣旨に反しない限り、公開が一切認められなかったわけではない。裁判長は、親族、教員その他相当と認める者には在席を許すことができた（規則29条）。「相当と認める者」とは、少年の教育的機能、処遇の実効化に資する者と解され、たとえば、校長、雇主、保護司、保護観察官、児童福祉司、補導委託先責任者等とされている[*12]。

では被害者はどうか。従来は、この規定から被害者の出席を認めることは困難とされていた。理由は、①規則29条の例示は少年の親族・教員である、②出席は意見陳述の前提となるが、意見陳述できるのは保護者・付添人と処遇に関わる者のみである（規則30条）、③明文がない、などであった[*13]。

2 被害者等の傍聴制度

しかし、2008年改正により、家庭裁判所は、被害者等から申出があった場合、次のような要件の下で、被害者等に「審判期日における審判」を傍聴することを許すことができることになった（22条の4）。

 (a) 犯罪少年及び12歳以上の触法少年に係る事件であること
 (b) 一定の罪（故意犯罪で被害者を死傷させた罪〔但し傷害の場合は生命に重大な危険を生じさせた場合のみ〕、刑法211条の罪）に係る刑罰法令に触れる事件であること
 (c) 少年の年齢・心身の状況、事件の性質、審判の状況その他の事情を考慮し、少年の健全な育成を妨げるおそれがなく相当と認められること

このように被害者等の出席が認められるようになった理由は、①被害者等が審判におけるやり取りを自らその場で直接見聞きして、その具体的な状況について十分な情報を得たいという要望があるが、被害者等が審判の具体的な状況について重大な関心をもつことは当然のことであり、その心情は、犯罪被害者等基本法の趣旨等にかんがみると十分に尊重すべきである、②傍聴を認めることは、被害者等の立場や心情にも思いを致しながら審判を受ける

ことにより自らの非行の重大性を認識し反省を深めることもあり、少年の立ち直りにも資する、③少年審判に対する被害者等を始めとする国民の信頼を一層確保することにもつながる、④家裁が、上記(c)のような考慮・判断した上で、被害者等の傍聴を許可するものであれば、適正な処遇選択や少年の内省の深化を妨げられることなく審判を行うことができる、からであるとされている*14。

3　「懸念」の検討

このような2008年改正法に対しては、既に立法前から、傍聴を認めることへの批判があった*15。今回の立法にあたっては、それは「懸念」として、(1)少年の萎縮等により適切な審判が害されるおそれ、(2)被害者等の二次被害発生のおそれ、の2点にまとめられて検討されたが、次のような理由で問題なしと考えられた。

まず、(1)については、①傍聴によって常に少年が萎縮して弁解できなくなったり、少年のプライバシー等にかかわる事項を取り上げることができなくなるといった弊害が生じるものではない、②家裁は、適切な処遇選択が困難になったり、少年の内省の深化が妨げられることがないように、具体的事件の事情を考慮し、きめ細かく相当性を判断してから傍聴を許可するし、必要なら被害者等を退出させるなどの措置をとる、③家裁は、上記相当性の判断の際には、捜査書類、調査官の調査結果、弁護士である付添人の意見などから少年の状態を相当深く把握でき、被害者調査等を通じて被害者等と少年との関係も十分把握できる、④保安上の不測の事態については、広めの審判廷を使用する、被害者等の座席位置を後方に指定するなど工夫する、少年と被害者等との間に机を置くなどが考えられる、という理由から、問題が生じることはないものと考えられたのである*16。

しかし、いずれの理由も説得力に欠けるように思われる。①については、もちろん事件によるので「常に」ではないだろうが、結局、少年が萎縮する可能性は排除できない。実際には、萎縮する少年のほうが多いであろう。②③についても、いろいろ手段があることはわかるが、それによって適切な処遇選択等や的確な少年の状態把握等が必ずできるとは限らない。また、家裁の裁量範囲がかなり大きくかつ重要になることは否めないが、それでいいのかは検討を要するように思われる。たとえば、傍聴を許可されなかった場

合、被害者等は裁判所に、極端な場合には日本の司法制度に対して、不信の念を抱くようになる可能性もあろう。また、傍聴が少年や審判廷に何らかの影響を与えることは否定しがたいので、それが審判の機能を害するといえるかの判断は実際にはかなり困難だといえよう[*17]。④についても、やはり不測の事態を完全に防ぐことは困難に思われる。

いずれにせよ、傍聴なしの場合と比較してみれば明らかなことだが、被害者等の傍聴は、少年と審判廷にかなり大きな影響を与えることになりそうである。

(2)の二次被害発生のおそれについては、次のような理由で懸念が排除されている。①被害者等が具体的状況を知りたいと強く希望する場合については、傍聴を認めることがむしろ少年の立ち直りに資する、②傍聴人の不安や緊張を緩和するために適当な者を付き添わせることができる（3項）ので、二次被害が生じないように一定の配慮を行うことができる、③傍聴をするか否かは被害者等の判断にゆだねられているし、傷つく可能性を考慮したうえで傍聴を希望する者もいるので、およそ傍聴の制度を導入すべきでないとするのは不適当である、というのが理由である[*18]。

しかし、ここでも、どの理由にも疑問が残る。①の趣旨は不明であるが、少年の立ち直りに資するとしても二次被害が発生しないとは言えないだろう。両者の間に直接の関係はないからである。二次被害の防止については別に考えるべきである。②は、「適当な者」しだいであるが、たとえば加害少年から急に攻撃を受けた場合など「二次被害が生じないように一定の配慮を行う」ことは至難の技であろう。③については、たしかに二次被害を覚悟したうえで傍聴を希望する者もいるであろうが、だからといって傍聴制度を導入していいとも思えない。もし何も知らない被害者等が傍聴し、立ち直れないほど甚大な二次被害を受けてしまった場合、それは傍聴を希望した本人の責任だと言ってすまされる問題でもないように思われる。

要するに、傍聴しない場合と比べれば、傍聴したときに二次被害に襲われるリスクが急激に増大することは否定しようがないのである。

第3　被害者等の傍聴の可否

では、傍聴は一切許すべきではないのだろうか。

1　成人裁判の公開原則と少年審判の非公開原則

ここでもう一度、成人裁判の場合に「裁判の公開」が保障されているのは何故かを考えてみると、それは裁判の公正・公平を担保するためである[*19]。それは被告人の権利でもある（憲法37条1項）。そこには、国家対被告人という対立関係の中で、あまりに巨大な国家権力から一個人である被告人の権利が侵害されないように国民の監視にゆだねようとする考えがある。

他方、少年審判の場合に「審判の非公開」が要請されるのは、上述したように、①少年の立ち直りと②少年・家族のプライバシー保護のためである[*20]。ここでは、国家は、少年に対立する関係ではなく、逆に少年を保護する関係に立つ。

つまり、言い換えれば、少年司法制度が、成人の公法廷に近いなら公開をという要請が強く働くのであり、少年の福祉を重視する審判廷なら非公開をという要請が強く働くことになる[*21]。たとえば、逆送になった場合は前者であり、逆送にならなかった場合は後者だといえる。

ところで、被害者等に傍聴を認めるべきだとする理由（非公開原則を打ち破る理由）のうち、万人が認めざるをえないものは、①被害者等の真実を知りたいという要求と、②被害者等の傍聴が少年の立ち直りに資する場合もある、という2点であろう。そうだとすると、①は、真実発見と言い換えれば成人の公判廷でも求められる要請であるから、公開の方向に働く要素だということになる。ここでは被害者等であるかどうかは大きな意味を持たないので、たとえば、極端な例だが、報道機関にさえ認めれば被害者等には認めない制度でもいいことになる。これに対して②は、もともと少年のためになることであるから、本来非公開の方向に働く要素だということになる。ここでは被害者等であることが重要な意味をもつ。被害者等の在席が少年の立ち直りに効果をもたらす限りでは、必ずしも審判廷の非公開原則を破壊するものではなく、傍聴することを容認できることになる[*22]。上述した少年審判規則29条の趣旨にも合うことになる。

2　現在の少年法

残る問題は現在の少年司法をどうみるべきかである。2000年改正後の審判廷は、成人裁判に近いものに変化したのか、それとも以前の少年の保護のための制度という色彩を維持しているのだろうか。
　2000年改正により、一定の重大犯罪については検察官関与が認められることになった（22条の2）。もっとも、検察官はあくまでも「審判の協力者」として関与するにすぎない[*23]。しかし、少なくとも裁判官の前に検察官と弁護士（国選付添人22条の3）が登場するという形の上では極めて成人法廷に近いものになったといえる[*24]。この点を強調すれば、審判廷にも「ある程度の」公開を認めてよいという方向に動くことになろう。
　他方、2000年改正によって、従来の健全育成という理念が捨てさられたわけではない[*25]。大部分の少年事件は従来どおりの手続に従っている。この点を強調すれば、審判廷は従来どおり、できるだけ非公開にと解することになろう[*26]。

3　被害者等の傍聴の可否

　以上の検討から、一定の重大犯罪についてはむしろ「ある程度の」公開を認めるべきであるが、その他の事件についてはできるだけ非公開にと解すべきことになる。つまり、一定の事件については被害者等の傍聴を認めてよいと考える。したがって2008年改正による制限をつけながら傍聴を可能とする姿勢は間違っていないものと考える。
　問題は「ある程度の」公開とは何かだが、既に検討したように、すべて2008年改正法が定めた22条の4のとおりでよいというわけではない。たとえば以下に述べるように、要件を、傍聴が少年の立ち直りに資するか否かを基準としてもっと絞る必要があるし、また、少年本人の同意が必要と考える。
　(1)　被害者等の範囲はできるだけ限定するべきである。2008年改正法は、被害者等を、被害者又はその法定代理人、被害者が死亡した場合若しくはその心身に重大な故障がある場合におけるその配偶者、直系の親族、兄弟姉妹としている（5条の2第1項）が、傍聴は少年の立ち直りに資する場合でなければならないと考えるので、単に血縁という点だけで「直系の親族、兄弟姉妹」とするのはやや広すぎると思われる。
　逆に、少年の立ち直りに資する場合であれば、これらの者に限定する必要

はないが、それは規則29条によれば足りるであろう。

(2)　家裁は、前もって二次被害を受けるリスクを負うことを知らせることが必要であろう。実際にはおそらく被害者等の弁護士が知らせるであろうが、遺漏ないように、制度として家裁が知らせることにしておくべきだと思われる。

(3)　発言は、原則として被害者等の代理弁護士にさせ、代理人以外の被害者等には立ち直りに資すると思われるものに限定すること。後者に発言を自由に許す場合には、まさに傍聴の短所が出てしまうからである。特に二次被害が考えられる場面では代理弁護士を通じて発言すべきであろう。

(4)　裁判長は、被害者等の場所を指定（少22条の4第4項参照）したり、発言制限をしたりする必要があるが、その際は、「少年の心身に及ぼす影響」に配慮するだけでなく、「立ち直りに資するかどうか」を基準として判断すべきである。

(5)　家裁は「許可することができる」（同22条の4第1項）では、一般に加害少年のことより被害者等の立場を考えてしまう傾向があるから、原則許可になってしまうであろう。むしろ、「少年の立ち直りに資すると考えられる場合に限り許可する」として、裁量にまかせるのではなく、かつ、許可しないのを原則とする方が妥当と考える。

第4　おわりに

　以上のようにして、被害者には審判廷の傍聴は限定的に許されるという結論にいたったが、それはあくまでも「少年の立ち直りに資する」限りでという趣旨である[27]。傍聴は「被害者の保護」のために認められるわけではない。むしろ被害者等の傍聴を積極的に利用しようという趣旨であり、そのため傍聴の要件はもっと厳しいものにすべきである。

　冒頭で触れたとおり、成人の公判廷の場合には、被害者の保護の名の下に、被害者参加人が求刑について意見を言うという制度（刑訴316条の38）までが認められたが、上記のような私見からは、少年事件の場合に、審判廷で被害者等が保護処分について意見を言うような制度までは認められるべきではない。

しかし、念のために付言すれば、被害者保護に消極的になるべしと主張しているわけではない。逆に、むしろ被害者支援はもっともっと積極的に実施されるべきだと考える。ただ、審判廷への被害者参加という形での、つまり手続面での保護・支援は妥当でないといいたいだけである。
　問題はどう支援していくべきかであろう。たとえば、被害者や遺族の方々への心理面や精神面での公的なケア制度の整備、経済面の支援拡大や社会的環境の整備などが考えられるが[*28]、現在のわが国の状況はどちらの面でも不充分だと思われる。冒頭でみたとおり（注2参照）、法的にも被害回復の援助が不充分だと思われる。たとえば審判以外の解決方法[*29]を創設することなど、できる限りの法的手段を検討する必要があろう。
　より根本的に重要なのは、被害者支援に関する視点を変えることである。「被害少年に対し悪いことをしたのだから加害少年に制裁を」という視点・論理はシンプルで分かりやすい。そのせいか、最近のマスコミや政治家の論調は圧倒的に被害者側に立って、加害少年により厳しい制裁を与えるべきだとしているようにみえる。しかし、少なくとも長期的に見た場合には、厳罰だけではうまくいかない[*30]のは既に人類史上明らかなように思われる。いたずらに応報的な視点に立つことはやめ、もう一度、なぜ世界の先進国で少年司法制度が採用されてきたのかを振り返る時なのではないだろうか。
　被害者支援については、もっと被害者の声を聞いて何が求められているのかを探り、社会がその声をどこまで聞き入れ、どこまで支援できるかを、他方では、被害者に少年法制度の意義をゆっくり説明し理解してもらうなどして、じっくり時間をかけて検討していくべきであろう。そういう意味では、2008年の少年法改正や、2007年の刑訴法改正などは、あまりに結論を急いだもののように思われる。

　　*1　『被害者法令ハンドブック』（中央法規、2009年）の付録4に被害者に関する年表がある。それによれば、初めて被害者学（victimology）という語が登場したのは第二次大戦後の1946年である。60年代に入ると犯罪被害者補償がニュージーランド、アメリカ等で行われるようになったが、国際被害者学シンポジウムの第1回が開催されたのは1973年、第3回で世界被害者学会が結成されたのは1979年であった。刑事手続上の保護は80年代以降、イギリス、アメリカなどで具体化されていった。詳細は同20頁。
　　*2　同じく前掲注1の年表によれば、既に1960代後半から宮沢浩一教授

の研究が発表されていたものの、「犯罪被害者等給付金支給法」（2008年に「犯罪被害者等給付金の支給等による犯罪被害者等の支援に関する法律」に改称）が制定されたのが1980年、日本被害者学会が設立されたのが1990年である。刑事手続上の保護に関する犯罪被害者保護二法（後掲注3参照）が成立したのが2000年である。

　　　前掲注1の世界の先駆的潮流からみると、研究面では約20年、学会形成では約10年、補償面では約15年、手続的保護では約20年の遅れがあったことになる。詳細は同書21頁以下。

＊3　犯罪被害者保護二法とは「刑事訴訟法及び検察審査会法の一部を改正する法律」（平成12年法律第74号）、「犯罪被害者等の保護を図るための刑事手続に付随する措置に関する法律」（同第75号）をいう。後者は、後掲注4の法律第95号で「犯罪被害者等の権利利益の保護を図るための刑事手続に付随する措置に関する法律」に改称された。

＊4　刑訴316条の38。「犯罪被害者等の権利利益の保護を図るための刑事訴訟法等の一部を改正する法律」（平成19年法律第95号）で導入された。

＊5　今日では、全国レベルで被害者を支援する団体のネットワークが形成されている。前掲注1の付録2参照。

＊6　前掲注1の付録3の2⑼に、何らかの形で被害者を支援する公的機関（含私的機関）のリストがある。

＊7　後藤弘子編『犯罪被害者と少年法——被害者の声を受けとめる司法へ』（明石書店、2005年）30頁以下。

＊8　たとえば「少年犯罪被害当事者の会」（1997年12月結成。代表武るり子）は、神戸事件の翌年、下稲葉法務大臣に面会して被害者の保護を訴えた。読売新聞1998年4月29日朝刊5面。

＊9　2000年改正法については、雑誌の特集として、ジュリ1195号、現代刑事法3巻4号、ひろば54巻4号がある（いずれも2001年）が、そのほか甲斐行夫ほか『Q&A改正少年法』（有斐閣、2001年）、若穂井透『少年法改正の争点』（現代人文社、2006年）等がある。また改正前年の刑法学会分科会の報告である刑雑39巻3号（2000年）411頁以下も参照。

＊10　2008年改正法については、斎藤義房「2008年少年法『改正』法案の修正可決と今後の課題」自正59巻9号（2008年）130頁、飯島泰「少年法の一部を改正する法律の概要」ジュリ1364号（2008年）76頁、岡崎忠之「少年審判における犯罪被害者等の権利利益の一層の保護等を図るための法整備」時の法令1822号（2008年）6頁など。

＊11　田宮裕＝広瀬健二編『注釈少年法3版』（有斐閣、2009年）230頁。そのほか、審判は裁判の対審ではなく、訴訟事件に属さないから憲法に違反しないことも理由として挙げられている。澤登俊雄『少年法入門4版』（有斐閣、2008年）137頁。

*12　田宮＝広瀬・前掲注 11 書 228 頁。
*13　田宮＝広瀬・前掲注 11 書 229 頁。もっとも、実際には被害者遺族が審判に出て意見を述べた例もあったようである。井垣康弘『少年裁判官ノオト』（日本評論社、2006 年）136 頁以下。
*14　飯島泰＝親家和仁＝岡崎忠之「「少年法の一部を改正する法律」（平成 20 年法律第 71 号）の解説」法曹時報 60 巻 12 号（2008 年）72 ～ 73 頁。
　　なお、改正法の基本的な考え方は妥当とする文献として、川出敏裕「少年法における被害者の法的地位」法教 341 号（2009 年）131 頁。
*15　たとえば日弁連は、傍聴は少年司法の理念・目的に重大な変質をもたらすおそれがあるとして反対していた。斎藤・前掲注 10 論文 130 頁。少年法関係者の間では反対の意見が多いとされている。後藤弘子「少年審判と被害者参加」法セ 645 号（2008 年）16 頁。批判内容の詳細は斉藤・前掲注 10 論文 132 頁。なお、非行事実の認定段階に限って傍聴を認めるものとして、葛野尋之「少年司法における少年のプライバシー保護」法時 78 巻 4 号（2006 年）がある。
　　被害者団体の間では賛否両論があった。賛成する団体として「少年犯罪被害当事者の会」、全国交通事故遺族の会。反対する団体として「被害者と司法を考える会」。法制審議会少年法（犯罪被害者関係）部会第 2 回会議参考資料 8 ～ 11 参照。
*16　飯島・前掲注 14 論文 73 ～ 74 頁。
*17　川出・前掲注 14 論文 134 頁
*18　飯島・前掲注 14 論文 74 ～ 75 頁
*19　田宮裕『刑事訴訟法（新版）』（有斐閣、14 刷、2003 年）234 頁。
*20　前掲注 11 参照。
*21　たとえば、ドイツのように刑事手続を基礎にしている少年法では被害者等の傍聴も認められやすい。川出・前掲注 14 論文 130 頁。フランスでも 2002 年に被害者にも傍聴が認められるようになった。上野芳久「フランス」守山正＝後藤弘子編『ビギナーズ少年法 2 版補訂版』（成文堂、2009 年）326 頁。
*22　修復的司法をめぐる議論で、被害者が少年の立ち直りに資することがあることを認めながら、傍聴の問題ではそれを無視することはできないのではないか。正面から資することがあることを認め、その効果が発生することを目指すべきだと思う。
*23　田宮＝広瀬・前掲注 11 書 254 頁。もっとも、澤登・前掲注 11 書 156 頁は、広い権限をもつのでもはや「事実認定に限った審判の協力者」とは言えないとされる。
*24　2000 年改正をめぐる議論の中で、日弁連は、少年が争う事件については成人裁判と同じような対審構造をとるべきことを主張したことが想起される。日弁連『少年司法改革に関する意見書』（1998 年）11 頁以下。当時の法曹三者の議論については上野芳久「少年法改正論議の特

徴と問題点」季刊子どもの権利条約2号（1998年）95頁。
* 25 川出・前掲注14論文130頁は、2008年改正法は、無条件で傍聴を認めているドイツやフランスと異なり、少年の健全育成を妨げない範囲内で被害者の権利利益を保護するという枠組で捉えており、2000年改正も同じだったとされる。
* 26 日弁連の立場がこれであろう。前掲注15参照。
* 27 川出・前掲注14論文133〜134頁は、2008年改正法は少年法の健全育成を妨げない範囲で被害者の傍聴を認めるもので、妥当だとされる。健全育成を害さない範囲で被害者等の権利利益の保護を図るという大前提の下で、少年の健全育成を妨げるか否かは具体的事案ごとに裁判所が判断するというのが、2008年改正全体を貫く基本的考え方となっている、とされるのである。健全育成を重視する姿勢は本稿と同じであるが、本稿は、より積極的に少年法の健全育成のために傍聴（被害者等）を利用しようと考えるもので、被害者等の保護のためではないとする点で異なる。なお、改正前のものだが、本稿と同様の結論を示す文献として新倉修「少年審判の情報公開と被害者の保護」前掲注9・刑雑441頁がある。
* 28 具体的な支援策については、たとえば、少年法改正前の文献であるが、水谷規男「『改正』法案で被害者の人権を補償できるのか」『ちょっと待って少年法「改正」』（日本評論社、1999年）160頁。
* 29 たとえば修復的司法。
* 30 2009年秋にNHK-BS1で放送された「未来への提言『犯罪学者ニルス・クリスティ』〜囚人にやさしい国からの報告」で、ノルウェーでは、成人犯罪者に対し、厳罰政策を余裕ある対応に変えたところ犯罪が激減したとの報告があったが、これはまことに印象的であった。

（うえの・よしひさ／関東学院大学法科大学院教授）

新「青少年育成施策大綱」策定と「子ども・若者育成支援推進法」の成立

荒木二郎

はじめに
第1　「新大綱」策定の経緯
第2　「新大綱」の概要
第3　「子ども・若者育成支援推進法」の成立
おわりに

はじめに

　2008（平成20）年12月、政府は、青少年育成の基本理念と中長期的な施策の基本方向を示す新しい「青少年育成施策大綱」（以下、「新大綱」と記す。）を策定した。新大綱は、2003（平成15）年12月策定の旧「青少年育成施策大綱」（以下、「旧大綱」と記す。）を、ニートやひきこもり等の深刻化、インターネットによる情報化の進展、青少年による凶悪事件の深刻化等情勢の変化に対応して、5年ぶりに改定されたものである。また、この新大綱を受けて検討がなされていた、ニート等の困難を抱える青少年を省庁の枠を超えて支援する枠組を整備するための法律が、2009（平成21）年7月、「子ども・若者育成支援推進法」として成立した。
　警察や内閣府において、少年非行や虐待などの少年問題に取り組む中で、非行少年などの困難を抱える少年の立ち直りを支援し、少年法の理念を全うするためには、筆者もこのような省庁を超えた仕組みが必要であると痛切に感じていたところであり、この法律は、今後の困難を抱える子ども・若者の立ち直りに大きく寄与するものと考えている。本稿では、このような法律の

必要性をうたった「新大綱」の検討に携わった者として、同大綱の概要、検討の経緯、背景等について述べるとともに、同大綱を受けて成立した「子ども・若者育成支援推進法」の概要、今後の課題等について述べることとしたい。言うまでもなく、意見にわたる部分は私見である。

第1　「新大綱」策定の経緯

「旧大綱」では、「おおむね5年を目途に見直しを行う」とされており、内閣府では、2007（平成19）年暮れから、見直しの検討の参考とするため、「青少年育成に関する内閣府特命担当大臣と有識者との懇談」を12回にわたって開催し、その結果を「青少年の健やかな成長と自立のための諸リスクへの対応」として公表した（詳細は内閣府ホームページ [*1] を参照）。その中で、特に次のような点で、「旧大綱」策定時より危機感が増していると分析している。

「青少年の「居場所」と思われてきた家庭や地域が青少年の健やかな成長をむしろ阻害している面があり、それに対する対策が十分ではない。また、情報化が急速に進展し、青少年の適応力を上回るスピードで生活のさまざまな面に影響を与えている。虐待、発達障害、いじめ、不登校、引きこもり、ニート等青少年の抱えるさまざまな問題が相互に関連し合って複雑化したり、世代を越えて影響が及んでいく危険性があるが、問題の早期発見や、青少年の立場に立った総合的で切れ目のない対応を困難にする関係機関の連携が不足している」等である（要約）。

従来から、「法は家庭に入らず」という法格言があったり、警察権の限界理論として「警察公共の原則」というようなことが言われたことがあり、家庭のことは第1次的には親に任せるのが当然であるとの考えもあったが、虐待やひきこもりなどの現状を見れば、より積極的な外部からの支援が必要な家庭も少なくないと考えられる。

また、インターネットの普及は、日本特有の状況である携帯電話の子どもの所持率の高さ [*2] とあいまって、児童買春をはじめとする児童が被害者となる事件の多発 [*3] を招いており、親や先生の世代が、一般的にコンピューターに弱く、適切な指導はもとより、コミュニケーションすら行えない状況

がうかがわれる。

　さらに、成長段階を通じて一人の子どもを育てる縦の面でも、成長の各段階において個々のニーズに応じて支える横の面でも、関係機関の連携は必ずしも十分ではなく、困難を抱える子どもは、関係機関の隙間で、家庭、地域、学校いずれの支援も受けられず、困難の度合いを増し、また、他の困難を引き寄せる結果となっている例が少なくないことは、懇談会の議論からも感じられたことである[*4]。

第2　「新大綱」の概要

1　基本理念と重要課題

　このような認識を踏まえ、「新大綱」は基本理念として、
　(1)　青少年の立場を第一に考え
　(2)　社会的な自立と他者との共生を目指して、青少年の健やかな成長を支援し
　(3)　青少年一人ひとりの状況に応じた支援を社会総がかりで実施
することにより、青少年一人ひとりの健やかな成長を保障する社会の実現を掲げた。

　(1)の青少年の立場を第一に、という点は、従来の施策が子どもの立場、目線というよりも、大人社会、関係省庁の側に立っていたのではないかとの反省から、まず、青少年の立場に立って、生活の充実、将来の成長の両面についてこれを支援しようとするものである。「新大綱」の策定過程においても、2回にわたり、大臣と青少年との懇談が行われたところである。

　(2)については、ニート、ひきこもり等の社会的に自立できない青少年を支援し、また、自立するだけでなく、他者に対する思いやりの気持ちを持った、違った価値観の人とも共生できるよう支援を行い、心身ともに健康な成長を図るものである。

　(3)については、一人ひとりの困難状況に応じて、きめ細かく、行政だけでなくすべての組織、個人が相互に補完、協力しつつ、健全育成を推進しようとするものである。

この基本理念に基づき、重点課題として、
　(1)　健やかな成長のための基礎形成のための取組
　(2)　豊かな人間性をはぐくみ、社会で生きる力と創造力を身につけるための取組
　(3)　困難を抱える青少年の成長を切れ目なく支援するための取組
　(4)　青少年の日々の生活を支える居場所作りなど環境整備のための取組
の4点を掲げた。

(1)は、起床、就寝、食事等の基本的な生活習慣ができていない子どもが多く、しかもこうしたことをしつけることのできない家庭が多いことから、一層の支援が必要である。少年院に入院している子どもと少年院の職員が、内閣府担当大臣が懇談した際も、「箸の使い方がわからない、家で親の作った料理を食べたことがない、夜起きて朝寝ることが多い」などの声が聞かれた[*5]。体力や基礎的な学力、社会性等の習得も最低限必要なことである。

(2)は、(1)の基本的な健やかな成長の上で、自然、社会体験、集団遊び、世代間交流、国際交流を充実させることにより、社会性をはぐくみ、新たな価値を創造する力を養成するものである。テレビやゲームへの過度の接触、一人っ子が増加する中、コミュニケーション力が不足し他人との共生ができず、言われたことしかやらないいわゆるマニュアル人間が増加することのないよう、必要な施策であると考える。

(3)は、青少年が直面しているさまざまな困難に対して、関係機関が連携して、問題の未然防止、早期の発見と対応、困難克服までの切れ目のない支援を、本人だけでなく、その家族に対しても行おうとするものである。基本理念の(3)にも見られるように、関係機関の連携をいかに抜本的に強化し、しかも、家族に対しても積極的に支援をしていくことができるかが重要である。

(4)は、健やかな成長を社会全体で支えるための環境を整備しようとするものである。家庭、学校、地域の相互関係の再構築、官民の総合的なネットワーク作り、メディアリテラシーの向上、青少年を取り巻く有害環境への対応等を強化することがその重要な項目である。

2　「新大綱」の非行関連部分

以下、「新大綱」のうち、特に少年非行との関連が深いと思われる記述に

ついて紹介してみたい。
　まず、年齢期ごとの施策の中では、

(1) 基本的な生活習慣の形成特に食育の推進
　起床、睡眠、食事など生活習慣の改善に向けた取組を進める。
　食育については、2005（平成 17）年に食育基本法が成立し、既に各種施策が行われているところであるが *6、「早寝、早起き、朝ごはん」運動に見られるような健全な食習慣を身につけることは、生活の基礎として重要である。暴走族には、朝食をとらなかったり、一人で食事をしているものが多いとの調査結果も見られるところである *7。

(2) コミュニケーション能力や規範意識等の醸成
　コミュニケーション能力、優しさ、社会性、規範意識等を育てるため、道徳教育の充実、自然体験、集団宿泊体験等の充実、非行防止教室の充実等を図ることが重要である。親と一緒にごみ拾いや農業体験等を行うことにより、非行少年の立直りを図っている例も見られるが *8、このように他人と接し、他人に奉仕する体験が自尊心を養い、自分も他人も大切にすることにつながる。

(3) 健康の増進
　未成年者の喫煙飲酒をなくし、人工妊娠中絶実施率や性感染症罹患率等の減少を目標として各種取組を強化する、とされている。
　内閣府特命担当大臣と有識者との懇談においても、日本の 10 代の少年の性の実態等について、現実が想像よりもはるかにひどいことについて発表があり、適切な対処について議論がなされた *9。

(4) 就業能力、意欲の向上
　若者の勤労観や社会性を養い、将来の職業や生き方についての自覚に資するよう、いわゆるキャリア教育を系統的に推進することが重要であるとされた。非行少年の立ち直りのために、就労支援は極めて大きな役割を果たすことは論を待たない。キャリア教育については既に推進プラン *10 が策定され、各種施策が推進されているが、学校、職業安定所等が連携して、就職準備から職場定着まで一貫した就労支援を行うことが重要であり、非行少年についても、さらなる就労支援の強化が望まれる。

　次に、困難を抱える青少年に対する施策である。

(1) 障害のある青少年の支援

　障害者について、自閉症、アスペルガー症候群やLD（学習障害）、ADHD（注意欠陥、多動性障害）等の発達障害を含め、適切な対応ができるように早期発見と相談指導の強化が必要である、とされた。刑務所に入所している人のうちで、約4分の1は知的障害者との指摘もあり、さらにその中で、福祉サービスを受けたことのある人が多くはない、とも言われている。本来司法の対象ではなく、福祉や医療行政の対象者であるべき者が刑務所に収容されている、とされる[*11]。

(2) 非行少年対策

　警察等が、より一層適切な捜査・処遇を行っていくのは当然のことであるが、少年院における処遇の改善、特に個々の少年に応じた処遇の個別化が重要である。保護観察についても、更生保護法の成立等を受け、立ち直り支援のためのより一層の取組が進められているところである[*12]。少年の再犯率は相変わらず高く、大人の3.5倍、人口当たりの犯罪率も大人の5.1倍という状況が続いている[*13]。就労、就学支援、家庭への支援の強化が急務である。

(3) 不登校、高校中途退学者対策

　不登校の未然防止、早期発見、早期対応の充実、また、高校中途退学者の実態を掌握し、就労支援等の充実を図ることが重要である、とされた。高校中退者や不登校者が非行等に走るケースはまま見られるところであり、省庁、地域が連携しての適切な対応が望まれるところであるが、中退や不登校となった青少年のその後の実態については十分に把握されておらず、福祉や医療の手が積極的に差し伸べられているとは言いがたい現状となっている。

(4) 困難を抱える青少年を総合的に支援するための取組

　地域における官民の関係機関による支援ネットワークの整備、支援を必要とする青少年に係る情報を関係機関間で円滑に共有するための仕組みの整備、青少年やその保護者に対する訪問支援（アウトリーチ）の実施、総合的な関係施策推進のための国の体制整備等について、新たな法的措置によることも含め、その推進方策の検討を進めることとされた。

　健やかな成長を遂げていく上での困難を抱える青少年に対する支援は多くの国が抱えている課題であるが、例えばイギリスでは、「コネクションズ」と呼ばれる制度が導入され、一定年齢層の青少年を対象として、地域に配置

された専門員（パーソナル・アドバイザー）が中心となって、関係機関と連携しながら、個々の状況に応じた支援を行なっているが[*14]、本項では、「日本版コネクションズ」とでも言うべき法的な仕組について検討を行おうとするものである。これを受けて成立した新法については後ほど紹介したい。繰り返しになるが、このようなネットワークが存在し、適切に機能することなしに、少年の更生、立直りという少年法の理念の実現は困難であろう。

　また、困難を抱えた青少年の継続的な状況把握、効果的な支援手法の研究及び結果の普及、支援に携わる人材養成のための研修プログラムの開発等を一層推進することとされた。

　さらに、地方公共団体等における対応に関し、先進的な取組事例等について、情報を収集、整理の上、先進的取組事例等についての提供を行うこととされた。

　次に、青少年の健やかな成長を社会全体で支えるための環境整備方策の基本的方向についてである。

(1)　保護者等への支援を行う「家庭を開く」取組

　青少年の発達段階や困難等の状況に応じて、家庭への訪問支援や保護者への助言指導を積極的に行うほか、家庭の状況に応じて、家庭教育支援、ひとり親家庭への支援、経済的困難を抱える家庭への支援を強化する、とされた。

　前述のように、家庭や地域社会が崩壊していく中で、これまでの「家庭には入らない」との伝統的な考え方では、子ども・若者を育成できない状況が見られることから、保護者に積極的に助言指導を行うこととされた。

(2)　外部の力も活用した「開かれた学校」づくり

　家庭・地域が一体となった学校の活性化を図るため、地域住民による積極的な学校支援の取組、保護者や住民が一定の権限と責任を持って学校運営に参画するコミュニティースクールの設置促進に取り組むこととされた。また、児童の心のケアのためのスクールカウンセラーの配置などの教育・相談体制、機能の充実、防犯教室の実施などの安全管理の徹底がうたわれている。

(3)　総合ネットワーク作り

　民間協力者の確保と研修、民間主体による自主的活動の促進等がうたわれ、行政だけでなく、民間も一体となってネットワークを構築すべきことが強調

されている。
(4) 情報、消費環境の変化への対応
メディアを活用する能力の向上や、子どもの携帯電話に原則フィルタリングを義務付けることなどを盛り込んだ「青少年インターネット環境整備法」（2008年成立）を的確に施行すること等がうたわれている。
(5) 推進体制
青少年の実態等の把握、知見の集積と共有、調査研究の推進等がうたわれている。

第3 「子ども・若者育成支援推進法」の成立

2009（平成21）年1月、施政方針演説において、「ニートやひきこもりなど、困難を抱える若者を支援するため、新法をつくります。」とされた。

政府では、内閣府を中心に新法の立案作業が進められ、同年3月「青少年総合対策推進法案」として閣議決定、国会に提出された。衆議院青少年特別委員会所属の議員を中心として、与野党間で修正協議が行われ、名称を「子ども・若者育成推進法」とすること、地域ネットワークによる支援の対象をニート、ひきこもりだけでなく、困難を抱える子ども・若者全般とすること等の修正案がまとまり、7月1日に成立、同月8日に公布された（平成21年法律第71号）。施行は、公布から1年を超えない間において、政令で定める日からとなっている。

省庁の枠を越えての困難を抱える子ども・若者の支援や、成長段階に応じた切れ目のない育成は喫緊の課題であり、この法律によって、大きな前進が期待される。

以下、法律の概要、今後の課題について述べてみたい。

1 法律の概要

(1) 趣旨、目的
子ども・若者育成支援施策の総合的な推進のため、国の本部組織、大綱、地域における計画やワンストップ窓口等の枠組みを整備するとともに、社会

生活を営む上での困難を有する子ども・若者を支援するためのネットワークを整備することを主な目的としている。

　青少年問題は、教育、保健医療、福祉、雇用、矯正、更生保護等様々な分野にまたがっており、また、新大綱での定義では、青少年を「0歳からおおむね30歳未満」とした上で、「ポスト青年期」という概念を導入し、特定の課題によっては30歳代も対象としており、扱う年齢層は大変幅広くなっている。こうした青少年をめぐっては、個々の分野で、関係法律に基づき施策が講じられているが、相互の連携が十分とは言えず、結果として、支援の必要な青少年に適切な支援が行き届かず、ニート・ひきこもりの増加、凶悪犯罪の続発、インターネット犯罪の被害者の増加等を招いているのではないか、という問題意識があった。

　このため、幅広い分野にまたがる青少年行政を総合的に推進していくための枠組みを整備することが必要であるとの考え方に立って、国の本部組織や大綱の策定、地方公共団体における計画の策定やワンストップ相談窓口の整備など、子ども・若者の育成支援における「基本法」的な内容を整備することとされた。

　また、近年特に、ニート、ひきこもり等青少年の社会的自立の遅れが大きな社会問題となっており、これに対する具体的な施策を講じる必要があるが、そのためには、こうした困難を抱える青少年に身近な地域レベルで、官民の関係機関が連携して、個々の青少年の状況に応じたきめ細かい支援を行えるようにするためのネットワークを整備することとされた。

　こうした両面の考え方を基にして、法案が作成され、提出されたものである。

　(2) 子ども・若者育成支援推進本部

　総理大臣を長とし、関係大臣からなる推進本部を法律により設置し、現在の大綱についても、法律に基づく大綱として、より強力に推進していくこととしている。都道府県、市町村も国の大綱を勘案しながら、それぞれ計画を作ることが努力義務となっている。

　(3) 子ども・若者総合相談支援センター

　さまざまな分野にまたがる子ども・若者の育成に係る相談全般への一次対応窓口として、地方公共団体は、「総合相談支援センター」としての機能を担う体制を、単独で又は共同して確保するよう努めることとされた。現在既に、市町村を中心に、「青少年相談センター」や「青少年センター」といっ

た名称の機関が約580箇所程度置かれており（2009年3月現在、内閣府調べ）、こうした機関などが本法の「センター」としての機能を担っていくことが期待される。

　(4)　子ども・若者支援地域協議会

　困難を抱える子ども・若者に対する支援を、一人ひとりの状況に応じてきめ細かく行っていくためには、彼らに身近な地域レベルにおいて、関係機関がネットワークを組んで、困難に陥っている状況を発見し、ネットワークに誘導し、そして、必要な機関が連携して、必要な支援メニューを順序立てて提供していかねばならない。

　こうした考え方に立って、本法では、地方公共団体が、官民の関係機関からなる「子ども・若者支援地域協議会」を設置するとともに、協議会の運営全体のコーディネイトを行う調整機関を置いて、関係機関の連絡調整、支援状況の掌握と支援の調整を行うこととされている。

　(5)　訪問支援（アウトリーチ）

　本法においては、子ども・若者支援に関連する分野の事務に従事する者が行うべき支援の具体的な内容を列挙している（法15条第1項第1号〜6号）が、そのひとつとして、「関係機関の施設、子ども・若者の住居その他の適切な場所において、必要な相談、助言又は指導を行うこと」が明記された。これは、相談窓口等において受動的に対応するのではなく、何らかの端緒情報を基に相談機関の側からアプローチする、いわゆる「訪問支援」と呼ばれる手法について規定した初の法律となった。関係省庁の狭間にある要支援者、とりわけニート、ひきこもりに対する支援のために訪問支援は不可欠であり、法制化された意義は大きい。

2　今後の課題

　当然のことながら、今後施行が適切に行われるかどうか、しっかりと見守っていく必要がある。「新大綱」は、新しい「子ども・若者育成支援推進法」に基づく大綱として、さらに改定されることとなろう。地方公共団体による地域協議会の設置推進と適切かつ効果的な運用が望まれる。

　また、国の責務として、本部の設置、大綱の策定の他、調査研究、人材養成、情報提供、助言等の支援を行うこととされた。

　「新大綱」にもあるように、青少年育成施策の企画、立案、実施のために

は、客観的で幅広い情報を収集し、行政分野横断的な、学際的な調査研究は不可欠であるが、現状は、縦割りの弊害が大きい。また、子ども、若者の実態、自立の状況、非行の実態、保護者の実態、意識等について十分な調査研究を行うためには、情報を有する関係機関（行政、司法を問わず）の積極的な協力も重要である。

　人材の養成についても、「新大綱」でも触れられているように、これからの大きな課題である。多くの専門的なかつ幅広い知識、ノウハウが調整に当たる機関の職員に求められることとなる。さらに、いわゆるベストプラクティス等を情報提供すること、制度についての周知を図ることも今後政府の大きな課題となろう。

おわりに

　クリントン米国国務長官に、"It takes a village（to raise a child）"という著書があるが、子どもを一人育てるためにはひとつの村を必要とする、という趣旨で、地域社会全体でのコミュニティー作り、ネットワーク作りの必要性が強調されている。日本においても、子育ては家庭、個人だけの問題ではない。新しい大綱、新しい支援法を得て、青少年行政は大きな転換のときを迎えている。時代の変化、家族、地域社会の変化、学校の変化、情報化社会の進展等が大きく、法制度を変化させたということができる。

　少年法をはじめ、刑事法制、民事法制ともに、時代とともに、大きな変容を遂げてきているが、現在、家庭裁判所が少年非行問題、離婚問題など、家庭の問題解決について比較的大きな権限と責任、情報を有している。少年法の理念の実現に向けて、大きな責任と権限を有する家庭裁判所が、新しい法律により設置される地域協議会等とどうかかわるのか、あるいは、この法律の趣旨を踏まえ、より一層、地域と一体となった非行少年の立直りへ向けての支援を行うために、試験観察や新しい保護観察制度等の運用がどこまで拡大され、より実効あるものになるのかどうか、家庭裁判所の役割や制度の運用が、時代の変化を踏まえてどう変わっていくのか[*15]も、今後の日本の子ども・若者の将来にとって重要なことではないかと考えている。

*1 http://www8.cao.go.jp/youth/suisin/tokumei-kondan/index.html

*2 「第 5 回情報化社会と青少年に関する意識調査」（2007〔平成 19〕年 12 月内閣府）によると、中学生男子の 51.9％、同女子の 63.8％が携帯電話・PHS を使用。

*3 『平成 21 年版青少年白書』（2009〔平成 21〕年 7 月内閣府）によると、平成 20 年において、「児童買春・児童ポルノ法」違反、「児童福祉法」違反、又は青少年保護育成条例違反等の福祉犯の被害者となった少年は 7,014 人となっている。

*4 上記「青少年の健やかな成長と自立のための諸リスクへの対応」参照（http://www8.cao.go.jp/youth/suisin/tokumei-kondan/pdf/s2.pdf）。

*5 2007（平成 19）年 9 月 20 日、於愛光女子学園（女子少年院：東京都狛江市）。

*6 政府は、同法に基づき「食育基本計画」を策定し（2006〔平成 18〕年 3 月）、家庭や学校等における食育の推進、食育推進運動の展開、都道府県等における計画づくりの推進等に取り組んでいる。

*7 愛知県警による調査につき、http://response.jp/issue/2003/0121/article22112_1.html 参照。

*8 例えば、特定非営利活動法人ユース・サポート・センター友懇塾（井内清満理事長）では、非行少年等の立直り支援の一環として、ボランティア清掃活動や農業体験活動を実施している。http://yukonsupport.sakura.ne.jp/ 参照。

*9 8 回懇談（2008〔平成 20〕年 3 月）での赤枝恒雄氏（赤枝六本木診療所院長）の意見発表（ttp://www8.cao.go.jp/youth/suisin/tokumei-kondan/k-8/gijishidai.html）参照。

*10 2006（平成 18）年 12 月、青少年育成推進本部の下にキャリア教育等推進会議（内閣府特命担当大臣 (青少年育成) 等関係 4 大臣で構成）が設置され、翌 2007（平成 19）年 5 月に、「キャリア教育等推進プラン──自分でつかもう自分の人生──」を取りまとめ。http://www8.cao.go.jp/youth/suisin/yhonbu/kaigi4/data/1-h.pdf#search='キャリア教育推進プラン' 参照。

*11 http://www.videonews.com/on-demand/291300/000936.php 山本譲司氏インタビュー参照。

*12 主に少年院を仮退院した少年を対象とし、保護観察所内の宿泊施設に居住させ、濃密な保護観察を実施するとともに、農場での農業実習を通じて改善更生の促進を図るため、「沼田町就業支援センター」が 2007（平成 19）年 10 月、北海道雨竜郡沼田町に開所した。

*13 『平成 21 年青少年白書』第 1 部第 4 節「刑法犯少年」参照。

*14 http://www.mhlw.go.jp/bunya/koyou/wakachalle/message/interview/interview09.html 宮本みち子氏インタビュー参照。

*15 コネクションズに加え、イギリスの少年司法改革も、かなり日本にと

って参考となるものと思われる。イギリスの少年司法改革につき、四方光『社会安全政策のシステム論的展開』（成文堂、2007年）171頁〜178頁参照。

（あらき・じろう／元内閣府大臣官房審議官〔青少年育成担当〕、元警察庁少年課長）

コミュニティ・ガバナンスの観点から見る少年法の課題

四方　光

第1　コミュニティにおける共生とは何か
第2　コミュニティによる非行少年受入れのための前提条件
第3　現行少年法制の課題
第4　刑事政策学・少年法研究が共生社会・社会的包摂を論じるための課題

第1　コミュニティにおける共生とは何か

　昨今、少年法や刑事政策の研究者の間では、非行少年や犯罪者との共生、社会への包摂、社会の修復に関する、いわゆるソーシャル・インクルージョン[*1]や修復的正義の議論が盛んであるが、「共生」、「包摂」、「修復」に対して一般国民が持つイメージと研究者の概念との間にはややずれがあるようであり、おそらくはそのことが、国民世論における現行少年法批判と、研究者による国民世論に対するポピュリズム批判双方の背景となっているように思われる。非行少年の「共生」、「包摂」、「修復」の舞台となることが期待されるコミュニティ（地域社会）とはいかなるものか、コミュニティを舞台とした非行少年の立ち直りに関して我が国の現行少年法にはいかなる課題があるのかを論ずるのが、本稿の主題である。
　そこではじめに、全国のどこの学校でも見られそうな問題児を抱える学級を仮想して、学級というコミュニティにおける非行少年との共生について考

察してみたい。

　中学生のA君は、クラスの不良グループのリーダーで、授業中に騒いで授業を妨害したり、勝手に教室を出て行って遊んだりするだけでなく、日頃から他の生徒に暴力をふるったり金品を要求したりして、クラスメートに多大な迷惑をかけているが、担任教師Gの指導にはまったく従わず、学校側はほとほと手を焼いている始末である。クラスメートから人望を集めている学級委員長のC君には一目をおいているが、その助言・忠告を受け入れて行動を改めるA君ではない。A君の周囲には彼に従う「取り巻き」の生徒たちがおり、A君と一緒にいると調子に乗って同じような悪さをするが、A君がいないと比較的おとなしいので、これら「取り巻き」の生徒の親たちは、自分の子どもたちはA君にそそのかされて非行に走っていると考えている。

　こんなA君の家庭は母子家庭で、収入は少なく、母親はA君が帰るか帰らないかのうちに働きに出て、帰宅するのは未明である。時には、A君の知らない男性と帰宅することもある。また、A君は、日頃給食以外に食事らしい食事を食べさせてもらっていないようである。家庭に「居場所」がなく、常に寂しい思いをしているA君が、非行に走るのも無理からぬ状況ではある。しかし、母親はA君の生活態度には関心がなく、担任教師の呼出しにも応じないので、担任教師は家庭環境や家庭のしつけの改善を期待することもできない。

　そのような中、A君は、不良グループの中では気が弱く「ぱしり」をやらされていたB君に対し、金を要求したのに持って来なかったとの理由から、グループの他の仲間とともに殴る蹴るの暴行を加え、怪我を負わせてしまい、ついに警察に検挙されるに至った。

　クラスの他の生徒とその親たち、担任教師は、これで当分はクラスの平穏が回復されると期待したが、家庭裁判所は、A君が「初犯」で、B君の怪我の程度も軽かったことから、結局、A君を保護観察処分として母親に引き渡した。A君は、今後数か月間は月2回程度保護司の面接を受けることになっているが、A君母子の生活は何ら変わることはなく、A君は明日から登校するという。このような状況の下、A君のクラスへの「包摂」、他の生徒たちとの「共生」は、いかにして実現するのであろうか。

　これまでの少年法研究や刑事政策学であれば、この設問に対してどのような回答を用意するであろうか。A君の非行の程度から見て保護観察処分とした家庭裁判所の判断には何ら問題はない、A君が真に立ち直ることができる

よう処遇プログラムを充実させるべきである、A君の処遇だけでなくA君の家庭環境の改善のための福祉プログラムも提供すべきである、担任教師はA君を厄介者扱いせず真摯に向き合っていくべきである、A君に手厚い教育を提供することができるよう1クラス当たりの生徒数を減らしたり、スクールカウンセラーの派遣体制を充実させるべきである、などが想定される答であろう。

　筆者は、これらの回答（すなわち従来の少年法研究や刑事政策学の対処方法）は、それなりによく考えられたもので、個々の回答案には賛同するところであるが、全体を見通した場合、2つの重要な視点が見失われているように思えてならない。

　すなわち、1つには、A君によって怪我をさせられたB君や日頃からA君によって多大な迷惑を被ってきたクラスの他の生徒たちの視点が欠落してはいないだろうか。近年、被害者学の興隆によって、刑事政策学や少年法研究にあっても被害者の視点は意識されているものの、非行少年の立ち直りや犯罪者の処遇を論じる際には、いつの間にか議論の対象外になっている。非行少年によって日頃から生活の平穏を侵害されてきた周囲の一般市民については、言及されることすらほとんどない。非行少年や犯罪者の「共生」とは、被害者も含めたコミュニティの住民たちとの共生にほかならず、非行少年や犯罪者の「包摂」とは、被害者も含めた地域住民たちの生活の場であるコミュニティへの包摂であるはずである。被害者も含めたコミュニティの住民たちの視点を欠いた、非行少年や犯罪者だけの視点に立った「共生」や「包摂」などあり得るのであろうか。被害者や一般市民の視点は単なる感情論ではなく、共生社会の正義、共生社会の存立にとって本質的な問題である。

　2つ目の問題は、1つ目の問題とも関連するが、クラスにおけるA君との「共生」や「包摂」の主役は、ほかならぬクラスメートたちや担任教師であって、教室外にいる保護司やスクールカウンセラーではなく、ましてや家庭裁判所ではないということである。従来の少年法研究や刑事政策学においては、非行少年の立ち直りに必要な手段は、少年の健全育成という国家目的遂行のため、国や自治体によって提供されるべきものと想定されているが、このような手段の中には、性質上国や自治体による提供が難しく、非行少年や犯罪者が居住するコミュニティの住民が担い手とならざるを得ないものが少なくない。いやむしろ市民生活上の問題の相当部分はコミュニティ内で解決するのが適当なのであり、コミュニティを重要な「公共」の担い手と位置付

けるのが、「コミュニティ・ガバナンス」という考え方である。非行少年や犯罪者の社会における「共生」や「包摂」は、少なからぬ地域住民がそれを受忍し、少なくとも何人かの地域住民が彼らを暖かく迎えてくれなければ実現しないのである。また、国や自治体の活動は、国民・住民の納付する税金によって賄われているのであるから、非行少年や犯罪者に対して予算を支出することについて国民・住民の理解が必要となる。これは単なるコスト負担の問題ではなく、国民・住民自身が公共の担い手となる真の民主主義社会にとって本質的な問題である。

　これまで散々迷惑をかけてきたA君に対して、クラスの他の生徒たち、なかんずく大変な思いをさせられた被害者のB君は、彼のこれまでの悪行に目をつむり、すぐには品行の改まらないA君の行状を引き続き受忍し、さらにはA君が孤立しないようにクラスの一員として辛抱強く付き合っていくことができるのであろうか。非行少年や犯罪者の社会における「共生」や「包摂」の難しさについては、少年法や刑事政策の研究者の方々には充分知られているはずであるが、理論としては、非行少年や犯罪者を受け入れる側の受忍義務ばかりが強調されて、権利の主体、公共の主体としての一般国民・地域住民の視点は必ずしも顧みてこられなかったのではなかろうか。それは個々の研究者の責任ではなく、戦後日本の刑事法学の構造的難点に起因するものではないかと、筆者は考えている。

　以下本稿では、非行少年の立ち直り支援を促進するためには被害者や一般市民の視点を無視することはできないという観点から、コミュニティが非行少年を受け入れ、さらにその立ち直りを支援する状況が実現する条件について考察し、次に、その条件に照らした現行少年法の課題、筆者の所属する警察が現行少年法の体系の中で果たしている役割を紹介し、最後に、以上の考察から導き出される我が国の従来の刑事政策学の構造的問題点について検討することとしたい [*2]。

第2　コミュニティによる非行少年受入れのための前提条件

　これまでの刑事政策学・少年法研究では、非行少年・犯罪者は無前提・無

条件に社会に受け入れられるべきもの、政府・地域社会は非行少年・犯罪者を立ち直らせるための諸施策を当然に推進していくべきものとして論じられてきたように思われるが、犯罪被害者や一般市民の視点を考慮すると、どのような場合でも無条件に非行少年・犯罪者を包摂できるわけではないことが分かる。刑事政策学・少年法研究に被害者や一般市民の視点を導入しようとすること自体が排除論だという論調が目立つが、我が国の社会に受け入れられる現実的な法政策を論じようとするならばこそ、社会が彼らを受け入れることができる前提条件について検討する必要があるはずである。

ここでは、非行少年の社会的包摂のための前提条件として、犯罪の悪質性、非行少年自身の反省、アフターケアと見守り（監視）及び非行少年を受け入れる地域社会の存在について考察してみたい。

1　犯罪の悪質性による受入れの可否

犯罪被害者やその遺族の犯罪者に対する感情は、おそらく我々の想像を超えるものであって、非行少年・犯罪者を受容することなど考えることもできないということもあるのであろう。しかし、被害者等による受容の可否と、社会としての受容の可否は必ずしも同じではないはずであり、法制度の設計は、被害者感情にも配意しつつ、社会としての受容の可能性に基づいて行われるべきであろう。その際にまず問題となるのは、犯された犯罪自体の悪質性の程度であろう。

数的には、社会で生起する犯罪の多くはそれほど重大なものではなく、地域社会の住民はもちろん、被害者であっても受容可能な範囲内にある場合が多いであろう。先に述べた仮設例でも、B君が受けた傷害が重大なものでなければ、クラスメートもB君自身もA君を再び迎え入れることに、それほど大きな抵抗感はないかもしれない。また、A君のしたことはB君にとっては忘れることのできない犯罪であったとしても、ほかのクラスメートにとってはかろうじて受容可能な範囲内ということもあろう。このような場合には、B君に対するフォローをしつつ、クラスとしてはA君を包摂し続けることとなろう。現実の社会において生起する犯罪の多くは、この範疇に入るものと考えられる。

しかし、B君の受けた傷害が特に重大であったり、他のクラスメートが日々受けていた迷惑の程度があまりにひどかった場合には、A君とクラスメ

ートとの信頼関係は、もはや努力をしても修復不可能なほど損なわれているということもあり得るであろう。A君が自らの生存権を主張するのであれば、B君は被害者の権利を主張するであろうし、他のクラスメートは平穏に生活する権利を主張するであろう。つまり、A君に生存権が認められるとしても、だからと言って犯罪の他の当事者に受忍せよというわけにはいかない場合があるのである。上の設例であれば、おそらくA君のクラス替えか転校というのが、通常選択される解決策となろう。このような場合に、無理に非行少年・犯罪者側をコミュニティにとどめておくならば、被害者の方が去らなければならなくなってしまうという不公平が生じてしまう（被害者の排除）。実際、いじめやDV、ストーカーの事案では、被害者側が転校・転居を余儀なくされることがしばしば問題とされている。現行刑法には「所払い」という刑は存在しないが、DV防止法に定める近接禁止命令や退去命令には合理性があるのである。凶悪犯罪や性犯罪など一定の犯罪については、犯罪が行われた地域社会では受け入れられないとしても、社会全体としては受け入れるのであれば、これをもって「排除型社会」と言うことはできないであろう。

　最後に、ごく例外的な特に凶悪な犯罪についてではあるが、被害者遺族だけでなく、社会全体としても到底受容不可能な犯罪というものがある。典型的には、オウム真理教による一連の殺人事件が挙げられる。筆者は、死刑又は無期懲役相当の犯罪というのは、全体社会としても受容不可能なことを意味するものと理解している。死刑や無期懲役は、確かに究極の社会的排除であるが、ごく例外的な犯罪について死刑や無期懲役を適用することをもって排除型社会ということはできないと考える。

　現行少年法は、少年については、基本的には受容不可能な場合の存在を想定していないようである（51条参照）。そのことの妥当性について議論がないことはないが、この点については、とりあえず本稿における考察の対象外としておきたい。

2　非行少年自身の反省

　反省して立ち直ろうとする気持ちがあるか否かは、非行少年や犯罪者の立ち直りの可能性にとって決定的に重要である。もちろん、非行少年や犯罪者の多くは、反省や立ち直りについて必ずしも「強い決意」があるわけではな

く、往々にして挫けてしまうことが少なくないのであるが、それでも失敗の都度反省しようとする気持ちがあることは重要である。また、反省して立ち直ろうとする気持ちがあれば、社会は彼らを受け入れて立ち直りを支援してくれるであろう。これとは反対に、反省する気持ちがなければ再犯の危険性も高く、社会の他の構成員を非行少年・犯罪者の再犯による被害から守るためには、社会からの隔離か相当の監視が求められる。また、反省していない非行少年・犯罪者に対しては、被害者のみならず、社会が包摂を拒むであろう。修復的正義を法制化している国々の多くは、非行少年・犯罪者に反省して立ち直ろうとする意思があるか否かを修復的正義の手続やダイバージョンの適用の判断基準としているが、このような制度設計は、非行少年・犯罪者の社会への受容可能性という観点から誠に合理的なものと考えられる。

社会的包摂論の本家とでもいうべき雇用問題の分野でも、単に失業者に失業保険や生活保護を与えるというだけでなく、経済社会において自活し、さらには戦力となる能力を身に付けるための技能向上支援や就業支援を重視する「ワークフェア」[*3]という考え方が重視されており、そのような支援の出発点となるのは、支援を受けて能力を向上させようとする本人の意思である。同様に、非行少年・犯罪者の社会的包摂においても、本人自身が自らが犯した犯罪について反省し、立ち直ろうとするかどうかが出発点となるはずである。

これに対しては、人道的な見地から、あるいは犯罪者の人権保障の観点から、反省の有無に関わらず包摂してやるべきとの反論があろう。このような反論が可能かどうかは、反省の意思がない人たちの典型として暴力団を想起すればよい。犯罪を継続する存在としての暴力団は、まさに社会から排除すべき対象であって、包摂することはできない。暴力団を離脱する意思のある者は、離脱を支援して社会に包摂すべきであるし、組長を検挙した際には組を解散するよう説得して、末端組員が暴力団を離脱しやすい環境をつくることも必要であろうが、一般市民の人権を蹂躙し続ける暴力団をそのまま包摂する訳にはいかない。暴力団事務所の付近住民に、暴力団と共生する受忍義務があろうはずがない。犯罪を犯し続ける自由は、近代憲法が認めるものではないはずである。実際、近代憲法を持つ先進諸国の多くは、犯罪組織を結成すること自体を罰則によって禁止している。我が国は暴力団の結成・加入を犯罪化していないが、それは我が国社会が暴力団の存在を受容していることを意味するものではない。

本来日本的な考え方であるはずの修復的正義論が、これまで我が国社会に必ずしも受け入れられてこなかった最大の理由は、我が国における修復的正義論が、非行少年・犯罪者における反省・立ち直りの意思の有無や、犯した犯罪がそもそも社会にとって受容可能な範囲内かによる取扱いの区別について必ずしも十分に配意してこなかったことにあるのではないかと、筆者は考えている[*4]。同様の理由で、我が国の社会的包摂論が、修復的正義論と同じ轍を踏むことになるのではないかと危惧される。社会的包摂や修復的正義を実際に制度化しようとするのであれば、社会が受容できる範囲を慎重に検討すべきであろう。

3　アフターケアと見守り（監視）

　非行少年・犯罪者に反省・立ち直りの意思がある場合でも、上述したように、そのような意思が常に持続するとは限らない。非行少年・犯罪者の多くは、犯罪を犯すに至る危険要因（リスク・ファクター）が多く、保護要因（プロテクティブ・ファクター）が少ない人たちであり、立ち直りの意思が挫けることがしばしばである。社会的弱者と呼ぶべきかは議論の余地があろうが、社会適応力が弱い人たちであることは確かであろう。したがって、非行少年・犯罪者の社会的包摂のためには、刑罰や保護処分を終えた後にもアフターケアが必要であり、このことは今や学界の共通認識になりつつある。
　しかし、非行少年・犯罪者のアフターケアを行うためには、従来の刑事法学・少年法研究の理論では扱いにくい、あるいは扱ってこなかった問題を克服しなければならない。
　1つには、アフターケアには、福祉サービスの給付の範囲内に収まるかどうか分からない介入的な行為が必要とされるが、そのような行為が、処罰や保護処分を終えた後にも、関係機関やボランティアによって行われることが、近代法の考え方の下で認められるかという問題がある。刑罰や保護処分の期間は、立ち直りの可能性も考慮されるが、相対的応報主義に基づく現行刑罰体系においては、犯罪の悪質性を基本として決定されざるを得ず、そのようにして決定された刑罰や保護処分の期間は、非行少年・犯罪者の立ち直りに必要な期間と一致するとは限らない。刑罰や保護処分の期間終了後に行われる介入的なアフターケアを正当化する理論的根拠が問題となる。私見では、非行少年は近代法の体系でも必ずしも自律した個人とは認められていな

い未成年なのであるから、保護主義の観点から特に必要な場合には限定的な介入が認められてしかるべきであるし、成人の犯罪者についても、一人では自律することができず、かつ、他者に危害を加えるおそれが高い場合には限定的な介入を認めてもよいのではないかと考える。しかし、私見のような立場は、いわば「共生的権利論」ないし「共生的個人主義」とでも言うべきもので、自律した個人の自由を重視する近代法学の個人主義的権利論の立場から支持を得られるか明らかでない。

　２つ目の問題は、非行少年・犯罪者は、些細なことを契機として反省・立ち直りの意思を挫いてしまうので、そのような場合に迅速に対応できるよう継続的な「見守り」を行う必要があるということである。そして、このような「見守り」は、当該非行少年・犯罪者を受け入れる地域住民の立場からみると、彼らの安全を担保する「監視」を意味する。つまり、再犯の危険性の残る非行少年・犯罪者に対する「見守り＝監視」は、彼らを地域社会に受け入れる前提条件でもあるのである。地域住民にも平穏に生活する権利があるはずであり、反省・立ち直りの意思があるにせよ、自分たちの生命・身体・財産をいつ何時侵害するか分からない非行少年・犯罪者を受け入れよというのであれば、不測の事態が生じたときに迅速に対応する仕組みの整備が前提であるという主張は、不合理ではない。監視社会＝排除型社会であるかのような議論が散見されるが、私見では、それは大きな誤解であり、一般市民が非行少年・犯罪者との共生、彼らの社会的包摂を受忍するためにこそ、非行少年・犯罪者の自由を不当に制限しない範囲内での見守り＝監視が必要なのである。

４　非行少年を受け入れる地域社会の存在

　以上、非行少年・犯罪者が地域社会に受容されるための最低限の条件を考察してきたが、非行少年・犯罪者の立ち直り、社会的包摂のためには、彼らが立ち直るまで辛抱強く付き合うことができる関係機関の職員や地域住民のボランティアが、当該地域社会に若干なりとも存在し、コミュニティ・ガバナンスが機能することが必要である。上述の仮設例なら、辛抱強くＡ君と向き合うことができる教師ＧとクラスのリーダーのＣ君が必要である。ここで、現在の日本社会は、２つの問題に直面する。

　１つには、我が国では、全国津々浦々の地域社会に根ざした活動を行って

いる公的機関は意外に少なく、かつ、個人主義が浸透している現代社会において、自らの負担によって非行少年・犯罪者と直接長年にわたって向き合ってくれるボランティアもきわめて少ないという現状がある。これに該当するメンバーは、学校の生徒指導担当の教師、警察署の少年係員や交番の警察官、保護司、民生委員・児童委員、青少年委員、少年警察ボランティア等であり、1つの中学校区では全員集まっても数人しかいないと予想される。しかも、かつては国や都道府県の担当部署の一部では、それぞれの役割の相違を重視する観点から、互いに協力してはならない旨の指導がなされてきたふしがあり、相互協力が重視されている現在でも、すべての地域で円滑な協力が行われているわけではないようである。なお、少年法制において非行少年処遇の中心機関として扱われている家庭裁判所、少年鑑別所、保護観察所、少年院、児童相談所、児童自立支援施設等の機関は、地域社会内部に存在する機関ではないことを指摘しておきたい。

　2つ目の問題は、これら地域社会に存在する関係機関やボランティアには、非行少年の立ち直り支援やそのための連携に必要な権限が十分に与えられていないことである。現行法制下では、学校の教師には法的権限がほとんど与えられておらず、警察官も強い権限が行使できるのは少年が実際に犯罪行為を行った場合だけである。保護司や児童委員は、何か強いアクションをとる場合には、所属する保護観察所や福祉事務所・児童相談所を通じて行う必要がある。少年警察ボランティアは、警察署長の委嘱を受けて就任することとなっているが、法的裏付けがあるわけではなく、その指導に従うかどうかは非行少年の任意である。地域社会という「生活世界」の存立基盤が劣化している今日においては、地域社会で非行少年の立ち直りを支援する関係機関・ボランティアの活動に法的裏付けを与える必要があるのである（エンパワーメント）。

第3　現行少年法制の課題

　現行少年法の下において、少年刑務所や少年院でしっかりとした処遇を受ける少年については、犯罪の悪質性や少年自身の反省・立ち直りの意思等がそれなりに配意された処遇がなされているものと評価できると思われるが、

そのような処分・処遇を受けるのは非行少年全体の5％程度に過ぎず、保護観察処分、不処分、審判不開始等により事実上少年司法機関による直接の処遇・監督から解放される少年がほとんどである。その意味で、現行少年法は、おそらくは、しっかりとした家庭、学校、地域社会の存在を暗黙の前提とし、処遇の大半をこれらの社会基盤による社会内処遇に依存した制度と考えられる。

しかし、上述のように、社会基盤が劣化した現代社会では、家庭、学校、地域社会における非行少年の社会内処遇機能が著しく低下している。冒頭の仮設例で見たような家庭、学校、地域社会では受容不可能な少年の立ち直りのためには、一方では、家庭、学校、地域社会の機能を実質上も法制度上も十分に強化し、地域住民も安心して受け入れることができるしっかりとした社会内処遇の体制を構築するとともに、非行少年がもといた地域社会において受容不可能な場合については、他の地域での社会内処遇のためのインフラ整備か少年院への受入れ拡大を行う必要があろう。

すなわち、現行少年法制の最大の課題は、地域社会外にしか存在しないごく一部の専門家に全面的に依存する家庭裁判所・児童相談所中心主義から脱却し、これらの専門機関が一定の重要な役割を果たしつつ、地域社会内に存在する関係機関とボランティアが中心となる分権的な制度の構築に正面から向き合う必要があるということである（そのような意味で、長年にわたり我が国の少年法研究を指導してこられた澤登俊雄名誉教授が、家庭裁判所の指導の下、地域社会の関係機関が集まって非行少年の選別・処遇を行う「インテイク協議会」を提唱されたことは、誠に画期的なことである[*5]）。

このように、地域社会の関係機関・ボランティアの権限・責任に関する法制や支援施策が必ずしも十分に整備されていない現状では、地域社会での非行少年の立ち直り支援活動において、警察に寄せられる期待は大きい。第1に、警察は、地域社会では、「怖い」少年を扱うことができる権限と能力を持った唯一の存在である。現実の地域社会では、反省し、立ち直る意思を持つようになった非行少年だけを扱っているのではない。羽目を外して非行を繰り返している最中の少年を発見し、まずは非行を止めさせなければならない（非行少年の発見・補導活動は、社会的包摂の出発点であって、社会的排除ではない）。第2に、地域社会において非行少年の発見・補導活動に従事する人員数において、現状では、警察職員は圧倒的に重要な位置を占めている。中学校区単位で見ると、警察職員数よりも教師数の方が多いはずである

が、教師の活動は、基本的には学校内の児童・生徒の指導に限られており、かつ、校外活動を行う法的根拠も脆弱である（私見では、学校・教師は、学校内だけでなく、地域社会における青少年の健全育成の拠点として位置付けられてしかるべきと考えるが、いかがであろうか）。第3に、必ずしもすべての地域ではないが、地域の関係機関やボランティアが集まる少年サポートチームや、警察官OBが学校における生徒指導を支援するスクールサポーターを通じて、警察が地域の関係機関やボランティアの連携の中核となることがある。筆者は、地域社会における少年の立ち直り支援の現場において、警察が中心的地位を占めざるを得ない現状を好ましいものとは思っていない。他の関係機関やボランティアの活動が強化され、適切な協働が行われることが理想であろう。

第4 刑事政策学・少年法研究が共生社会・社会的包摂を論じるための課題

　非行少年・犯罪者との共生、社会的包摂の観点から自由放任主義批判が展開されているが、上述したように、この問題が近代法学の個人主義的権利論によって解決できるかについては疑問がある。個人主義的権利論は、通常は、他者の権利への配慮に先んじて、自己の権利を主張するように作用する。冒頭の仮設例で言えば、戦後我が国の個人主義に慣れ親しんできたA君のクラスメートやその親たちは、A君の立ち直りよりも自分たちが平穏に生活する権利を主張するであろうし、A君とその母親はクラスメートに迷惑をかけてきたことを度外視して、自分たちの生存権を主張するに違いない。これでは、クラス内での友人関係の修復は、到底望めないであろう。各人が自己の権利のみを主張する場合、とりわけ、コミュニティの構成員間において現に権利の侵害が発生した後の関係の修復、共生社会の修復のためには、個人主義的権利論はむしろ破壊的に作用するのである。私見によれば、共生社会や社会的包摂の実現を阻害してきた犯人は自由放任主義ばかりではなく、個人主義的権利論も重要な共犯者なのである。

　これに対しては、権利論の考え方は、本来、自己の権利とともに他者の権利をも考慮するものであるという、もっともな反論があろうが、筆者が「個

政府と私人との理論上の諸関係

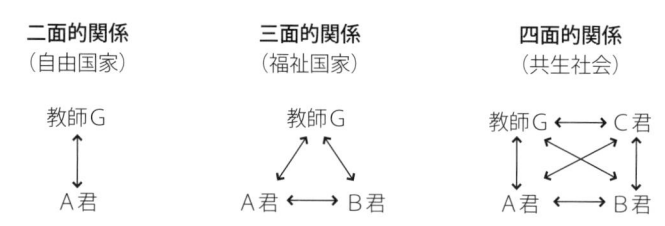

二面的関係　　　　**三面的関係**　　　　**四面的関係**
（自由国家）　　　　（福祉国家）　　　　（共生社会）

教師G　　　　　　　教師G　　　　　　教師G ⟷ C君
↕　　　　　　　　↙↘　　　　　　　↕ ✕ ↕
A君　　　　　　A君 ⟷ B君　　　　A君 ⟷ B君

人主義的権利論」と呼ぶ、戦後我が国の法律学において繁栄した権利論は、そのような本来の権利論とはやや異なっていたのではないか、というのが筆者の主張である[*6]。自己と他者の権利をともに配慮する権利論であれば、A君は何をすべきか、B君はどのように扱われるべきか、周囲のクラスメートたちは何をなすべきかという、社会の構成員の「義務」をも検討の対象としなければならないはずである。筆者は、このような権利論を、「共生的権利論」と呼んでいる。

　もう少し正確に言えば、戦後我が国の法律学は、「権力者」たる教師Gとその権力下にあるA君との関係に専ら焦点を当て、教師GがA君の自由を保障すること、あるいは福祉機関を関与させA君とその家族に必要な福祉サービスを提供することの重要性を専ら論じてきたのではなかろうか（公法学・刑事法学における政府と私人との間の二面的関係論）。さらに言えば、従来の少年法研究は、クラスというコミュニティの外側にある家庭裁判所、保護観察所や児童相談所とA君との関係に基づく解決策を主として論じてきたが、コミュニティ内部において、A君自身が何をなすべきか、周囲にいるコミュニティの構成員は何をなすべきかは考慮の対象外とされてきた。

　これに対しては、さらに、コミュニティという「市民社会」「生活世界」内部の問題は、法律行為を中心とした法律事象を研究する法律学の対象外だという反論があり得よう。しかし、この反論は、コミュニティという生活世界が法律とは独立に成立し得た時代には説得的であるが、地域社会の機能が劣化してしまった今日においては、もはや説得性を失っている。教師Gや学級委員長のC君がA君をたしなめようなら、A君は、即座に「何の権限があって俺にそんなことを言うのか。あんたらにそんなことを言われる筋合いはない」と反論するであろう。繰り返し述べるが、今日では、法的な裏付けがなければ、コミュニティ内部での問題解決もできなくなっている。共生社会

を実現するためには、市民自身が公共の担い手としての責任と権限を有することを法的に裏付ける必要があるのである。

　共生社会においては、国家と私人との間の従来の公法関係には包含されず、従来想定されてきた私人間の私的な関係である私法関係にも該当しない、私人間の公共的関係が重要な機能を担うことになる。私人が担うこの公共的な責任と権限は、国家に対する義務や国家機能の補助ではなく、市民が直接に他の市民に対して負うものであり、これを定める法律の規定は国家が発する私人への命令ではなく、民主的手続によって締結された市民間の公的合意であると解するのが適当であろう。

　このように考えると、共生社会や社会的包摂を真面目に検討するためには、刑事法学が長年依って立ってきた政府と私人との二面的関係論は、もはや維持できないことが分かる。被害者の視点が無視できなくなった時点において、刑事法学は、行政法学において言われているところの三面的関係[*7]に向き合わざるを得なくなったのであるが、公共の主体としての一般市民をも考慮した共生社会や社会的包摂を論じるためには、三面的関係すら飛び越えて「四面的関係」をも考えなければならないのである。上述の仮設例に即して言えば、従来の刑事法学は、教師GとA君との関係のみを扱ってきたのであるが（二面的関係）、被害者学の登場により、A君の指導だけでなくB君の保護も考えなければならない教師Gの役割が注目されるようになった（三面的関係）。さらに共生社会論や社会的包摂論の立場に立てば、A君の立ち直りとB君の保護について、クラスメートの中のリーダーとして自主的に活動する学級委員長C君の役割が重視されなければならないのである（四面的関係）。ほかのクラスメートは、その時々の行動・立場によって、A君、B君、C君いずれの立場にもなり得る存在である。さらに言えば、教師Gにしても、いわば「究極の専門的有給ボランティア」として社会に貢献する志のある一般市民の中から選ばれ、このコミュニティに派遣された者なのである[*8]。

　市民社会のコミュニティ・ガバナンスの法的基盤を設計するためには、公法学の根底にある考え方を二面的関係論から四面的関係論に発展させなければならないのではないか、というのが筆者の主張であるが、本稿では「四面的関係論」の骨格をお示しすることしかできなかった。「四面的関係論」の全貌を明らかにする作業は、浅学の筆者一人の力によって完成すべくもないものであり、読者のご指導・ご助言を賜りたい。

* 1 犯罪対策とソーシャル・インクルージョンとの関係については、日本犯罪社会学会編『犯罪からの社会復帰とソーシャル・インクルージョン』（現代人文社、2009 年）が主要論点を要領よくまとめている。
* 2 本稿は、筆者の私見を表明したものであり、筆者の所属する警察の見解とは無関係であること、本稿は現行法の解釈論ではなく立法論・法政策論であり、しかも具体的な法律案を提案しようとするものではなく、今後の議論において考慮すべき論点について述べるものに過ぎないものであることを申し上げておきたい。
* 3 埋橋孝文『ワークフェア』（法律文化社、2007 年）参照。
* 4 欧米で採用されている修復的正義の考え方である Balanced and Restorative Justice では、非行少年・犯罪者の包摂と並んで被害者の被害回復と地域社会の修復を目的とするものとされている。渥美東洋「少年非行の管理システム managerial system」警察学論集 58 巻 10 〜 12 号（2005 年）参照。
* 5 澤登俊雄『少年法入門〔第 4 版〕』（有斐閣、2008 年）83 頁参照。
* 6 筆者は、個人主義や権利という概念を批判するものではなく、個人主義対全体主義というステレオタイプな議論を繰り返そうとするものではない。本稿は、近代の「孤立した個人主義」から「共生する個人主義」へという最近の思潮を、少年法研究に投影しようという試みの一つである。
* 7 原田尚彦『行政法要論〔全訂第 6 版〕』（学陽書房、2005 年）83 頁、田村正博『今日における警察行政法の基本的な考え方』（立花書房、2007 年）17 頁参照
* 8 このように考えると、真の市民社会においては、市民と政府とを別個に存立する本来的に対立的な存在として位置付けること自体がおかしく、市民と政府との関係は、市民だけでは担えない公共の機能を創造するために市民自身が構築した政府機関を市民がいかにしてコントロールするかという、経済学や経営学にいうところの「プリンシパル―エージェント関係」に近い関係として理解すべきではなかろうか。

　また、そのような理解に立てば、民主主義国家の論理的裏付けとなる社会契約説も、公共を担う責任と権力をすべて国家に付託するという近代初期の社会契約説ではなく、国家、自治体、コミュニティ、市民自身が公共を分担するとともに、国家や自治体に付託した権力を選挙や立法を通じて市民自身がコントロールするという現代的な社会契約説として把握することが容易になるのではなかろうか。

（しかた・こう／元警察政策研究センター教授、警察庁生活安全局情報技術犯罪対策課長）

「少年矯正における法的統制」再論

上野友靖

> はじめに
> 第1 「実務講座／少年強制と法的統制」について
> 第2 少年の責任(論)と介入原理について
> 第3 健全育成の内容による法的統制について
> 第4 健全育成の内容を実現するための手段の正当性の
>   検証等について
> おわりに

はじめに

　リベラリズムを基調とする現代社会においては、個人の自由は基本的人権として最大限に尊重されることが憲法上要求されており、「強制的に個人の自由に介入するという意味」で、犯罪者に刑罰を科したり、非行のある少年に対する刑事処分や保護処分を科すことは、最も強力な「介入・干渉」であるといわれている。そのため、刑罰や保護処分の処分決定の原理やそれらの処分に基づく基準等を研究することは、非常に重要なことである。國學院大學の澤登俊雄教授(現在は、國學院大學名誉教授である。以下、「澤登教授」という。)は、刑事法分野において、侵害原理、パターナリズム等の介入原理[*1]を用いて、刑罰や保護処分の処分決定の原理やそれらの処分に基づく基準等について論じており、それらは、刑事裁判や少年審判である「処分決定過程」に関するものが中心であるが、澤登教授は、「……以上は保護処分選択の場面であるが、保護処分執行の場面でも、侵害原理を基底として消極的パターナリズムの立場が維持されなければならない。さらに、全体を通し

て、少年の人格の尊厳（倫理性）が保持されない限り、その保護処分は正当化されない。」*2・3 というように、保護処分の執行過程にも適用されるという示唆をしている。保護処分のうち少年院送致決定の執行過程において、施設側による処遇を介入・干渉（以下、「介入等」という。）と捉えることにより、その介入等の在り方を研究することは、いわゆる、その法的統制について論じることである。それについては、少年矯正の実務家が、実務経験を踏まえて、自ら研究を重ねて答えを出さなければならないところであるが、少年矯正の実務家から論じられたものは多くないのが現状である*4。唯一、当時、東京少年鑑別所統括専門官であった新江正治氏は、財団法人矯正協会が発行する矯正職員向けの機関誌である「刑政」誌上において、「実務講座／少年矯正と法的統制」（第104巻7号から8号）と題して、少年矯正における法的統制の問題について真正面から論じている（以下、「新江論文」という。）。*5

そこで、先行研究である新江論文を踏まえ、少年矯正の法的統制（少年院における処遇に限る。）について再び論じてみようとするのが本論文の趣旨である。

第1 「実務講座／少年矯正と法的統制」について

新江論文は、「少年矯正の目的を達成する上で、どこまで少年の持つ自由に対して介入できるのか、もし限界があるとするとそのメルクマールはあるのか、といった実務を現実に方向づける問題について、法的に語られることは少ないように思う。」*6 として問題提起し、その概要は、非行少年の自由に対して、直接、国が介入することを正当化する憲法上の原理には、「侵害原理」と「限定されたパターナリスティックな制約原理」があり、この2つの原理は、憲法31条の適正手続条項を通じて、保護処分制度を支え、「健全育成」という目的により、少年院の処遇を統制しているというものである。新江論文の特徴は、健全育成の内容の1つである、非行を繰り返させないようにするための根拠を侵害原理に求めるかどうかについて、「少年矯正の目的は、何よりも、少年が将来非行を繰り返させないようにすることにある。これを侵害原理に対応させる見解がある。だが、果たしてそうだろうか。この原理は、自由（身体的自由）制約後の国による介入（教育的な働き

かけ）の目的を語るものであろうか。同原理は、非行を契機として、それ以上非行を繰り返さないことや非行を犯すような悪環境からの保護という、今現在の必要性に応じるために、少年の身体的自由を制約することを正当化するにとどまるのではないだろうか。」*7 として、「侵害原理」を根拠として正当化ができるのは、いわゆる「収容の確保」であるとしていることである。

第2　少年の責任（論）と介入原理について

　介入原理が、保護処分を科すことやその内容を正当化することとは別に、実際に、国家権力が強制力をもって個人に介入する場合には、何らかの要件（責任）が求められる。そこで、本節では、少年の責任（論）について触れることにする。
　まず、少年審判における処分決定は、「非行事実」と「要保護性」によってなされることになる。まず、非行事実は、2つの意義がある。第1の意義は、これをもって介入等を行うための「契機（＝きっかけ）」となるものである。つまり、少年に「非行事実」が認められなければ、保護のためであっても、少年に対していかなる介入等も許されないという意味で重要である。第2の意義は、2001年改正少年法の第5条の2第1項において、「非行事実」とは、「犯行の動機、態様およびその他の当該犯罪に密接に関連する重要な事実を含む」と定義付けられたように、「広義の非行事実には、要保護性判断の重要な要素が含まれており、その要素いかんが処分選択に決定的な影響を与える」*8 という、要保護性の判断のための1つの資料になるというものである。また、具体的な処分決定については、「要保護性」に応じてなされるものである。「要保護性」の内容については、従来から議論があるところであるが、その内容は、「犯罪的危険性」、「矯正可能性（保護適合性）」、「保護相当性（倫理性）」である（なお、「要保護性」の要素の1つである「保護相当性」を含めるか否かについては、議論がある。）。特に、要保護性の要素のうち、犯罪的危険性の判断については、上記の第2の意義の非行事実が重要な資料の1つとなる。そして、「犯罪的危険性」と「矯正可能性（保護適合性）」は、互いに関連性なしに存在しているのではなく、「犯罪的危険性」を基礎にして、保護処分の執行機関の現実の処遇能力において矯正可能

かどうか（＝「矯正可能性（保護適合性）」）を判断することになる。

次に、「少年の責任」については、従来から責任必要説と責任不要説の対立があり、実務の運用についても不統一であるという*9。しかし、最近では、単に少年の責任が必要か不要かということではなく、少年の責任をどのように捉えるかということに論点が移っているように思われる*10。

まず、犯罪少年に対して科される処分を正当化することができるのは、「侵害原理」であり、少年の責任も、成人の責任（刑事責任）も同じであるとする見解がある*11。この見解によれば、少年の責任に「非難性」を含めることになる。そして、そもそも「犯罪」にはならない「ぐ犯」を保護処分の対象とすることには問題があるので、「ぐ犯」は、少年審判の対象から外すべきであるという主張（「ぐ犯廃止論」）に繋がることになる。

一方、「ぐ犯」を含めて「少年の責任」を考え、そこには「非難性」は含まず、少年の責任を成人の責任（刑事責任）とは内容的に違うものとして捉えるという見解がある。これは、澤登教授の見解であり、同教授は、次のように論じるのである。保護処分を科す場合には、「非行事実」が必要とされ、「侵害原理」を介入の根拠とし、どのような保護処分を科すのかは、「要保護性」に対応するから、「消極的パターナリズム」も介入の根拠となる。よって、保護処分は、「侵害原理」と「消極的パターナリズム」をもって正当化される。その上で、「犯罪的危険性のある少年に対し、保護処分という自由制約的手段が有効に機能するためには、少年の側になんらかの意味で責任性が要求される。保護処分の理念や内容がいかに福祉的であっても、保護処分の本質は、少年の自由を制約し、その意味で少年に苦痛を与えるものだから、この苦痛を与えること自体が犯罪的危険性の除去に有効に働く必要がある。すなわち、保護処分の特別抑止効果が当然問題にされなければならない。そしてこの抑止効果を期待できる条件として『責任』が要求される。この責任を仮に『実質的責任』と呼んでおこう。この責任の内容は、『道義的責任』の観念のもとで考えられるものとは異なり、いわゆる『展望的』なものとならざるをえないであろう。」*12という。つまり、少年の責任である「有責性」（実質的責任）は、非行事実の内容というよりも、「要保護性」の内容ということになる。そして、「展望的なもの」になるという意味は、要保護性の内容である「犯罪的危険性」について、保護処分の教育的効果が見込めるかどうか（期待できるかどうか）という「矯正可能性（保護処分適合性）」を基準にして検討し、これがある場合に「少年の責任」があるとする

見解である。よって、刑事責任にいう「刑事責任能力」は「保護処分適応能力」となり、この責任の内容は、「道義的責任」とは異なる性格のものとなる。澤登教授の見解では、少年の責任を「抑止効果が期待できる要件」として捉えることから、非行事実の「大きさ」よりも、むしろ、非行事実の「内容（＝質）」が重要となってくるために、処遇において、どのような処遇が必要であるか、どうしたら改善することができるか等の「処遇の中身」と結び付きやすいと考えられる。

　現在のところ、少年の責任に関する学説上、一定の結論が出されている訳ではないが、①少年院送致決定を有効にするためには、少年審判における対象である、「非行事実」と「要保護性」の双方が互いに関連性を持ち、それらを踏まえて処分決定がなされることが必要であること、②統計的には少数であるが、「ぐ犯」保護事件により家庭裁判所に係属し、少年院に送致されてくる少年は、当該少年自身の問題性だけなく、その家庭環境上の問題性も根深くかつ複雑である場合が多く、「ぐ犯制度」は、少年の緊急事態に対応する手段として、実務的にも非常に重要なものであること、③少年の責任を刑事責任と同様の非難性として捉え、その結果として、それが収容期間の長期化に反映されることを考えた場合、刑罰と類似の発想を少年院にも持ち込むことになり、現在、長期処遇の少年院の標準教育予定期間が概ね12か月程度で設定されているという制度的枠組みでは、処遇上、何らかの歪みを生むことになること等を考えると、澤登教授の少年の責任に対する見解に説得力がある。

第3　健全育成の内容による法的統制について

　新江論文にもあるように、「侵害原理」及び「パターナリズム」という介入原理は、保護処分制度を支え、「健全育成」という目的により、少年院の処遇を統制している。この「健全育成」は、その程度や内容に若干の差や限界はあるにせよ、少年院だけではなく、家庭裁判所、保護観察所、学校等にも共有される目的であり、少年の健全育成に関わる諸機関等が、共通の目的の下に、連携・協業を行うという旗印になるという意味において、重要な目的である。本節では、「健全育成」の内容である、「非行を繰り返させないよ

うにすること」及び「平均的な社会生活を送ることができる状態にまで引き上げること」に対し、それぞれに必要とされる少年院における処遇について検討することにする。

1　「非行を繰り返させないようにすること」について

そもそも少年院における処遇において、「侵害原理」を根拠とする「非行を繰り返させないようにすること」を目的とした処遇を行うことに異論を持つ人はいないであろう。何らかの非行事実を契機として、保護処分が科されている以上、そこには、非行を繰り返させないようにせよということが命じられているといえるからである。また、非行を繰り返させないようにするためには、「規律の内面化による行動の変容」という方法が必要であるといわれている*13。しかしながら、「規律」といっても、それ自体を内面化させるという意味ではない。なぜなら、施設内の「規律」は、施設内収容という「特殊性」から生じるものがあり、それが社会一般での「ルール」と同じものではないからである。「規律」を遵守することは、少年院のように集団生活を行う施設にとって重要なことであるが、規律を闇雲に遵守させるのではなく、むしろ、規律を遵守させること、日記や内省等を通じて自己の行動を反省させること、集団討議等を通じて相互確認をさせること等により、「ルールに従って生活する大切さ」等を身に付けさせるとともに、規範意識や遵法精神のかん養を図ることが重要なのである。少年院の場合、その指導は、日々の日常生活の中で少年と接することにより、あらゆる場面で生ずる問題を通じて指導を行う、いわゆる「生活指導」の中で行われることになる。少年の場合は、「自己決定できる価値体系」が十分形成されているとは言い難く、その価値体系を常によき方向に向かって形成させる援助が必要になることから、単に表面的に指導に従わせるのではなく、きめ細やかな指導により、自ら規律を重んじる態度を育成することが重要である。また、1つの例ではあるが、同じような非行（例えば、窃盗、性非行、放火、暴行等）を繰り返す少年等のように、「規律の内面化」を阻害している問題性（「犯罪的危険性」）に直接的に働き掛ける指導が必要になる場合も多く、そのための指導が、「問題行動指導（問題群別指導）」である。少年の倫理的な意識及び行動、又は非行にかかわる意識、態度及び行動面の問題を対象とする指導であり、少年の具体的な非行を取り上げて教育活動を展開しようとするものであるとい

う。この指導は、少年院の処遇が軌道に乗った中間期教育過程において、一定の集団（グループ）を編成して実施される場合が多いが、少年によっては、自分の非行を思い出したり、ロールプレイング等で再現したりすることに抵抗感を示す者もおり、つまり、自分の非行と向き合うことを嫌がる者もいる。自分が行った非行を正当化して指導が深まらなかったり、精神的又は身体的な体調不良を訴えたり、その指導グループから除籍されるようにわざと規律違反を惹起する少年もいる。いわゆる「逃げ込み」である。そのような少年に対しては、指導効果や人権上の観点から、その段階においては、そのまま継続したり、無理矢理に指導に参加させることは適当ではないが、当該少年が、その指導を受け入れられるような素地をつくった上で、再度、その指導を受けさせるべきであろう。

2 「平均的な社会生活を送ることができる状態にまで引き上げること」について

そもそも、少年院における処遇について、「（消極的）パターナリズム」を根拠とする「平均的な社会生活を送ることができる状態にまで引き上げること」[*14]を目的とした処遇は必要なのであろうかという疑問があるだろう。つまり、少年院における処遇は、「侵害原理」を根拠とする「非行を繰り返させないようにすること」を目的とした「処遇」で、すべて説明できるのであり、「パターナリズム」という根拠を必要としないというものである。例えば、仮退院後の生活について、水商売で働く生活を送ることを想定している少年がいるとする。水商売は、健全なものではなく、その少年が、水商売で働く生活に戻れば、再び犯罪や非行を行う可能性が大きいので、そこから足を洗わせた方が良いという考え方もあるが、むしろ実際には、水商売に入るからこそ再非行を行わないで済むという考え方もあるであろう（平野龍一「刑政時評　矯正と社会復帰」刑政90巻7号〔1979年〕参照）。これは、とにかく、再非行さえしなければよいという考え方であり、少年院における処遇も、侵害原理を根拠とする「非行を繰り返させないようにすること」を目的とした「処遇」を徹底的に行えばよいのであって、「パターナリズム」を根拠とする介入等は、すべて、同意を前提としたサービスとして行えばよいことになる。しかしながら、少年法第1条及び少年院法第1条等を通じて、少年矯正の目的は、「健全育成」であることは明白である。よって、一

定の「健全な社会人」を想定して、そのような生活を送れるだけの能力等を身に付けさせる必要がある。これはまさしく「パターナリズム」に基づく介入である。健全育成の目的を掲げる以上、例にあるような、仮退院後の生活が、水商売を行うことを前提に処遇することは許されないであろう。よって、少年院では、社会生活を円滑に送る上での様々なスキル（例えば、資格取得、社会生活上必要な知識の付与、対人関係を円滑にするためのスキル等）を取得させたり、地域社会との調整（例えば、生活保護の受給のための手続きを行うこと、知的障害を有していれば、療育手帳を取得させること等）、就労支援（例えば、就職相談、ハローワークの使い方の指導、実際に就労先を確保すること等）その他平均的な社会生活を送ることができる状態にまで引き上げるための処遇を行うことが必要となる。

　ただし、どのような「パターナリズム」に基づく介入でも正当化される訳ではない。様々な議論のあるところではあるが、一般に、「正当な」パターナリズムと言われる基準としては、①消極的利益の保護、すなわち、本人の行為を放置しておくと平均的利益すら維持できない状態を前提とした本人に対する介入に限られる（「消極的パターナリズム」といわれている。）、②その行為が本人の意思に基づかないものであるとき（そのように推測されるときに）介入を行う場合であること（「弱いパターナリズム」といわれている。）、③モラリスティック・パターナリズムではないこと等が挙げられている。しかしながら、一般に、少年は、すべての対人行為において自分のとるべき行為を決定するまで価値基準（行為規範）が完成しているとは考えられないから、上記②について、介入等に従うかどうかを完全に少年の「任意」の判断に任せてはおけない場合（つまり、「同意」を前提とすることはできない場合）が多いと考えられる。よって、少年が「自主的」ないし「自律的」に判断したかのように、本人が納得して指導に応じるように仕向けるということが望ましいと考えられる。それは、すなわち、「ケース・ワーク」であり、それは、「本人には強制と感じさせないで、事実上、ある一定の方向へ彼の行動を導く」ことであり、「ケース・ワークの根源は、『人格の尊重』にある。」という *15。例えば、日課表に日課として組み込まれている矯正教育のうち、明らかに「消極的パターナリズム」を根拠（目的）として実践される矯正教育（例えば、教科教育、職業訓練等）であっても、少年に対して何が何でも強制するようであれば、その処遇効果は上がらないであろう。個別的処遇計画について、当該少年にも十分に納得させ、進んで処遇を受けさせる（＝処

遇に参加するということになる)、それが少年を健全育成へ向けて導くことになる*16。個別的処遇計画に基づき、きめ細やかな指導を展開すれば、「ケース・ワーク」として実践されることになる。

3　健全育成の二つの内容の関係について

　健全育成の内容である、「非行を繰り返させないようにすること」及び「平均的な社会生活を送ることができる状態にまで引き上げること」の2つの目的内容の関係が問題になるが、いずれにせよ、健全育成の内容のどちらか一方を極端に強調することは適当ではなく、かつ、必要以上に収容期間を長引かせずに処遇を行う必要がある。どちらか一方に偏ることなく、全体として人格の尊厳を保持ながら、健全育成の内容の双方が実現できるような関係を維持することが必要である。そこで、少年院において、健全育成の二つの内容をバランスよく達成させるための仕組み等はあるのかということが問題となる。

　現在の少年院における矯正教育の在り方を定めているのが、「平成8年11月27日付け法務省矯教第2952号矯正局長通達『少年院における教育課程の編成、実施及び評価の基準について』」(以下、「教育課程通達」という。)である。すべての少年院では、この教育課程通達に基づき、処遇課程ごとに教育課程を編成することになっている。そして、教育課程における教育目標は、例えば、職業能力開発課程を有する少年院の教官であれば、「少年たちが自分の仕事に誇りを持って、長続きするような人になって欲しい。」等というように、少年院に勤務する教官一人ひとりが少年に対して持つ願いや想い等を集約して設定されるものである。この教育課程には、いわば、「非行を繰り返させない」ようにし、「平均的な社会生活を送ることができる状態にまで引き上げる」ための様々な教育内容等が盛り込まれて編成されているといえよう。この教育課程をもとにして、少年一人ひとりに個別的処遇計画が作成されることになるが、そこでは、仮退院させるまでに仕上げるべき人間とするために必要不可欠な目標が、個人別到達目標として設定されている。教育課程における教育目標や個別的処遇計画における個人別教育目標に掲げられ、その内容として顕在化した人間像こそが、非行を繰り返させずに、平均的な社会生活を送ることができる状態にまで引き上げるという、健全育成の内容を具体的に示したものといえよう。少年一人ひとりに対する矯正教育

は、この個別的処遇計画に基づいて実践されている。

第4　健全育成の内容を実現するための手段の正当性の検証等について

　これまでは、あくまでも健全育成の目的内容とその方法及び手段との関係を論じたに過ぎない。ある介入等がなされた場合又はなされようとする場合に、それが、侵害原理又はパターナリズムに基づくものである（「目的の正当性」）とした後には、その目的に照らして手段は妥当であるのか又はその目的に照らして手段の正当性を確保するための仕組み等はあるのかが、問われることになる。つまり、「手段の正当性」は別に検討される必要がある。手段の正当性は、一般に、「必要性」、「有効性」及び「倫理性」の観点から検討することになる。なお、「倫理性」とは、その指導が必要かつ有効だとしてそれが多用され、少年の人権を不当に侵害することのないように、その使用が反倫理的にならないように、十分抑制せよという意味である。

　侵害原理と対応する健全育成の内容の1つである、「非行を繰り返させないようにする」ためには、「規律の内面化」による行動の変容という方法がとられることになる。一般に、矯正施設における「保安」は、「内部的保安」と「外部的保安」に分けられる。保護処分に伴う、「収容の確保」は、「処分形式」自体から要請されるものであり、「外部的保安」として実践されることになる。また、「内部的保安」は、矯正施設において「集団処遇」を前提とすることから、「安全で平穏な院内生活を確保する」ために当然に要請されるものである。「内部的保安」は、安全で平穏な院内生活を確保するために、少年に「規律」を守らせることを重要な役割とするが、それを通じて、個々の少年に「規律の内面化」を図らせるという側面を持っており、日常的には生活指導を通じて、規律（ルール）を徹底するための指導がなされることになる。例えば、ある少年が少年院内で暴れ、他の少年や職員に暴行をしている場合、当該少年の暴行行為等を制止することになる。この場合の暴行行為等を制止する介入の根拠は、侵害原理となるが、侵害原理を根拠として介入した以上、安全で平穏な院内生活が維持できる状態が回復し又は回復するための必要な措置がなされれば、それ以上の介入等はできないことになる。

引き続き、「本人の利益のため」に指導が行われる場合には、この正当化根拠は、「消極的パターナリズム」となる。規律違反行為に対する介入等であれば、懲戒に関する適正手続等に違反していないか、少年に対する制止措置等がなされていれば、それが保安作用の比例原則等を逸脱していないかどうかにより、「必要性」、「有効性」及び「倫理性」が検証されることになる。

　また、各少年院では、教育課程通達に基づき、少年院が有する処遇課程ごとに作成される、「教育課程」により、「日課表」が作成され、その「日課表」に盛り込まれる教育内容の性格等により、教育及び指導を行う内容を「課業」、「課業に準ずる指導」及び「課外の生活指導」に分けている。「課業」とは、「各施設が定めた一定の時間帯の中に一定の時間枠を設けて行う意図的、計画的な指導」であり、「課業に準ずる指導」は、「少年の改善更生を図る上で特に必要がある場合に行われる指導」であり、この二者については、「指導案」等を作成し、計画的及び組織的に実施されるのであるから、「必要性」、「有効性」は担保され、教育及び指導の内容が、「倫理性」に反するものであれば、未然に防げるものであると考えられる。

　これらに対して「課外の生活指導」は、「生活指導領域の指導のうち、課外時間において、課業に準ずる指導以外に適時必要性に応じて行う指導」であり、生活指導領域の中の臨機の集団指導、基本的生活態度に対応する適時の指導等、意図的であるが、必ずしも計画的に実施できない指導である。ところで、現在の教育課程通達の前身である、改正前の旧教育課程通達では、「教育課程は、これを課業として指導するものとする。」というように、教育課程はあくまでも課業のみを対象に編成することとしており、「課業に準ずる指導」や「課外の生活指導」は、課外時間においても「できる」と規定されていたに過ぎなかった。これに対して、1996（平成8）年に改正された（現在の）教育課程通達では、「課業に準ずる指導」や「課外の生活指導」を「基本的用語等」の項目に位置付けている。「課外の生活指導」は、「実際の生活指導は課業だけではとうていカバーしきれるものではなく、休憩時間、自由時間においても、指導すべき事項は様々に発生するし、それを少年も求めるのである」[*17] というように、矯正教育を構成する重要な指導の一つであり、「課外の生活指導」を教育課程通達に位置付けたことは、「収容して行うという矯正教育の特徴を踏まえた規定」を盛り込んだことであり、これにより、少年院における矯正教育の特徴をより一層明らかにすることになったのである。「課外の生活指導」は、「適時必要性」に応じて行うことから、「必要性」

は当然に認められるものであろう。また、具体的内容として、起居動作、食事、入浴等の日常生活に関する指導、少年に対する相談助言・面接指導、規律違反者についての指導等が挙げられるが、計画的に実施できない指導であり、「必要性」が判断されると同時に「有効性」が認められるものである。しかし、「課外の生活指導」の「倫理性」については、どうだろうか。「課外の生活指導」は、「適時必要性」に応じて行われることから、少年院内での「管理」を強化するために必要以上に行われる危険性がある。その場合、少年の自主性を奪い、「人格の尊厳」を傷付け、「倫理性」に反することになる。特に、「消極的パターナリズム」を根拠とする生活指導については、「本人の利益のため」と称して、「管理」が推し進められる可能性があるから、その「倫理性」を確保するために留意が必要である。しかしながら、非行のある少年を収容して処遇する少年院の「生活指導」から、「管理的側面」を排除することは非現実的である。そこで、「消極的パターナリズム」を根拠とした介入等であるならば、少年には強制と感じさせないで、事実上、ある一定の方向へ彼の行動を導くという「ケース・ワーク」という介入の方法を徹底させるべきであると考える。このように、何を目的とした介入なのか、それを明確にしただけでも、その方法や手段に統制が加えられることになるのである。

おわりに

　1998（平成10）年1月22・23日の両日、東京都中野区にある、中野サンプラザにおいて開催された東京矯正管区主催の東京矯正科学研究会において、澤登教授と矯正の実務家等によって、「社会復帰を考える」というテーマでシンポジウムが行なわれている。このシンポジウムを踏まえて、「刑政」誌の特集が組まれており、当時東京矯正管区長であった川原富良氏は、その総論において、「社会復帰処遇理念の基軸を明確にし、そこから導き出される矯正処遇の方法については、時代の変遷に伴う変化が生ずることは避けられないとしても、その正当性を常に検証する態度を失ってはならないであろう。」[*18] として、矯正処遇の「正当性」への模索の視点を持つ重要性を述べている。このような実務の動き等は、澤登教授が「パターナリズム」等の介入根拠に関する議論を提示し、矯正実務に刺激を与えたことによるものであ

ると考える。

　少年に対して、主として、自由権的基本権の保障を背景に、介入等を行う範囲を限界付けるやり方では、積極的に改善更生に向けた法務教官の意欲を阻害してしまう可能性がある。そもそも、少年の人格の尊厳を傷付け、人権等を侵害する介入等は、「処遇」の名に値しないことは言うまでもないが、いくら人権を侵害しない処遇だけをしていたとしても、それだけでは「健全育成」の目的は達成することはできないと考える。「侵害原理」や「パターナリズム」等の介入根拠を用いて、少年院の処遇を議論することにより、「どのような介入が許されるのか」、「本当に少年の利益になっているのか」等を現場の法務教官は、常に点検しなければならないのである。そして、処遇現場を中心とした議論がなされることで、現場の法務教官の「士気」も高められ、処遇現場の活性化にも繋がるのではないかと考えるのである。

　　＊1　「侵害原理」、「パターナリズム」、「モラリズム」は、介入の基本原理である。「侵害原理」（Harm Principle）とは、「ある個人の行動が他者の利益を現に侵害したか、もしくは侵害するおそれがあるので、その侵害もしくは侵害の危険に対処するため、その個人の行動に一定の制約を加える」というものである。また、「道徳原理」（Moralism）とは、「ある個人の行動によって他者の利益が特に害されるわけでもなく、また、放置することによってその個人自身が害されるわけでもないが、その行動を許容することによって社会全体の道徳秩序が維持できないという理由で、その行動を禁止するというもの」である。そして、「パターナリズム」（Paternalism）とは、「ある個人の行動が他者の利益を侵害することがなくても、そのまま放置することによってその個人自身の利益が侵害されるという理由で、その個人の行動に介入・干渉するというもの」である。また、社会道徳は、道徳というものが本来各個人の行動を内的に規制する価値基準であることを前提に、非権力的に形成・維持・発展されるものであるから、社会道徳それ自体を維持する目的で、市民の行動を法律によって規制し、もしくはそれに行政的干渉・介入を行うことは、リベラリズムを根幹とする市民社会において許されないことから、「リーガル・モラリズム」は、介入の基本原理にはなり得ないと言われている。
　　＊2　澤登俊雄「犯罪・非行対策とパターナリズム」犯罪と非行76号（1988年）。
　　＊3　「消極的パターナリズム」については、一般に「今の状況よりも悪くなることを防ぐもの」であるといわれることが多く、健全育成の内容の一つである、「平均的な社会生活を送ることができる状態にまで引き上

げること」の「至らせる」とか「引き上げる」というものとは、若干ニュアンスが異なっているが、本論文では、「パターナリズム」という概念自体が、「現在よりもよくする」という意味合いを含んでいるものであるため、健全育成の内容の一つである、「平均的な社会生活を送ることができる状態にまで引き上げること」に対応する介入根拠として、「消極的パターナリズム」を使うことにする。

*4 本論文で取り上げる、新江正治氏の「少年矯正と法的統制」刑政 104 巻 7 号（1993 年）、同 8 号（同年）の他、古くは、来栖宗孝「二つの課題——少年院法改正問題に寄せて——」刑政 74 巻 3 号（1963 年）、同「少年院から見た家庭裁判所——一つの直言——」『紫紅通信』（家裁特集号、1966 年）、小野義秀「行刑施設の管理」『矯正協会百周年記念論集』（矯正協会、1988 年）、同「人権と矯正教育——学会設立 25 周年に寄せて——」矯正教育研究（日本矯正教育学会発足 25 周年記念）35 巻（1990 年）、日下部守「少年院における矯正教育の理念と動向」同誌所収、吉野和博「日本的行刑処遇の展望——現場からの一私見——」犯罪と非行 83 号（1990 年）、川原富良「社会復帰理念の再生」『森下忠先生古希祝賀論文集・下巻・変動期の刑事政策』（成文堂、1995 年）、川原富良「社会復帰理念の再構築」刑政 108 巻 4 号（1998 年）、古田修一「行刑施設における社会復帰理念具体化」刑政 109 巻 7 号（1998 年）等がある。

*5 新江正治「少年矯正と法的統制」刑政 104 巻 7 号（1993 年）。

*6 同上 81 頁。

*7 同上 82 頁。

*8 澤登俊雄『少年法入門［第 4 版］』（有斐閣、2008 年）20 頁。

*9 岩井宣子「犯罪少年と責任能力」田宮裕編『別冊ジュリスト少年法判例百選』147 号（1998 年）。岩井教授は、「実務の大勢としては、最高裁家庭局の見解や司法研修所・少年法概説〔三訂版〕が必要説をとっていることもあって、必要説にたつものが多い。しかし、最近のケースでも不要説にたつものもみられ、実務の対応の仕方は不統一であるといえる」という。

*10 高内寿夫「現行少年法における『責任』の概念について」法政理論 35 巻 4 号（2003 年）。少年の責任について、詳しくまとめられている。

*11 佐伯仁志「少年法の理念——保護処分と責任」猪瀬慎一郎他『少年法の新たな展開』（有斐閣、2001 年）37 頁。

*12 澤登俊雄『少年非行の法的統制』（成文堂、1987 年）76 頁。

*13 『研修教材・矯正教育学』（矯正協会、2002 年）40 頁。

*14 健全育成の内容の一つである、「平均的な社会生活を送ることができる状態にまで引き上げること」における「平均的」とは、例えば、その当時の物価指数等から算出した平均的な生活水準における生活状況等ではなく、「平均的な社会生活」ができるというのが、「絶対的基準」

であることを意味している。つまり、「最低の」社会生活でもなく、「最高の」社会生活でもない、まさに「平均的」であることを要求するのである。

*15 澤登俊雄教授発言「刑事法学とパターナリズム論（座談会・パターナリズム論の現在）」『現代社会とパターナリズム』（ゆみる出版、1997年）245頁。

*16 平成3年7月10日付け矯教第1581号教育課長依命通知「個別的処遇計画の運用について」の記の5の(2)「個別的処遇計画作成委員会は、個別的処遇計画の作成に当たり、委員による在院者の面接を行い、その結果を個別的処遇計画に反映させるものとする。」とされている。

*17 林和治「教育課程をめぐる今後の課題について」刑政108巻5号（1997年）42頁。

*18 川原富良「社会復帰理念の再構築」刑政108巻4号（1997年）巻頭言、このシンポジウムについては、刑政編集室「『社会復帰を考える』シリーズ（全三回）を始めるに当たって」刑政109巻6号（1998年）16頁以下に掲載している。

（うえの・ともやす／神奈川医療少年院統括専門官）

生徒指導に生かす少年法の理念

梅澤秀監

第1　はじめに
第2　少年法の理念
第3　高校における生徒指導
第4　まとめ

第1　はじめに

　私が少年法と出会った経緯については、2000（平成12）年3月に出版された『少年法の展望（澤登俊雄先生古稀祝賀論文集）』（現代人文社）の中に、詳しく述べましたので、ここでは簡単に記します。

　私が少年法と出会ったのは、今から35年以上前のことです。國學院大学法学部の澤登ゼミナールに入れていただき、刑法と少年法を学び始めたことがきっかけでした。澤登ゼミは、刑法を学ぶゼミでしたが、さらに加えて、毎週水曜日に少年法の勉強をしていました。当時まだ少年法を本格的に研究している学者も少なく、したがってテキストもほとんどありませんでした。

　幸い、1968（昭和43）年12月25日に敬文堂から出版された沢登俊雄・谷誠・兼頭吉市・中原尚一・関力共著『展望少年法』がありました。われわれ学生たちは、この『展望少年法』をテキストにして、順番に報告をし、質疑を行い、理解を深めていきました。

　『展望少年法』の著者は5名いますが、研究者は沢登先生と関先生だけで、あとの3名は家庭裁判所の調査官でした。澤登先生は今でも「私は実務家から少年法を教えていただいた。」とおっしゃっています。

　こうして学部時代の2年間、少年法の基礎基本を学び、その後、私は都

立高校の教師になりました。

1982（昭和57）年5月15日に澤登先生が創られた「少年法研究会」は、現在も研究者だけでなく、実務家や大学院生も参加して、26年間続いています。私も設立時から少年法研究会に参加させていただき、今日に至っています。

第2　少年法の理念

1　大人と子どもの違い

最初に赴任した高校は、比較的問題行動を行う生徒の多い高校でした。そのため、特別指導と称する、問題行動を行った生徒に対する指導を頻繁に行う高校でしたから、私の少年法の理念や基礎知識がさっそく役立ちました。

現在もそうですが、多くの教師は、社会では、犯罪を行った大人と子どもを区別して取り扱うことを知りません。

例えば、犯罪を行った成人に対しては、その犯罪に対する制裁として刑罰が科されます。これに対して、非行を行った少年に対しては、非行事実と要保護性が認定されれば、保護処分が課されます。保護処分とは、教育の力によって非行に走った少年を立ち直らせようとする「処分」であって、非行に対して罰を与えるものではありません。

2　少年法の目的

少年法1条は「この法律は、少年の健全な育成を期し、非行のある少年に対して性格の矯正及び環境の調整に関する保護処分を行うとともに、少年の刑事事件について特別の措置を講ずることを目的とする。」と規定しています。

少年法は、非行少年を扱う法律ですが、その目的は「少年の健全育成」にあります。これは、非行は一過性の場合が多く、非行少年は可塑性に富み、教育の力によって立ち直る可能性が大きいと考えるからです。

教育基本法も「心身ともに健康な国民の育成」を期していますから、その

目的も「健全育成」と言えます。

　児童福祉法も1条1項で「すべて国民は、児童が心身ともに健やかに生まれ、且つ、育成されるよう努めなければならない。」と規定し、健全育成を目的に掲げています。

　わが国では、非行を行った少年も含めて、子どもは未成熟な者で、大人や社会が援助を与える対象であると考えています。そのため、多くの法律がその目的に子どもの健全育成を掲げて、子どもを保護の対象ととらえているのです。

3　非行少年の取り扱われ方

　少年一般保護事件（交通関係業過・道交違反・虞犯を除く）では、審判不開始および不処分決定の占める割合が多く、平成20年の場合、合計で81.8％でした。また、保護処分の割合は、保護観察が13.6％、少年院送致が3.6％、児童自立支援施設・児童養護施設送致・児童相談所長送致が0.4％であり、保護観察の占める割合が多いといえます。さらに、刑事処分相当として検察官送致された割合は、わずかに0.3％でした。

　このように、少年の犯罪に対する矯正手段としては、保護処分が優先的に適用されており、刑罰は例外的な手段として用いられていると言えます。さらに、保護処分の適用についても慎重であり、多くの場合、事実的な保護的措置を加えたうえで審判不開始ないし不処分決定がなされています。

　このように、家庭裁判所調査官および裁判官が行う保護的措置により、実質的に保護的教育的機能が果たされているのです。

　非行全体について、保護処分優先主義であり、かつ不処分優先主義（司法処分を課すことなく、行政処分ないし事実上の補導的措置だけで終局させることを優先する主義）でもあると言えます。

　生徒指導の際に、教師の中には「生徒を処罰する」と言っている者が多数います。子ども（生徒）に対する指導の仕方を理解していないからです。生徒の懲戒では、処罰という発想ではなく、2度と問題行動を起こさせない指導を行うという発想が重要です。ですから、少年保護手続きの過程における保護的措置のように、様々な場面における教師の説諭や叱責、訓戒等を多用して、実のある生徒指導を心がけるべきであると考えます。

第3　高校における生徒指導

1　生徒指導の概念

　「生徒指導」の概念を明確にしておきたいと思います。私たち教師は、「生徒指導」というとすぐに、問題行動を行なった生徒に対する指導を連想しがちです。しかし、本来「生徒指導」とは、生徒の成長発達を目指した教育活動全体を指すものです。したがって、喫煙をした生徒に対する指導も生徒指導であり、行事の際に生徒に対して行なう指導助言も生徒指導です。このように、「生徒指導」には、広義の生徒指導（学校の教育活動全般にわたる指導）と狭義の生徒指導（生活指導ともいい、問題行動に対する指導を指す）とがあり、これらをすべて包含した概念が「生徒指導」です。
　新しい高等学校学習指導要領（2009〔平成21〕年3月9日文部科学省告示）の第1章総則第5款「教育課程の編成・実施に当たって配慮すべき事項」の5の(3)に、「教師と生徒の信頼関係及び生徒相互の好ましい人間関係を育てるとともに生徒理解を深め、生徒が主体的に判断、行動し積極的に自己を生かしていくことができるよう、生徒指導の充実を図ること。」とあります。これについて、「高等学校学習指導要領解説（総則編）」（文部科学省）では、以下のような説明をしています。
　「生徒指導は、学校の教育目標を達成するために重要な機能の一つであり、一人一人の生徒の人格を尊重し、個性の伸長を図りながら、倫理観や正義感などの社会的資質や行動力を高めるように指導・援助するものである。すなわち、生徒指導は、すべての生徒のそれぞれの人格のよりよき発達を目指すとともに、学校生活がすべての生徒にとって有意義で興味深く、充実したものになるようにすることを目指すものであり、単なる生徒の問題行動への対応という消極的な面だけにとどまるものではない。（中略）なお、教育機能としての生徒指導は、教育課程の特定の領域における指導ではなく、教育課程の全領域において行わなければならないものである。特別活動（筆者注：ホームルーム活動、生徒会活動、学校行事を指す）の各領域が、集団や社会の一員としてよりよい生活を築くための自治的、実践的な学習の場であるとともに、人間としての在り方生き方についての自覚を深め、自己を生かす能力を養う場でもあり、生徒指導のための中核的な時間となると考えられる（中

略)。」。

このように、生徒指導は、学校教育において生徒の人間形成や「生きる力」の育成にとって、大変重要な意味を持っているといえます。

2　生徒指導の現状

(1)　懲戒の概念

懲戒とは、公法上の特別の監督関係の規律を維持するために、義務違反に対して一定の制裁を科すことです。その制裁を懲戒罰といい、刑罰とその目的を異にすることから、両者を併科するのを妨げず、別個に手続きを行うことができます（国家公務員法85条）。

特別の身分関係にあるものの懲戒としては、教師の学生・生徒・児童に対する懲戒（学校教育法11条）、親権者の子に対する懲戒（民法822条）、少年院長の収容者に対する懲戒（少年院法8条）等があります。

使用者が企業の規律・秩序に反したり、企業の利益を侵害した労働者に対し行う制裁、譴責、戒告、減給、出勤停止、解雇、諭旨解雇、懲戒解雇などの手段があり、これらは懲戒処分とも呼ばれます。（以上、「新法律学辞典第三版」有斐閣を参照しました）。

(2)　懲戒権の根拠

懲戒権の根拠としては、学校教育法11条に「校長および教員は、教育上必要があると認めるときは、文部科学大臣の定めるところにより、児童、生徒及び学生に懲戒を加えることができる。ただし、体罰を加えることはできない。」とあります。

また、学校教育法施行規則26条に「校長及び教員が児童等に懲戒を加えるに当っては、児童等の心身の発達に応ずる等教育上必要な配慮をしなければならない。

②　懲戒のうち、退学、停学及び訓告の処分は、校長（大学にあっては、学長の委任を受けた学部長を含む。）が行う。

③　前項の退学は、公立の小学校、中学校（学校教育法71条の規定により高等学校における教育と一貫した教育を施すもの（以下「併設型中学校」という。）を除く。）又は特別支援学校に在学する学齢児童又は学齢生徒を除き、次の各号のいずれかに該当する児童等に対して行なうことができる。

一　性行不良で改善の見込がないと認められる者
　二　学力劣等で成業の見込がないと認められる者
　三　正当の理由がなくて出席常でない者
　四　学校の秩序を乱し、その他学生又は生徒としての本分に反した者
　④　第二項の停学は、学齢児童又は学齢生徒に対しては、行うことができない。」とあります。
　学校教育法11条は、教師の教育権の1つとして「懲戒権」を規定したものです。一般に、懲戒とは義務違反に対して一定の制裁を科すことです。しかし、学校における懲戒は、教育の一環として行われるものです。したがって、学校における懲戒は、秩序維持という面もありますが、生徒の成長・発達を促すために行われると考えられます。その理由は、学校教育法第11条で、懲戒を「教育上必要があると認めるとき」と規定している点、学校教育法施行規則26条1項の「児童等の心身の発達に応ずる等教育上必要な配慮をしなければならない。」と規定している点からも推察することができます。
　学校で行われる懲戒には、2種類の懲戒があります。1つは、教師が日常的に行う叱責・訓戒、起立強制、居残り学習や作業を命じるといった「事実上の懲戒」です。もう1つは、生徒の法的地位や諸権利を左右する一定の法的効果を伴う、学校が行う「懲戒処分」です。

(3)　懲戒の意義
　懲戒は、義務違反に対して罰を与える制裁行為ですが、その目的は、子どもの成長・発達を促進する点にあります。したがって、懲戒を行う際には、単なる制裁に終わることなく、子どもの成長・発達に寄与する方法・内容で行う必要があります。
　また、子どもを一個の人格を持った主体と捉え、憲法や教育関係法が保障する範囲内で懲戒を行う必要があります。具体的には、適正な手続をとった上で、学校教育法施行規則第26条に規定する「心身の発達に応ずる」「教育上必要な配慮」をした懲戒を行うことになります。このように、懲戒を適正かつ有効に実践することによって、子どもの規範意識を形成することが可能になり、子どもの成長発達を促進することが可能になります。
　教育学者の牧柾名氏は、「本人のためにという教育上の判断は、しばしばあいまいな基準を肯定することに道を開きやすい。したがって、いかなる場合に、どの程度の懲戒が相当であるかを厳格に検討することが求められてい

る。」と指摘されています。澤登先生もパターナリズムの説明の中で、「『パターナリズム』とは、他人の利益を侵害することがなくても、そうすることが本人の利益になるという理由で干渉を加えることが許されるとする立場です。学校教育は、もっぱら生徒の利益のために行なわれるのですから、教育の理念そのものがパターナリズムに基礎を置いていると言えます。つまり、学校教育の場は、パターナリズムを根拠とする干渉がもっとも多様に行われやすい場です。しかし、生徒に対する干渉が、すべてパターナリズムの名のもとに正当化されるおそれがありますから、パターナリスティックな干渉は常に謙抑的でなければなりません。」と指摘しています。

学校現場では、生徒の懲戒の際に、「本人のため」「本人の利益」と言いますが、その判断基準を厳格に定める必要があります。

3　懲戒の現状

(1)　生徒指導の実際

生徒が問題行動を起こすと、学校は「特別指導」と称して指導します（狭義の生徒指導）。

例えば、生徒が喫煙をした場合、1回目は、内規に従い、3日間の自宅謹慎を申し渡します。生徒は3日間自宅にいて、反省文を書いたり、日記を書いたり、学習課題に取り組みながら過ごします。

2回目に問題行動を行った場合には、2回目だからという理由から、前回よりも長い期間の謹慎を命じます。例えば無期謹慎（一般的には10日間程度の目安を立てる）を申し渡します。さらに、3回目の問題行動があった場合、進路変更を含む無期謹慎を申し渡すことがあります。こうして、3回目以上の問題行動に対して、生徒を退学に追い込むこともあるのです。

このように、教師は生徒の問題行動に対して、結局、問題行動の結果や回数を見て、機械的に特別指導や懲戒処分を行うことが多いようです。そうではなくて、生徒が問題行動に走った理由・動機、家庭環境等を勘案した上で、生徒の立ち直りのための指導や懲戒を行うことが重要です。つまり、もっと要保護性を重視した懲戒や生徒指導を行うべきです。そのためにも、教師は少年法の理念を学ぶ必要があります。

狭義の「生徒指導」を、高校では一般的に「特別指導」と称します。具体的には、反省文を書いたり、課題の作文を書いたり、課題の学習をしたりし

ながら、自己の行為を反省させて、2度と問題行動をしないという決意をさせることです。この「懲戒」と「特別指導」について考えてみます。

(2) 懲戒

　生徒が問題行動をおこなったとき、学校はその生徒に対して何らかの指導をおこないます。担任注意や生徒部長注意、あるいは、学校長注意等です。また、自宅で謹慎するよう申し付けることもあります。さらに、問題行動の結果が重大であったり、内容が悪質である場合には、停学や退学といった「懲戒処分」をおこなうこともあります。

　生徒の問題行動に対して、学校は様々な形の働き掛けをします。その中で、秩序を維持するため、あるいは教育上の観点から、ルール違反をした生徒に対して行なう制裁を懲戒と呼びます。「懲戒」については、学校教育法11条および学校教育法施行規則第26条に規定があり、懲戒の種類として、「退学・停学・訓告等」があります。

　懲戒（退学・停学・訓告等）は、制裁です。何故なら、懲戒処分を受けた場合、教育委員会に報告がなされ、公簿である「指導要録」に記載されることになるからです。そこで、学校は生徒にとって不利益となる懲戒処分を避ける傾向があります。その結果考えられたのが、「特別指導」と称して謹慎指導をおこなう方法です。

(3) 特別指導

「特別指導」については、学校によってその内容が多少異なると思いますが、特別指導の中心的形態は謹慎指導です。

　そこで、この「特別指導（謹慎指導）」のもつ意味について考えてみます。

　問題行動に走った生徒に、自己の行為を反省させ、将来2度と問題行動を起こさないという決意をさせるために行なう指導が「特別指導（謹慎指導）」です。これは、問題行動を起こした生徒に対して、その結果の重大性に見合った罰を与えることではありません。

　「特別指導」を懲戒と考えるか、指導と考えるかは、意見の別れるところです。私は「特別指導」はあくまでも「指導」であって、「懲戒」ではないと考えます。もちろん形式は非常に似たものですが、内容がまったく異なるからです。

　また、謹慎といっても、「家庭謹慎」と「学校（登校）謹慎」があります。

「家庭謹慎」は「停学」と区別がつきにくく、指導効果もあまり期待できないと考えます。生徒を登校させて、教師の指導監督の下で行なう「学校（登校）謹慎」が指導法としては有効であると考えます。さらに、生徒の同意を得て行なう謹慎と一方的に行なう謹慎とでは、根本的に相違があります。したがって、生徒の同意を得たうえで謹慎指導を行なうことが重要です。しかし、実際には多くの教師は、問題行動に対して、罰することの必要性を主張します。

家庭謹慎でなく、学校（登校）謹慎がより指導効果があがる理由は、次の4点に集約できます。第1に、父母が共に働いている家庭が多く、昼間、家庭に保護者がいなくて、生徒の指導監督が実質的にできないからです。生徒が一人で自宅にいて、十分な反省ができるかどうか疑問です。さらに、母子家庭・父子家庭の場合は、家庭謹慎の指導効果は上げにくいと思います。第2に、喫煙をおこない指導に入った生徒が、タバコを吸いながら反省文を書いている現場を、家庭訪問した教師がみつけた例があると聞いたことがあります。これでは何のための家庭謹慎かわかりません。第3に、指導に入った直後の時点では、反省する気持ちより、運が悪かったという気持ちのほうが強い場合が多く、指導効果をあげにくいようです。登校謹慎では、教師が直接指導をしますので、反省を迫ることができます。反省がなければ、将来2度と問題行動を繰り返さないという決意も生まれません。第4に、そして、なにより最も大きな理由は、「特別指導」が「懲戒」ではなく、「指導」であるからです。生徒を家庭に置いておくのではなく、登校させて、教師の指導監督の下で自己を見つめさせることに意味があると考えます。

(4) 中途退学

次のグラフは、中途退学者の割合を示したものです（平成20年版『文部科学白書』）。

平成19年度の国公私立高校における中退者数は、72,854人でした。在籍者に占める中退者の割合は2.1％でした。中退の理由は、「学校生活・学業不適応」が38.8％、次いで「進路変更」が33.2％でした。

私は、1995（平成7）年3月から1998（平成10）年2月まで、文部省（当時）の「高等学校中途退学者調査研究」協力者会議の委員をさせていただきました。その会合で私が問題にした点は、退学した理由の選択肢が「進路変更」「学校不適応」「友人との関係が悪い」等では、理由がはっきりしな

中途退学者数及び中途退学率の推移

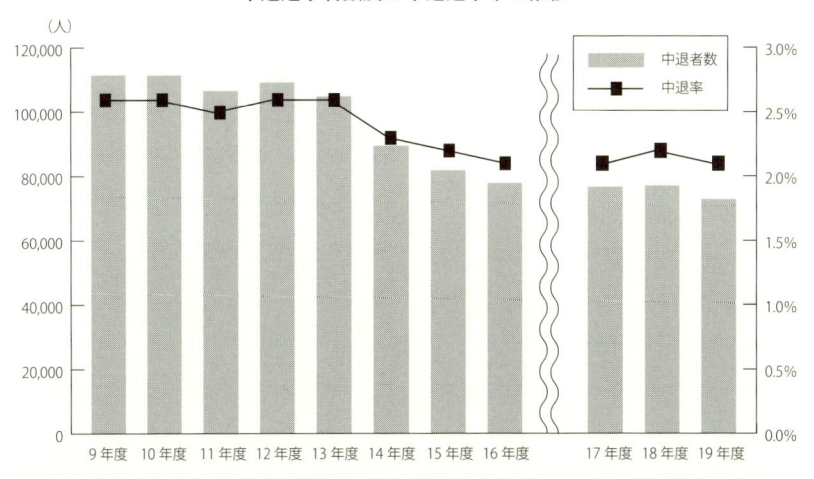

	9年度	10年度	11年度	12年度	13年度	14年度	15年度	16年度	17年度	18年度	19年度
中途退学者数（人）	111,491	111,372	106,578	109,146	104,894	89,409	81,799	77,897	76,693	77,027	72,854
中途退学率（%）	2.6	2.6	2.5	2.6	2.6	2.3	2.2	2.1	2.1	2.2	2.1

（注）調査対象は、平成16年度までは公・私立高等学校、平成17年度からは国立高等学校も調査

いうことでした。そこで私は「いじめられたから」というような具体的な選択肢の設置を主張しましたが、却下されました。

結局「進路変更」は、中退した結果、「他の進路に進んだ」ということだけであって、何ら中退の理由を説明していないのです。

私が文部省の委員をしていた平成7～10年度以降、高校の中退者数及び中退率は少しずつ減少してきました。平成10年度と19年度を比較しますと、平成10年度の中退者が111,372人、中退率が2.6％に対して、平成19年度の中退者が72,854人、中退率が2.1％でした。この間、各高校では、中退者を減らすために、生徒の能力や適性、さらに興味や関心などに応じて、魅力ある教育活動を展開するとともに、教育相談やガイダンス等の充実を図ってきました。その努力が結実したものと考えられます。

(5) 非行少年の学歴

『平成20年版犯罪白書』の「少年一般刑法犯検挙人員の就学・就労別構成比」をみますと、高校生が41.1％、中学生が29.6％、無職少年が11.0％、有職少年が10.2％です。このように、高校生の比率が一番高いことがわかります。

　高校生の年齢は、おおむね16歳から18歳です。多感な時期であり、社会に対する見方や考え方も、大きく発展する時期です。そのような人格完成の時期に、大人や社会の誤った刺激を受けることによって、少年は非行に走ることがあるのでしょう。

　高校教師としては、このような生徒の心情を理解し、生徒指導の際にも慎重な指導を心がける必要があると考えます。

第4　まとめ

　少年法に接して、さらに、非行少年の処遇現場（少年院・少年刑務所・児童自立支援施設・補導委託先等）を参観させていただいた経験があります。また、処遇現場で働く方々から話を聞く機会もあります。このような経験を通して、少年法を条文だけでなく、処遇の様子も合わせて見聞したおかげで、少年法の真の姿を見た思いでいます。

　澤登先生のゼミで少年法を学ばせていただいたおかげで、現在の私の「生徒指導観」ができあがりました。私の生徒指導に関する主張は、東京都教育委員会でも認められました。東京都教育庁指導部高等学校教育指導課が企画して作る『生徒指導の手引き』の作成には、平成5年度と平成10年度の2度、関わりました。その中で私が主張した、生徒の問題行動に対して指導を行う目的は、「生徒に自分の行った問題行動について深く反省させ、二度とルール違反をしないという決意をさせるために行うものであり、罰を与えたり、従わなければ排除したりすることではない。」という文章は、その後、都教委が出す生徒指導関係の文書の中で引用されています。

　このように、少年法の理念を生かした生徒指導の実務家として、これからも研鑽を積んで、実践を続けていこうと考えています。

（うめざわ・ひであき／東京都立雪谷高等学校教諭）

第3部 座談会

現場の視点・現場からの提言

第3部は少年法研究会の活動の成果をまとめたものである。

　少年法研究会は、澤登俊雄國學院大學名誉教授を中心として1982年に発足して以来、毎月1回のペースで開催されている研究会である。研究会の開催は2010年1月現在で364回を数える（研究会の活動については、梅澤秀監編『少年法研究会20年のあゆみ』〔2002年〕に詳しい）。

　この研究会の特色は、一定の分野に偏らない様々な分野の実務家、研究者が参加していることである。座談会は、この少年法研究会の特色を最大限に生かそうと企画されたものであり、少年保護に直接関わってきた実務家会員を中心にそこに研究者会員が加わり、少年法の基本問題に関して自由に討論したものである。それゆえ、本座談会の特色を一言で言えば、実務的多様性の再認識ということになろうか。少年法の問題に関しては、理論的に様々な考え方が表明されているが、実務の捉え方はひとつであると考えられる傾向にある。この座談会では、少年保護の現場においても、その立場に応じて様々な考え方があるということを明らかにしえたものと思う。

　座談会のテーマとしては、もっとも今日的課題である少年手続への被害者の関与とオーソドックスな問題である健全育成（少年の立ち直り）との2つを設定した。「被害者は少年手続に関与すべきか」の座談会は2009年2月14日および3月14日の両日に、また、「少年の健全育成とは何か」の座談会は同年4月25日および6月20日の両日に開催した。

　座談会という名称ではあるが、定例の研究会の中で実施されたものであり、基調報告を行う5名または7名の会員が中心となり、参加した他の会員も質問、意見を述べている。この点ではミニパネルディスカッションといった方がよいかもしれない。

　また、座談会のまとめ方は各司会者に委ねられたので、2つの座談会はまったく異なる形でまとめられた。本書に掲載するにあたり、形式を統一した方がよかったかもしれない。しかし、これも、学会などではない自由な研究会である少年法研究会の特色としてご海容いただければ幸いである。

座談会①

被害者は少年手続に関与すべきか

  I 座談会の趣旨と基調報告
  II パネリスト間の討論で提出された諸問題
  III 座談会のまとめに代えて

　2009年2月14日および3月14日の両日にわたり、「少年法研究会」第356回および第357回が國學院大學で開催されたが、そこにおいて、表題のテーマにつき報告と討論が行われた。その内容のうち、特に重要と思われる部分につき、司会を務めた澤登俊雄がその概要を報告する。

I　座談会の趣旨と基調報告

　冒頭に、澤登から、基調報告を行う5名の会員について紹介があった（発言順）。

斎藤義房　（さいとう・よしふさ／弁護士、日弁連子どもの権利委員会少年問題対策チーム座長）
八田次郎　（はった・じろう／元小田原少年院長）
花岡明正　（はなおか・あきまさ／新潟工科大学、法哲学および刑事法学担当）
片山徒有　（かたやま・ただあり／「被害者と司法を考える会」代表）
佐々木央　（ささき・ひさし／共同通信社編集委員・解説委員・能力開発センター委員）

　続いて、澤登から、座談会のテーマが選ばれた背景について説明があった。その要旨は次のとおりである。

現行少年法の中に、少年（犯罪・触法）事件の被害者やその関係者に対する配慮規定（少年審判手続の中で家庭裁判所に種々の申出をすることを認める規定）が新設されたのは、2000年改正法においてであった。この改正法では、審判結果の通知、記録の閲覧・謄写および意見の聴取についての申出が認められた。

　2008年12月15日に施行された2008年改正法では、新たに、特定の重大事件に限り、被害者等による審判期日における審判の傍聴の申出を認める規定が設けられたが、審判非公開の原則や審判手続の教育的機能などとの関係で、その運用方法が大きな問題となっている。同改正法では、家庭裁判所が審判の傍聴を許すには、あらかじめ弁護士である付添人の意見を聴く必要があるとし、さらに、弁護士である付添人がない場合は、少年と保護者の両者が付添人不要の意思を表示しない限り、家庭裁判所が弁護士である付添人を付けなければならないとしている。なお、少年事件の被害者等から申出があった場合、審判期日における審判の状況を説明する制度も新設された。

　2008年改正法は、記録の閲覧・謄写を「原則として」認めることとし、さらに対象となる記録の範囲を拡大し、非行事実に係る部分以外の一定の記録（社会記録以外の記録）についても対象に含めた。また、意見の聴取の対象者を拡大し、被害者の心身に重大な故障がある場合に、被害者に代わり被害者の配偶者、直系の親族または兄弟姉妹が意見を述べることを認めた。

　上記2度の改正により、被害者等に対する配慮規定は拡張されたが、いずれについても申出が認められるのは、「少年の健全な育成を妨げるおそれがない」場合に限られている。したがって、被害者の申出が認められるかどうかは、すべて家庭裁判所の判断に委ねられている。

　以上はすべて審判段階での被害者等に対する情報開示の制度であるが、2007年12月1日からは、保護処分の執行段階についても処遇状況を被害者等に開示する制度が始まった。この制度は、重大事件に限らずすべての事件の被害者が、少年院や保護観察で加害者がどのような処遇を受けているか、その情報の開示（通知）を希望している旨の申出を少年鑑別所に行うものである。この制度は、2004年の「犯罪被害者基本法」制定、それに基づく2005年の「犯罪被害者等基本計画」により、2007年の法務省刑事部長・矯正局長・保護局長依命通達が発出されて実施に移されたものである。

　以上の状況を踏まえ、この座談会では、被害者等の少年審判傍聴制度の問

題点、処遇状況の通知制度の運用のあり方、ひいては、被害者等に対する情報開示の適正化の要件およびその根底にある「被害者の知る権利」の性格ないし実質について議論が及ぶことが期待された。

基調報告の全体像

以上の趣旨に基づき、5名の会員が行った基調報告の内容は以下のとおりである。

まず、斎藤会員は、法律家の立場から、主として被害者等の審判傍聴制度の基本的な問題点および運用上の留意事項等につき、現在まで各方面から指摘されてきた「慎重論」を集約し整理するかたちで報告した。

続いて八田会員は、法務教官・少年院長の経験に基づき、保護処分執行過程で被害者等に処遇状況を開示する制度の現実的な効用や運用上の留意事項について説明し、それとの関連で、被害者等の審判傍聴制度については慎重であるべきこと、非行少年に対する教育的処遇の推進と被害者等の諸権利とは対抗関係にあるのではないことなどを主張した。

花岡会員は、被害者等の「知る権利」の内容と審判傍聴制度の限界について説明し、なお、刑罰の存在理由を応報そのものととらえる限り、特に死亡事件につき保護主義を貫くことが困難である由縁を指摘した。

以上3つの報告を参考にしながら、少年司法手続（処分執行過程を含む）に被害者等が関わることの必要性およびその限界などにつき、被害者の立場から片山会員が、また事件報道（事件・加害者・被害者に関する情報の公開）の必要性およびその限界などにつき、佐々木会員が、それぞれ、制度の新設を意図する場合に認識しておくことが必要不可欠な新鮮な問題点を指摘した。

以下5つの報告の概要を、発言順に記すことにする。

なお、以下各氏の報告要旨を説明する本文中＊を付した文章は、澤登による補足説明である。

1 斎藤義房氏（弁護士）の基調報告

第1点　少年審判の被害者傍聴制度について
日弁連は、2000年改正法をめぐる議論において、被害者が家庭裁判所に

意見を述べる制度、記録の閲覧・謄写を求める制度、審判結果の通知を求める制度については賛成したが、審判傍聴制度については、一部議論は出たが、これには絶対反対という立場だった。その反対理由は以下の通りである。
　⑴　審判が開かれるのは事件直後であり、狭い審判廷に被害者が出ることによって、少年が発言できなくなるという状況が生じること。
　⑵　審判廷には、生育歴を含むプライバシーに関わるさまざまな情報が出されるのが本来のやり方だったが、被害者等が在廷すると、それらの情報が出しにくくなり、適正な処分を決めることが難しくなるおそれがあること。
　⑶　裁判官が被害者に対して配慮するあまり、少年の立場よりも被害者に重点を置いた審判運用になり、審判の教育的機能が後退するおそれがあること。
　⑷　事件発生から間もない時期に審判が開かれることが多いが、加害者側も被害者側もまだ気持ちの整理ができておらず、両者の間にトラブルが起こるおそれがあること、関連して、感情の整理ができていない状況のもとで、被害者側が、審判の傍聴で得られたさまざまな情報を外部に漏らすおそれがないとはいえないこと。
　⑸　少年の発言や態度によって被害者等がさらに傷つくこともありうること。
　この点に関連して、次のことが考慮されるべきである。すなわち、被害者等が審判に参加することによって、少年の更生にプラスになるケースもあるかもしれないが、そのように予測される場合には、裁判官が、少年審判規則29条に基づいて被害者等の在席を許すという方法をとればよいのであり、現行法改正の必要はない。

第2点　2008年改正法と2000年改正法との関係
　被害者等傍聴制度が新設された背景として一番重視される動きは、2000年改正法による刑罰適用範囲の大幅な拡大、特に20条の改正である。この改正は、少年犯罪の被害者に対する配慮に基づくものである。この時から、少年法の軸が被害者重視に振れてしまい、運用においても、刑事処分に付される少年が増加した。このような状況のもとでの傍聴制度であり、審判の教育的機能がさらに後退することが懸念される。

第3点　傍聴制度の運用に関する制約

　2008年の改正法では、被害者等傍聴制度の新設によって「少年法の理念が損なわれる」との日弁連の主張も取り入れられ、裁判所が被害者等の傍聴を許可する要件として、「少年の健全な育成を妨げるおそれがなく相当と認めるとき」に限るものとし、さらに、「審判の傍聴を許すには、あらかじめ、弁護士である付添人の意見を聴かなければならない」と定められた（22条の4第1項および22条の5第1項）。

第4点　少年に対する刑事裁判と被害者

　改正された刑事訴訟法のもとでは、被害者等は傍聴席ではなく、検察官の横に座り、かつ意見の陳述を行う場合が予定されている。少年法50条は、「少年に対する刑事事件の審理は、9条の趣旨に従って、これを行わなければならない」と定めているが、9条の趣旨すなわち「要保護性」の重視が貫けるか、大いに危惧されるところである（被害者の審判傍聴が認められ、弁護士の付添人が立ち会った3件のケース、2009年2月2〜4日東京地裁で行われた裁判員裁判の逆送事件の模擬裁判についての報告）。

　　＊傍聴制度に反対する日弁連意見（第1点）に対する法務省刑事局の反論が公表されているが（飯島泰ほか「『少年法の一部を改正する法律』の解説」家裁月報2009年2月号30〜33頁）、その中でもとりわけ、下記の見解は、被害者の傍聴申出制度に関する被害者の権利の性質を考える上で大いに疑問とされるべき内容を含んでいる。その問題性については、この後の報告・討論の中で明らかにされていく。
　　「さらに、被害者等が審判を傍聴した結果、どのような感情等を抱くことになるかについては、個々の事件によって異なると考えられる上、そもそも傍聴するかどうかは被害者等の判断にゆだねられており、仮に少年の言動等に傷つく可能性があるとしても、そのことを考慮してなお傍聴を希望する被害者等もいると考えられることから、被害者等に二次被害を与えるおそれがあるということによって、およそ傍聴の制度を導入するべきでないとするのは適当ではないと考えられる（23頁）」。

2　八田次郎氏(元少年院長)の基調報告

第1点　被害者傍聴制度の問題点

　被害者傍聴制度の問題点は、少年の健全育成と被害者の権利・利益の保護という2つの目的が衝突するので、その両者を対等のものとしてはかりにかけた上で制度設計をすべきだということにあるとする見解もありうることが、ある研究者によって紹介されているが（川出敏裕「少年法改正の意義と今後の実務への期待」家裁月報2009年1月号120～121頁）、私にはそのような見解が成り立つこと自体が理解できない。被害者傍聴制度の問題点は、少年審判の教育的機能と、少年に対する実質的な権利保障を妨げない運用のあり方を確立することにあると考える。それが確立されていることが前提で、被害者傍聴の可否が判断される。したがって、この制度の運用にあたっては、被害者の傍聴によって、非行事実の認定と要保護性の判断が適正に行われることが妨げられるおそれのないこと、すなわち「少年の健全な育成を妨げるおそれがない」ことが認められない限り、傍聴の申出を許可しないという姿勢が堅持されなければならない。

　　＊八田氏は、少年の健全育成と被害者への配慮とは、次元を異にした局面であることを強調し、平川宗信氏の説を援用する。平川説は本報告の後に資料として引用する。

第2点　矯正教育における取り組みについて

　矯正と保護に共通する留意点として、被害者と関わるときは、必ず被害者の考え方や心情を中心に置いてその関わり方を考えていくこと、したがって「被害者一般」ではなく、目の前にいる個々の被害者がどういう状況にあるかを常に考慮することが原則である。具体的には、遺族については被害者との身分的関係、被害が生じた状況、事件からの時間の経過、加害者側からの謝罪の有無・程度など、個別的事情を詳細に知ることが必要である。それらの情報に基づき、被害者と加害者が関わりを持つのに適切な時期を見極め、かつ関わりの持ち方や内容について熟慮が必要である。

　なかでも加害者と被害者が関わりを持つのに適切な時期を見極めることがとりわけ大切である。加害者がどの程度改善されているか、同時に被害者側の状況はどのように変化しているか、被害者が加害者の謝罪等を受け入れる

準備ができているかなど、その判断を誤ると、両者が関わりを持つことによって、被害者の心的外傷を深め、加害者にとってもプラスにならない事態も起こる。

　　＊八田氏は、この点に関連して、加害者および被害者に生起する出来事を共時的によみとること、ユング心理学におけるコンステレーション（布置・星座）の重要性につき述べた。

　少年院の処遇に被害者の問題が取り入れられたのは、1997年の神戸事件を契機として、生活訓練課程を設けて贖罪指導を行うことにした時である。2001年には、「被害者の視点を取り入れた教育」と名称が変わった。しかし、特に重大犯罪では、贖罪指導に至る前に多くの教育が必要で、被害者の視点を取り入れた教育の困難さが自覚され、現場には躊躇も見られたが、2003年頃から被害者の講演を聞くなどの動きが始まり、現在では、各地で実施され成果も上がってきている。しかし、被害者と加害者との関わり方、とくに通信や面会を活発化するには困難が伴う。それは、被害者側の状況も時々刻々変化し、状況の把握が困難であること、仲介者の不在などが主な理由である。

　また、2007年12月から処遇状況等通知制度ができたが、通知する内容が教育期間、教育目標などパターン化されており、被害者の納得を得られるか疑わしい。そこで現場も揺れ動いている。結局、通知制度が少年のプライバシーを侵害するおそれはないか、通知文書の内容が週刊誌等に悪用されないか、民事裁判でどのように使われるかなど懸念されることも多く、被害者の情報開示の要請に沿いながら、この問題をクリアしていく工夫が積み重ねられる必要がある。なお、この制度の運用の仕方によっては、被害者と少年の対話の契機とすることも期待できることを付け加えておきたい。

第3点　保護観察における取り組みについて

　保護観察については、2007年12月から、仮退院等の審理において被害者等の意見を聴取する制度、被害者の心情を加害者に伝達する制度、保護観察になった人の状況について被害者等に通知する制度、犯罪被害者に対する相談支援という4つの制度が設けられた。

　保護観察所では、保護観察を担当する処遇部門と、被害者支援を担当する

部門とに分けている。被害者支援部門では、支援担当保護観察官と保護司が支援活動に当たるという配置で行っている。

● 資料
【平川宗信氏の犯罪被害者の権利に関する見解】
(『刑事法の基礎』[有斐閣、2008年] 309～312頁からの抜粋)

(1) 犯罪被害者の権利の法的性格
「犯罪被害者は、被疑者・被告人等とは異なり、国によって自由を制限され、あるいは自由を不当に侵害されるおそれのある地位にあるのではない。したがって、犯罪被害者については、刑事手続の過程で国家機関から二次的被害を受けない権利などの限られたものを除けば、国家からの自由侵害に対する特別の権利（犯罪被害者特有の自由権）を認める必要性は乏しい。犯罪被害者にとって重要なのは、再被害やマスメディア等による二次被害からの保護、損害賠償・国家補償等の援助、生活上の支援、刑事手続へのアクセス等であり、そのための権利である。このような権利は、国に対して保護・援助・支援等と、そのための制度の創設・整備を求めることを内容とする権利であり、国の積極的な作為・介入を請求する権利である。「犯罪被害者の権利」は、国家に対する「保護・給付請求権」や「制度創設・整備請求権」を中心とした、多種多様な権利の集合とみることができる。」

(2) 犯罪被害者の権利の限界
「犯罪被害者の権利を立法によって具体的な権利・請求権として定立する場合には、他の者の権利との関係が問題になる。もっとも、犯罪被害者の権利が公的補償や社会的援助に関わる場合は、犯罪被害者の権利を認めることが他の者の権利を侵害することはないので、他の要支援者とのバランスの問題はあっても、このような問題は生じない。これに対して、犯罪被害者の権利が刑事手続とくに手続への関与・参加等に関わる場合には、犯罪被害者の権利を認めることが被疑者・被告人の権利に悪影響を与える場合が考えられる。それゆえ、この領域では、犯罪被害者の権利には限界があると考えられ、権利を認めるのには慎重である必要がある。ところが、近年の立法は、刑事手続の領域における犯罪被害者の権利を拡張することには積極的であるが、公的補償や社会的援助に関わる領域では消極的であるように感じられる。これは本末転倒であり、犯罪被害者が国家権力の強化・拡大に利用されているとの見方もある。

本来、犯罪被害者の権利は、積極国家の思想を前提とする請求権としての性格が強い。これに対して被疑者・被告人の権利は、国家からの侵害に対する自由権としての

性格を有する。積極国家の思想を優先させた場合には、国家の過剰介入を招くおそれがある。それゆえ、人間の尊厳と人格的自律を尊重するためには、自由権を重視していく必要がある。犯罪被害者の権利は、被疑者・被告人の権利を害しない限りにおいて認められると解さなければならない。国連被害者宣言6条(b)が「被告人に不利益を与えることなく」犯罪被害者の意見・関心事を刑事手続の中で表明等させるべきものとしているのは、この趣旨に解されよう」。

(3) 被害者の人権と加害者の人権

「マスコミ報道等では、『加害者の人権は守られているのに、被害者の人権は守られていない』などといわれる場合がある。しかし、これは誤解である。『加害の権利』がないのは当然であり、それゆえ『加害者の権利』もない。……被害者・被告人には刑事手続上の権利がみとめられるが、『被疑者・被告人』と『加害者』とは同一ではない。被疑者・被告人には『無罪の推定』があって、犯罪が確定するまでは『加害者ではない』と推定されるのである。被疑者・被告人の手続的権利を『加害者の人権』というのは、誤りである。

被疑者・被告人については、国家による自由の制限が認められているために、不当な自由侵害がされないように一定の権利が認められている。これは、『被疑者・被告人としての権利』であり、『加害者としての権利』ではない。受刑者の権利も、自由を奪われている『受刑者としての権利』であって、『加害者としての権利』ではない。……被疑者・被告人・受刑者の権利も、必ずしも十分に守られているわけではない。今後も、その充実・強化が図られなければならない。『犯罪被害者の権利』と『被疑者・被告人の権利』は、シーソーゲームの関係にあるのではなく、車の両輪のように両者ともに拡大・向上していくべきものである。犯罪被害者の権利の尊重が、被疑者・被告人・受刑者の権利の切り下げになってはならない」。

3 花岡明正氏（法哲学・刑事法学）の基調報告

第1点 被害者等の少年審判傍聴制度について

犯罪被害者等基本法3条3号「犯罪被害者等のための施策は、犯罪被害者等が、被害を受けたときから再び平穏な生活を営めることができるようになるまでの間、必要な支援等を途切れることなく受けることができるよう、講ぜられるものとする」という趣旨を実現するために、少年司法手続の中に被害者等の関与を認めること自体は妥当な措置である。その意味で、被害者等の審判傍聴制度は肯定されるが、肯定できる範囲が問題である。

傍聴制度の基礎は被害者等の「知る権利」にあるが、審判を傍聴することによって何を知る権利があるかが問題である。（広義の）非行事実の内容に加えて、加害少年や保護者の心境を知りたいというのが、被害者等の一般的な気持ちであろう。それが限度ならば、モニターで情報を得ればよいことになる。さらに、審判記録の一部の閲覧・謄写制度がすでにあるので、「知る権利」の内容は十分保障されていることになる。しかし、被害者の気持ちが、「知りたいという以上に立ち会いたい」ということだとすると、「知る権利」の内容を超えてしまうのではないかと考えられる。もしそうだとすると、少年法が予定している審判の意義が損なわれる恐れが大きくなる。

　第2点　「知る権利」とモニター使用との関係
　「知る権利」の内容（第1点参照）を考えれば、モニターを使用することに問題はないことになる。むしろモニター使用を原則化してもよいように思われる。日弁連意見書の反対理由を再検討する必要がある。
　関連して、非公開で、しかも裁判官の強力な職権主義のもとに進行する少年審判そのものの適正を監視する仕組みとして、モニター使用という方法が検討される必要性はないか。

　第3点　被害者感情と刑罰論との関係
　「被害者感情」およびそれを媒体として使われる「社会感情」の重視という言葉によって表される内容は、犯罪の重さ（責任非難の量、すなわち侵害度と自由意思度の大きさの総和）に見合う刑罰（不利益ないし苦痛）を行為者に科すことによって正義が実現され、社会の秩序が回復されるという考え方である。まさに応報刑論（絶対的応報刑論）そのものである。したがって、応報刑論の立場から、犯罪少年に対する保護主義の妥当性、とりわけ死亡事件についても刑罰を回避する（保護処分を優先する）ことの妥当性を説明するのは困難なのではないか。

4　片山徒有氏（被害者遺族）の基調報告

　(1)　犯罪被害者等基本法は、被害者問題は国の責任だとしている。したがって、法制度を改正して、被害者にとって使いやすい法律にすることが求められ、その中には裁判所の手続も入ると思う。最近の被害者参加裁判を傍聴

して、裁判所が被害者のことを考えるように変わったという印象を持った。私としては、単純に、これはいいことではないかと喜んでいる。ただ問題もたくさんあり、特に少年事件については、審判傍聴制度が本当に被害者のことを考えてできているのか疑問もある。事件発生から間もない時期に、様子がまったく分からない審判廷への出席を問われても、「私はいいです」とは言い出しにくい状況にあると思われる。

(2) 被害者・遺族は、家族に迷惑をかけては申し訳ないという気持ちから、警察の事情聴取にも答え、家裁調査官の意見聴取にも耐えて、繰り返し何度も同じことを聞かれながらも一生懸命誠意をもって答えようとしている。その中で審判を傍聴しないという選択はなかなかしにくいものがあると思われる。

(3) 2000年の改正法の後も、原則検察官送致の規定により、もっと逆送決定を増やしてもらいたいという遺族の声が強かった。しかし、審判廷に続き刑事裁判の法廷で、被害者・遺族がさらなる負担を強いられ、さらに傷つけられることがあっていいのだろうかと思う。本当に必要なのは、少年が本当に加害者であれば、成長するまで待って、謝罪し、被害者・遺族がそれを受け止めるまでの時間が欲しいということだと思う。

(4) 被害者側が一番嫌うことは、表面的な対応である。それをなくすためには、事件直近からの被害者支援が不可欠である。

(5) 確かに、少年事件の被害者は、いろいろな意味で情報にアクセスしにくかったことがあると思うが、一方、私の息子が被害者となった交通事件（死亡事件）のように、形式的な処理で終わってしまうケースも多いと思う。少年審判は非公開だが、交通事件では不起訴処分になったり、罰金刑で裁判が開かれないこともたくさんある。だからといって被害者の権利がまったくないということはないのであって、被害者の悲しみを社会が共有し、また同じような被害者を出さないための努力に皆で取り組むことにより、被害者の希望が少しずつかなえられていくのではないかと考えている。

(6) だからといって、被害者側の応報感情を無視することはできない。た

だ、加害者に対し被害者と同じような苦しみを与えたいと願う人もいるが、仮にそういうことがあっても家族が生き返ることはなく、解決にならない。したがって、双方ともに痛みを分かり合える、それぞれの気持ちを伝達し合えるようなパイプ役となる人が育って欲しい。たとえば、少年の付添人である弁護士にも今後大いに被害者側のことを考えてもらいたい。

(7)　被害者にはどのような支援が必要か考えてみる。事件発生後被害者は、警察、検察、家裁裁判官・調査官などから同じことを繰り返し聞かれて憤りすら感じることがあるが、その調整について支援が欲しい。少年が少年院に送致され、あるいは、保護観察中であるとき被害者側の意見を聞いてもらいたい気持ちが強いが、ここでも同じことを聴かれるのかという思いが強い。つまり、被害者側の意見聴取が細切れで行われることによる弊害を軽くするための支援が是非必要である。支援の際、加害者側と対立することも起こりうるが、たとえば、審判非公開の仕組みについて加害者側が疑念を持てば、支援者側から法制度の趣旨を伝えることも支援の一つである。

(8)　法制審議会に出席していた時の経験だが、犯罪被害者等基本法の被害者の権利の方が犯罪少年の権利より上回っているという見解を述べた人がいる。私は、どちらが上かではなく、すでにある少年法の理念を皆が享受しつつ、なお被害者側の心情にも配慮するという、双方向の重要問題をどのように理解していくかということについて、被害者と加害者との間の橋渡しが求められているのではないかと思う。今は残念ながら被害者側が処罰を求めるかたちになっているが、それは、被害者側が保護処分の大切さを知らないままできたことによると思う。私は少年院もいくつか見学させてもらい、その教育が被害者にとってもいいことなのだということに気付いた。刑務所が駄目だという意味ではなく、刑務所の教育機能も向上しており、それはそれでよいことだと思っている。

(9)　問題は中身で、あとは時間だと思う。被害者側にとっても、いろいろなことを受け止めて、自分の中で処理するための時間が是非とも必要である。場合によっては、整理をつけるという意味での忘却も必要とされる。いろいろなことを抱え過ぎてしまったら、被害者もつぶれてしまう。時間をかけて被害から解放するような施策をいろいろなところで実施してもらいた

い。今は残念ながら、結論だけを求めているのではないか、個々に切り離されている部分での客観的評価が若干薄いのではないかという気がする。

(10) 日本では、少年事件の場合、治安の維持が前面に出てきたことは少ないと思うが、今は、被害者側の心情を利用（重視・強調）することによって、若干少年の保護よりも治安維持の方に傾きつつあるのが、私としては心配なところである。

5　佐々木央氏（ジャーナリスト）の基調報告

(1) 原理的な衝突

少年の更生と被害者の救済という原理は、本来、両立しない。少年犯罪事件を何件か取材してきて、そう実感している。

数年前、若者の生きづらさをテーマにした連載の一環として、強盗や傷害で少年院に送致され、出院した少年の取材をして記事にしたら、それを読んだ岡山の女性から手紙が届いた。知人3人によるリンチで死亡した少年の母親で、手紙には「加害者の未来は語られても、被害者の失われた未来は語らせてもらえないのか」と厳しい言葉が書かれていた。

なぜ事件が起きるかと言えば、事件を起こす人がいるからだ。記者はまず加害者の方を取材し、事件が起きた理由や社会背景を伝えるべきだというのが私の考えだったので、抵抗を感じたが、岡山に何度か出かけ、前記被害少年の両親に長時間話しを聞いた。

バランスをとるなら、このリンチ事件の加害者からも取材しなければならないが、それはまったくしなかった。被害者の気持ちを懸命に聞いた後、同じ事件の加害者の話しを聞くことはできないと感じたからだ。私はすでに遺族の気持ちに共感してしまっているので、加害者に白紙で接することはできない。加害者と会えば、彼らを責める気持ちから逃れなかったと思う。

双方代理のような形で、役所に、被害者・加害者両方の支援や援助を行わせることには、同じような危険がある。また、それでは結局、どちらにも信頼されなくなるだろう。

担当者を分けるとしても、設置法などで定めたその機関の本来の目的や理念に抵触することになるのではないか。

(2) 司法システムの限界

リンチで亡くなった少年の両親の取材は、事件から２年以上経っていたが、父親はなお「加害者は息子と同じようになって野垂れ死にしてほしい」と願っていた。これに対し母親は、加害者たちに「死んだ子どものこと、事件のことを一生忘れないでほしい」と望んでいた。実際、母親の思いに応えるように、加害少年の一人は毎月訪ねてきて、仏壇の前で拝んでいた。

当時は父親の報復感情の強さにたじろいだが、今は、母親の要求の方が加害少年にとって過酷かもしれないと思う。「一生抱いていきなさい」という要求は、生き直すことを目指す者には厳しいものである。

被害者の心情はこのように多様である。気持ちの擦れ違いから離婚してしまう夫婦もいるほどだ。したがって、被害者の支援・援助も多様になされる必要がある。冷たく硬い司法システムの中で、この複雑かつ熱い感情に対応できるか、大いに疑問である。

多摩少年院の演劇祭で、少年たちが『恩讐の彼方に』を演じるのを見た。何十年もかけ、相手の生きてきた過程を知って、被害者は初めて許す気持ちになれる。これは、いわば人間の時間であり、人間の原理である。司法はこうした時間を持っていないし、司法にはこのような「許しの原理」もないと思う。

(3) パターナリスティックな介入

被害者の救済と加害少年の保護とは衝突すると言ったが、それは司法システムに持ち込んだ場合であって、本質的には重なっているところがある。

世田谷一家４人殺害事件の遺族の１人は、事件直後、警察から被害者手帳のような冊子を渡されたとき、「自分はヴァルネラブルな存在になったと思った」と言われた。「本来は、苦難を乗り越えていける強い人間なのに、自分は、メディアに対しても、警察に対しても、周囲の人に対しても弱い存在にされてしまった」と。

事件によってそのような脆弱な立場に置かれるということでは、被害者も加害者も同じだと思う。加害者も家族や社会の中で傷つき、ついに事件を起こす。事件を起こす前に、虐待やいじめの被害者であった少年は少なくない。そして、自らが起こした事件そのものによっても、さらに傷ついている。

そう考えると、一つの事件の両側に、加害者と被害者という弱い存在がいるということになる。両者とも事件の傷を乗り越えていける希望的な存在で

あるがゆえに、両者に対するパターナリスティックな介入・干渉が正当化される余地がある。

そして加害者には、それが彼の立ち直りに対して十分かどうかは別として、すでに司法システムや矯正の仕組みが用意されている。ところが、被害者にはそれが十分用意されていないのが現状である。被害者の回復の過程として、人間としての長い時間が必要だとすれば、司法システムの外にそれが構築されるべきだろう。

* 「ヴァルネラブル vulnerable な存在」；社会的弱者として扱われる存在
* 自由社会における強制（干渉・介入）の正当化根拠（澤登俊雄編著『現代社会とパターナリズム』〔ゆみる出版、1997年〕参照）。

Ⅱ　パネリスト間の討論で提出された諸問題

(1) 加害少年に「当事者」としての意識が欠如していること
　　＊重大な事件を起こした少年ほど、問題の重大さに気付くまでに時間がかかる（斎藤）。
　　＊少年が最初に「ごめんなさい」と言うのは被害者に対してではなく、少年自身の保護者に対してである場合が圧倒的に多い。被害に関する全体像を把握するまでに時間がかかる（八田）。
(2) 社会にも被害者にも加害少年の全体像がなかなか見えてこない。
　　＊これにはマスコミの影響もあるかもしれない（八田）。
(3) 保護処分の有効性・必要性について、世間の認識が不十分である。
　　＊少年司法、処遇も含めて、その実態を知らせていかないと、被害者と加害者が共通の場面で話をするのはなかなか難しいかも知れない（斎藤）。
(4) 加害者と被害者との相互理解を進めるため、誰が両者間を取り持つべきか。
　　＊弁護士である付添人の立場として、どこまで被害者と接しうるか。
　　＊被害者に弁護士がついたときの役割、特に民事訴訟における弁護士の

任務は何か。
*　家庭裁判所調査官は「ケース・ウォーカー」として、加害少年には被害者の状況を伝えて事件の重大性を認識させることに努める一方、被害者に対しては、事件の内容、少年の状況について可能な範囲で情報を提供するなどして、両者の関係を調整する（澤登）。

(5) 捜査段階における警察・検察の被害者に対する対応の重大性
＊捜査段階で警察・検察が被害者の言い分を丁寧に聞いてくれたという実感を被害者が持てるときは、比較的落着いた気持ちで審判過程を迎えることができる（斎藤、片山）。

(6) モニター使用について
＊モニターによる傍聴であっても、審判で少年や家族のプライバシーに関する事柄を取り扱うことや、少年に対する教育的な働きかけが困難になることに変わりはない。立法論として、直接傍聴を否定してモニター傍聴に限定するという制度は、被害者からも望まれることはなく、現実的ではない。そのような状況のなかで、モニターによる傍聴を認めるという議論になれば、傍聴が許される場合が一層拡大し、少年の健全育成という法の目的との関係で、より大きな問題が生じることになる（斎藤）。

　第1回目の研究会は、各パネリストの報告とパネリスト間の討論に限られて行われたが、第2回目の研究会では、出席者の間から種々の意見が述べられた。ここでは、その中から、次の3氏の発言内容を要約して記すこととする。

井内清満（いうち・きよみつ／試験観察補導委託先・友懇塾）
守屋克彦（もりや・かつひこ／元裁判官・東北学院大学法科大学院）
佐々木央（共同通信〔前出〕）

1　井内清満氏（補導委託先）の意見

＊論点　被害者等の少年審判傍聴制度の是非について
　被害者審判傍聴制度の対象となる重大事件は、少年の逮捕、警察・検察における取調べを経て家庭裁判所に送致されるが、多くの場合、事件発生から

最終審判までの日数は、成人の同種事件に比較して、非常に短いことが特色である。したがって、一般的に言って、審判終了時になっても、少年の心の中で、事件そのものが正確に理解できていない。ゲームソフトの登場人物の中には、幾度となく殴り殺されても生き返ってくるというゲームがある。少年自身の心の中に、被害者に対して「大変なことをした」という想いが生まれないことが多い。中には、生き返るということを信じている少年もいる。そのような状況の下で、審判の席において少年が答える内容に被害者の関係者が納得することはほとんどありえない。むしろ失望感の方が大きいのではないか。被害者・関係者が心の傷が癒されていない早い時期に恨みを出すことだけで傍聴を望んでいるとしたら、少年の応答を見聞きして逆上するに違いない。

　加害少年は、施設に収容されて数カ月かけた心の治療を経て、ようやく自分の起こした事件の大きさに気付く。心の落ち着きを取り戻したとき、少年はこれから先の生き方について学んでいくことになる。やがて社会の一員になるときに通らなければならないことがある。それが、被害者に対しての心からの詫びである。少年にとって一番つらい詫びを通過することで自身の立ち直りが始まっていく。この時期をとらえ、被害者が少年と真正面から向かい合って真実を聞く機会を持てるならば、そのことが両者にとって一番良いことだと考える。

　マスコミの報道にも大きな責任がある。被害者を冒涜するつもりはないが、事実を正確に論評する責任がある。マスコミ報道の内容は一般に、被害者側を重要視し、加害少年やその保護者については、その残虐非道性を強調する傾向が強いことが気にかかる。強い社会不安を惹き起こすような少年事件を繰り返させないためにも、事の真実を国民に知らせる義務をマスコミは負っている。少年が事件を起こすまでの生育環境や交友関係、被害者が被害を受けるに至った経緯・理由など、多様な観点から論評が加えられ、同種の事件の再発防止に貢献できるように報道することがマスコミの義務である。

　少年審判は、少年に対する教育効果を発揮することが法律によって求められているため、「懇切で和やかな」雰囲気を醸成する必要上、狭い部屋の中で行われることが多い。そこで審判廷では、正面に裁判官、左側に家裁調査官、右側に書記官が座る。少年と保護者は、裁判官と正対して座る。被害関係者がどこに座るかは分からないが、手を出せば届きそうな場所に加害少年がいることになる。衝立でお互いに相手が見えないようにするという話しを

聴いたことがある。しかし、事件が起きて日も浅い時期に、すぐ近くで事件の生々しい話しを聞き、平常心でいられる被害関係者はほとんどいないと思われる。また少年も被害者側の冷たいまなざしを感じないわけはない。そのような環境下で少年が素直に話すことができるだろうか。前記したように、事の重大さを理解していない少年の受け答えを被害者はどう受け取るだろうか。きっと、反省もまったく見られない少年に対し、厳しい処分を望む気持ちが強まるだけであろう。

　少年院で教育を受けた少年に贖罪意識が芽生えたところで、少年と被害者側が会って事件の真相を話し合うのが、お互いにとって一番良いと思う。また、被害者の親の立場を考えてみる必要もある。地域に戻っても冷たい視線の中で住めなくなり、静かに他の場所で生活することを余儀なくされる場合が多いであろう。このような保護者の立ち直りに向けた支援体制は、今の日本には構築されていない。犯罪を行った者が未成年者だということで、責任をすべて保護者に負いかぶせていいのかという疑問もある。

2　守屋克彦氏（元裁判官）の意見

＊論点　被害者等の少年審判傍聴を求める権利について
　(1)　少年審判における少年の権利と傍聴を求める被害者等の権利の対比を考える上で、1983年に国連総会で採択された「犯罪および権力濫用の被害者等のための正義に関する基本原則宣言（国連被害者人権宣言）」が参考になる。同宣言6条は、加害者の司法へのアクセス及び公正な扱いについて定めている。それによると、訴訟手続が被害者の個人的利益に影響を及ぼすような場合には、「被告人に不利益を与えることなく、かつ該当する国内の刑事司法制度に従って」被害者の意見や関心事を訴訟手続の適切な段階で表明させたり、または考慮すべきものとしている。刑事司法は、国家が刑罰という害悪を科すための手続であるがために、被告人には、弁護人選任権、証人尋問請求権などが憲法上の権利として保障されている。このような被告人のいわゆる自由権的基本権に比べれば、たとえ人間の尊厳という根源的な価値に淵源を有するとはいえ、その手続では害を受けるわけではなく、精神的な救済を求めようとするにとどまる被害者側の権利は、いわゆる請求権的基本権に過ぎず、適用に優劣の差が生じるのは止むを得ない。少年審判手続は、有罪を認定し刑罰を科す手続ではないが、非行事実の存在を前提とし

て、自由の拘束を伴う保護処分という「不利益」を課すための手続であるから、手続的にも実体的にも、適正な保護処分を求める権利は、刑事手続における被告人側の権利と同様に守られるべきものである。

(2) さらに、少年法1条は、少年の「健全な育成」を期することを目的にかかげている。ここでいう「健全な育成」は、被害者等の利益と対立する少年の個人的な利益ではなく、少年を心身ともに健全な（価値観も含めて）大人に成長させていくことを、被害者も住むこの国の利益としてとらえられていると考える。少年を社会から排除するのではなく、社会の一員として成長させることを目的としている点で、同じ社会に住む被害者の利益にもつながり、被害者と少年と共生しうる理念につながるものと理解すべきものと思われる。少年法22条の4第1項が、被害者等の審判傍聴を、「健全な育成」を妨げるおそれがなく相当と認める場合に許すものとしていること、不許可の場合に、被害者等に不服申立権を与えていないということも、少年法の制度目的の中で、被害者等の利益に対する配慮を行ったにとどまり、傍聴を権利として認めたものではないと理解すべきもののように思われる。

(3) いわゆる「知る権利」の一環として、少年審判の公開や、社会記録を含めた一切の情報の公開、審判の傍聴を位置づけようとする意見もあるようである。しかし、被害者等の権利が、前述のように請求権的な権利の枠を出ない以上、少年側の適正な裁判を求める権利を否定してまで自己主張することは、限度を超えることになろう。犯罪被害者の救済と少年審判の役割を区別し、それぞれの共通するところと、またその限界を見定めた上で、手続のあり方を構築していくための理論が必要であると考える。

3　佐々木央氏（ジャーナリスト）の意見

＊論点　被害者の関与を情報の問題として考える
第1に、「情報開示」の意義を考える。
被害者への情報開示＝「被害者の知る権利」の根拠について……少年審判への関与を求める被害者は、「真実を知らなければ立ち直ることができない」と訴えている。このことから、被害者固有の「知る権利」の根拠を「事件から受けた傷から快復するために、事件についての情報が必要であること」と

とらえたい。すなわち、被害者がヴァルネラブルな状態であることを前提とし、そこからの回復を制度的に保障する仕組みの一つとして、被害者固有の「知る権利」が用意されることになる。

　開示の制限について……人間は知性の動物なので、「情報」を無条件に価値とみなしがちである。民主主義を基本とする近代的な価値の枠組みでは、それが「知る権利」にまで高められている。最近では、自己責任の名のもとに、知らないことが本人の責任に帰される風潮さえある。言い換えれば、知ることが義務にさえなりつつある。しかし、情報は、受け取る者に利益だけをもたらすわけではない。たとえば、ある情報は人にダメージを与え、時には破壊的な効果を持つことがある。誰しも、隠されていたことを知って、動揺したり傷ついたりした経験を持っているであろう。いじめ自殺事件は、人が言葉（情報）だけでも死に追い込まれることがあることを示している。がんの告知も、こうした文脈で問題となる。少年審判の時点の被害者・遺族に、その脆弱性ゆえに固有の「知る権利」を認めるとしても、同じ脆弱性から保護原理（パターナリズム）が導かれ、開示の制限が検討されなければならない。たとえば、文書という間接情報に比べ、傍聴や面会などによる直接情報は、情報として「強いエネルギー」を持つことに配慮して、被害者・遺族には一律にその種の情報に触れさせないとか、あるいは個別に判断するといったやり方がある。他方、加害者の保護や、加害者側のプライバシーの権利の保障などの観点から、開示が制限される場面があることは当然である。

　社会への開示について……被害者に固有の「知る権利」の根拠を、すでに述べたように「事件からの回復」に求めるとすれば、延長線上には社会一般への情報開示が考えられなければならない。事件の波動は広く伝わり、安定していた社会に動揺を与える。回復のために時の経過を待つという方法もあるが、その場合、衝撃的な事件であればあるほど真偽不明の情報が乱れ飛び、さらに安定を失うこともある。真実を知らない市民がいたずらに懲罰を求めたり、これを受けて政治家や官僚が的外れな対策を打ち出したりするという不幸な結果も招く。長崎事件がその例である。確かな情報を社会が共有し、それに基づいて合意した合理的な方法によって、受けた傷から回復することが正しい道筋である。重大事件については、少年や被害者の保護に支障のない範囲で情報を開示すべきである。少年法61条もこれを禁じているわけではない。

　第2に、「情報発信」の問題を考えてみる。

これまでに取材で出会った被害者の遺族は、事件直後の場合を除けばほとんどが「話しを聞いて欲しい」と訴えた。人は情報を受け取り、かつ発信する存在である。被害者・遺族が回復するためには情報の発信が必要だということである。絵本や手記を出版したある被害者は、「自分の言葉で語り直すことで初めて見えてくるものがあり、回復できることがある」と話した。発信先は必ずしもマスメディアのような大きな情報空間である必要はないと思うが、誰かがこの人たちの声に耳を傾けなければならない。さらに、事件について語ることは、加害者にとっても必要不可欠なことである。捜査官や調査官の言葉でなく、表面的な謝罪や写経で埋め尽くすのでもなく、自分の言葉でとらえ直すことは、彼自身が事件の傷から回復し、更生する過程の最終目標となる。それは、傷ついた被害者や社会に対する義務でもあるだろう。

III　座談会のまとめに代えて

　2回にわたる研究会を通して、表題のテーマにつき、弁護士、裁判官、法務教官の経験を持つ少年司法の専門家、わが国に特有の試験観察制度の担い手である補導委託先の経営者、被害者支援・講義・研究活動に幅広く従事する死亡事件の被害者遺族、ジャーナリストとして犯罪被害者問題に取り組む新聞社の編集委員および大学の研究者という幅広い分野の方々から貴重なご意見を聴くことができた。本記録に掲載された意見以外にも、研究会の席で有益な発言が数多くあったが、紙面構成の都合により割愛させていただいたことを付記してお詫びを申し上げる。
　本座談会のまとめとして、前記諸氏の意見の中から、共通認識として識別できることをいくつか抽出しておくことにする。

　(1)　少年司法手続（非行発見・調査審判・処分執行の全過程）における被害者等の関与は、少年法の基本理念および基本構造に反しない範囲で認められるとの共通認識が認められる。その根拠としては、少年司法手続は、少年の健全育成を目的とするものではあるが、それにより少年に対し保護処分をはじめ種々の自由の拘束をもたらすものであるから、刑事手続と同様に、手続的にも実体的にも適正さが保障されなければならず、その要請は、被害者

等に対する利益の考慮を超えるものであることが指摘できる。

　2000年および2008年改正法により、被害者等に審判結果の通知、記録の閲覧謄写・意見陳述、審判期日における審判の状況説明および審判の傍聴などの申立を認める制度が発足したが、これらの申立は「少年の健全な育成を妨げるおそれがなく相当と認めるとき」に限り家庭裁判所が許可することになっている。その理由として、このような「申立権」は、被害者等の「知る権利」の一環と考えられているが、「知る権利」は、自由権的基本権ではなく請求権的基本権であるため、少年司法手続における少年の権利保障に対して優位性をもたないからだと説明される。

　(2)　しかし他方において、犯罪被害者等基本法3条の趣旨を実現するため、少年司法手続の中で被害者等との関わりを認めること自体については、すべての意見が肯定的である。もちろん、「少年の健全育成を妨げるおそれがない」ことが前提とされていることはいうまでもない。それでもなお、被害者等の審判傍聴については、新たに制度化すること自体に賛成しがたいとする意見が優勢であったように思われる。その主たる理由は、事件発生後間もない時期に行われることの多い少年審判の席で、死亡事件およびそれに準じる重大事件について、少年側と被害者側とが対峙する状況を作り出すことは、いずれの側にとっても不利益な結果をもたらす可能性が極めて大きいということである。両者の対面は、少年の心の中に贖罪意識が芽生えた頃に行われるのが効果的であり、ほとんどの場合その時期は、少年に対する矯正教育が一定程度進行した頃だと考えられるからである。したがって、被害者等による少年審判傍聴制度の家庭裁判所による運用は、この点からみても慎重にならざるをえないであろう。

　(3)　今回の座談会では、これまで論じられたことがほとんどないと思われる新たな論点が示されている［佐々木央氏の意見］。それは、少年司法手続への被害者の関与を「情報」の問題として考え直してみようとする試みである。すなわち、事件に関する「情報」については、4つの局面を考慮しなければならない。それは、「被害者への情報開示」、「社会への情報開示＝公開」、「被害者が行う情報発信」および「少年自身が行う情報発信」である。それぞれの局面で、それぞれに特有の問題があることを知り、情報開示、発信のあり方を総合的に検討する必要性がある。

たとえば、「被害者への情報開示」の局面についてみると、その1つの方法として審判傍聴制度がある。この場面においては、「情報」は受け取る者に利益をもたらすこともあるが、大きなダメージを与えることもある。審判傍聴を被害者等に認めることは、情報の聴取が被害者等の立ち直りを支援するという「パターナリズムの原理」に基づく措置であるとすれば、傍聴によって被害者等が傷つくことを避けるため傍聴を制限するのも、同一の原理によって正当化される。さらに、少年の保護（パターナリズムの原理）やプライバシー権の保障などの観点から、情報開示が制限されることもある。このように、犯罪事件に関する情報の開示および発信の様々な局面にわたり、被害者支援のあり方を再検討してみることが必要である。

2009年9月30日（澤登俊雄）

座談会②　少年の健全育成とは何か

　　　　Ⅰ　健全育成の内容
　　　　Ⅱ　健全育成とパターナリズム
　　　　Ⅲ　少年の健全育成と非行事実・被害者との関係
　　　　Ⅳ　公的機関と民間団体
　　　　Ⅴ　現行制度の問題点と展望

［パネリスト］
　上野友靖　　　（うえの・ともやす／神奈川医療少年院）
　奥山隆　　　　（おくやま・たかし／国立武蔵野学院）
　小長井賀與　　（こながい・かよ／立教大学コミュニティ福祉学部、元保護観察官）
　廣瀬健二　　　（ひろせ・けんじ／立教大学法科大学院、元裁判官）
　岡邊健　　　　（おかべ・たけし／科学警察研究所）
　梅澤秀監　　　（うめざわ・ひであき／都立雪谷高校）
　井内清満　　　（いうち・きよみつ／ユース・サポート・センター友懇塾）
　司会：**高内寿夫**（たかうち・ひさお／國學院大學法科大学院）

Ⅰ　健全育成の内容

高内（司会）　本日は、実務経験の豊富な7人のパネリストの皆さんを中心に、「少年の健全育成」について議論をしていきたいと思います。

　まず、今回の座談会の趣旨について説明します。少年法1条は、「少年の健全な育成を期し、非行のある少年に対して性格の矯正及び環境の調整に関する保護処分を行う。」と規定しています。少年の健全育成は少年法の目的と考えられますが、これまで、健全育成の内容そのものを取り上げて議論するということは、ほとんど行われなかったのではないでしょうか。

　この点、少年法研究会は、少年保護の実務に携わる多くの会員が参加して

おり、しかも、ある特定の分野ではなく、様々な立場で少年保護に関わってこられた会員が加わっていることが大きな特色です。そこで、少年法研究会のこの特性を生かして、少年保護実務の立場から、「健全育成」はどのように捉えられているのかを明らかにするのがこの座談会の目的です。

　少年保護の実務といっても、携わる段階や立場が異なれば、考え方も違ってくることと思います。今回の座談会の方向性としては、何らかの結論を導くものではなく、各パネリストの考え方の相違を明らかにして、健全育成にはどのような考え方があるのかを整理してみたいと思います。ですから、パネリストのみなさんも、他のパネリストに安易に同意することなく、少しでも異なるところが有りましたら指摘していただきたいと思います。よろしくお願いします。

「健全育成」を別の言い方で言い換えると（健全育成観）

高内　では、さっそく議論に入ろうと思います。はじめの質問は、「少年法1条が掲げる少年の健全育成を別の言い方で言い換えるとすると、どういった言葉がふさわしいですか」という質問です。

　健全育成は少年法の目標ですが、これはかなり抽象的な概念ですので、パネリストのみなさんも実務の中で、健全育成という言い方はあまり使わないのではないかと思います。そこでまず、自分が日ごろ使っている用語、最もしっくりする言い方に言い換えれば、健全育成はどういった言い方になるのかについて質問させていただきます。これによって、各パネリスト間のスタンスの違いをお互いに認識していただければと思います。

　それでは上野さんから、簡単な自己紹介とともにお願いします。

上野　神奈川医療少年院の上野と言います。よろしくお願いいたします。

　質問1は健全育成を別の言い方で言い換えるということですが、ご存じのとおり少年院は、少年院法1条に根拠があり、家庭裁判所から保護処分として送致された者などを収容し、これに矯正教育を授ける施設です。少年院で矯正教育をする立場の者として、健全育成という言葉を言い換えるとどうなのかということでお話しさせていただきます。

　矯正教育という言葉の上には健全育成という少年法の目的がありますが、これを言い換えるのに、よく「育て直し」という言葉を使っています。内容は、簡単に言うと「少年院の入院まで、社会とか学校、家庭生活の中でその

土台が築かれてこなかった少年に対して、年齢にふさわしい経験とかしつけ、訓練などを行う」というものです。

この「育て直し」という言葉には2つの意味があると考えています。1つは「教えること」、もう1つは「育てること」です。「教えること」と「育てること」の2つの関係は一体どうなっているのかというと、「教えることの土台には、まず育てることがある」と言われています。

では、具体的に「教えることって、一体何をやっているんですか」ということですが、簡単に言うと、善悪の判断を身に付けたりとか資格を取得したり、もう少し具体的な指導で言うと、たとえば、非行性の解消に焦点を絞った指導である「問題群別指導」、あるいは重大事犯少年に対する教育で、生命尊重教育、被害者の視点を取り入れた教育、就労支援ということで職業補導とか資格取得、社会適応訓練をやっています。

育てるというのは具体的にどんなことかというと、共感性とか表現力、生活習慣等を身につけさせるということです。具体的な指導は個別指導で、個別的処遇計画に基づく個別面接、あるいは内省、内観、作文指導、日記指導をやっています。

一方で集団生活があります。そこではグループワークとか集団討議、役割活動、それからいろいろな行事がありますので、そういったことで指導しています。少し離れてしまうかもしれませんが、育てることの周辺的な部分として、最近は保護者への働きかけも熱心にやっています。内容としては保護者に対する面談、また保護者を実際に少年院の行事に参加させて教育する、少年と一緒に指導して理解いただくということもしています。

奥山 国立武蔵野学院の奥山と言います。武蔵野学院は国立の児童自立支援施設です。昔は教護院という名称でしたが、1997（平成9）年度の法改正があって変わりました。児童福祉法の前の感化法は、少年法よりは先に作られました。私たちは児童福祉施設なので児童福祉法に基づいての入所になりますが、学院の場合は、家庭裁判所の審判に基づき強制的措置（鍵のかかる部屋に入れてもいい）をつけて入所する形となっています。

健全育成の言葉にピタリとする言葉としては、福祉の方から言うと、「育て直し」というよりも「育ち直し」というか、自分の問題に向き合って行動変容していく、自分がわかる、しかも職員と共にというのが福祉的なアプローチです。児童福祉施設の生活の中では、その言葉がメインになると思います。児童自立支援施設では、「自立するためには」「一人で生活するために

は」どうしたらよいかが考えられていますが、その根っこの部分は「子どもがいい暮らしをして、自分の課題に向き合って、今後に子どもが成長していくプロセスを保障してやるところ」という意味合いが強いと思います。

「人間性の回復」という言葉と連動しますが、「育ち直し」で、自分が施設の生活を通じていかに変わっていけるかということです。我々の施設では、児童の被虐待の結果非行につながったというのが非常に見えるので、もう1度安心・安全な暮らしをするところで子どもたちが人間性を回復していくという意味で、「育ち直し」、「人間性の回復」がメインになると思っています。

小長井 立教大学コミュニティ福祉学部教員の小長井と言います。保護観察官を21年間やって、3年前に立教大学に来ました。大学では司法福祉論、少年非行論、コミュニティ人間形成論という授業を持っていて、専ら福祉の観点から非行や犯罪をとらえるという立場を取っています。

健全育成という定義ですが、私は成長と発達の保障、社会参加の支援ととらえています。これらは当然人間として擁護されるべき権利です。非行少年のみならず、どの少年も安心して社会に参加し、自分の持てる能力を十二分に発揮できるように条件を整備する責務が国にはあります。家庭の保護態勢に恵まれない非行少年ではなおさら、生活の安全・安心を守る生活保障、学習保障などがあってこそ自ら非行性を取り除き、社会に参加することができると思います。そういう成長と発達の保障が健全育成だと考えています。

廣瀬 私は、立教大学法科大学院で少年法を含む刑事法・刑事実務を教えています。裁判官を30年やり4年前に母校に戻りました。30年間刑事事件、うち十数年は少年事件を兼ねて担当しました。

今回、家裁調査官がいないので、家裁にいた者としてお話しします。家裁で扱う少年のほとんどは警察等で調査を受け非行事実があるという前提で送致されてきます。家庭裁判所ではその少年の処分選択（保護処分あるいは刑事裁判）をするため、調査、審判で非行事実と少年の問題性を解明し、適切な処分を決定していく。健全育成はその指導原理となるので、非行性の解消・少年の立ち直りが中心になります。ただし、非常に重大な事件では、少年でも死刑や無期懲役になる事件もあり、この場合は健全育成の枠組みに位置づけられるか問題となります。そこまでいかなくても相当長期間の懲役刑を受ける少年もいるので、この場合は矯正教育や刑事裁判的な意味での改善・更生の問題となります。ほとんどの少年たちに対しては非行性の解消、そして立ち直りを図っていくという理念で扱ってきました。

岡邊　科学警察研究所の岡邊と申します。今回は実務家の一人としてお声がかかったと思いますが、私は実務の現場に近い警察職員という立場にいる一方で、犯罪社会学を専門とする一研究者というアイデンティティも持っていますので、どっちつかずの立場にいる者の発言ということで聞いていただければと思います。

　ご4方のお話を聞いて思ったことですが、最初の質問に対して、どの方も、「少年の健全育成」という時の「少年」イコール「非行のある少年」という前提でお答えになっていたと思います。警察では一般的には非行防止活動という言い方をしていますが、その対象は、非行のある少年に限定されておらず、少年一般です。ですから、議論の前提となる少年の定義が、そもそも大きく異なっているのではないかと思います。

　少年警察の活動の基準として、「少年警察活動規則」が定められていますが、その1条に「少年の非行の防止及び保護を通じて少年の健全な育成を図るための警察活動」という文言があります。「非行に至る前段階で、いかに予防するか」ということを念頭に置いて健全育成を考えるのが、警察の基本的な立場だと考えております。

　具体的には、各都道府県警察で、現在、少年サポートセンターと呼ばれる体制がつくられています。警察ではしばしば「立直り支援」という言い方をしていますが、具体的には継続補導と言われる継続的な指導・助言、カウンセリング等の働きかけ、就学や就労に向けた支援、少年の居場所づくり活動などが行われています。私は、健全育成というのは、道から少し外れた人を軌道修正するというイメージでとらえています。軌道といっても、唯一無二のものではなく、鉄道の線路というより自動車の道路のイメージです。いろいろなルートがあって、目的地も人それぞれだけれども、不幸にして道路からはみ出してしまった人を、元の道に戻していくというイメージです。

　道には、ぬかるんだ道もあれば、でこぼこ道もあります。どういう環境があれば道を踏み外しやすいか、あるいは軌道修正が効きやすいかということが、私たちの大きな研究テーマです。

梅澤　都立雪谷高校の梅澤と申します。よろしくお願いします。今回の座談会を前に、いろいろ考えてみたら、実は私は非行少年を直接教えた経験がほとんどありません。学校には問題行動を起こす生徒たちはいますが、いわゆる非行に走った生徒たちは、学校の手を離れる場合が多いからです。もちろん、しばらくして戻ってくることもありますが、直接非行少年をどう扱った

か、教育したかというのをよく考えてみると、一番経験が少ない人間ではないかと思います。

　学校教育の場合は、教育基本法の1条に「教育は、人格の完成を目指し、平和で民主的な国家及び社会の形成者として必要な資質を備えた心身ともに健康な国民の育成を期して行わなければならない」とあります。学校教育の場面にいる者たちは皆「健全育成」という一言でこの目的を説明しています。

　私もずっとそう思ってきたんですが、少年法で言う健全育成とは何か違いがありそうな気がします。学校教育の場面は、目の前にいる生徒たちの可能性を引き出して、より豊かな個性を持った生徒として教育していくということが目的になると思います。それでは、非行少年たちはどうかというと、そこまで求めてはちょっと酷ではないかと思います。健全育成といったときに私がイメージするのは平均的というか、人並みなレベル、人並みな程度、人並みな状態に育てるということで、このあたりが非行少年を扱う場合の健全育成なのかなと考えています。

　学校教育と矯正教育は接点が非常に多くあるように思うんですが、実は厳密に見るとだいぶ違うところもあるし、すごく似ているところもあって、最近この問題を考え始めてから混乱してしまっているところです。

井内　私は千葉県千葉市から来ました、井内と言います。いわゆる非行少年という子どもたちにかかわって今年で21年を超えます。

　少年の健全育成というのは、ごく一般的な普通の子どもたちに対して使われるものである気がします。私は「少年の立ち直り支援」というかたちで使っています。

　私どもは大きく分けて2通りのパターンで対応しています。千葉家裁の少年の保護的処置の一環として、われわれ友懇塾が行っている清掃活動や里山活動に、審判不開始または不処分などになった、言葉が適切かどうかわかりませんが、比較的軽微な事件の少年を参加させています。そういう中で犯した罪の償いの意味もあるだろうけれども、社会のさまざまなかたちのシャワーを浴びさせることで、審判が終わった後で社会に戻ってきたときの社会生活に大きなプラスになるだろうという活動が一つです。それから、家裁とは関係なく、私が電話相談でかかわっている少年とその保護者をわれわれの活動に参加させている場合もあります。

　そうした中で、「いわゆる社会人、一般の社会の人たちはそれほどあなたたちに対して冷たい目で見ていない。」というメッセージを伝え、少年たち

を、もっと心を開けるようなかたちに持っていければいいな」と思っています。そのために、少年院を出た人たち、あるいは保護観察にかかっている人たち、警察に補導または逮捕されている少年やその保護者からの相談を受けながら、われわれの清掃活動や里山活動に参加させています。

そういう意味で、健全育成という中で、あくまでも私がかかわってやってきているのは、少年の立ち直り支援で、その1本でやってきていると考えてもらって結構だと思います。

高内 ありがとうございます。それぞれに違った言い方をしていただきました。最初に上野さんから「育て直し」と言っていただいたんですが、奥山さんは微妙に違って「育ち直し」ということで、このあたりも後で具体的に議論していきたいと思います。

いまのお話を聞いていると、岡邊さん、梅澤さんは若干対象少年が違うのですが、非行少年を対象にした場合、犯罪的危険性の除去といいますか、「少年が将来犯罪を行わない。犯罪を繰り返さない。」ということは、健全育成の中身として当然に含まれているものと考えてよいのでしょうか。

このあたり上野さんいかがでしょうか。

上野 犯罪を繰り返さないというのは、いわゆる非行性の除去（解消）ですね。少年院に収容された少年を扱うわけですから、前提には非行があって送致されているので、それは当然なされなければならないことだと思います。

ただ、それだけではだめです。あまり例は良くないかもしれないし、誤解を招いてしまうかもしれないんですが、「少年院で処遇して、どうも非行はしなさそうだ。そのへんは解消された。しかし、仮退院後、社会に出た後に働く先がホストクラブで（「ホストクラブ」が決して悪いということではありませんが）、周りにもやばそうな人がたくさんいる、ちょっと危険なところにいるけれども、ギリギリのところで非行や犯罪はせずに、警察にも捕まらず何とか暮らしている。」という仮退院時の少年のイメージをして矯正教育は行っていないということです。

単に非行さえしなければいいだろうというのだったら、変な話、学校に行ったり、就職したりせずに、家の中にずっといるということもあり得ます。「犯罪はしなくなったけど社会性が身についていない」という少年ではちょっと困ってしまうので、そういった少年像をイメージして矯正教育はしていません。

先ほど平均的、人並みな状態に至らしめるということが出てきましたが、

少年院の中でイメージする理想の人間像、健全育成がなされている少年のイメージみたいなものがあって、それが個別的処遇計画に目標として盛り込まれて、そこを目指して処遇がなされます。答えになっているかどうかわかりませんが、簡単にいうとそんなところです。

高内 同じ質問を奥山さんにします。児童自立支援施設の場合は必ずしも家裁から送致される児童ばかりではないと思いますが、家裁から送致されてくる児童に対しては、やはり非行性の除去ということが前提となっていると考えてよろしいですか。

奥山 児童福祉法一部改正で児童自立支援施設には、家庭での養育に欠け被虐待経験もあり、基本的な生活習慣を身につけることが必要な児童も入所するようになり、育て直していくという概念が益々入ってきています。保護者が入所に同意しないとか、児童相談所で措置しにくいため、児童相談所が27条1項4号で家庭裁判所へ送致することが多くなり、子ども自身の非行性の問題以外の要素が働いています。

高内 分かりました。もうひとつ質問をします。これは大きな問題なので、感想程度のもので結構ですが、健全育成の問題については、わが国が子どもの権利条約を批准して以来、少年の権利の観点、少年の成長発達権を援助するという観点から考えるという視点も有力になってきています。特に先ほどのご発言の中で、小長井さんが、「成長と発達の保障」ということをおっしゃっていて、これは権利的な側面からの捉え方かなと思って聞いていましたが、いかがでしょうか。

小長井 権利を理論的に論ずることは私の専門を超えているので、現実に即してお話しします。今論壇では、子どもの貧困など貧困問題がよく論じられています。日本には、非行少年のみならず一般の青少年、さらには大人に対しても十分なセーフティネットがなく、社会的困難を抱えた人は厳しい状況にあります。生活保障や社会参加の保障ということなくして、非行性の除去はあり得ません。児童の権利条約を批准し、権利擁護が論壇なり国会で議論にはなりますが、そういう理念を現実の形にする仕組みが日本には欠如していると思います。

　それはどのような処遇を非行少年に行うと有効かということではなくて、もっと大きな枠組みとして安全・安心の仕組みがなく、非行少年の発達と成長の具体的な支援がなされていないということが問題だと思います。

廣瀬 成長発達権の議論については、非行少年だけではなく、少年を保護さ

れる客体から権利主体として考えるという発想の転換とそれをスローガン的、運動論的に使って子どもの待遇を良くするという方向性は理解できますが、児童の権利に関する条約が実定法的解釈で本当にそういうものを保障しているか難しいところもあると思います。澤登先生が既にご指摘のようにパターナリズムから始まった少年保護を権利に切り替えることが本当にできるのか、整合性が保てるのか。また、具体的に問題となるのは、権利主体性を認めるのは、一つ間違うと少年に選択をさせ「自分で選んだのだから責任を取れ」という方向につながる可能性もある。たとえば英米型の少年司法にはそういうところを感じますが、下手をするとそういう方向につながるので、いい面ばかりではなく、かなり難しい問題が残っているだろうと思います。

高内 わかりました。今の質問は法律研究者としての関心なので、また具体的な議論の中で関連することがあれば、議論していきたいと思います。フロアから質問はございませんか。

横山實（國學院大學法学部） 私は、子どもの成長という面から考えると、非行が進んだといっても、年齢によって違うので、それに対する働きかけの仕方は違うんではないかと思います。そういう面で、私が注目したのは、奥山さんは「育ち直し」と言って、少年院の上野さんは「育て直し」と言ったことです。たった一つの言葉の違いですが、そこのところで、年齢的な面での働きかけの違いが出ているんじゃないかと、考えたんです。

　年少の児童の場合は、まだ主体性がありませんから、保護的な視点からの健全育成の働きかけが必要でしょう。少年院の場合は、ある程度非行が進んでいますが、主体性を引き出しながら、それに対して健全育成を目指す活動をしている。その点で、お二人の言葉に違いがあると思うのですが、私がそういう理解をしてよろしいかどうかというあたりを、お二人に聞いてみたいと思います。

上野 私も自立支援施設で「育ち直し」を使っているというのは、薄々は知っていたんですが、少年院は「育て直し」なんですね。これは何か関連があるのかとか、聞いた人によってはどちらかがまねをしたんじゃないかと思われているかもしれませんが、そんなことは全然ありません。横山先生へのお答えになっていないかもしれませんが、私も奥山さんの説明を聞いて、どちらかというと自立支援施設のほうが自立をサポートするというイメージが強いのかなという感じがしました。

　私は自分でしゃべった後に奥山さんの話を聞いて、どちらかというと「育

て直し」の方はこちらから働きかけるというイメージが強くて、奥山さんは少年の自立をサポートするという、そのへんの違いがあるんじゃないかと感じました。年齢もあるかもしれませんが、そもそも器が違うので、そういったところもあると思います。

奥山 教護院の歴史の中ではwithの精神というのがあって、子どもと職員が共に何かをやっていくというところで、前は「育て直し」という言葉がありましたが、20年ぐらい前から、「育ち直し」と言うようになり、養育する、互いに育っていく過程として、「共に育っていく」という意味で、福祉の分野で使われてきています。

【司会者コメント】
　健全育成観については、関わる立場に応じてその捉え方が異なるのは当然であろう。大きく分けると、育成型（廣瀬、上野、岡邊、梅澤）と支援型（奥山、小長井、井内）とに分けられるように思われた。育成型は、警察、家裁、少年院、教育機関に属する会員であり、支援型は、児童自立支援施設、保護観察所、民間団体の会員である。この中で少年院の上野会員が「育て直し」といい、児童自立支援施設の奥山会員が「育ち直し」とまとめたのは、その分岐を鮮明に反映し興味深い。

何に働きかけるのがもっとも効果的か（働きかけの内容）

高内 それぞれのパネリストのスタンスが分かってきたところで、一層具体的な質問をさせていただこうと思います。今回の座談会の中心的なテーマと言ってもよいと思いますが、健全育成の手段、健全育成のための働きかけの中身についてです。

　質問としましては、「非行少年の健全育成にとって、何に働きかけることがもっとも効果的だと考えますか。また、これまでの実務経験の中で参考になる具体例があればお示しください。」というものです。健全育成に向けた働きかけは本当に様々なものがあって、当然どれか一つに絞ることはできないと思います。しかし、それぞれの実務経験の中で、特にこういう観点を重視しているというものはあるのではないかとも予想されます。これを示していただいて、多角的に議論していきたいということです。これも上野さんからお願いします。

上野 「何に働きかけることが最も効果的か」ということですが、少年院の場合は働きかける対象が決まっていて、少年の心の中、あるいは少年の家庭環境というか、家族にも働きかけるということをやっています。では一体どんなことが効果的なのかということですが、結論的には「これが効果的です」とか、「ここにピンポイントで働きかければ効果的だ」というのは、実はわからないというのが私の答えです。

何をもって「効果がある」と言えるのかという話にもつながってくると思いますが、実はこれがわからないということです。ただ「これだけは言えるんじゃないか」というのは何かというと、少年院の処遇の基本というか、これはどこの少年院でも共通して行われていることがあります。それは一体何かというと、難しい言葉で言えば「人権尊重の精神と深い人間理解に基づいて、個別担任制を根幹として、少年1人ひとりに対する意図的、計画的な働きかけを、個別指導と集団処遇を適宜組み合わせながら、昼夜を分かたずに日々展開すること」です。要するに昼も夜も同じ教官が処遇を行い、これを日々続けることが非常に効果的ではないかと言えます。

刑務所との違いが、まさしくここにあるわけです。刑務所では、日中は工場に出て、そこでは工場の生活があって、そこには担当がいて、ほかの受刑者がいて、そこで生活します。夜は舎房に帰りますが、舎房の担当がいて、これは日中の工場担当の人は、別の人です。こういったところが刑務所ですが、少年院は昼間作業をするところと夜生活するところというか、日中生活するところも含めて、同じ教官が指導しています。

こういった処遇を日々展開していることで、ある意味で効果的に働きかけられているのかなと思っています。少し質問の趣旨とずれてしまいましたが、以上です。

奥山 児童自立支援施設は夫婦制、交替制というのがあって、当初は夫婦で子どもたちと一緒に生活しながらやっていく夫婦制がほとんどでしたが、いまは全国の3分の1ぐらいになっています。「何に働きかける」ということの答えは何かといろいろ考えてみたのですが、やはり「一緒に暮らす」ということがキーワードだと思います。

いま男子児童が私たちと一緒に施設の中で暮らしていますが、ある子どもが寮長と副寮長（寮母）先生が言い合っているのを見て、何かキョトンとしているのです。どうしてかと思ったら、その子どもの家庭にはDVがあり、すぐに父母が手を出し合ってケンカをしていたのに、そうではなかったから

です。子どもは、「えっ、話し合って解決するんですか」「夫婦でも話し合って解決するんですか」と言っていました。

　学院に来る子どもは、身体的な虐待等を含めて8割ぐらいが被虐待児童ですが、非行がそのことに結びつき、そのための治療的な要素があるということです。治療という言葉は福祉ではあまり使われない言葉ですが、いままでとは違った大人がいるとか、仲間がいるとか、癒されるとか、子どもが驚いて、目が点になって「夫婦でも話し合って解決するんですね」と言うように、新たな体験を通して子どもが変わると言うことです。

　子どもが立ち直るとか、これからの生活で非行をしなくなることと、施設での生活がどう結びつくかの議論は非常に難しいですが、一緒に暮らす中で新たな自分のスキルを身につけていく過程があると思っています。

小長井　抽象的ですが、非行少年の長所を見つけて、社会参加への道筋をつける支援をするということだと思います。日本の保護観察もそういうものを志向してきました。更生保護は、歴史的に予算面でも人的資源の面でも制約があるので必ずしもうまくいっているわけではありませんが、方向性はそうだと思います。

　まず生活が保障されて、将来に希望が持てる状況があれば、少年は自分の長所を生かして成長していきます。そういう体制ができれば、その中で自分が非行を行ったということに対峙できるように思います。自分の犯罪なり、自分の問題性に対峙できたら、社会参加のためのいろいろな支援を前向きに受け止めることができます。社会参加に向けては就労支援が中心となると思いますが、さらに生活関連スキルやコミュニケーションスキルも体得できれば、社会参加が促進されます。

　今年（2009年）3月にイギリスの保護観察を1週間視察しました。行くまで、英米法系の国は新自由主義を原理とし、保護観察の目的も正義実現や社会防衛にシフトし、ソーシャルワーク志向がなくなったと言われていて、私もそう思っていたのですが、そこには全然違う現実がありました。刑事司法が社会保障にうまく繋がっていました。

　たとえば職業的スキルのない無職の者に無償労働命令（unpaid work）が言い渡されたとき、課された労働時間の2割まで職業訓練に当てることができます。その結果、その者は職業訓練に従事していることになり、生活保障が受けられるようになります。これは欧米で行われているワークフェアという勤労福祉制度で、求職や職業訓練が生活保障受給の前提となっているの

ですが、刑罰の中で職業訓練が行われ、それが社会保障に繋がっていくという仕組みといえます。

これは一例ですが、その他、非行少年や犯罪者が就労支援や教育支援を受けることで地域社会に居場所を得て、安心して社会参加の準備ができるような仕組みがありました。実際の運用がどうなっているかはよく分かりませんが、社会的弱者を社会参加させるためのソーシャル・インクルージョンの政策に、犯罪者や非行少年の処遇がうまく組み合わさっているように思いました。

刑罰なり保護処分はイコール福祉ではありませんから、非行性を除去したり、犯罪に対峙させたりという働きかけは不可欠です。そうだとしても、本人が前向きに自己に対峙することができる前提として生活保障、社会参加の仕組みが整備される必要があると痛感しました。

廣瀬 家庭裁判所は処遇機関ではないので、対象は非行少年本人と保護者に限定されます。対応の仕方は事案により異なりますが、家裁では保護的措置として調査官が対応する、あるいは審判の中で裁判官がかかわって対応する、試験観察の中で対応するということしかありません。それぞれ問題点に即して適切な働きかけをしていくのですが、家裁としては本人の問題がどこにあるかを適切に調査、審判で見極め、一定の期間処遇をしてもらう処遇機関をきちんと見極めることです。

保護観察にも少年院にもいろいろな種類があります。特に少年院は、管轄内で送致できる少年院は実際には限られるので、その子にとってどこの少年院のどのコースがいいのかまで見極めて、1番適切なところに入れてもらわないと、なかなかうまくいきません。本人の問題点と処遇の選択肢の有効性、そのマッチングの問題をきめ細かく見極めて対応するのが、家裁として1番重要なところだろうと思います。

もちろん少年に対し調査・審判の場面でできるだけ感銘力を与えて立ち直るきっかけにする努力も大事ですが、それは一時的な、ショック療法的なものにしかならない場合も多いのです。試験観察を相当期間行う場合は、それで立ち直る場合もありますが、非常に限られるので、適切な調査で原因をきちんと解明し最適な選択肢をきちんと選ぶというのが一番大きな重要な働きかけだろうと思います。

岡邊 いま警察では、年間に8万件程度の少年相談を受けており、このうち十数パーセントが継続的な支援を続けているケースだと思われますが、基

本的には当事者の抱える問題に則して、ケースバイケースで対応しています。

　研究者の立場、視点も少し含めながら、特にどういうことを１番重視してやっているかというお話しをさせていただくとすれば、たぶんある時期までは、本人の問題はもちろんなのですが、親子関係とか学校への適応の問題が非常に大きな課題になってくる。それから中学校の後半から高校段階、16〜17歳ぐらいになると、親子関係よりはむしろ友人関係の問題とか、非行集団に入っている者については仲間関係の調整、それから先ほどもお話に出ましたが、職業の問題、就労・就業の支援が非常に大きな課題になってくるのは、確かだと思います。

　私どもの研究の結果を一つ紹介させていただくと、中学校在学中の学校不適応が卒業後の非行に及ぼす影響は、新しい世代で以前よりも強まっている可能性のあることがわかっています。

　このことは、学業的なパフォーマンスが低い、あるいは学歴達成が低い子どもたちにとっての雇用環境が、以前より厳しくなっていることと、おそらく無関係ではないでしょう。無職の少年が非行を犯してしまう率が比較的高いことは知られていますし、そういう意味では就労の問題は、警察としても大きな課題であると考えています。

　ところで非行の問題は、ある程度の段階まで非行が進んで行ってしまった少年を念頭に置いて、語られることが多いんですが、現実にはそういう少年ばかりではありません。検挙されるまでには至らないケースは山のようにありますし、1回検挙されても、過半数の少年はその後再び検挙されることはないのです。こういう少年たちを全員放っておいてよいかというと、そうはいえない。では、一体だれがどういう手立てで彼らをサポートするかという話になりますと、日本にはその担い手が少ない。警察としては、そんななかで、警察としてできうる範囲の実践を積み重ねているというのが、いまの現状だと思っています。

梅澤　私は高校で長く生徒指導をやってきたので、その経験から、質問２の答えは、先ほど上野さんも言っていたように心というか、本人の自覚だと思います。

　いままでの生徒指導の経験では、私の場合は何か問題行動を起こした生徒に対して、自分自身の行った問題行動を直視させて、十分に反省させて、２度と問題行動を繰り返さないという決意を迫る指導をずっとやってきまし

た。私自身の経験からは、これは有効なやり方だったと思います。

　質問２の後半には「また、これまでの実務経験の中で参考になる具体例があればお示しください」とあります。たとえば都立の工業高校の生徒は、高校３年生になると、普通は学校で授業を受けたり実習をするんですが、技術センターという東京都の施設で１週間、最新の技術を学ぶという実習があります。生徒は学期中、たとえば６月10日から15日までとか、普通の期間に学校に来ないで技術センターに行くわけです。

　生徒は電車なり自転車で学校に登校していますが、その技術センターに行くためにもバスとか電車とか自転車を使わないといけません。それは、その学校ではオートバイ通学を禁止しているからです。当然技術センターに実習に行くときも「オートバイで行ってはいけませんよ」という指導をします。

　ところが、ある年の実習の時に、２人の生徒が１台のオートバイに乗って技術センターの方に行ったのを教員が見かけました。私は報告を受けたので、実習が終わったときにその生徒２人を呼んで「君たちは何月何日に技術センターに行くときに、どうやって行きましたか」と聞いたら「電車で行きました」「ああ、そうですか。でもオートバイに乗って行ったんじゃないかという情報もあるんだけど」「そんなことは絶対にありません」と言い切ります。高校３年でバイク通学がばれたら大変なことになるので、ずっとしらを切っていたわけです。

　ところが、いろいろな先生に聞いてみたら、間違いないことがわかりました。先生方とも相談し、とにかく本人にきちんと説明させなければ問題解決にならないと考えて、いろいろな働きかけをしましたが、ついに卒業式まで言わないんです。

　それで卒業式が終わったときに、私は２人を呼びました。「何で呼んだかわかりますか」と聞いたら２人は素直に「はい。実は６月の技術センターでの実習のとき、僕たちはバイクで行きました。すみませんでした。」と言うんですね。もう卒業式も終わっているので、私が「あなた方２人がここで素直に認めたので許します」と言ったら、「ありがとうございました」と言って帰っていきました。

　たぶん彼らは許されたという気持ちから、いろいろな意味で解放されたし、その子たちはもともとそんなに問題行動を繰り返すような子ではなかったけれども、この先おそらくきちんとルールを守って社会生活を送るだろうと、ほっとしたという例がありました。ほかにもたくさんありますが、とにかく

本人に自分のやったことをきちんと認めさせる。そして学校としていろいろな指導をしたうえで、それを許す。私の経験では、こういった指導が非常に良かったと思っています。

井内 いま、いろいろな方々のお話を聞いていると、私の立ち直り支援はちょっと違うんです。家庭のなかには崩壊している家庭がものすごく多いんですね。どういう家庭かというと、お金がなくて、貧乏で、本当に困っている家庭もあります。しかし、実は両親が警察官、両親が学校の先生、両親が国家公務員という家庭もあるんですね。

　じゃあ何が悪いのかということになったときに、外見からはその家庭の中は、大きなきれいな壁で塗られていますから中が見えないんですが、私が家庭の中に入って見えてくるのは、やはりある意味で家庭が崩壊しているということです。

　ですから少年の立ち直りをやるには、少年にかかわる前に壊れた家庭を直してあげることです。長い道のりですが、いまでもそれが一番近道だと信じてやっています。できるだけ早くそういう形でかかわって、信頼できる大人がつくと、18、19、20歳に近くなって子どもがあせってきたときに結果がでるんですね。信頼できる大人がそこにぶつかってくると、20歳になったときに絶対に再犯はしなくて、再犯率が1番下がってきます。「これから20歳になると、今度は刑務所に行ってしまうんだぞ」となったときに、赤の他人でも相談できる大人がいるということで、子どもの立ち直りがスムーズになってくるということです。

　私はいつも家庭の中に入っていったときに、「あなたは自分の子どもに何でこの名前をつけたんですか」とよく聞くんですね。名前をつけたいきさつをお父さんなりお母さんに聞いていくと、だいたいどちらかが涙を流します。そういう中で考えていくということです。

　あとは、小学生のときからよい意味の人間教育がある程度なされていないといけません。いまの大人たちはなかなか教えることができません。いま私が直接かかわっているケースはお母さんがいて、5人の子どもがいて、5人とも父親が違います。そして長男が暮れに少年院を出て、この3月に就職したいというので私のところへ来たんですね。「お母さんも一緒に来なさい」ということで、お母さんも連れてきました。

　お母さんは顔がニコニコしています。私のところへ来たら、子どもの手が離れると思っているからです。離婚したお父さんがいて、内縁の夫もたくさ

んいて、その人たちは自分とは血がつながっていないので虐待していくんですね。長女はいま児童自立支援施設に入っていますが、もうすぐ出てきます。それで、この子が家にいるとだめだということになって「長男を早く外に働きに出さなければいけない。どうしたらいいでしょうか。」と言う。

　そこなんですね。それには、「あなたの家庭は間違っていますよ」としっかり教えてあげる人が必要だと思っています。そうすることによって、できるだけ早く気づかせて、本来の家庭に戻れるような状況をつくってあげなければだめです。それをつくった家庭は間違いなく良くなります。家庭が本来の家庭に戻れば子どもは間違いなく良くなります。

高内　ありがとうございます。いままでのパネリストのご意見を伺って、まさに働きかけの方向性は様々であることが分かりました。いくつか確認をさせていただこうと思います。まず、上野さんは、「少年院の教育の特色として同一教官が継続的に担当して指導することが重要である」と述べられましたが、これは同じ教官がずっとその少年の担当にならなければならないということでしょうか。

上野　しゃべった後に言葉足らずだと思ったんですが、AさんならAさんという教官が日中も夜もいるかといったら、そうでもないんですね。ただ、そういう場合もあります。日中の作業や訓練についていて、夜も当直でいるということもありますが、同じ職員がやっているというのは、少年たちから見たときに顔の見える職員が日中も夜も指導しているという意味です。だからAさんだったりBさんだったりすることがありますが、そういう意味での同じ職員です。

　刑務所の場合は全然そこが違って、工場は工場担当で、保安に立っている職員もいます。だから工場の親父さんの顔は知っているし、保安で立っている職員の顔も受刑者は知っているでしょう。ただ舎房というか居室のほうに帰ってくると舎房担当の職員がいて、それは全然違う人たちです。対応の仕方も違ってくると思うし、その点が少年院と刑務所では全然違うと思います。

高内　分かりました。最後の井内さんのご発言は、なるほどと思って聞いていましたが、非常に単純化すると、「健全育成にとって重要な原因として家庭崩壊がある。壊れた家庭を立て直すことが必要で、そのためには、あなたの家庭は間違っていますとちゃんと言ってくれる人がいることが重要だ」ということでよろしいでしょうか。

井内 お母さんが子どもにどう接していいかよくわからないんですね。前にもここでお話ししたことがありますが、子どもが審判を受けて少年院に行くと夫婦で温泉旅行に行ってしまうんですよ。

これは1番問題ですが、どういうことかというと、いままで夜遅く家の中の自分の部屋へ仲間を連れてきて、酒は飲むわ、タバコは吸うわ、友だちのガールフレンドは連れてくるわ、何をするわということで、家の中でお父さんやお母さんが、それに対してしっかりとした指導ができなかったわけですね。それで子どもが何かの調子で事件を起こして、しばらくの間いなくなってしまう。家庭にとっては、それがものすごくほっとした瞬間になってしまいます。

「いいね。良かったね。しばらくゆっくりできるね。」となってしまうと大変だから、「いや、そうじゃないんだよ。たぶん子どもはこれからしばらくの間苦労する。そして必ず戻ってくるんだから、その間あなたはあなたの勉強をしよう。迎えるための勉強をいまから一緒にやろう。」ということにかかわってあげないと難しいと思っています。

「就労しろよ」「仕事につけよ」と子どもたちに言うことはものすごく簡単です。だけど、就労するためのプログラムをつくってあげないと、子どもはその会社で長く続きません。だから長く続けられるような仕組みをつくってあげなければいけない。それには仕事に就く前の教育が必要です。

僕は仕事を紹介する前の教育をやっていますが、そうすると離職率が格段に減っていくんですね。どこで、どういうかたちで面倒を見るかというときに、単純に「就職しろよ」「近くでいいところがあったら、どこでもいいから就職しなよ」「就職してお金を稼いだら、それで十分なんだから」と言うのでは、子どもにとって夢も希望もなくなってしまう。夢と希望のある就職をするにはどうしたらいいかというプログラムを教えていかなければいけないし、その過程がすごく大切だという気がします。

高内 家庭に対して指摘することが大事だという点では、家庭裁判所の審判の段階でも同じように考えられると思うのですが、廣瀬さん、この点についてどうでしょうか。

廣瀬 そのとおりです。調査官の調査、審判いずれでも家庭に問題点があれば当然指摘しますから、今の少年院送致の話はよくわかります。そういう親は多いですね。逆に言うと、そういう親だからこそ家庭に任せることができず家に帰せないので施設に容れざるを得ないことが多いわけです。私も審判

で同じような説諭をしています。要するに「子どもはこれから施設で頑張るのだから、帰ってきたときに受け入れられるように親御さんのほうも頑張ってください」「こういう問題点があれば直してください」という話は必ずしています。問題なのは、それを強制的にやらせる、監督するシステムが現在ないことです。2000（平成12）年の改正で家庭裁判所に、2007（平成19）年の改正で、少年院長、保護観察所長にも、保護者に対して指導等の働きかけができるという規定ができましたが、そこまでなので限界があります。

高内 パネリスト間で質問、意見はございませんか。特に保護者に対する対応は、2000年、2007年と法改正もあったので、それに関連してご意見があればお願いします。

廣瀬 従前から調査、審判の段階で家裁では保護者への働きかけは行っていたのですが、より多様なプログラムを作って対応しています。特徴的なのは、少年には交通事件なら交通関係、薬物事犯なら薬物関係の講習的な指導、社会奉仕活動への参加など、いろいろなプログラムがありますが、保護者を同席させて一緒に行うということを家裁では前からやっています。更に種類が増え、積極的に行われていると聞いています。強制力がなく、拒否されればできないですが、審判で決定を受けるまでは保護者も積極的に参加してくれるのでうまく対応できるようです。非行の原因が保護者側にある事件が多いので、そのような事件では非常に有効に作用する場合も多いようです。

【司会者コメント】
　少年への働きかけのポイントもバリエーションに富む。「同じ教官による少年ひとりひとりに対する日々の働きかけ（少年院）」、「一緒に暮らす（児童自立支援施設）」、「社会参加の道筋をつける支援（保護観察所）」、「本人の問題がどこにあるかを適切に見極める（家裁）」、「検挙に至らない少年のサポート（警察）」、「自分の行ったことをきちんと認めさせる（学校）」、「家庭の立て直し（民間）」。

少年に働きかける場合の留意点は

高内 補足の質問をさせていただきます。「少年に働きかける際に、どのような点に留意することが必要だと考えますか」という質問です。質問の趣旨

ですが、非行少年と接するときの留意点は、働きかけの一つの思想というか信条が反映されるのではないかと思います。少年に対する働きかけ、関係者に対する働きかけを行うにあたって、「私はいつもこういう点に留意しています」ということがありましたら、ご意見をいただきたいと思います。

井内 先ほど言いましたように、私が子どもに直接かかわるのは一番最後です。「少年が何をして、どういうかたちで問題行動を起こしたのか。その原因が家庭にあったのか。あるいは友人関係なのか。学校なのか。」と、さまざまな観点の中から原因を探り当てるというか、見つけていくことを重要視しています。

言葉で言うと大変失礼ですが、子どもはうそつきの天才です。私が子どもとかかわっていくときは、どんなにだまされても最初は子どもの言い分をそのまま聞いて認めてあげます。どんなうそをついても、うそとわかっていても、認めてあげる勇気を自分で持つようにしています。その中から少年の気持ちを探り当てていきますが、子どもがこう言ったからといって、私はすぐボールを相手に投げかけて子どもとキャッチボールをするということは絶対しません。まず子どもに対して、言いたいことを全部言いなさいということをやるわけです。

われわれ大人というのは、誰がどんなことを言っても、子どもよりは年がいっているので、普通にやっていれば子どもよりも多少なりとも知恵があります。だから最後は大人の知恵で「こういうかたちが考えられないか」ということで、最後の一つの言葉で締めくくるというかたちでやっています。

先ほど言いましたが、グループ仲間の序列、あるいは少年の性格、子どもの仲間から見たＡ君、違う子から見たらＢ君という、お互いの子どもたちの性格を全部聞き出していきます。その中で、この子にどういうかたちでかかわっていけば１番いいかということを私は見つけていきます。子どもが何を言っても、決して「お前はばかだな。そんなばかなことをやっているんじゃない。」という言葉を簡単に口から発しないことが大変重要だと思っています。そういうことに留意しながら、私はいつも子どもたちと接しています。

高内 ありがとうございます。ほかのパネリストの皆さん、いかがでしょうか。

梅澤 この問題ですが、問題行動を行った理由、動機を明確にすることです。理由、動機がわかれば指導方法も明確になると思って、いつもまず「どうしてこんなことをしてしまったの？」という接し方をしています。

廣瀬 あとはコミュニケーションをどうやって成り立たせるかということですね。私は少年審判での接触で、ある意味では条件がいいわけです。調査官がきちんとした道筋をつけ問題点を分析し、審判に対するモチベーションをつけてくれた状態で、少年と相対するわけですが、それでも会話が成立しない、あるいは本当にそっぽを向かれてしまうようなこともあります。心を開いてくれないという問題もありますが、子どもとしては心を開いて一生懸命伝えようとしてもボキャブラリーが乏しく、言葉によるコミュニケーションが非常に不得意な子も多い。そういう事情は理解し心がけていますが、実際はなかなか難しいですね。

少年が立ち直ったサインとは（健全育成の指標）

高内 健全育成の内容について、最後にもうひとつ質問をします。「少年が立ち直ったサインとして、どのような観点を重視しますか」という質問です。実務家の方は家裁であれば保護的措置・不処分・不開始の判断、少年院であれば仮退院の判断、保護観察所であれば良好解除の判断などをされていると思います。その判断も総合的なものだと思いますが、特に重視している観点がありましたら、ご紹介いただきたいと思うのです。この質問も補足質問ということで、ご意見のある方お願いします。

廣瀬 こういう変化がわかるというのは、家裁では試験観察をやっている場合、あるいは継続的に審判を開いている場合などです。私の個人的体験の印象で、普通の子どもでも同じだと思いますが、状態が悪くて問題を起こした子どもでは、意欲や環境が変わって立ち直ってくる場合は目つき、顔色、体調が見違えるぐらい変わります。死んだような目をしていた子が、目が生き生きと輝いてくる。あるいは夜中にフラフラ遊んでいたのが昼間の生活をするようになって、健全に日焼けし逞しくなってくる。生活習慣でも、ちゃんと学校に行くようになったとか、仕事にちゃんと行くようになったということです。

「非行をやらなくなったらいいのではないか」と言われますが、問題なのは、本人が正直に言わず、検挙されなければ本当にやっていないかどうかはわからないのです。だまされている場合も少なくないわけですね。たださきほどの体や表情の変化は、かなり確かではないかと思います。失敗している例もありますが、そういう感じは持っています。

岡邊 いま再犯の問題が出ました。確かにだまされるケースはあるでしょうが、処遇の評価をするときに決定的な指標となるのが再犯だというのは、間違いないことです。国内の状況を考えると、再犯リスクに関する関心、再犯を処遇の効果測定に使おうという意識が、相対的に弱いという印象を、私は持っています。

　2007年度の『犯罪白書』で再犯の特集がありました。あのデータをよくご覧になるとわかりますが、基本的に非行少年のデータは入っていません。刑事裁判で有罪が確定した者のデータを使って分析されているので、ほとんどの少年は入っていません。

　現状では、少年の再非行の状況は、公的にきちんとデータが取られて公開されているということではないわけです。

　一つ付け加えるとすれば、家庭裁判所にぜひ期待したいところですが、現状ではデータはほとんど出てきておらず、残念です。おそらく1番体系的に少年の非行記録を持っているのは家裁です。せっかくのデータを有効に活用できていないという思いをずっと持っています。

高内 パネリストの中で付け加えていただけることがありましたら。

井内 では一つだけ。いまの議論もそうですが、警察あるいは家裁、少年院に行った子どもたちだけが非行少年というかたちで見られがちです。しかし、そういうところに行ったのは幸せな人だと思っています。少年たちには、「いま警察に捕まってよかったね」「家裁で審判を受けておくといいよ。いい勉強になるよ。」という話をしています。

　実はそこに行かないで泳いでいる非行少年がいます。これが問題です。警察にも捕まらない。家裁にも行かない。当然少年院にも行かない。そういう問題を抱えた子どもたちが20歳になってワルをします。その子どもたちを健全育成というかたちの中でどう救っていくかが1つの問題かもしれません。私がいつも考えている1番大きな問題がそこにあります。

高内 フロアの方々の中で何かご意見がありましたら。

横山 岡邊さんに聞きたいんですが、廣瀬判事は、立ち直りについては、ある程度相対的に自分の体験に基づいて判断すると言っています。その対極としては、いろいろな要素を数量化して、立ち直りを科学的に予測することが考えられます。グリュックのように、非行予測表みたいなものを作成した研究者が、昔いました。ああいうかたちで、要素から点数化した非行の予測みたいなことは、将来の可能性として日本でもできますか。それとも、やはり

実務家の体験的な判断が信頼できますか。そのあたりはどうですか。

岡邊 再犯のリスクアセスメントの話だと思いますが、私は詳しくは知りません。

ただ、グリュック的なリスク評価は、当然100％ではなくて、当たり外れが大きい。ですから仮にそういうものが完成したとしても、それでバラ色というわけではないと思います。

小長井 リスクアセスメントの方法は、カナダを中心に欧米では確立しています。メソッドはあるから、やろうと思えばつくれると思います。だけど、保護観察のいまの情報の取り方ではできないのです。対象者からたくさん情報を取らないと、再犯予測はできません。そういう検討をしたことはあるようですが、やめたみたいです。

実証研究の知見に基づいて再犯リスク管理をしながら保護観察をやろうとするのではなくて、保護司と対象者の人間関係とか、情緒的なものを核にして違う方向で保護処分が組み立てられています。

岡邊 私が先ほど再犯の話をしたのは、もちろん個別のリスクのアセスメントの話も射程には入っているのですが、もう少しマクロな視点で、少年非行の原因や要因を考えたときに、どこに焦点化して考えるべきなのかという問題意識があるからです。

広い意味での社会政策的な介入を、どこがどのようにやるのが、より効果的なのかということを考えるためには、どういうことをすればどの程度再犯を抑止できるのか、あるいはできないのかを検証する必要があります。その意味では、いまおっしゃったように個別のレベルで言うと、プライバシーの問題とかいろいろな問題が出てきて、やりにくい面があるけれども、そういうかたちではなくて、たとえば家裁などがすでに持っているマスのデータを統計的に分析するということであれば、やれるはずだし、やるべきだというのが私の考えです。

発達障害と非行

高内 ありがとうございます。それでは、これまでのパネリストの意見について、フロアから質問、意見がありましたらお願いします。

一野隆（元家庭裁判所調査官） 先ほどから出ているように、近年、少年法の改正に伴い、実務でも大きな変化が生じています。1つは保護者に対する指導

の強化であります。保護観察所や少年院が保護者を指導することに対して法的な裏付けを与えたものです。その他被害者に対する配慮や処分の厳罰化です。年少少年が重大な事件を起こした場合、少年院へ送致される場合と成人扱いされて少年刑務所に入れられる場合の年齢が引き下げられるという流れです。

　年少少年たちの重大事件の中には、限られた調査期間では十分に調査できず、非行原因が曖昧なままで処分が決められてしまうような事件があります。そのような事件では、非行の原因とは言えないという「発達障害」が大きく問題にされその改善、事件の重大性から年少少年や年中少年であっても特別に長期に少年院に収容する、または少年刑務所に収容するということが徐々に増えてます。

　先ほど少年院の先生から「少年にとって大事なことは、同じ担当者がずっとかかわることだ。人間関係が基本的に大事だ。」との話がありましたが、その指摘は多くの少年院在中の少年にとり非常に大切な事と思います。しかし、それはこれまでも長年言われてきたことであります。年少や年中少年でありながら、解決困難な発達障害という問題を抱え、しかも非常に大きな事件を起こしているというようなケースが増えつつあるという流れの中で、施設の対応は更に困難になっていると思います。

　少年院や自立支援施設の先生方は、非行の原因の複雑化に対しこれまでの人間関係重視の対応のままでいいのか、お尋ねしたいと思います。

高内　ありがとうございます。それでは上野さん、奥山さん、お願いします。
上野　全国で少年院は 52 あるんですが、どこの少年院もそれぞれ教育課程を持っていて、何を専門に教育するかというコースが決まっています。神奈川医療少年院は特殊教育課程で、知的障害のある子とか、障害のある子に準じた処遇が必要な子、情緒的未成熟で社会不適応の著しい少年などを収容しているところです。その中に、先生がおっしゃったようにコミュニケーションがなかなか取れない少年が何人かいることは確かですが、障害が非行とすぐ結びついているかどうかはなかなか難しい問題です。そのへんはなかなか答えにくいところがあります。

　ただ障害が非行と結びついている、あるいはその少年が社会に出たときに生きにくいという場合は、そこの部分に焦点を当てて、当院は医師もおりますので、医師と教育のほうでタイアップしながら処遇していくというのが現状です。

一野 非行と発達障害とは、直接の因果関係はないかもしれない。しかし、非行の原因解明の為や社会適応を考えると、長期に亘って施設で指導しなければいけないという考え方で、長期処遇の処遇勧告が出される場合が少なくありません。

少年からすれば、肝心な非行原因については曖昧なままに放置され、少年の抱えている問題が「発達障害」とすり替えられ、長期にわたり施設に収容されることになります。少年が更に不満感を強めないか、施設の指導を素直に受け入れられるかと心配です。

上野 長期にわたって保護されるかどうかは、処遇勧告がつけば長期に及ぶ場合もありますが、基本的には当院の場合はだいたい11カ月でプログラムを組んでいるので、11カ月間で障害のある子もない子も処遇をしていきます。もちろん中で成績が悪ければ、期間がどんどん延びてしまうこともありますが。

高内 ありがとうございます。奥山さん、もし何かコメントがありましたら。

奥山 新聞を賑わせた重大事件の子どもを担当させてもらいましたが、やはり年少少年の場合、男女の性差はあるのですが、子どもの成長や運動機能も含めて、発達障害のところで見えにくくなってしまうところがあると思います。

事件のトラウマを子どもは随分抱えて、自己肯定感がなかったり、自分と向き合ったときに「普通の子はどんな行動をするんですか」と表現してきたり、そういう積み重ねの部分が違っています。

施設は開放施設ですので、重大事件の子どもをマスコミ報道から守りきれないところもあります。長期間の指導や教育が必要なこと、社会政策的な意味で子どもをどう守っていくのかというあたりで、在院中の関わりの他に、社会に出てからのサポートシステムをどう作っていくかということが大きな課題になっています。

斎藤義房（弁護士） いまの関連でいいですか。医療少年院と児童自立支援施設などで、発達障害の少年に対する処遇についてさまざまな工夫がなされ、現に実践がなされているという報告も聞いています。発達障害の子どもが必ず事件を起こすわけではない。因果関係があるわけではないというのは、そのとおりだと思います。問題は発達障害を理解しない周囲の大人です。親も含めてそこに問題があって、重大な非行が発生したという事例のほとんどそうなんですね。周りが理解していなくて、虐待を含む不適切な養育をしてし

まう。その結果、その子どもは自己肯定感が持てず、行き場がなくなって、追い詰められてしまうというのが実態です。

　井内さんのお話にもあったけれども、子どもに対するさまざまなスキル向上の教育・指導と併せて、親に対してどのような支援をするかが問われている。本当に親が困ってしまっているという家庭もたくさんあるわけです。自分の子どもにどう接していいかわからない。そういう意味では医療少年院も児童自立支援施設も、親に対してどんな支援をするかということが問われているように思いますが、その点について現場の実践はどうでしょうか。

上野　保護者への働きかけということでは、発達上の問題を抱えた少年の親御さんの中には、自分の息子さんにそういった障害があることすら気づいていない方がいます。その場合は医師のほうから時期を見て告知することもありますし、「こういう生きにくさ、障害がありますよ」ということで、それについての対応の仕方ではないけれども付き合い方とか、あとは地域にある発達障害者支援センターみたいなところに直接連れていくことはできないんですが、「こういうところがあります。保護観察を受けながら進学したい、就職したいという場合には、こういったセンターに行って指導を受けながら社会の中で生活してください」というアドバイスをしています。

　知らないだけではなくて認めたがらない親御さんもいますので、ご自分の息子さんが障害を持っていて、それが非常に問題であれば、そこの最初の自覚というか、そのへんを理解してもらうところから始めます。

　具体的にどういう指導がいいというところは、医師のほうから説明する場合もありますし、教官のほうで面会後の教育相談などで「彼はこういうことがあって、こうなったんですが、こういう指導をしたら多少良くなって、少し変わってきました」という話をします。具体的に何かというのはなかなか言えないところもあるんですが、そういったところから対応の仕方とか、本人に対する接し方を少しずつわかってもらうしかないと思います。

奥山　特定の事例になってしまうのですが、親自身も発達障害を抱えているとか、そのエリアかなと思われることが結構多いと思います。子どもが感じていることを、親はなかなか理解できないことがあります。

　先ほど言ったように包括的な社会的なサポートというか、特に重大事件にかかわる場合は我々を含めて、退所後も含めてフォローするというものを作り、家庭や子どもを支えていくべきだと思っています。親は親として、子どもが施設を出た後にきちんとした関係に結びつくのが良いが、生活援助、就

労支援ができるようなシステムにどう作っていくのか、親が想像つかないところは、サポーターがフォローするシステムを作っていくということだと思います。

小長井 保護観察でも保護者会などをやって、親たちを支える機会とか仕組みをつくる努力をしていますが、児童虐待のケースと同様に、親自体が社会から孤立していることが多いです。平均的に言うと貧しいし、社会参加もできていないし、いろいろな地域のネットワークからこぼれ落ちている人たちが多いと思います。

　一般に地域が崩壊したといわれますが、いま新しい市民の動きがいろいろな地域で見られます。しかし、まだ犯罪、非行の分野の民間のボランティア団体とかNPOという市民セクターが育っていなくて、井内さんのような方は非常に希少な資源です。そのあたりがこれからの課題だろうと思います。

　イギリスの例ですが、ロンドン市内の保護観察所の多くに、中間支援を行う社会的企業のスタッフが常駐しています。これはEUの社会的基金を用いた、犯罪者を社会に再統合する施策ですが、保護観察処遇をすると同時に、困難を抱え社会から排除されている犯罪者や家族を、ニーズに応じて民間の支援組織につないでいました。

　日本はそういう仕組みがなく、さっき廣瀬さんがおっしゃったように親に対する制度的な働きかけも必要だと思います。今児童虐待の分野で親に対する受講命令が検討されていますが、少年法が改正されて親への指導という志向性が出てきたので、少年司法でももう一歩進んで強制的にでも支援の枠組みの中に入れるということも、将来的には考えてもいいと思います。自由の侵害になるおそれもありますが、ケースによっては国の権限による介入が必要な程、抱える問題の根が深い場合もあります。

津富宏（静岡公立大学国際関係学部）　武蔵野学院の富田先生と一緒に調査研究をやらせていただいていますが、武蔵野学院の子どもで発達障害の子どもはダントツに予後が良かったんですね。非常にクリアな有意差が出ました。それだけは事実で、良くないというイメージで会話されるのは明らかに間違いなので、それだけ確認しておきたいと思います。

非行少年の立ち直りと被害者の立直り

高内　ありがとうございます。それでは、次の質問を西村先生からお願いし

ます。

西村春夫（東洋大学人間科学総合研究所）　被害者との関連の質問ですが、少年の健全育成は被害者の回復と相対的な概念かどうかということです。被害者はよく「被害者の悩み・悲しみは一生続く。一生回復しない。」と言います。また事件がきっかけで被害者の家庭が崩壊した例もあります。少年の健全育成が出来過ぎ（？）てしまった場合はどういうことになるのか。元非行少年の職業生活が非常にうまくいって弁護士になったと……。過去にそういう新聞報道や出版（奥野修司著『心にナイフをしのばせて』〔文藝春秋、2006年〕）がありましたが、弁護士になったら、世の中の人は「けしからん」ということで、本人は県の弁護士会から退会（弁護士廃業）せざるを得なかった。

　そうすると被害者が苦しんでいる限りは、健全育成も程ほどに（？）となるのか。被害者との相対性で考えれば、被害者の回復がはかばかしくなければ少年の健全育成もある程度の段階で断念しなければならないという主張になっていくのかどうか。

高内　これはなかなか大きな問題です。少年の立ち直りは被害者の立ち直りと相対的なものなのかどうかという点ですが、ご意見がありましたらお願いします。

廣瀬　一番難しい問題ですね。ただ被害者側の受け止め方として、自分の苦しみは治まらないのに加害者の子どもはどんどん良くなっていくと、感情的な反発が出てくるのは当然の現象で、これは理屈や当否の問題ではありません。その反発を前提にしてどう考えていくかという問題だろうと思います。たとえば例の神戸児童連続殺傷事件のときにも、心身に障害を抱えて苦労している子が、重大事件を起こせば最高のお医者さんから最高の教育を受け、かえって将来が保障されるが、悪いことをしないで真面目に苦労している多数の子たちは全然サポートを受けられない。そういうパラドックスがあると指摘されました。これも周りから見ている人の受け止め方としては、当然のことだろうと思います。

　そこで問題がある少年たちに対して、その問題を改善して立ち直らせるということをとことんやってはいけないのか、加減して線を引かなければいけないのか。最後は哲学、政策的な決断の問題だと思いますし、最後は国民全体で決めることではないですか。

西村　政策的決断は、被害者がその政策を納得すればいいと思いますが……。健全育成の概念を、相対的なものではなくて絶対的なものとして理論

的に確立できるかという点はどうでしょうか。従来の少年矯正は被害者抜きで理論を完成してきた。被害者を入れた理論化（単にカリキュラムを一つ加えるかどうかではないところの理論構成）の可否、成否ですね。

横山 それに関して、発言してよろしいですか。昔、市原の交通刑務所では、人身事故を起こして入っていた人たちに対して、自動車の運転訓練をして、無免許の場合は運転免許を取らせるということをやったんですね。それに対して、そこまでやる必要があるのかというかたちで、被害者の人たちも含めて批判が出て、地域感情もあって、法務省はやめてしまったのです。

刑事政策としては「貧しい若い人が、免許なしにやったことに対して、ちゃんと訓練してやれば、出た後は運転手として生活も成り立つ」というプラス面がありました。しかし、社会感情という面から見ると、それを行うのは限界があったということです。刑事政策を理想的にやる立場からは、被害者感情があっても、そういったところは理解してもらう努力をしながら、これを続けるべきだったでしょう。現実的には、政府は世論の動きの中で予算をつけますから、それで途絶えてしまうということがあったのです。

小長井 おっしゃるとおり、感情的には被害者は許せないだろうと思いますが、日本は被害者と加害者の関係をすごく小さいユニットで考えているのではないでしょうか。社会全体に対して非行少年が責任を負えるように指導する方策を、大きな仕組みの中で考えるべきだと思います。加害少年がちゃんと責任を負えるような人間になるためには社会の支援が必要だし、被害者支援が不十分な点は社会の責務として充実させるべきだと思います。

関連して、イギリスでは今、アルカイダの末端の人たちが釈放されているらしいです。それに対して保護観察所はもちろん監視もやるけれども、同じ民族のパキスタン系のNPOに託して弁論術を学ばせていると聞きました。文句があったら正々堂々と主張できる人間に育てるというバックアップはするけれども、その後は市民として責任を負いなさいといった、大きな枠組みの中で社会と被害者と加害者の関係を考えていると思いました。そこは廣瀬さんがおっしゃったように、人間観とか社会の価値観が反映すると思うのですね。法務省も最高裁も世論に過度に配慮せず、自分たちがどういう司法制度をつくっていくのか、どういう市民を育てていくのかというビジョンを核にして制度設計をしてほしいと考えています。

高内 ありがとうございます。それでは、座談会の前半を終了させていただこうと思います。

【司会者コメント】
　発達障害については、その定義も難しいところだが、安易に非行と結びつけることは慎まなければならないだろう。議論の中では、少年の処遇よりもむしろその親への対応が重要でかつ難しいことが明らかになった。また、非行少年の立ち直りと被害者の立ち直りとの関係は、理論的には興味深いテーマであるが、健全育成に携わる者が実務の中で考慮することには無理があるように思われる。

II　健全育成とパターナリズム

高内　これまで健全育成の中身について議論してきました。座談会後半は、パターナリズム、被害者、公的機関と民間団体など、いくつかの特定の切り口から健全育成についての考察を深めていきたいと思います。
　最初はパターナリズムの問題です。「少年の健全育成にとって、少年院への収容など、少年の自由の制限は有効だと思いますか。有効だとすると、どのような点で効果があると考えますか。」という質問をしたいと思います。少年の育成という用語は児童福祉法、教育基本法にも用いられていますが、少年法における健全育成の特色を考えると、これは国家機関が直接介入する、または何らかの形で強制力が行使されるという点を挙げることができるのではないかと思います。そこで、こうした点から少年法における健全育成の意義を考えてみたいと思います。
　裁判官としてのご経験から、廣瀬さんにお伺いしたいんですが、保護処分をするにあたっては、少年院送致にしようか保護観察にしようかという判断に悩まれることも多いと思います。特に少年院送致は保護観察等に比べれば、少年の権利制限が強い処分だと思いますが、「この少年は少年院送致が望ましい」というときに、特にどんな観点を考慮されるのか。このあたりはいかがでしょうか。

廣瀬　いろいろな考え方があると思いますが、私が実際にやっていたところからお話しすると、はっきり言って消去法的な考え方です。「ほかの処分ではうまくいかないだろうという子に、最後の手段として」という発想です。

家庭、学校、職場、親戚等では立ち直らせる見込みがなく、更に、任意・開放的な施設・処分でもうまくいかないという場合に選択します。少年院送致は非常に権利侵害性が強いことと、拘束されて施設の中に一定の期間いること自体のマイナス面があること、同時に開放的な施設、あるいは任意の処分だけでは賄えない子がいることも間違いないからです。たとえば非常に再非行性が強い子どもで再非行させないためには、施設に拘禁して強制的に教育処分をする必要があるという場合があります。それから本人、親も含めて、自分の問題点に目が向かず、およそ自分を改善していこうという気持ちが見えない少年も残念ながらいます。それも相当重大なことをやっていて、それについて「非常に悪いことをした。何とか自力で立ち直ろう。」ということになるはずであるのに、そこまで行かない少年たちも実際には結構います。そうすると、まず自分の問題をきちんと見つめさせるため、環境面を整備しなければいけない子どもがいます。そのような場合でも、再非行・問題行動が軽微でそれほど心配がない、保護者、学校の先生等、周りの人たちの援助で何とかなる、あるいは本人が頑張れば何とかなるという子の場合には、強制されて立ち直るよりは自発的に改善したほうが身につくのでよいわけです。そういう意味で、「ほかの処分では無理だという場合に施設に収容して、しかもかなり強力な処遇をする少年を選んでいく」ことになります。私は基本的にそういう考え方をしていましたが、おそらく家裁実務も大筋はそういう考え方だと思います。

高内 ありがとうございます。続いて奥山さんにお伺いしたいんですが、児童自立支援施設というのは基本的に開放施設ですので、逃走してしまう児童などもいるのではないかと思います。武蔵野学院、きぬがわ学院は、国立の児童自立支援施設として、一定の強制的措置を取れる場所があると思いますが、やはり児童自立支援施設においても、場合によっては強制的に行動制限をする何らかの措置が必要な場合があると考えられますか。

奥山 現在、強制的措置が使えるのは、国立の児童自立支援施設の2カ所です。児童が問題行動を起こした時に、その場所や空間から一時的に回避することにより、気持ちを落ち着かせ、自己と向き合う場として、教育的な意味で使われています。制限された中で自己と向き合い、職員との新たな接触を通して人間性を回復し、自己肯定感を抱くきっかけになっていて、児童の成長発達を図る意味で効果的なものとなっています。

　地方の児童自立支援施設では、鍵のかからない開放処遇が行われています

が、そこでも人間関係のトラブルを起こし支援が難しい時には措置変更し、国立としての枠組みや、強制的措置を使うことによって、枠組みを変えて支援することが児童にとって有効です。

　強制的措置を使う観察寮は、児童が生活の中で暴力や不安、対人関係でのトラブルを起こしたときに、その場から避けタイムアウトさせることにより、問題を回避させる以外にも、児童の興奮を和らげる（クールダウン）重要な意味のある場所でもあります。特に発達障害圏の児童は、視覚的な刺激に敏感に反応するために、トラブルの相手が見えない空間に移動させることが必要であり、福祉的・治療的な意味で行動を制限する場が必要となっています。

高内　確認させていただきますと、児童自立支援施設の強制的措置は、保安的な意味合いとか逃亡防止という観点からではないと考えてよろしいでしょうか。

奥山　強制的措置は、保安的、逃亡の防止の観点と言うよりは、自傷、他害の虞が大きいといった児童自身の問題や課題がある時に使われます。地方の自立支援施設で無断外出や暴力等の非行を犯し、処遇が困難な時に、行動を制限することを通して自分と向き合うために、家庭裁判所の審判で強制的措置を付けてもらっていて、学院としては、教育的、福祉的、治療的な意味合いをもった機能として使っています。

高内　ありがとうございます。何かほかにパネリストからございますか。

上野　あまり設問にこだわる必要もないかもしれないのですが、この設問は「自由の制限が有効かどうか」ということです。実際に有効かどうかは別として、少年院送致を受けて入院してくる少年の場合には、劣悪な家庭環境や生活状況から離されて少年院に収容されるという大きな生活環境の変化があります。

　これはどの少年も平気な顔をして入院してくるわけではなくて、やはり相当な衝撃というかインパクトがあるみたいです。「それは何でわかるんですか？」ということですが、入院直後の少年の緊張した態度とか、日記とか、あるいは職員との面接での対応で、だんだんわかってきます。

　だから、記録を読むといろいろな悪さをして入ってきた少年でも、話してみると素直な部分もあり、一方で防衛的なところもあるんでしょうが、非常に緊張して入っていて、行動もちぐはぐになってしまっているところもあります。少年院ではこういった衝撃というかショックを、むしろプラスの要因

として生かして処遇しようと考えています。

　ただ、緊張しているばかりでは全然良くならないので、少年院生活を送るにあたっての緊張感とか不安を徐々に取りつつやっていきます。緊張したままだと、かたちだけいいように学んで出ていってしまうということもあるので、そういったことをしないように気をつけています。

　そうした中で落ち着いた環境とか、周りの者がみんな「僕も良くなるんだ。社会に出たら頑張るんだ。」という気持ちを持っている雰囲気、更生的な風土の中でやっていく。顔見知りというのはあまりいないのかもしれませんが、同い年の子について「どうやらあの子は社会に対して僕よりもっと荒れていて、暴走族のリーダーだったんだな」などと薄々感じて、その子も頑張っているから僕も頑張ってみようかなという雰囲気の中で、うまく処遇に乗せてやっていくのが少年院です。そういった意味では、いったん従来のところから場所を離して少年院で処遇するのは有効というか、意味があると思っています。

　前回、井内さんからお話があって、親御さんの話になりました。実は神奈川医療少年院の親御さんのよくあるパターンは、全部が全部そうではないんですが、少年も弱者みたいなところがあるし、親御さん自身もたとえば生活保護の受給者であったり、お父さんが就職しようとしても派遣、アルバイトなどでずっとつながっていたり、あまり経済状況が良くない親御さんが非常に多いんですね。

　その中で、自分の息子の犯した非行で、たとえば近所からも白い目で見られているとか、石を投げられているとか、よくドラマにもあるように本当に嫌がらせを受けたり、あるいは近所中に謝ったり、親戚にも謝ったりしてボロボロに疲れている親御さんがたくさんいます。

　そうした中で長期処遇だと、少年は1年間少年院に入ります。少年院に入ったときに保護者会が行われて親御さん相手に話すんですが、親御さんは子ども少年院に入れたからといって全然安心していません。この子はどんな生活を送るんだろうという不安もあるんですが、1年後には戻ってきてしまうという不安もあって、これからどうしたらいいんだろうと非常にあせっている親御さんがいます。

　私自身がよく親御さんに言うのは「1回切り離して、1年間はとにかく少年院で預かるので、まず親御さんは自分たちの生活を何とか立て直してください」ということです。難しいでしょうけど、まずは、子どもの立ち直り

は親御さんたちの立ち直りが必要だと思っています。

　たとえば少年の下に弟や妹がいる家で、少年院に入った子が長男で、長男の非行に親がかかりっきりで弟や妹はないがしろで全然面倒を見なかったという場合には、「ちょっと弟さんや妹さんの面倒を見てください。とにかく少年は1年間預かりますから、ご家庭を何とか立て直すように頑張ってください。」という話をします。少年のことは後回しでもいいというわけではないんですが、「ゆっくり考えましょう」ということをいつも伝えるようにしています。

　ほっとしたままでは困ってしまいますが、ちょっと安心して、ほっとして、それまで手を掛けられなかった妹さんや弟さんの面倒を見たり、家族を立て直したり、お父さんも安心して就職活動をするということが大事なのではないか。すべてがすべて有効というわけではないですが、その意味でも有効な面があると思います。

保護者の教育

高内　続いて、井内さん、印象で結構ですが、実際に少年院を退院してきた少年たちを見てどのように感じられますか。

井内　少年院に入るということは、正直言って、私はすごく賛成なんですね。お父さん、お母さんが、家庭でその子どもを教育できないからです。ですからその教育を、一時的でもいいから、短い期間でもいいから、言葉がいいかどうかわかりませんけど、少年院というある意味で隔離されたところですることが必要です。その間にお父さん、お母さんが積極的に教育を受けなければいけないという一つのかたちができあがって、「子どもも苦労している。お父さん、お母さんも子育てで一から苦労しなければいけない。そして帰ってきたら一緒にやろう。」という環境をつくってあげるのが、いま1番必要なことではないかという気がするんですね。

　私は少年院から帰ってきた子どもをいっぱい見ていますが、だれ一人、少年院を恨んでいないんですね。あんな少年院はふざけているとか、少年院のだれだれを恨んでいるという話は一人もないです。だから、ものすごくよい教育を受けてきています。その教育を受けて家に帰って「家は全然変わっていないじゃないかよ。冗談じゃねえや。俺はあれだけ苦労してきたのに、何でまた元へ戻らなくちゃいけないんだ。家に帰りたくない。」ということ

から、すぐにまた非行が始まっていくんですね。
　その始まっていくのを止めなければいけない。実はその止めるための機関がないというのが非常に大きな問題だと私は思っています。

小長井　子どもが少年院在院中に生活環境の調整を図るのは、保護観察所の務めです。しかし、保護観察官の数が少なく、現に社会で生活している者の処遇を優先せざるを得ないので、そこまで手が回り切らないというのが現状だと思います。

　それからもう１つ、ときどき家庭裁判所の裁判官から少年院送致決定に併せて処遇勧告があり、観察所に「家庭環境の調整もしてほしい」と要請されます。しかし、現実には親も社会的弱者であることが多いので、保護司なり観察官が「点」で介入して何とかするというのは、そもそも無理な話です。

　ご存じのとおり、欧州の社会的排除論では、親が排除されているとそれが世代間連鎖することや衰退地域から非行が多く発生していることに着目しています。だから、例えばイギリスでは、非行少年の家庭環境を改善するには、保護観察を社会政策に繋げて、地域再生あるいは活性プロジェクトの中で、排除されている家族をエンパワーするというコンセプトで介入することが多いです。家族が元気になると個人もエンパワーされていくと、考えます。前提には、刑事・少年司法で行えることは限られているとの認識があります。家庭環境の改善といった大きな課題は、保護観察所あるいは少年犯罪チーム（Youth Offender Team）が地域内のパートナーシップの一員となって、教育・雇用・住宅・治安を指標とした地域づくりのプロジェクトの中で行っています。排除された家族や個人は生活全体を包括的に支援されてこそ社会に参加でき、非行も減ると考えているわけです。

　翻って日本はというと、ちょっと現実感がない気がします。それは、本来国家として家族をどう守るか、衰退した地域をどう再生するかというレベルの課題ではないでしょうか。

　いま日本では、一般の方々でもワーキングプアに陥り生活が成り立たなくなるような状況が生じることもありますから、国の社会保障制度に問題があるような気もします。国がかなりの予算的手当てをして、非行少年の家庭も含め社会参加ができていない世帯を全体としてバックアップする必要があります。

高内　非行少年が少年院にいる間の家庭環境の改善という点に議論が広がっ

てきました。関連して何かご意見ございますか。

梅澤　まず少年院について結論的に言うと、私も少年が自分の力で自分自身を律することができない場合には、大人がその子を援助するという意味で、場合によっては自由の制限を伴う少年院送致も必要だろうと思っています。

30年以上前になりますが、私が1番最初に参観させていただいたのが久里浜少年院です。

その後、いろいろな機会がありまして、全部で12カ所、延べ30回以上少年院の参観をさせていただきました。そういう経験からいまのような結論があるんですが、特に印象深かったのが1991（平成3）年に私の教え子が水府学院にお世話になったことです。気になったので、夏休み中に1度面会に行きました。

ある研究会で調査官の方と話をしていて、「こういう話で、こういう少年だ」と言ったら、「その子は私が扱いました。水府にいます」と言うので、さっそく水府に電話をして、「手紙を書きますから、本人が了解したら、本人から返事をくれるように」ということで手紙を書いたら「先生が来てくれるならうれしい」と返事が来ました。

そこで夏休みを利用して8月の終わりに面会に行きました。

面会室に行って20～30分話をして、生徒も「久しぶりに会ってうれしかった」と言ってくれたし、手紙も来ました。面接に立ち会っていた教官が「そろそろ時間です」と言うので、「わかりました。ありがとうございます」と帰って、しばらくしてからどうも気になって、もう1回会いにいこうかなというので今度はその年の12月に行きました。

そうしたら面接室ではなくて主席専門官という部屋に通されて、30分経っても、40分経っても「時間だ」と言われないんですね。「時間はいいんですか」と聞いたら「2度も面会に来る先生は珍しいですよ」と言われて、いろいろ話しているうちに「実は、いまいるこの少年は、もう1回都立の定時制高校を受験したいと言っています。そこで教官たちで話し合いました。都立高校の入試の3日前までここの中で勉強を教えます。そして入試の3日前に仮退院させます。」という話をしてくださいました。こんなに丁寧に子どものためにやってくださるところが少年院だという実体験でした。

実は後から気がついたんですが、そのときの主席専門官が八田次郎先生でした。

上野　いろいろ褒めていただいて本当にありがたいんですが、たぶんいま言

われているのは成功例ばかりで、おそらく失敗例もたくさんあるんじゃないかと思っています。当たり前ですが、少年院で少年が変わったとか良くなったというのは、単なる年齢の経過によるものなのか、少年院での教育や指導の効果ではなくて、単なる変化なのかどうなのかを我々はきちんと見極めなければいけないと、いつも反省しています。

　実はこういう例もあります。前回もお話ししたとおり、神奈川医療少年院は知的障害を有する少年、あるいはそれに準じた処遇を必要とする少年を収容しています。たとえば軽度の知的障害があって福祉施設にいる少年が、施設でほかの同じような少年にけがをさせて、家庭裁判所に送致されて神奈川医療少年院に来ると、今度は戻すときにどこに戻すのかという話になるんですね。

　親元がだめだから福祉施設にいたんですが、少年院を出るときに福祉施設に帰ろうと思っても、制度上のこともあるのですが、福祉施設は「もう勘弁してください」となかなか引き受けてくれないわけです。それは当たり前ですが、そうすると帰住調整が非常に難航します。帰住調整とは、少年院を仮退院した後の帰る場所を探すということです。

　少年院を出た少年はほとんどはみんな保護者のもとに帰るんですが、ごく少数かもしれませんが、そういった少年たちがいます。特に、神奈川医療少年院はそうですが、帰る場所を探すのに非常に手間がかかって在院期間が延びてしまう。そうすると、すでに本人に対する教育プログラムは終了しているのですが、帰住先が決まっていないということで、少年院での在院を余儀なくされてしまうこともあります。よって、少年院送致が必ずしもメリットだけではないと思います。

　少年院は在院期間が決まっていませんから、1年経ったら出さなければいけないということではないし、小長井さんの話にありましたが、何でも保護者だったら帰せるかというと、そうではないんですね。保護者がしっかりしていないとだめで、保護司さんが見たり、保護観察官が判断してオーケーになります。

　在院期間も特に決まっていなくて、一応1年というプログラムがあるので保護者に問題がなければそこに帰っていきますが、中にはそういった少年もいて、なかなか出られなくなってしまうというデメリットもあるということです。

高内　小長井さん、少年院から家に帰せない子どもに対しては、保護司、保

護観察官はどうするんでしょう。

小長井 保護観察官や保護司が、福祉施設、住み込みで働かせていただける職親、知人など保護者に代わる帰住先を探します。その他、更生支援を行うNPOで引き受けてくださることもあります。

ただ、神奈川医療少年院では知的障害等少年の特性からそれが難しくて、保護観察所や地方更生保護委員会ではコーディネートできないことも多く、少年院が積極的にやってくださっています。それには、福祉の居住地・現在地主義によるところも大きいです。つまり、福祉施設に帰住するのが相応しい事例の場合、少年院入所前の居住地にある福祉施設に戻れないのなら、少年院を現在地として当地の福祉事務所の斡旋によって、新たな福祉施設に入所させる途を探る必要が生じるわけです。だから、神奈川医療少年院は日頃から福祉事務所と信頼関係を築く努力されているとお聞きしています。

これは結局さっきの話に戻りますが、少年司法とか保護者だけで完結する話ではなく、国や自治体といった広い枠組みで、そういう恵まれない子どもたちを社会として支えていく仕組みが必要です。それには、井内さんのような民間の方たちのお力が重要です。イギリスではパートナーシップと言っていますが、やはり官・民・公の関係者が力を出し合って、社会的弱者を社会で支えるシステムをつくっていかなければいけないと思います。日本では、それがまだ弱いように思います。特に非行少年への支援は今後の課題です。

井内 保護観察所が探す場合と少年院が移住先を探す場合があるんですか。

小長井 基本的には連携しています。少年院、保護観察所、仮退院を決定する地方更生保護委員会が連携して、帰住先となる社会資源が少ないという制約の中で、情報を共有しながら1番いい方法を探っています。

井内 なぜ聞いたかというと、保護観察所から私のところには1回も電話がないからです。「今度出る子どもがいて、実は帰すところがないんですけど、井内さんのところで面倒を見てもらえませんか」と、いつも少年院のほうから私のところへ来るんですね。私は千葉の保護観察所によく行くんですが、保護観察所からは1回も言われたためしがない。だから、どういうかたちになっているかということを、ちょっとお聞きしたかったんです。

上野 基本的には小長井さんが言われるとおり、お互いに連携を取り合っています。

たとえば井内さんのところではなくて、福祉施設に調整に行くときに、保護観察官と保護司さんに一緒に来ていただいたときもありました。

小長井 それに帰住先の調整は本人主体でやるべきですから、本人の意向と希望を中心に据えるためには、本人の1番近くにいる少年院が調整の要となるのが妥当だと言えます。

【司会者コメント】
　少年院への収容の意義がいくつか示された。①少年の生活環境を変えること、②少年に一定のインパクトを与えること、③逆に少年にクールダウンしてもらうこと、④少年に充実した処遇を施すこと、⑤少年が少年院にいる間に家庭の再構築を図ること、などである。意外にも、家庭の再構築が議論の中心となった。そして、これが一番難しい。

Ⅲ　少年の健全育成と非行事実・被害者との関係

高内 ありがとうございます。それでは次のテーマに移ります。次のテーマは、健全育成と非行事実との関係、健全育成と被害者との関係についてです。質問としましては、「少年の健全育成にとって少年に非行事実と向き合わせること、または反省させることは重要ですか」という質問と、「少年の健全育成にとって、少年が被害者に謝罪するなど、被害者に対して一定の対応を行うことは重要ですか。また重要である場合、どのような方向で対応することが望ましいと考えますか」という質問をしたいと思います。
　これは別々に論じてもよい問題ですが、従来、少年保護の実務の中では贖罪指導として区別されずに一緒に行われてきた経緯もありますので、それぞれのパネリストの関心に応じてご意見をいただければと思います。
　では上野さんからお願いしたいと思います。
上野 非行事実との関係でよろしいですか。非行事実と向き合わせることは、結論的には、少年院では重要だと思っています。意味はいろいろあって、一つは反省させるということはもちろんですが、再非行させないためにも、自分の行った非行事実にきちんと向き合わせるのが大事なことだと思っています。
　これは例えばの話ですが、神奈川医療少年院でやっている指導の一つに問題群別指導というものがあります。性非行の問題群別指導であれば、グルー

プディスカッションというかグループワークが中心で、何人か同じような少年が集まって、非行についての話をして問題解決をします。そのときにいくつかの手順がありますが、その最初のほうで「ここで話したことはほかの人に絶対に言ってはいけない。だれにも言ってはいけない。言った場合には規律違反になる。」という約束事をさせて、非行事実は抽象的なレベルではなく、自分の行ったことをきちんと告白させるというところから始まります。

　たとえば5人いたら5人が非行事実の告白することになるんですが、こうして、ああして、たとえば女の人のお尻を触りましたとか、パンツの中に手を入れましたというような、いわゆる抽象的な告白は絶対に許されないんですね。家庭裁判所でつくった少年調査記録あるいは少年簿という少年に関する資料があって、指導を担当する教官は必ず一人ひとりの記録を読んでいますから、特に、家庭裁判所でつくられた少年調査記録をきちんと読んで、どういった状況で非行が行われたのかということをきちんと本人に告白させるところから入ります。

　これをきちんとやらないで、自分のやった非行事実を曖昧にしたままグループワークの話だけ進んでいくと、少し要領の良い少年だったら、いいことしか言わずに終わってしまうことになるので、まず自分のやったことをグループワークのメンバーにきちんと告白する。そういった意味で、まず非行に向き合わせます。

　その後、なぜ非行を犯してしまうのかという、非行を犯すサイクルみたいなものをきちんと確認させます。

　簡単な例ですが、ある少年はいつも夜になると下着泥棒をしている。下着泥棒をする前に必ずコンビニに行く。なぜコンビニに行くのかというと、いろいろ原因はあるんでしょうが、1番多いのはたとえば会社でムシャクシャすることがあったとか、学校で人間関係がうまくいかないということです。こんなに単純ではないですが、そういうサイクルをどんどんたどっていくんですね。

　非行のサイクル、これをきちんと少年に把握させます。そのうえで、このサイクルのどこを断ち切ればいいかということに焦点を当てて指導します。

　被害者のつらい心情等を抜きにして非行事実と向き合わせたとは言えませんので、グループワークのセッションの中できちんと時間を掛けて行います。

　以上のような意味で、非行事実ときちんと向き合わせて、分析させて、再非

行を防止するということを少年院では非常に重視しています。

奥山 児童自立支援施設では、昨今の重大事件が起きてから、少年院で行われている贖罪教育が、児童福祉の分野としてはどんなことができるのかと、議論されるようになりました。施設に入所する児童の場合、児童自身の内的な未熟さや養育環境の拙さ被虐対体験から、育てられていない、関わってもらえていなかったことが原因で、結果的に非行を犯すに至った児童が多いため、被害者への謝罪や事件に向き合わせるよりも、ひとまず良い生活や明るい生活をすることが必要といった考えが、教護院時代からありました。

重大事件を犯した児童への支援として我々に問われていることは、児童が何を感じているのかということです。入所時の児童は少年院入院の少年より年齢が低く、自分の感情を言語化することが育っていなかったり、非常に苦手だったりすることが多いのです。例えば「痛い」という感覚も、我々が感じるものとは違っていて、特に発達障害圏の児童にはこの傾向が強いです。重大事件を犯した児童は、当初の段階では、被害者への気持ちに対して「ごめん」と言語化はできていても、相手の本当の気持ちになっての謝罪する気持ちまでには至っていないことがあります。

入所当初の児童に非行事実を向き合わせると、親や学校が原因と責任転嫁し、「何故自分ばかり」と不安定な状態になり、促された反省にも効果がない場合が多く、児童が自己理解や自己肯定感を持つように生活の中で育ってからでないと向き合えないところがあります。

施設での暮らしを通して、人を信じることや信じても良いことを獲得し、相手の意を汲む体験をし、人間関係を学習する中で、自己の感情を言語化できるようになっていく過程があります。児童が暮らしの中で安心感や安全感を体得し、心身の成長が図られてから、非行事実を受けとめ、事件への直面化や謝罪の意志を表現するようになると思っています。

武蔵野学院では、児童がある程度の期間を経て生活が落ち着いてから、生活場面と切り離した場面で、医師や心理療法士による性加害治療プログラムやカウンセリングを定期的に行っています。また退所後も地元関係者を中心にしたサポートチームに参加して、生活への支援の他に、非行への直面化や被害者感情の理解や謝罪等への支援をしています。

小長井 非行に向き合うということは、やった非行事実を反省することも大事ですが、それ以上に、自分に対峙するために必要なプロセスだと考えています。どの少年にとっても、非行は自分の中で必然として生じたと思いま

す。生き延びるため、自分を支えるために非行をやる、そういうアクティング・アウトをすることが自分には必要だった、では、非行をしなければ支え切れない自分って何だろう、非行が必然であるような自分の在り方自体が問題ではないかと考える、そういうプロセスが大切だと思います。

　何が自分の中に足りなかったのか、何が空虚で非行が必要になったのかを、まず自分で洞察してほしいし、その延長線上で、非行事実が社会的にどういう害を与えたのかと進めていってもらいたいと思います。

　あとは被害者のことです。当然、非行事実が社会にどういう害を与えたかということの中で被害者との関係が出てくると思いますが、非行少年が自分の中での非行の必然性とか自分がやった非行事実の意味を洞察するプロセスを経ないと、被害者と正面からは向き合えないと思います。それは非常に長い道のりだし、被害者への視点を持たせるまでには手をかけて働き掛けていかなければいけないことだと思います。そういうプロセスを踏まないと、被害者に対して真摯に向き合えないと思います。

　言ってしまえば、非行少年が人間としての尊厳を回復した後に、初めて被害者に対して心のこもった謝罪ができると思いますが、そうするといつ被害者に対峙するかという問題が出てきます。「非行少年の更生なり被害者の回復、または社会に対する償いや再犯防止という意味で、被害者に審判を傍聴させることはどういう位置づけにあるのか」というのは非常に難しい問題です。制度は始まりましたが、これからも議論を重ねる必要があると思います。

　直接的に加害者が被害者に会って謝罪したり償ったりすることが大事ですが、直接対話が難しい事例では、加害者が社会に償い、被害者は社会から癒されるという大きな仕組みの中で関係修復を行われることも考えていいように思います。これから議論が深まっていくことを期待しています。

廣瀬　この問題については、いろいろな少年がいるわけです。たとえば交通事故の場合で、普通に社会生活を送っていたが、過失で人身事故を起こし、謝罪・弁償などきちんと後始末をしていないという少年の場合だと、自分がやったことの意味、その後始末を自分でして、どれだけ人に迷惑をかけたのかを自覚させていくことは再非行防止および本人自身の成長に役立つのは間違いない。そこでこのような場合には、非行事実に向き合い、反省し、対応するように相当強力な働きかけも行います。しかし、これまでご指摘があったような年少者、能力的・環境的になかなか自分に目が向かない少年、きちんと言語化して対応することができない少年など、いろいろな少年がいます。

性格等の問題が大きいからこそ重大な非行をやってしまったという少年に「非行事実に直面し反省・謝罪しろ」と責めても、特に調査・審判段階では、なかなかできない場合があります。やったことの意味をきちんと自覚し、問題点を把握し、それに対する今後の対応を考え、本人に努力させ、次の更生につなげていくことが必要ですし、そういう方向に持っていくように、できる限り調査・審判でも努力しています。しかし、非行事実や被害者に向き合わせ、相手との対応をさせるには、審判までの段階では、時期の問題も含めて可能な場合もありますが、むしろ有害になる、問題が起きてしまう場合も考えられます。

したがって、どのような性格・能力の少年で、何をやったのか、被害者がどういう人なのか、周りの保護者等の意欲・能力がどうなのかという総合的な判断をしていく必要があります。「重要か」「望ましいか」との問いには、重要で望ましいのは間違いないが、常にメリットばかりかというと、そうも言えないということです。

岡邊 警察は第１次捜査機関です。警察段階で得られた情報が、その後鑑別所に行くにしても少年院に行くにしても最も基本的な情報になりますから、ここでしっかり事実関係を確認して、少年に非行事実と向き合わせることは重要だと思います。

統計によれば、犯罪少年・触法少年の８割は、万引きなどの非侵入盗、乗り物盗、それに自転車の乗逃げが大半を占める占有離脱物横領のいずれかで補導されています。触法少年の場合、このうち７割以上が警察限りで終わっていますし、犯罪少年の場合、半数以上は簡易送致となり少年審判は開かれません。つまり、多くの非行少年にとって、公的な場で非行事実に向き合って反省する機会は、警察段階のみなのです。警察における少年への働きかけは、その意味でもたいへん重要です。立直りに資する感銘力のある捜査や調査が求められているのです。

梅澤 私の場合は高校の教員ですから、非行少年というレベルの子はあまりいないわけですね。ほとんどいないと言っていいと思います。いわゆる不良行為少年というか、問題行動に走った生徒です。そういうところから考えると、やはり生徒に自分の行った問題行動ときちんと向き合わせる、そして自分が何をやったのか、それがどのくらい悪いことだったかをきちんと本人に自覚させる、そうすることによって２度と問題行動を起こさないという決意をさせることが可能になるだろうと思って、いままでずっと生徒指導をやっ

てきました。

　被害者に対しての謝罪でパッと浮かぶのは、けんかという場面です。ポコポコッとなぐってしまったとか、なぐられたという事例がたまにありますが、やはりなぐった生徒に、なぐられた生徒に対してきちんと謝罪させて、できるだけ許してもらえるような状況をつくっていくというのが、われわれ教員のやっている仕事だと思います。

　ただ一般論というか、世の中を見て思うのは、重大な事件、難しい問題について「許す」というのはどうなんだろうかということを、私自身は考えてしまいます。特にわが子を殺された親などは、犯人が「ごめんなさい」「すみませんでした」と謝りに来たからといって、一体どういう時になるとそれを許すことが可能になるのかというと、とても難しい問題だろうと思います。

　いま贖罪教育ということで、先ほどの少年院でもやっていますし、いろいろな場面でやっていると聞いていますが、人間は気持ちの面で、思ったほど簡単には許してくれないのかなとも思ってしまいます。

　話が前後しましたが、学校ではそんなふうにして軽微な問題行動について対応しているところです。

井内　私は上野さんとか奥山さんとは立場が違って一般の人間ですので、一般の立場からお話しさせてもらいます。非行を起こした人を、その事実に直接向き合わせるということは絶対に必要ですが、事件を起した段階ですぐ謝るというかたちは、私は一切取っていません。

　実は事がまだ何も終わっていない段階で、「行って早く謝ってしまえ」ということを学校の先生はよくやります。この間も自転車盗があって、「早く謝ってしまえば警察に行かなくて済むんだから」ということを学校の先生が生徒に言ったので、「それはおかしいんじゃないか」という話になりました。

　やったという事実が間違いなければ、それに対して相手に謝らなければいけない。相手に暴力を振るった、相手に怪我をさせたならば、絶対に謝らなければいけない。謝るためには、やったことがどれほど大変なものだったかを子どもに理解させる必要がありますが、その理解させるエネルギーというのは大きくて、実はすごく時間がかかって、私が一番苦労していることです。

　子どもがやっぱり謝ったほうがいいなと思ったときに相手のところに行って謝ると、ものすごく効果が高くなります。もう警察が入っていますから、それが全部終わった段階で、警察のほうに「こういうわけで相手方に謝ってきました」ということをやると、本人の反省は、普通に単純に謝ったよりも

すごく効果が大きいというのが僕の今までの経験です。
　その中で、今度は被害者に対してどう謝罪したらよいかという問題が生じます。それについても、その重要性に気づくまでに相当時間がかかるんですが、私は自分で謝罪の言葉が出るような教え方をしています。そして、そこに必ず出てくるのが親ですから、「あなたの子どもなのですから、あなたが謝るという気持ちにならなければ子どもはだめですよ」というかたちで親に話を持っていきます。
　そして今度は、関係者を全部集めて、まず親が被害者の親に謝る。被害者の子どもに謝る。次に子どもが被害者の親に謝る。被害者本人に謝る。その謝り方を私が見ていて、それが悪ければ、「なぜあなたはそういう謝り方をするんですか」という話をみんなの前でします。そして「いま、あなたがそのかたちで謝ったとしたら、被害者はあなたを許しませんよ。あなたがどう謝ったら許してくれるんですか。」ということを、学校の先生も含めた関係者の中で考えさせて、その後で、「謝り方ってこうするんだ」というところまで教えていく。
　だいたい被害者、加害者は、少年院に入るにしても、あるいはそうではなくても、学校が同じとか近所ですから、お父さん、お母さんは必ず買い物で行き会ったりするわけですね。そこで敵対関係をつくっていくと地域社会が壊れてしまうので、そうならないために、早く親同士もお互いに納得してもらうかたちをつくっていかなければいけない。だから私は子どもと親と一緒に対応して少年の立ち直り、ここで言う非行事実をどう謝るか、謝らないかというかたちをつくっているということです。

【司会者コメント】
　この問題は、行った非行の程度、手続段階、少年の状況などによりまったく異なる対応が必要であり、ひとくくりで論じられる問題ではない点が確認された。非行事実に向き合わせる処遇がもっとも積極的になされているのは少年院である。非行と向き合うとは「非行をしなければ支え切れない自分」と対峙することだという小長井会員の指摘、非行事実を少年に理解させるには大変なエネルギーと時間とが必要であるという井内会員の指摘、軽微な非行についての警察段階での対処に関する岡邊会員の指摘などは傾聴に値する。

パターナリズム再論：認知行動療法

高内 どうもこの問題は、それぞれかかわっている段階、非行の程度等によって、ずいぶんとパネリストの意見も違っているようです。上野さんにお伺いしたいのですが、少年院に関する文献を読んでいましたら、院生たちは、出院期になると、被害者にどう謝罪したらいいか、どんなふうに対処したらいいか、みんな悩んでいるということが書いてありました。少年院としては、出院期のこうした問題についての対応は何かしているのでしょうか。

上野 高内さんは出院期とおっしゃいましたが、実は出院期に限らなくて、中間期に被害者の方に手紙を書きたいという少年もいますし、いよいよ出る段階になってやりたい、勇気を振り絞ってやってみたいという少年もいるので、そこは必ずしも直線的に進まないというのが被害者の視点を取り入れた教育の難しさであると思っています。

それでも被害者の気持ちがよくわからないような少年は、例えば、1日のセッションの中で、5〜6人集まった中で紙粘土を渡します。これはわかりやすい例なのでよく話すんですが、午前中は「君たちが一番大事にしているものをつくりなさい」と指導します。そうすると少年たちは、好きだったおばあちゃんの顔とか、ソファでテレビを見ている風景とか、紙粘土で家族団らんの風景をつくるわけです。

そして乾燥して固まったら、午後になってその少年にハンマーを渡して「隣の少年の紙粘土を壊しなさい」と指示して交互に壊させます。最初は、少年は嫌がります。「だれだれ君が一生懸命つくっていたから僕は壊したくありません」と言うんですが、それをやらせるわけですね。壊れた紙粘土は元に戻らないので、これは被害者の気持ちと一緒だと。

それが終わった後ぐらいに被害者の方に手紙を書きたいという少年も出てきます。ケースによってさまざまですが、少年院としてはかなり慎重にやっています。手紙を書きたいという少年の気持ちも大切にしたいんですが、やはり相手がいることであって、一切顔も見たくないという場合もあるし、その少年の名前さえ聞きたくないと怖がっている被害者の方は性非行に限らずたくさんいると思うんですね。ですから、そのへんは非常に慎重に対応しているというのが現状です。

高内 関連して質問させていただいてよろしいですか。いまのお話は前のパターナリズムの問題とも関係するように思います。少年に非行事実について

告白させる、ロールプレイを行わせるという方策を少年院の中である程度強制的に行わせるということですね。

上野 そうです。少年が頑なに拒否した場合には、ケースバイケースですが、指導効果も上がらないと思いますので、その段階では、指導に入れません。時期を見て再び入れることになります。

高内 一般的にいうと、強制的にそういうことを告白させるのは不適切だという考え方もあると思います。しかし、それを行うことに意義があるからこそ行っていると思いますので、そのあたりを、もう少し補足していただければと思います。

上野 前回の話にもなってしまうんですが、やはり保護処分ということで少年院送致になりましたから、少年院としては一つには非行を繰り返さないことと、ある意味で平均的な、人並みな状態、パターナリズムを根拠とした介入をやりなさいと命じられているわけですね。

　だから非行の除去を除いて、形だけコミュニケーションを取れるようにしても仕方がないし、少年院に送られた以上は非行性の除去がある意味で使命になっていますから、それをきちんとやらせるのは当たり前だと思っています。

小長井 たぶん、そのパターンは認知行動療法ですね。いま世界の犯罪者処遇では、行動変容には認知行動療法が一番有効だと言われていて、その最終目標は再犯防止計画を自分で立て、自分で自分の行動をコントロールすることにあります。その前に認知の歪みを見直し、犯罪に至る行動のプロセスを洞察して、自分でコントロールする方法を見つけさせるという趣旨ですが、これを処分に織り込まれた処遇プログラムの中でやらせるところが、パターナリズムということでしょうか。

川邉譲（駿河台大学心理学部）　ちょっと口を挟んでいいですか。一般的な再犯防止については認知行動療法でやっている施設が多いとは思いますが、こと被害者の問題については認知よりももう少し深いレベルの話ですから、認知行動療法を中心に据えたプログラムにより認知を変えるというやり方はおそらくしていないと私は思っています。

　実際に私が経験してきたのも、井内先生もおっしゃったように、準備性みたいなものを十分に考慮したうえでやっていますし、おそらくそれが矯正施設の現状だろうと思います。無理やり「謝れ」と言って謝った謝り方は、ちゃんと相手に伝わりますから、そこの準備性を見極めるのがいま少年院がや

っているやり方であって、決してシステマティックなやり方をしているとは……。

小長井 私の言葉が足りなかったです。川邉先生のおっしゃるとおりです。

川邉 考え方も認知行動療法ではなくて、もう少し情緒的なところでやっています。ゲストスピーカーやロールレタリングなどによりいろいろな刺激を与えて内面から動かそうというのがいまの少年院のやり方で、認知行動療法とは少し異なると思います。

小長井 そうだと思います。ただ認知の歪みを修正するには、加害者が被害者の視点に思い至ることが必須です。加害者が社会適応できる程に更生するには、被害者を含めた他者の視点を理解することが必要です。おっしゃるとおり、自分で自分の行動をコントロールすることと被害者に対してどう対峙するかというのは別の問題ですが、現実には両者は深く関連しています。結局、ご指摘のように、認知行動療法だけで働きかけるのでなく、もっと深いところでやらないと問題の本質が見えないというのは確かです。

岡邊 認知行動療法が再犯を抑止する効果があることについては、小長井さんがおっしゃったように、アメリカをはじめ多くの国で研究がたくさん出ています。残念ながら日本ではいまのところ、認知行動療法を受けた者と受けない者で、有意差があるかという研究はないと思います。ただ、日本でもおそらく効果はあるのだろうと思います。

　一方で、これもアメリカの研究が多いのですが、認知行動療法にいろいろな要素が付け加わる中で、どういう要素があればより効果的か、あるいはどういう要素があるとむしろ逆効果になるのかという研究もあって、実は被害者の問題というのは、この点で難しい問題を抱えています。というのは、いくつかの有力な研究では、認知行動療法の中で被害者の心情理解を要素として取り入れたほうが、むしろ望ましくない結果、つまり再犯を増やしてしまうという結果が出ているのです。認知行動療法の結果を上げるか下げるかというと、むしろ下げてしまうと。

高内 いま岡邊さんの指摘で、なかなか難しい問題をはらんでいることがわかりました。被害者に対する謝罪が必要で、それをした方がよいという場合を前提に考えたいと思うんですが、井内さんからご指摘があったように、簡単に謝ればそれで済んでしまうという意識を少年に持たせてしまう可能性もあります。謝らせるならいつ謝らせるかも問題になるのではないでしょうか。

廣瀬 僕はこの問題でずっと感じているのですが、要するに、非行が何か、どういう少年かで全然違います。さっきも言ったように、たとえば交通事故、万引き、けんかなど社会生活の中で普通の人でもやりかねないような犯罪・非行の場合で、本人と被害者・相手方の間に十分会話が成り立ち、保護者も意欲・能力もある場合であれば、調査段階でも審判段階でも、被害者に審判で意見を述べてもらう、あるいは直接謝罪するということには非常に意味があると思います。しかし、もっと重大な犯罪で情緒的な整理がつかないとなると全然違ってきます。本人が年少者、能力的に問題がある、親もとても対応できない場合などでは、逆にトラブルを起こしてしまうことも考えられます。前提条件が整えば、調査・審判いずれでも少年の側が直接謝罪し、あるいは被害者側から少年を叱責してもらうことには非常に意味があると思います。他方、重大な犯罪の場合、情緒的な整理がつかない場合には、おそらくいまのシステムの中では、ある程度の施設処遇等を受けて仮退院の段階、成人なら仮釈放、そのぐらいの段階に至れば、ある程度有効性が出てくる気がします。早い時期だと弊害のほうが大きいと感じています。言い換えれば、「謝って済むような事件」なら積極的な対応をすべきでしょう。

　それから、さっきの「謝れば済むと思うのはけしからん」というのは、まことにそのとおりですが、謝りもしないというのも問題です。「何で謝らないのだ」ということは、謝って済むということはありませんが、ちゃんと謝れば相手にも受け入れてもらえるような事件の場合だと、きちんとそれをさせることも有意義であると思います。このように仕分けをきちんとして論じる必要があると思います。

被害者への対応

小長井 廣瀬さんがおっしゃったように、条件が整えば少年司法の中で償いをさせたらいいと思います。実際、4年前に私が地方更生保護委員会で勤務した頃、少年院と連携し、少年院での贖罪教育の延長線上に仮退院後の謝罪を位置づけて、両当事者の合意を得て実現に至りました。これは、健全育成上意義があると思います。

　一方、被害者や遺族の方々からの、被害者の問題を少年の更生の道具にされたくないという声もお聞きします。それも真っ当な主張だと思います。違う観点からですが、イギリスの保護観察も、対象者の改善・更生に益さない

場合には被害者・加害者の関係修復は保護観察の中で扱わないと規則に明記しています。結局、刑事司法の使命は事実認定と犯罪者の再犯抑止だとし、被害者支援は国と社会の責務として別の枠組みで行うということだろうと理解しました。

　先月、研究仲間とある事件の被害者にインタビューしました。その方は非常に良識のある方で、かなりご自分を抑制されているようにお見受けしましたが、「その子の社会復帰を尊重するが、せめて大きな事件を起こして私の子どもが死んだということを、その子の人生の中でしっかり受け止めてほしい」とおっしゃっていました。

　そういうふうに加害者を導くとなると、被害者の気持ちや被害の事実を活用させていただくことが最も効果的だと思います。そういう方向に加害者を持っていくとなると、やはりある意味で道具と言ったら語弊がありますが、被害者に直接・間接を問わず何らかの関与をしていただくことが望まれます。けれど、今の少年司法の方向はそうではありません。

　国として被害者問題を少年司法・刑事司法の中でどう位置づけるかについて、裁判所や法務省がしっかりと立場を定め、あまり世論に揺れないようにしてほしいというのが、私の個人的願いです。少年司法・刑事司法の中で被害者と加害者の問題を完結させようとすることにそもそも無理があり、大きな枠組みの中で被害者と加害者の問題を考えていったら、自ずと今と違う立場も出てくるのではないかと思っています。

高内　重要な指摘をいただきました。関連してご発言があればお願いします。

八田次郎（元法務教官）　矯正局から「しょく罪指導」をするという通達が出たときに、なぜ少年院で「しょく罪指導」をするのかということが、私は一番引っかかりました。そこで、「少年が更生し、立ち直るためには被害者のことをしっかり考えることが大切であり、それは健全育成の理念と合致する」と一応の理屈を付けてやってきました。人を殺すなど重大な非行をした少年にそれをしっかり考えさせるということは難しいことですが、「君は事件を忘れて立ち直っていいですよ」ということにはならない。やはり、その事実をきちんと考えさせる必要がある、というのが私の仲間との議論の出だしです。そうでないと、少年院で少年に被害者のことを教育する根拠がないのです。それに、少年自身も事件や被害者のことを忘れることができるわけではありません。

「しょく罪指導」が開始されて10年余りが経ち、「被害者の視点を取り入れた教育」と名称が変わり、多くの少年院で実践されてきました。ただ、教育の成果が上がり、少年が反省・悔悟をしたとしても、被害者と会うことはなかなか難しい。つまり、このような場合には、被害者を中心に置いて考えなくてはならないからです。被害者と面会することが加害者である少年にとって有益であるとしても、被害者が断わればできないし、してはいけない。そういうジレンマはあります。

　それから、最近、処遇状況に関する被害者通知制度ができ、更に仮退院の審理における被害者の意見等聴取制度ができました。そうしますと、少年院が曖昧なかたちで被害者に通知しますと、仮退院申請のときに被害者から「何だ」ということになります。被害者に対して腰が引けていると、かえって仮退院審理の折に不信を持たれかねない。ですから、少年院では今まで以上に被害者のことを考えさせなければならないようになってきていると思います。

井内　実は私は、2年前ですが、少年院にいる子どもに、2カ月にいっぺん会いに行っていました。その子は傷害事件を起こして、お父さんがやくざ者で、お父さんに会いたくない、私には会いたいということで、2カ月にいっぺん少年院に面会に行って子どもと話をしてきたんですね。傷害事件で相手はけがをしていますから、仮退院する4カ月ぐらい前に「お前が生きていく間に、必ずお前が謝るときが来る。何があっても、お前はいつか必ず謝るときが来る。そう思わなければいけないときが来る。」という話をずっとしてきました。

　私はいつ謝りに行けとは絶対言いません。ただ、お前が生きていく中で必ず謝るときが来るから、そのときになったら必ず俺のところに電話をよこせという話をして、しばらく連絡がなくてどうしているかと思ったら、実はその子はいま神奈川県の障害者施設の寮長として働いているんですね。

　ついこの間の4月に電話があって、「千葉で起こした事件の被害者のところに謝りに行きたいから、井内さん、段取りを取ってください」ということになりました。それで私が連絡を取って、彼が来て、千葉駅で待ち合わせをして被害者の家に行ったときに、彼は玄関で土下座をして涙を流して親に謝ったんですね。

　私はそれが本物の涙だと思いました。相手のお母さんが「もういいです」と玄関から上に上げてくれて、座敷で子どもも入れて話をして、それで終わ

ったんですが、少年院を出てから２年経っています。２年経って、彼は玄関で土下座をして泣いて「申し訳ありませんでした。いま初めて謝る気持ちになれました」というかたちになったんですね。

　そこまでにどういう人が、どういうかたちでかかわってあげるかが勝負です。仮退院したらもういいんだよ、20歳になって保護観察が解けたらもう関係ないという世界でいいのかというと、私はそうではないと思っています。私は「謝りたいときが来るから、そのときになったら来いよ」と言って相手に鈴をつけておいて、いつでも来られる状況を子どもにつくってあげることが健全育成だと思っています。

高内　ありがとうございます。最後に私の方から質問させてください。特に被害者が亡くなっているような重大な非行の場合の対応です。被害者が亡くなっている場合の贖罪を考えますと、大人でも、どう考えてよいのか分からないというのが正直なところではないでしょうか。まして少年ですから、被害者の死を受け止めるのは容易ではないということは想像がつきます。こういった極めて重大な結果を引き起こしている場合の贖罪は、「ほどほどのもの」というわけにはいかないように思います。それならば、どういったかたちで贖罪なり謝罪をするべきでしょうか。大きな問題ですが、もしご意見がありましたらお願いします。

八田　被害者に謝罪に行った事例を２つほど紹介します。

　１つ目は、少年を個室にたびたび入れ、様々な方法で事件や被害者のことを考えさせた事例です。少年院で「しょく罪指導」を強力に進めた事例です。出院３日後にお父さんと一緒に被害者のご自宅に行ったそうです。被害者のお父さんは事件調書をいっぱい持っておられて、「ここが分からない」「あそこが分からない」といろいろ質問されたそうで、少年は知っている限りのことは答えたそうです。仏前にお祈りをして、お父さんと一緒に玄関の外へ出たのですが、少年だけもう１回家の中へ呼ばれ、亡くなった子どもの部屋に案内されたそうです。部屋は被害者が生活していたそのままにしてあって、それを見せてもらって、泣けて仕方なかった、遺族の人は大変だったんだ、何時までも忘れられないのだと、痛切に思ったと手紙で知らせてきました。

　もう１つの方は、謝罪に行ったのですが、被害者のお父さんが非常に厳しい方で、どっちの手で刺したんだと手を殴られて、仏前でお祈りをしていたら首筋を捕まえられ倒されて、足でゴリゴリ押さえつけられたそうです。

「この野郎」ということでかなり手ひどい目にあった。保護観察官も一緒に行かれたそうですが、けがをするんじゃないかとハラハラしたそうです。我々は少年の立場で見てしまいますから、うっかりするとお父さんを非難してしまいますが、これは気を付けないといけない。被害者のお父さんにしてみれば、悲しみが非常に大きいわけです。それをぶつけないと、どうしようもないわけです。

　ただ、遺族の方が赦されれば、謝罪をすること、謝罪に出向くことは少年にとって大きな意味がありますし、被害者にとっても意味のあることではないでしょうか。遺族の方がそれを望まれないときは別ですけれども……。

　それから、少年に深く考えろといっても、なかなか難しいです。必死で考えても、考えても、尽きるところがないというのが本当じゃないでしょうか。被害者の考え方や気持ちをどれだけ受け止められるか、深められるか、少年と指導者双方の力量にかかっていますが……。

高内　ありがとうございます。

Ⅳ　公的機関と民間団体

高内　それでは次のテーマに移ります。公的機関と民間との関係についてです。ご承知のとおり、少年法は、従来、保護司、篤志面接委員、民間団体、ボランティアなど民間の協力によって支えられてきましたので、これからも民間資源を活用すべきだという点については異論がないと思います。

　しかし、これまで家裁などの公的機関と民間との関係については、必ずしも十分には議論されてきていないと思います。少年法研究会は公機関の実務家も民間の方も参加していますので、この点について最も議論の可能な研究会ではないかと自負しています。この問題については決まった議論の枠組みはないと思いますので、自由に思うところを述べていただければと思います。

上野　正直なところ、やはり公的処遇機関というのは限られた権限と組織と予算の下で行動しています。こんなことを言うと身も蓋もないんですが、実はそういうところです。ですから、そういった面で限界がありますが、そこを何とか、たとえば井内さんのような民間の方にバックアップしてもらうこ

とが大事かなと思っています。

奥山　児童福祉の分野では、児童養護施設や児童自立支援施設、少年院等から退所した児童が自立した生活を一時的に行うための自立援助ホームがあり、最近では多くの需要があります。従来は補助金も十分ではありませんでしたが、現在では入所措置扱いになり、機関としての役割が大きくなっています。

　入所前から関わった弁護士が、退所後も地元での家庭支援や弁護士のネットワークを使った支援を行なっているといったこともあります。

　大阪にNPO法人アフターケア事業部というのがあり、施設退所児童への支援ばかりではなく、就労支援が必要な児童の通所や相談をしたり、駆け込み寺的な対応もしたり、その後には援助ホームにつなげるなどの活動をしているところがあります。そこでは、地域の就職予定者への支援として、生活訓練やSSTをセットしたりして、国としても自立支援のモデル事業として支援をしています。児童が生き生きとした生活をするためには、行政や司法だけではなく、児童が求めたときに応じることができる民間資源の活用はとても重要であると思います。

小長井　更生の最終的な到達点は、社会の中で自分の居場所を見つけて社会的存在になることです。地域社会とか市民セクターの方々のお力添えなしには、社会に再統合されるということはあり得ないので、こういう連携がもっと進めばいいなと思っています。

　ご存じのとおり保護観察は保護司制度にかなり負っています。予算の制約から民間に頼って始まった制度ですが、地域社会の中に帰っていくことが対象者の最終目標だとすれば、基本的にはすばらしい制度です。ですから、現行制度の良さをさらに伸ばすために、国、自治体、企業、近隣地域内の団体や人々が連携して、お互いに足りないものを補い合いながら、本来の良い支援システムを創っていくという方向性でやるべきです。

　いま奥山さんから大阪の話が出ましたが、地域の中でパートナーシップがちゃんと育つためには、やはり国がお金を出して、自治体に下ろして、自治体が多様な活動体を呼び込んで、地域の実情に見合った手当をすることが必要です。今少しずつそういうものができて、大阪もそうだし、松江にもいいものができていると聞いています。問題を抱えた少年を支援する機構が地域に生まれつつあるので、これからに期待しています。

　そういうパートナーシップの中でそれぞれのいいところを出すには、やは

り国が国としての責務を果たすことです。お金だけではなくて、国の機関それぞれが少年司法制度の中で果たすべきことを見定め、きっちりと責務を果たしていくことが、前提です。

廣瀬 民間とのかかわりについて、家裁では、弁護士でない付添人を少年友の会の方々のボランティアにお願いしています。少年友の会の有志の方々で、家庭裁判所の調停委員さんとダブる方も多いのですが、親代わりの付添人としてかかわっていただいて、かなり大きな役割を果たしていると思います。

それから、皆さんご承知の補導委託です。これも少年と委託先の相性が合うと非常に有効な処遇として機能します。しかし、委託先の方々の高齢化、後継者問題、新しい委託先の開拓困難、事故が起きたときの補償・賠償関係についての法的な整備不十分などの問題点があるので、これらは改善していかなければいけないと思います。

最近の動きとしては、試験観察の中での社会奉仕的な活動です。これも少年友の会の関係者の方やいろいろな民間施設に対応・協力していただいており、最近かなり活用されてきていますし、有効な調査手段、実質的には処遇にもなっているところがあると思います。

岡邊 警察関係では、少年警察ボランティアと呼ばれる方々がいます。少年補導員、少年指導委員など、地域によって名称は多少異なりますが、合わせて全国で5万人程度の方が委嘱されています。

先ほどお話しした広い意味での立直り支援の活動は、このような方々の助けがあって成立しています。たとえば非行集団からの離脱の活動では、これは正式に委嘱を受けている方に限らないんですが、サッカー大会を開いていただく、少年のボランティア活動への参加をコーディネートしていただくなどです。

担い手は、男性の比較的高齢の方が多いと聞いているので、たとえば大学生などの若い世代や女性の方に、もっと入っていただくのが課題です。少数例かもしれませんが、実際に大学生のボランティアの方に勉強を見てもらうというかたちで入っていただくなどの試みもあります。広い意味での健全育成、立直りの支援を行っていく上で、民間の方に積極的に関わっていただくことは、大切だと思います。

梅澤 先ほど廣瀬さんがおっしゃった補導委託先ということで、私はたとえば仏教慈徳学園を何度か参観させていただきました。花輪次郎先生、いまは

息子さんの英三先生が２代目を引き受けてやっていらっしゃいますが、ああいう優れた方々が支えているということをひしひしと感じます。

それから昨年の８月に、井内さんの千葉駅前の清掃活動に参加させていただきました。たまたまあの日は、非行少年はいなかったんですが、社会奉仕活動ということで少年たちも参加すると聞いていました。実際に暑い中でゴミ拾いをやってみて大変だと思いましたが、参加している人たちはみんな本当にニコニコと、熱心にやっているんですね。ですから優れた民間の方々がきちんとやっている限り、大変有効だと思います。

民間の力を使うというのは大事なことだし必要だと思うけれども、やはりそれなりの資質、能力を持った人を探しあてていかないと、逆に大きなマイナスを抱えることもあるのかなというのが、私のささやかな経験から感じたところです。

井内 まず、私ども民間が絶対に公務員と違うのはスピードです。基本的に国は動きません。私は、これは嫌になるほど分かっています。少年院に入った子どもは少年院が一生懸命やる。家裁に入った子どもも、裁判所あるいは調査官がそれなりに一生懸命やっている。それはそれでいいんですね。

私はいま神奈川に２件抱えています。神奈川県まで週１回行っています。これは往復すると有料道路のお金が7000円かかります。全部私の自腹です。相手からお金は一切いただいていません。きっかけはある市会議員からの電話でした。「何で私の電話番号がわかったんですか」と言ったら「どこに相談しても話にならない、警察に電話しましたが、事件が起きていないからどうしようもありませんでした」と。

それから埼玉と茨城。何で私のところへ電話がかかってきて、私が行かなければいけないのか。誰も動かないからです。動かないのではなくて、実は動けないんですね。公務員というのは縛りがあるから、それ以上やってはいけませんとか、勤務外をやるとお金が余計にかかるとか、いろいろなかたちがあります。

神奈川の場合は神奈川県警ですが、こと細かく「こういうことがありました。今日はこういうかたちで対応してきました。」と全部神奈川県警に送ります。本当は報告書を見せたいぐらいです。それで相談センターから相手方に対応していただいて、心理カウンセラーとかに全部ケアしていただきます。これも、「対応を取りましょう。チームをつくりましょう。」というかたちで神奈川県警が一生懸命動いてくれたからです。

だから変な話ですが、一生懸命やってくれるのは警察だけです。相談センターは9時から5時で留守番電話だから「大変申し訳ございません」という電話で終わってしまうわけです。家裁に行って「今度、私がかかわっている子どもをお願いします」とはとても言えるわけがないし、そこでは一切線を引いています。だから警察に「いま、こういう子がいますから」とバンと投げて、警察との協働です。

　そういう意味で考えていくと、われわれと官がいかに協働していくかというときに、それがスムーズにいくための潤滑油を誰が入れてくれるかが、大きな勝負かなという気がしてなりません。

　ひとつ付け加えますと、うちのメンバーはいま全部で50〜55人ですが、少年との直接のかかわりは私1人がやっています。それはなぜかというと、実は私どもは民間なので守秘義務がすごく怖いからです。相手の家の住所やプライバシー、相手の家にお父さんもお母さんもいるのか、お父さんしかいないのかという問題を含めて、全部わかってしまいます。それをどこかにバラされると大変なので、基本的に相談事項は私のこのイヤホンで、24時間電話相談は私しかやっていないということです。

高内　ありがとうございます。それでは関連の質問をさせてください。ボランティアは井内さんのような方ばかりというわけではないと思います。先ほど保護司は非常勤公務員であるという話がありましたが、どうしても保護司とか更生保護施設は、制度に組み込まれているというところがあるので、相当民間性が減ぜられてしまっているのではないでしょうか。たとえば更生保護施設では、委託費の収入だけで成り立たせるとすると職員の給与水準もかなり低く抑えなければならないので、自主的、積極的に何か行うということが、なかなかできない状況があるとも指摘されています。この点についてご意見いただけますでしょうか。

小長井　更生保護施設は経営的に苦しいけれども、よくやっています。私は去年（2008年）13の更生保護施設のヒアリング調査をやったのですが、どの施設も地域にネットワークを創ろうと頑張っています。

　それから、施設入所者たちが抱えている問題には共通点があります。基礎学力が不足している、職業的なスキルがない、人間関係がうまく保てない、金銭管理ができない、多重債務があるなどですが、これらの問題は社会参加する上で大きな制約になります。今一般の方々も安定した職業に就きづらい状況にありますので、このようなハンディを抱える元犯罪者の社会参加はか

なり困難です。だから更生保護施設ができることは非常に限られていますが、協力雇用主を開拓したり地域で連絡会を持って支援体制を築いたり、かなりよくやっています。

それから保護司もいろいろな方がいらっしゃるんですが、非常勤国家公務員の扱いをしていても、活動自体は本来ボランティア精神というか民意に基づいてやっていらっしゃるので、精神性においても活動実態においても本当に驚異的な方々です。そもそも犯罪者や非行少年を自分の家に入れて家族に会わせるとか、お茶をふるまうというのは諸外国では考えられないような制度で、それはとてもよくやってくださっていると思います。

ただ問題として、更生保護施設や保護司制度が制度としてよくできているので、それだけで完結してしまっている面もあります。ご存じのとおり、今世の中はすごく動いていて、経済発展やグローバリゼーションの過程で一旦崩れた地域社会も、少子高齢化や環境問題等生活上の必要から住民が連帯しないとやっていけなくなっているから、地域に種々の市民セクターが育っています。しかし、そういうミッション型の新しい組織と町内会や保護司会など地縁型組織の連携は必ずしもうまくいっていないと、聞きます。概して、保護司会は新しい市民組織の力をうまく取り込むところまでいっていないようですが、官製ボランティアだから活動が制約されているということはないと私は思っています。

井内 保護司さんも基本的にはボランティアです。たとえば千葉で言えば、千葉市から委嘱されている少年補導員というのもあって、少年補導員の活動をしているときは千葉市の臨時公務員みたいなかたちになっています。いま私自身も警察の少年補導員をやっていますが、少年補導員として活動しているときには、何かあったときには公務災害になります。

基本的にはボランティアですが、それがどれほど役に立っているかとなると、これは違う問題になってきます。私どもはいま少年補導員として警察に認められていますが、実は月にいっぺん決められた時間に、決められた場所で1時間パトロールすればそれでいいという世界ですから、「俺はそれをやっていれば十分だよ」という人がいるわけです。だから変な話だけど、実はやっている最中に、もっと活動できると思ったというので任期2年やっただけで辞めてしまう人がいます。これはおもしろくないからです。

うちもこの間委嘱式が全部終わりましたが、警察署内に10人いて、その中の3人は必ず辞めてしまいます。「何で辞めるんですか」と言うと「おも

しろくないから」ということなんですね。だから少年補導員になったからには、スキルを上げる勉強会とか、いろいろなものをつくっていかなければいけない。そして何をしたらいいのかということを覚えていかなければいけない。

われわれは「愛の一声」と言っているんですが、やっている任期中に子どもへの声かけ、「早く帰りましょう」という一声をかけないで終わってしまう人がいっぱいいます。これが問題です。何をもって、どこまでやるのがボランティアなのか。単にメンバーとして登録しているからボランティアをやっていて、日本全国に何万人といるからすごい力でしょうというのは間違いです。これを本来考えていかなければいけません。

高内 ありがとうございます。

【司会者コメント】
　少年保護はこれまでも民間資源が大いに活用されてきた分野である。私は、研究者的発想から、憲法学における国民の教育権と国家の教育権と同じように、国民の健全育成と国家の健全育成という図式は考えられないかとも想像した。しかし、少年保護の分野では国が主導的役割を果す点は動かない。パネリストからは、民間の活用、民間の支援・育成の重要性、民間との連携、民間の利点などが示された。

V　現行制度の問題点と展望

高内　それではいよいよ最後の質問をします。「少年の健全育成という観点から見た場合、現在の少年保護制度及び実務にはどのような問題点があると考えますか」という質問です。少年保護の実務に携わっている者は、常に制度的限界に直面しながら、その中で最善を尽くしていると考えられますが、どのような点に制度的限界や実務上の問題点を感じているのか。これを議論することによって、何らかの制度的改革や運用の改善の方向性が見えてくればよいと考えております。

　私の問題意識としては、このところ3回少年法の改正が続いていますが、法制審の部会審議などを見ていると、この提案は本当に現場の意見が反映さ

れているのかと思われることが多々あります。たとえば2007年に保護観察中の少年の遵守事項違反の措置について新しい制度ができましたが、この際に保護観察官、保護司などの意見は、直接には聞かれていません。この制度は本当に現場から出てきた意見なのかと疑問に感じました。

　そこで、それぞれの討論者がどのような点に問題を感じていらっしゃるのか、これも自由にお話しいただければと思います。

奥山　児童福祉の分野では、2003（平成15）年児童福祉法改正があり、施設を退所した児童のアフターケアの充実が組み込まれました。従来のアフターケアは、児童や家族が支援を求めてきたときに、直接関わったケアワーカー（寮担当者）が、電話や家庭訪問、面会を通して支援を行っていたため、職員の資質や人間性、自身の判断に委ねられていました。今後は、施設として組織的な対応やその充実を図ることが求められていますが、各施設の考え方や対応する職員の資質、業務量の多さによって、十分に機能することができず、課題も多いのが実情です。

　児童が退所した後の支援で、児童相談所による児童福祉司指導（児童福祉法27条1項2号）がありますが、保護者に対して強制力がないため、指導を求めない保護者への支援ができないところがあります。

　虐待対応や家庭への支援として、地域に要保護児童地域対策協議会が作られ、家庭、学校、市町村の相談員、児童相談所、教育関係機関などによるネットワークが作られていますが、各機関の連携の在り方、専門性のなさ、コーディネート役の力量によっての違いがあり、うまく機能していないところがあります。

小長井　保護司の問題は、保護観察所が少年を担当できる保護司を育成し切れていないことが大きいと思いますが、人的資源と予算の制約がネックとなっているのではないでしょうか。保護司以前に、やはり少年をきっちり育成できる観察官が少ないという問題かなと思います。

　あと、これは少年司法だけの問題ではないのですが、家庭に恵まれない少年は学歴にも恵まれず、すると生きる場所が少ないという、子どもの貧困と言われている問題状況があり、非行少年の多くにそれが当てはまります。

　ハローワークの就労支援の制度もできていますが、ハローワークを通じて斡旋される仕事は正規雇用が多く、要求される水準が高い傾向にあります。多くの非行少年の働く力は正規雇用と無職の中間ぐらいのレベルにありますが、生活全般の改善を支援しながら職業訓練をするようなシステムがほとん

どありません。国がその辺りに問題意識を持って、そういうものをつくっていくことが望まれます。海外には就労支援を行う NPO や社会的企業があるのですが、それを広域ではなくて地元につくることが必要だと思います。

　井内さんのような立派な方は貴重ですが、やはり千葉の井内さんが神奈川や茨城まで支援に行くという状況はおかしいですね。どの地域にも防犯なり、問題を抱える少年を育てる力がなければいけません。その意味では、いくつかの自治体で非行少年支援の活動をやっているのは歓迎すべきで、保護観察所も地域のパートナーシップの一員として、大いに貢献できるような力をつけることが大事だと思います。そのために、国は保護観察所にもっとお金を投入して、発展させていただきたい。

井内　保護司さんも適任じゃないと少年の担当をかえるじゃないですか。保護司さんにもいろいろな人がいるんですよ。

小長井　でも保護司は民間の方だから、そういう一般の人をよい保護司に育てるのは国の責務です。

井内　保護司になれるのは、実は保護司の友だちからの紹介で公募ではないんです。これが大きな問題です。自分が辞めるときは、自分の友だちに「いいから、お前がやれよ」と言って紹介するから、必ずなってしまうんですね。

小長井　公募も真剣に検討し試行したけど、必ずしもうまくいかなかったと聞いています。結局よい保護司が出るか出ないかというのは、日本にパブリックがどれぐらい育っているかということだと思うんですね。

井内　私はオーストラリアに何回も行っているんですが、オーストラリアも警察ボランティアがいて、そういう人を委嘱する際、必ず臨床心理士が立ち会って面接をやるんですね。それで任期は1年です。その人が本当に少年に対応するのに向いているかどうかのカウンセリングもして、そして委嘱します。日本はそれがないんですね。だから一から教育みたいなかたちになってしまうわけです。

廣瀬　パブリックの層の厚さの違いが決定的だと思います。イギリスなどでは基本的にノーブレスオブリージで当たり前になっています。すでにいろいろなところに書いていますが、さっき小長井さんがおっしゃったように、矯正と保護のつながりのところ、要するに、社会内処遇の強化が不可欠というのは共通認識だと思います。それから家裁と児童福祉機関とのつながりも良くしないといけないし、児童福祉機関自体も、いろいろな議論がありましたが、いまは虐待などに人手を取られてしまって、非行のほうまで手が回って

いないというのが実際だと思います。そこも手厚くしなければいけないし、家裁との連携を良くしなければいけないと思います。

　元裁判官として少年司法に関して、いま成人年齢の引き下げも問題になっていますが、これからの大きな問題は各手続の実質的な連携です。少年を扱う児童福祉手続、少年保護手続、刑事裁判手続の3つは、一応みんな橋がかかっているという建前になっていますが、統計でも明らかにほとんどそれぞれの分野に行った事件はそこから動かないでその中で完結するというきわめて日本的な縦割りの運用になっています。いずれももう少しつながりを良くして、他の手続の方がふさわしい人はほかにもちゃんと回す、相互利用するということが必要だろうと思います。

　それから少年刑事事件についてです。批判が非常に強い原則逆送の結果、皮肉な結果ですが、問題点が顕在化してきました。これまで少年の刑事裁判については、研究者も含めきちんと対応してこなかったために、刑事裁判に関する特則はほとんどなく、運用上の検討も乏しい。これは非常に大きな問題です。年齢引き下げに関しては、ドイツのように若年成人と少年の処分を選択可能なシステムにし、その代わり刑事裁判はもう少し保護・教育的にするということも本気で考えるべきだろうという気がします。

　それから、保護と矯正、あるいは家裁との連携の問題でまず人的な交流ができるようにしないと、なかなかうまくいかないと思います。たとえばフランスのエデュカトゥールのように職種・資格を共通化して、どの部署でも行けるようにして相互交流をするというのも一つのアイデアだと思います。鑑別技官、少年教官、家裁調査官、あるいは児童福祉司も、仕事の内容・専門性に共通のところがあるので、同じ分母にして相互交流できれば画期的に良くなると思うのですが、縦割り行政なので非常に難しいでしょうね。将来的には、本気でそれを考えなければいけないだろうと思います。

岡邊　連携のあり方のお話の一環として、少年サポートチームのことに触れたいと思います。少年サポートチームは、個々の少年の問題状況に応じた的確な対応を行うために、学校、警察、児童相談所などの担当者がチームを構成して、それぞれの専門分野に応じた役割分担のもと、少年への指導・助言を行うという仕組みです。2007年には、約1100件の支援が実施されています。この制度の運用面で、いくつか問題点が聞こえてきています。具体的には、せっかくチームを立ち上げても、お互いの役割に関する合意が十分とれていなかったり、必要な情報が交換できなかったりすることがあるようで

す。情報が交換されないことによって、かえって構成者相互に不信感が芽生えてしまうことすらあるようです。

　チームは通常、1人の対象少年の問題について集まって議論しますが、当然その少年の実名も含めた具体的な情報、プライバシーにかかわるような情報が出てきます。しかし現状では、守秘義務を担保するような規定が、制度的にありません。せっかくの意義ある制度が、もう少しうまく活用できるように、制度的な手立てが必要だと思います。

梅澤　私のほうは、実は現実の少年保護制度及び実務の問題点はほとんど見えていません。ただ学校の教育現場から、いわゆる健全育成という観点から見た場合、学校はある意味で社会の一部であり、社会の縮図ですから、社会の流れに大きな影響を受けるんですね。

　いま厳罰化という言葉がだいぶ飛び交っていますが、私は実はそういう影響を学校の中で感じています。前にも1度報告させていただきましたが、本校の教員の中には問題行動3回で「進路変更させたほうがいいんじゃないか。高校は義務教育ではないんだぞ。」といまだに言っている人がいるわけです。

　私は少年法を学んで「子どもはつまずきながら成長する。問題行動を起こしたことを一つのきっかけに、立ち直るという教育をすることによって健全育成が成し遂げられる。」ということを学んできたつもりです。

　だけど社会の動きは、きわめて子どもに対して厳しいし、子どもだけではなくて大人に対してもやけに厳しく感じられるんですね。当然それは学校の中にも影響を及ぼしてくるので、子どもの失敗すら許さないような社会、学校が何となくできつつあるような気がして大変心配です。

　むしろ教員を目指す人たちに対して、あるいは教員になった人たちに、少年法の理念をきちんと教えて、こういう考え方でいままで日本はやってきたんだと再確認させるというか、教育する必要があるのではないかと思っております。

井内　子どもが大人になる過程で、いまの社会状況の中では、お父さんとお母さんと学校の先生しか大人はかかわっていません。地域が壊れていますから、子どもはいろいろな大人の人と会っていないんですね。お父さん、お母さんの大人の社会、学校の先生の大人の社会しか実は子どもは知らない。

　ですから、私のところでは、いろいろな地域の有能な人材を学校に呼んでいます。たとえば、飛行機のパイロットを呼んで、飛行機のパイロットにな

るとこうだ、ああだというパイロットになるまでのプロセスをいろいろおもしろおかしく話してもらっていますが、そういうふうに、違ったかたちの大人たちの意見をどんどん聞かせてあげるべきだというのが、実はいま私が少年のことで思っていることの一つです。

　ふたつめは、最近ジョブカードというのがはやっていて、聞いたことがあると思いますが、私はいま登録キャリア・コンサルティングとして子どもたちに履歴書の書き方を全部教えてあげて、就労支援まで持っていって、ハローワークとかかわっています。でもハローワークはなかなか動かない。面倒くさがってやらない。ハローワークと連携を取った会議を月に1回行っているんですが、いつもハローワークとけんかです。「もうちょっと少年たちが働きやすい環境、相談できる環境をつくってください。」と言っているんですが、「うちのほうは一般の方が多いから」と一般の方を優先するシステムになっています。

　もう一つ、私どもと官が絶対的に違うところがあります。官は電話相談とかいろいろなかたちの来所相談をやっていて、警察の少年センターでもやっていますが、実は少年センターから相手方の家に行くという相談はないんです。全部「いらっしゃい」という来所相談です。

　だけど私のほうでは、全部相手方の家に行くという相談です。いまお父さん、お母さんが働いていますから、お母さんが家に帰ってきて、お父さんと子どもたちの食事をつくりました、やっと食べ終わりました、これから相談しようかなと思ったときには、どこも相談するところがない。ですから、落ち着いたときにお母さんが電話相談できる場所がないというのが、いまの社会の大きな問題点なんですね。

　相談者からすると「いや警察までは」という世界がまだありますから、警察には行かない。私どもは来所相談ではないかたちでやっていますから、「じゃあ来所相談じゃないやつは、井内さん、やってよ」というかたちで警察とチームをつくってやっています。

　だから、いかに協働をうまくやっていくかというのが、少年の健全育成で一番大切だということが身にしみてわかっています。保護観察所とも一生懸命連携を取ってやっています。僕は少年院と連携を取ることはないですが、その前の段階の人たちとは連携を取っています。県の教育関係もそうです。それをうまくやっていける民間の団体をつくっていかなければいけないというのが大きな課題ではないかという気がします。

高内 ありがとうございます。問題点については、実際にいろいろな観点から意見が出てきましたが、関係機関との連携、関係者の教育・研修の問題など、ある程度集約できるような感じもしました。それでは、これで座談会を終了させていただきます。みなさん、長時間たいへんお疲れさまでした。

【司会者コメント】
　パネリストの発言では、アフターケア、コーディネートといった用語が印象に残った。一言で言えば、廣瀬会員が指摘した各手続、各機関の連携の強化ということだろう。少年の健全育成のためには、その目的に向けた一貫した育成・支援の取組みが必要であるが、少年保護は国家機関を中心に進められるので、制度的に縦割りになりやすい。この際、施設処遇と社会内処遇、公的機関と民間とをつなぐコーディネート役を誰がするのか。これを結びつけるのは、結局のところ人間力である。また、教員に少年法の理念を理解させるべきだという梅澤会員の指摘は重要である。

あとがき

　現行少年法が施行されたのは1949年であるが、1966年には、法務省「少年法改正に関する構想説明書」が公表された。それに対する各界の意見を参考にして、法務省「少年法改正要綱」が作成され、1970年には、同要綱を諮問案として法制審議会に諮問がなされた。法曹三者はもちろん、刑法学会も全面的にこの論議に加わることになった。私の少年法研究は、この動きに刺激されて始められた。当時は、刑法および監獄法の全面改正をめぐる議論も活発に展開されており、刑事法研究者にとっては、研究意欲を最高度に高められる極めて恵まれた時代であった。また当時は、わが国の少年法は欧米諸国と比べて遜色がなく、むしろより理想的な法制であるという認識を持つ研究者が数多くいた。

　私も刑法学会会員として少年法改正論議に積極的に関わることになり、さまざまな研究会に参加した。その中でまず強く実感したことは、すぐれた少年法制を目指すためには、非行少年の処遇を担当する数多くの公私の機関・組織間の協働関係によって円滑な「処遇の流れ」を作り出すシステムの確立、したがって、「人間科学の多元的な協働体制」の維持が必要不可欠だということであった。別の角度から言えば、「非定型を特徴とする少年法」の改正問題は、法律家だけの間で議論すべきではなく、まず法制度運用の多種類の現場で何が問題になっているかを正確に把握する努力が先行すべきだということである。この認識に基づく私の共同研究は、1968年の『展望少年法』（敬文堂）、1972年の『少年法──その現状と課題』（大成出版社）の出版に結実した。いずれの共著書についても、実務家の全面的な協力がなければ作成されることはなかった。

＊

　1970年代の改正論議は、1977年法制審議会『中間答申』により終息し、以後運用上の改善が進行することになった。この段階での論議の主題は、「司

法的機能とケースワーク的機能との関係」をどのように調整するかということであった。言葉を換えて言えば、少年に対するパターナリズムに基づく積極的な働きかけと、少年の人権（主として自由権）に配慮した適正な手続の確立とを、「処遇」の上で矛盾なく両立させる具体的な運用のあり方を問い続けることであった。この課題は、2000年代の3次に及ぶ少年法一部改正によって解決されたわけではなく、かえってより深い検討を必要とする結果をもたらしたと思われる。すなわち、2000年改正法による少年審判手続への検察官関与、被害者等からの意見聴取制度、2008年改正による被害者等の審判傍聴制度などにより、少年審判手続の刑事裁判化が進みケースワーク的機能が後退すること（パターナリズムに基づく少年への働きかけの消極化）が懸念されている。このような時こそ、少年法を取り巻く状況の変化を正確に認識し、展望的な視点に立って、現行少年法の基本理念を再確認しながら、新しい時代の要請にも十分応えうる実務および理論の形成に向けて協働関係をより強化していくことが大切である。現在『少年法研究会』が、その役割の一端を担うことができればと願っている。

＊

　本書に論文を寄せられた、あるいは座談会で率直な意見を表明していただいた方々はすべて、少年法に関わる様々な仕事の第一線で現在活躍し、すでに数多くの研究業績を公表しておられる実務家および研究者である。原稿のすべてに目を通させていただいたが、それぞれの論文や発言から、わが国の少年法に対する熱い思いを感じとることができた。畏友の田宮裕さんが、生前ある研究集会で、「少年法はロマンのある法律である」と明言されたときの情景を忘れることができない。本書がわが国の少年法制の発展に貢献するものと確信している。

2010年3月

澤登　俊雄

少年法の理念
しょうねんほう　　りねん

2010年4月10日　第1版第1刷

編著者　澤登俊雄・高内寿夫
発行人　成澤壽信
発行所　株式会社 現代人文社
　　　　〒160-0004 東京都新宿区四谷2-10 八ッ橋ビル7階
　　　　振替　00130-3-52366
　　　　電話　03-5379-0307（代表）
　　　　FAX　03-5379-5388
　　　　E-Mail　henshu@genjin.jp（代表）／hanbai@genjin.jp（販売）
　　　　Web　http://www.genjin.jp
発売所　株式会社 大学図書
印刷所　株式会社 ミツワ
装　丁　Malpu Design（清水良洋）

検印省略　PRINTED IN JAPAN
ISBN978-4-87798-446-5　C3032
©2010 Toshio SAWANOBORI　Hisao TAKAUCHI

本書の一部あるいは全部を無断で複写・転載・転訳載などをすること、または磁気媒体等に入力することは、法律で認められた場合を除き、著作者および出版者の権利の侵害となりますので、これらの行為をする場合には、あらかじめ小社また編集者宛に承諾を求めてください。